지배와
비지배

지배와 비지배

마키아벨리의 『군주』 읽기

곽준혁

민음사

차례

프롤로그: 경계와 편견을 넘어서　　　　　　　　　7

일러두기　　　　　　　　　　　　　　　　　　19
헌정사(Dedica)　　　　　　　　　　　　　　　21

1부 군주정

1장　얼마나 많은 종류의 군주정이 있고, 어떤 방식으로 군주정들은
　　　획득될까　　　　　　　　　　　　　　　　37
2장　세습 군주정　　　　　　　　　　　　　　　43
3장　혼합 군주정　　　　　　　　　　　　　　　55
4장　알렉산드로스 대왕이 점령했던 다리우스 왕정은 왜 알렉산드로스가
　　　죽은 이후에도 그의 계승자들에게 반란을 일으키지 않았을까　83
5장　점령되기 전에 그들 자신의 법에 따라 살아온 도시들이나
　　　군주정들은 어떤 방식으로 통치해야 할까　　　95
6장　자기 자신의 무력과 능력으로 획득한 새로운 군주정에 대하여　107
7장　다른 사람의 무력과 운으로 획득한 새로운 군주정에 대하여　139
8장　범죄로 군주정을 획득한 사람들에 대하여　　171
9장　시민 군주정에 대하여　　　　　　　　　　　181
10장　어떤 방식으로 모든 군주정의 힘이 측정되어야 하는가　199
11장　교회 군주정에 대하여　　　　　　　　　　209

2부 군사

12장　얼마나 많은 종류의 군대가 있는지, 그리고 용병에 대하여　225
13장　동맹군, 혼합군, 자기 군대에 대하여　　　　239
14장　군주는 군사와 관련해 무엇을 해야 하나　　253

3부 군주의 자질

15장 사람들과 특별히 군주들이 칭찬받거나 비난받는 것들에 대하여   271
16장 후함과 인색함   287
17장 잔인함과 자애로움, 그리고 두려움을 느끼게 하는 것이
       사랑을 받는 것보다 나은지, 아니면 그 반대인지에 대하여   297
18장 어떤 방식으로 군주는 신의를 지켜야 할까   319
19장 경멸과 증오를 피하는 것에 대하여   347

4부 리더십

20장 요새와 일상에서 군주들이 만들거나 행하는 그 밖의 많은 것들이
       유용한지 아니면 유용하지 않은지   385
21장 존경을 받으려면 군주는 무엇을 해야 하는가   403
22장 군주가 고용할 신하들에 대하여   417
23장 어떤 방식으로 아첨을 피해야 하는가   431
24장 왜 이탈리아의 군주들은 그들의 국가를 잃었을까   443
25장 인간사에서 운명은 얼마나 작용하는가, 그리고 어떤 방식으로
       맞설 수 있는가   451
26장 이탈리아를 장악해서 야만인들로부터 자유롭게 해달라는 권고   473

       에필로그: 마키아벨리의 가려진 얼굴들   495

       주(註)   515
       참고 문헌   551

프롤로그:
경계와 편견을 넘어서

1 모순어법(oxymoron): 절망 속에 외치는 희망의 역설

니콜로 마키아벨리의 삶은 괴로움(agony) 그 자체다. 한창 일할 나이에 찾아온 실직, 억울한 옥살이, 주변의 시기심으로 가로막힌 복직의 길, 권력자에게 낙인찍혀 어쩔 수 없이 감당해야 했던 관조적 삶, 그리고 1527년 부활했지만 끝내 그를 거부해 버린 공화정까지, 그의 삶은 "인간이기가 그렇게 쉽지 않다."는 키에르케고르의 고백마저 사치스럽게 만든다.¹

사실 마키아벨리의 삶은 인간의 한계에 대한 철학적 고민을 더 해갈 수 있을 정도로 순탄하지 않았다. 그러기에 그의 장난기 가득한 글들을 읽을 때마다 우리는 당황하게 된다. 마치 자기가 경험하고 있는 고통을 즐기기라도 하는 것 같은 재치에 놀라고, 글 속에 숨겨 둔 의미를 찾았냐고 물어보는 것 같은 뒤엉킨 주장들은 좌절

감마저 유발한다.

　동시대인들도 마키아벨리의 모순된 화법 속에 담긴 해학을 그리 즐거워하지 않았던 것 같다. 불확실한 미래가 던지는 두려움을 넘어 절망적 미래가 던지는 고통까지도 단순한 이야깃거리로 만들었기 때문이다. 그리고 삶의 고단함을 전혀 내색하지 않고, 그렇다고 철학적·관조를 내세우지도 않는, 그럼에도 불구하고 고전을 능란하게 이용하며 보여 주는 지적 탁월함은 읽는 사람들을 석연찮게 만들었던 것 같다.

　어쩌면 그의 저작들이 동시대인들로부터 받을 홀대는 쉽게 예견된 일이었다. 그가 실직하기 훨씬 전부터 그의 이야기는 동시대인들의 상상력을 훨씬 넘어선 것들이었기 때문이다. 그의 친구 카사베키아(Casavecchia)가 그를 '위대한 예언가(maggiore profeta)'라고 추켜세웠듯이, 그의 이야기를 이해할 동시대인들은 많지 않았다.[2] 그의 생각을 이해했다고 하더라도, 피렌체의 귀족들에게 그는 '다른 생각(contraria professione)'을 하는 이방인일 뿐이었다.[3]

　너무 멀리 바라보지도, 지나치게 동시대인들을 믿지도 않았다. 그렇지만, 그는 자신의 예견된 실패를 모순어법에 담아내었다. 셰익스피어의 줄리엣이 '달콤한 슬픔(sweet sorrow)'이라는 모순어법을 통해 극복하지 못한 인간적 한계를 노래했다면,[4] 마키아벨리는 자신의 예견된 실패를 '옛 방식들의 자취(ombra)' 속에 감추었다.[5] 너무나도 인간적인, 그러기에 너무나도 혁명적인 '시민적 삶(la vita civile)'에 대한 이야기를 우리 모두의 습관 속에 감추었던 것이다.

이것이 바로 『군주』가 품은 모순어법의 매력이다. 그래서 우리는 「헌정사(Dedica)」의 첫 문장부터 꼼꼼하게 읽어야 한다. 그가 처음으로 사용한 'Sogliono'라는 단어는 글자 그대로 번역하면 '통상'이라는 말이다. 그리고 첫 문장은 『군주』가 집필되기 이전부터 인문주의자들에게 회자되었던 사나차로(Jacopo Sannazaro, 1458-1530)가 쓴 『아카디아(L'Arcardia)』(1504)의 처음을 그대로 옮겨놓은 것 같다. 그러나 우리는 당시 지식인들의 실수를 반복할 마음이 없다는 마키아벨리의 거듭된 다짐을 놓쳐서는 안 된다.

'우리 시대의 현인들(savi de' nostri tempi)'에 대한 한탄에서 보듯,[6] 마키아벨리는 당시 인문주의자들의 '무분별한 이상주의'도 '희망 없는 현실주의'도 받아들일 여유가 조금도 없었다. 누구보다 고전을 사랑했지만 대책도 없는 '헛된 상상(falsa immaginazione)'을 인정할 수 없었고, 누구보다 현실을 강조했지만 순응이 주는 안락함에 젖어버린 '야심적인 게으름(ambizioso ozio)'을 참을 수도 없었던 것이다.[7]

이렇듯 마키아벨리의 모순어법은 '망상'과 '절망'이라는 두 극단이 빚어낸 상황을 극복하고자 했던 정치철학자의 몸부림을 대변하고 있다. 절망적 미래가 던지는 불확실성 속에서 너무나도 인간적인 삶의 단초를 발견하고, 이러한 단초를 엮어 절망을 희망으로 바꿀 수 있는 역설을 꿈꾸고 있는 것이다. 그래서 마키아벨리는 오늘을 살아가는 우리가 다시 읽을 수밖에 없는 정치철학자가 된 것이다.

2 아이러니: 불확실성을 인정한 정치철학자

마키아벨리의 삶은 아이러니 그 자체다. 그와 메디치 가문의 관계를 살펴보면 더욱 그렇다. 그가 태어난 1469년은 메디치 가문의 전성기를 가져온 로렌초(Lorenzo de Medici)가 권력을 잡은 해고, 그가 죽은 1527년은 메디치 가문이 피렌체의 정치 공간으로부터 다시 축출된 해다. 그가 정치 일선에 나서게 된 계기도, 그의 실직과 추방도 메디치 가문의 정계 복귀를 통해서였다. 그의 삶과 메디치 가문은 애증의 복잡한 실타래로 얽혀 있었던 것이다.

『군주(De Principatibus)』도 마찬가지다. 마키아벨리가 붙인 최초의 라틴어 제목을 떠올리면 더욱 그렇다. 이 제목을 글자 그대로 옮기면 '군주정에 대하여(Sui Principati)'라고 옮길 수 있을 것이다. 그러나 엄밀하게 말하자면, 초대 로마 황제가 로마공화정의 후계자임을 밝히기 위해 사용한 '원로원의 수장(princeps senatus)'이라는 함의를 함께 갖고 있다. 메디치 가문의 수장에게 바친 책에 이 명칭을 차용함으로써, 마키아벨리는 로마공화정의 부활을 목적으로 하는 '새로운 군주(nuovo principe)'의 필요성을 역설한 것이다.

그러나 마키아벨리의 이러한 염원은 지금 우리가 사용하고 있는 '군주론'이라는 제목으로는 잘 전달되지 않는다. 1532년 블라도(Antonio Blado)가 교황 클레멘스 7세의 허가를 받기 위해 제목부터 내용에 이르기까지 대대적인 수정을 가한 후, 최초의 라틴어 제목은 지금의 '군주(Il Principe)'로 바뀌고 말았다. 그리고 우리는 일본식 번역을 따라 '론(論)'을 붙였다. 귀치아르디니(Francesco Guicciardini)의 『회상(Ricordi)』이 "신군주론"이라는 이름으로 출판되는 기이한 현상에서 보듯, 『군주』를 마치 '군주' 또는 '처세'를 배울 수 있는 교재 정도로 왜곡시킬 위험성을 갖고 있는 것이다.

또 다른 저작도 일본식 번역에 희생되었다. 우리가 '로마사 논고'라고 부르는 책도 제목부터 왜곡의 소지를 갖고 있다. 원래 마키아벨리가 붙인 제목은 『리비우스의 로마사 첫 열 권에 대한 강의(Discorsi sopra la prima deca di Tito Livio)』다. 그러나 최근까지 우리나라에서 출판된 번역본들은 모두 일본식 번역을 따라 '정략론(政略論)' 또는 '로마사 논고(ローマ史論考)'라는 제목을 사용하고 있다. '정략론'이 마키아벨리의 책략적 기지를 읽고자 하는 지속적인 욕구의 표현이라면, '로마사 논고'는 마치 마키아벨리가 고증에 그쳤다는 편견을 준다. 아우구스투스를 통해 몰락한 공화정의 부활을 소망했던 티투스 리비우스처럼, 참주적 방식을 통해서라도 공화정을 재건하고자 했던 마키아벨리의 모습을 이렇게 번역된 책 제목에서는 감지하기가 힘든 것이다.

마키아벨리는 아마도 이런 역설을 즐겼을 것이다. 아이러니가 없으면 인간적 삶도 없다고 생각했기 때문이다. 그의 정치철학이 불확실성을 제거하기 위한 '공포'와 '힘'의 사용을 대변했다는 해석이 지배적이지만, 실제로 그는 우연적 사건들이 가져오는 놀라움은 누구도 피할 수 없는 인간적 삶의 조건이라고 여겼다. 그러기에 그는 단순히 '진리(verità)'가 아니라 '실질적인 진리(verità effettuale)'를 추구했고, 자신의 지식을 단편적인 '역사'가 아니라 다양한 해석들이 갈등할 수밖에 없는 '역사들(la cognizione delle storie)' 속에 담아내려 했던 것이다.

그러기에 마키아벨리를 이해함에 있어 우리는 불확실성으로부터 완전히 이탈하거나 초연한 진리를 찾으려는 노력부터 내려놓아야 한다. 그러지 않으면, 어려서부터 그리스어와 라틴어로 고전들을 탐독하고, 대학에 가서 체계적인 수업을 듣고, 현란한 언어 속에서 스스로의 우월한 지위를 확인하고자 했던 당시 유력 가문의 자제들의 실수를 반복하게 된다. 지금 우리는 역사의 아이러니를 사랑하는 것이 곧 정치의 시작이라는 마키아벨리의 말을 귀담아 들어야 할 시간 속에 살고 있다.

3 수수께끼: 모사꾼에서부터 애국자까지

베네데토 크로체(Benedetto Croce)가 '아마도 풀리지 않을 문제(una questione che forse non si chiuderà mai)'라고 고백한 것처럼,[8] 마키아벨리의 정치철학은 많은 수수께끼를 담고 있다. 기독교적 윤리를 들먹이며 마키아벨리를 악마라고 지칭한 프리드리히 대왕의 비난처럼 '악의 교사'라 불리기도 하고, 이탈리아의 민족적 열망에 사로잡힌 조각가 스피나치(Innocenzo Spinazzi)가 마키아벨리의 무덤에 새겨 놓았듯이 "어떤 찬사도 그의 이름에 걸맞지 않다.(Tanto nomini nullum par elogium.)"라는 평가를 받기도 한다.

이렇듯 그의 정치철학은 악마의 분장을 한 모사꾼으로부터 피렌체의 미래를 한탄하는 애국지사에 이르기까지 다양한 모습을 갖고 있다. 이상주의자였든 현실주의자였든, 공화정을 꿈꾸었든 군주정을 옹호했든, 분석적이었든 열정적이었든, 신실한 기독교인이었든 무신론자였든, 새로운 도덕을 주창했든 도덕을 경멸했든, 참주를 기다린 선동가였든 시민적 자유를 열망한 정치가였든지 간에, 모든 주장들이 그만 한 근거들을 갖고 있다. 따라서 무엇이 옳다고 섣부르게 단정할 수는 없다.

대신 마키아벨리의 수수께끼를 즐길 필요가 있다. 『군주』의 2장에서 공화정에 대해서는 다루지 않겠다고 했지만, 그가 공화정에 대한 이야기를 피해 가지 않은 것처럼 말이다. 공화정에 대한 통찰력 없이는 『군주』를 읽을 수 없고, 참주와 군주에 대한 이해 없이는 『강의』를 읽을 수 없다. 다른 책들도 마찬가지다. 『피렌체 역사(Istorie Florentine)』는 마키아벨리의 수사와 철학에 대한 고민을 담고 있고, 『전술(Dell'Arte della Guerra)』은 플라톤의 저작에서나 볼 수 있는 철학적 수사와 정치적 구상이 함께 담겨 있다.

그럼에도 불구하고, 500년 동안 『군주』에 대해 일치하는 평가가 있다. 정치의 본질적 요소인 '힘(fortezza)'에 대한 통찰을 담고 있다는 것이다. 이때 '힘'은 '권력(potenza)'에 국한되지 않는다. 인간을 통해 사용되고 획득되기에, 설득이 배제되거나 초인간적 의지를 요구하는 것도 아니다. 권력과 구분된 권위(autorità)도, '지배받지 않으려는 열망(desiderio di non essere commandato)'도, '힘'으로 구체화되고 그 역학 속에서 이해된다. 인간 본성에 대한 철학적 고민도, 갈등에 대한 심리적 분석도, 모두 '힘'의 제도적 설계로 귀결된다.

그러기에 마키아벨리의 '힘'에 대한 통찰력이 '변화'에 대한 시대적 열망을 대변하는 것은 전혀 어색하지 않다. 이탈리아의 통일을 염원했던 혁명가들도, 프랑스 혁명을 이끌었던 지도자들도, 그의 책을 통해 변화에 대한 열망을 키워 나갔다. 그리고 그 어떤 누구도 마키아벨리의 변화에 대한 열망을 부정할 수 없다. 어떤 보편적 합리성과 의무론적 도덕도 실현 가능한 이상을 만들고 실현시키려는 마키아벨리의 꿈을 저버릴 수는 없다.

문제는 '힘'의 목적이다. 다시 말하자면, 힘이 행사되는 공간으로서 정치가 지향하는 방향이 매우 중요하다는 것이다. 훌륭한 요리사가 가지고 있는 칼과 강도의 손에 쥐어 있는 칼이 전혀 다른 도구인 것과 마찬가지다. 힘에 대한 통찰력이 삶을 풍요롭게 만들 목적으로 사용된다면, 정치는 곧 서로 다른 식재료들이 하나의 작품으로 탄생하는 기쁨을 제공할 것이다. 그러나 힘에 대한 통찰력이 타인의 의지를 짓밟으면서까지 자기의 전망을 관철시키려는 목적만 갖고 있다면, 정치는 곧 자의적 지배가 행사되는 지옥으로 전락하고 말 것이다.

우리는 무솔리니도 마키아벨리에 대한 연구로 볼로냐 대학교에서 박사를 받은 인재였다는 사실을 기억할 필요가 있다. 자신이 편집장으로 있었던 《위계질서(Gherarchia)》라는 잡지에 소개한 박사

논문의 서두가 보여 주듯, 무솔리니는 마키아벨리로부터 '이기적인 인간 본성'과 '힘에 대한 찬양'만을 배웠다.[9] 마키아벨리의 '힘'에 대한 통찰력이 '자유'를 목적으로 한 것이었다면, 무솔리니의 마키아벨리 연구는 자기 의지의 관철을 위한 '권력' 획득이 목적이었던 것이다. 어쩌면 무솔리니가 사회주의자에서 파시스트로 전향한 것은 자연스러운 귀결이었는지도 모른다.

이렇듯 마키아벨리의 힘에 대한 심미안은 양날의 칼이다. 특히 변화를 꿈꾸는 사람들에게는 위험한 도구가 되기도 한다. 거기에는 도덕과 비도덕의 경계 너머에 있는 '정치'라는 말로도 정당화될 수 없는 치명적인 위험이 도사리고 있기 때문이다. '처세'나 '경영 전략'이라는 측면에서의 독서는 오히려 덜 위험하다. 그러나 민주주의 사회에서 마키아벨리의 힘에 대한 통찰력은 조심스럽게 학습되어야 한다. 다수의 의사가 곧 힘이 되는 사회에서, 마키아벨리의 힘에 대한 심미안은 소수와 소외된 사람들을 제물로 삼을 수 있기 때문이다.

마키아벨리의 힘에 대한 통찰력은 '지배'가 아니라 '자유'가 정치의 목적이 되는 길에 사용되어야 한다. 키케로의 『의무에 대하여(De Officiis)』에 실망하지 않으면서도, 힘에 대한 솔직한 성찰을 원하는 사람들의 참고서가 되어야 한다. 다양성과 갈등의 유효성을 인정하면서도, 갈등을 치유하고 공공선을 실현시킬 수 있는 방법을 고민하는 시민들의 교양이 되어야 한다. 이런 독서가 되지 않으면, 마키아벨리의 지혜는 정치에 환멸을 느낀 사람들을 다시 정치라는 공간으로 불러들일 수 없을 것이다. 이런 독서가 아니라면, 마키아벨리는 본능적으로 권력을 탐닉하는 사람들만 풀 수 있는 수수께끼가 될 것이다.

4 변화의 제도화: 우리 시대 마키아벨리

지금 우리는 뚜렷한 '경계'를 요구하는 사회에 살고 있다. 좌와 우, 보수와 진보 등 자의든 타의든 우리에게 요구되는 진영의 정체성 속에서 순간순간 자기소외를 경험한다. 이렇게 진영 논리가 편견으로 굳어져 고전이 전하는 숙성된 지혜들마저 외면당하고 있다.

마키아벨리의 지혜는 경계와 편견을 내려놓기를 요구한다. 시대를 초월해서 존재하는 고정불변한 인간 본성이 있다고 하더라도, 관찰만으로는 모든 것을 알 수 없다는 겸손한 태도를 요구한다. 비록 소크라테스의 전통에서 동떨어진 신념을 갖고 있었지만, 마키아벨리도 모든 것을 다 알 수 없다는 태도를 견지하고 있었기 때문이다. 그리고 '갈등이 곧 정치의 본질'이라는 생각을 갖고 있었지만, 제도화되지 않은 갈등은 곧 부패와 몰락의 지름길이라고 믿고 있었기 때문이다.

이런 마키아벨리의 모습을 보기 위해 이 책은 『군주』를 텍스트 중심으로 재조명하려고 한다. 때로는 한 문장, 때로는 한 장이 다루어진다. 주석은 아니지만, 우선적으로 텍스트 이해를 돕기 위한 목적으로 기술된다. 다른 저작들도 동원되지만, 무엇보다 『군주』가 중심이 된다. 이미 많은 번역서들이 나와 있기에 새로운 번역서를 만들 생각은 없다. 다만 의미를 분명하게 전달하려는 목적에서 저자가 인용하는 부분들은 이탈리아어 원문에서 직접 번역했다.

    이 책을 통해 우리 시대의 숙제들을 풀 수 있는 단초가 발견되기를 기대한다. 소크라테스적 회의와 변화의 제도화라는 측면에서 마키아벨리를 꼼꼼히 읽을 때, 누구든지 『군주』로부터 시민적 자유를 위한 새로운 정치적 상상력을 얻을 수 있다고 믿기 때문이다. 그리고 산티 디 티토가 그린 마키아벨리의 초상화 속의 미소처럼, 『군주』는 우리의 닫힌 마음들을 활짝 열어 줄 수 있는 재치와 진지함으로 가득하기 때문이다.

산티 디 티토, 「마키아벨리」(16세기 말)
　마키아벨리의 정치철학은 악마의 분장을 한 모사꾼으로부터 피렌체의 미래를 한탄하는 애국지사에 이르기까지 다양한 모습을 갖고 있다. 무엇이 옳다고 섣부르게 단정할 수는 없다. 대신 마키아벨리의 수수께끼를 즐길 필요가 있다. 공화정에 대한 통찰 없이는『군주』를 읽을 수 없고, 참주와 군주에 대한 이해 없이는『강의』를 읽을 수 없다. 다른 책들도 마찬가지다.『피렌체 역사』는 마키아벨리의 수사와 철학에 대한 고민을 담고 있고,『전술』은 플라톤의 저작에서나 볼 수 있는 철학적 수사와 정치적 구상이 함께 담겨 있다.

일러두기

　마키아벨리가 죽고 5년 뒤인 1532년에 안토니오 블라도(Antonio Blado)에 의해 『군주』의 인쇄본이 세상에 나왔다. 이때 나온 『군주』는 제목에서부터 내용에 이르기까지 대대적으로 수정된 것이었다. 메디치 가문의 교황으로부터 출판 허가를 받기 위해서였다. 이미 훨씬 이전부터 여러 사람들이 베껴 쓴 『군주』가 탐독되어 큰 논쟁을 불러일으키고 있었기 때문에 수정이 불가피한 듯 보였던 것이다. 1557년과 1559년 이 인쇄본마저 교황청의 금서 목록에 들어간 후, 거의 350년간 『군주』는 이 인쇄본으로 읽혔다.
　원본을 회복시키려는 움직임은 18세기 말에서야 비로소 시작되었다. 하지만 불행하게도 마키아벨리가 직접 쓴 원고는 아직까지 발견되지 않았다. 대신 다른 사람들이 옮겨 쓴 열아홉 개 정도의 수기들이 원본에 가깝다는 판정을 받았고, 1899년 주세페 리지오(Giuseppe Lisio)가 이들을 기초로 인쇄한 것이 원본에 가까운 최초의 판본으로 간주된다. 이 책은 로마 대학교의 조르조 잉글레제(Giorgio Inglese) 교수가 리지오의 판본을 바탕으로 편집하고 주석을 단 것(Torino: Einaudi, 1995)을 사용했다.

이 책은 일차적으로 일반 대중들의 독서를 돕는 목적으로 쓰였다. 그러기에 가능하면 이 분야의 전문가가 아니더라도 쉽게 이해할 수 있도록 내용을 전개했다. 그러나 저자가 미주에서 밝힌 출처들을 따라간다면, 학자들에게도 유용한 자료가 되리라 생각한다. 텍스트의 해석이 역사적 맥락에 대한 이해를 필요로 하는 것과 마찬가지로, 해석의 근거를 확인할 수 있도록 가능한 꼼꼼히 1차 서적과 2차 서적을 적시해 두었다.

최초에는 이탈리아식 발음으로 인명을 모두 고칠 생각을 했다. 그러나 사용되는 인명들이 이탈리아식 발음과는 차이를 보이고, 이탈리아어 발음도 경우에 따라서는 우리말로 옮겨질 때 쌍자음이나 격음이 혼돈될 수 있어서 단념했다. 다만 이탈리아어를 병기하거나 최초로 인명이 나왔을 때 가능하면 상세한 설명을 하는 것으로 대체했다.

헌정사
Dedica

질문 1 : 왜 로렌초 메디치에게 바쳤을까?

마키아벨리는 헌정사에서 자신의 책을 'Magnifico Laurentio Medici Iuniori(위대한 로렌초 메디치 주니어)'에게 바친다고 라틴어로 쓰고 있다. 피렌체의 영광을 가져왔던 '위대한 로렌초'(Lorenzo il Magnifico, 1449-1492)의 이름을 딴 피에로(Piero de' Medici, 1472-1503)의 아들 로렌초에게 『군주』를 바친 것이다. 잘 알려져 있다시피, 피에로는 프랑스 샤를 8세(1470-1498)의 나폴리 원정을 위한 길을 터 달라는 요구에 굴복함으로써 메디치 가문의 추방을 초래한 인물이다. 왜 마키아벨리는 새파랗게 젊은 로렌초(1492-1519)에게 『군주』를 바친 것일까?

베토리(Francesco Vettori, 로마 주재 피렌체 대사)에게 보낸 편지에서 알 수 있듯이, 마키아벨리는 최초에 『군주』를 위대한 로렌초의 손자가 아니라 줄리아노(Giuliano di Lorenzo de' Medici, 1479-1516)에게 바치려고 했었다.[10] 줄리아노는 위대한 로렌초의 막내아들이고, 이후 교황 레오 10세(1513-1521)로 선출된 조반니(Giovanni di Lorenzo de' Medici, 1475-1521)의 동생이다. 1512년 피렌체의 통치자가 된 이래, 그의 이력은 화려하지만 모두 형의 입김이 작용된 것이었다. 카스틸리오네(Baldassare Castiglione, 1478-1529)의 표현을 따르자면, 줄리아노는 세련된 신사였지만 정치적 야망이라고는 찾아볼 수 없는 한량이었다고 한다.[11]

일차적으로 헌정 대상이 바뀐 것은 줄리아노가 교황 레오 10세의 부름을 받아 로마로 가 버렸기 때문이다. 그러나 이것은 표면적인 이유에 불과하다. 마키아벨리에게 줄리아노는 젊은 로렌초보다 훨씬 접근하기가 용이했고, 그는 늘 줄리아노에게 큰 은혜를 입었다고 생각하고 있었다. 마키아벨리가 1513년 카포니(Agostino Capponi)와 보스콜리(Pietro Paolo Boscoli)의 음모에 연루되었다는 죄명으로 투옥되었을 때, 자신의 선처를 부탁하는 시를 줄리아노에게 바친 것이 계기가 되었다. 그는 1513년 3월 11일에 있었던 레오 10세의 교황 취임을 축하하는 사면에 자기가 포함된 것을 전적으로 줄리아노가 힘을 썼기 때문이라고 믿었던 것이다.

따라서 줄리아노가 로마로 가 버렸다는 사실만으로 마키아벨리가 헌정 대상을 바꾼 이유를 설명하기란 옹색하기 그지없다. 주지하다시피, 마키아벨리는 로마까지 가서라도 줄리아노에게 『군주』를 바치려고 했다. 베토리에게 보낸 1513년 12월 10일 편지에서, 마키아벨리는 "[줄리아노]에게 전달하는 것이 좋은 생각인지. 만약 좋은 생각이라면, 직접 전달하는 것이 좋은지 아니면 자네에게 전달해야 할지"를 묻고 있다.[12] 마키아벨리의 이런 고민은 줄리아노가 로마로 간 것과 『군주』의 헌정 대상이 바뀐 것과는 무관하다는 점을 보여 준다.

피렌체를 통치하고 있는 인물에게 바쳤을 뿐이라는 해석도 설득력이 없다. 실제 피렌체를 지배한 인물은 교황 레오 10세였기 때문이다. 레오 10세는 줄리아노와 젊은 로렌초를 앞세워 알렉산데르 6세(1492-1503)가 체사레 보르자(Cesare Borgia, 1475-1507)를 통해 이루려던 꿈을 실현하려 했다. 교황이 되자마자 그는 줄리아노를 교황령의 정치군사 총책임자(Gonfaloniere)로 임명했고, 1515년에는 네 개 도시(모데나, 파르마, 피아첸차, 레조)를 합친 새로운 국가를 만들어 줄리아노가 다스리도록 했다. 1516년에는 로렌초에게 로베레(Francesco Maria della Rovere, 1490-1538)로부터 빼앗은 우르비노 공국을 넘겨주었다. 실질적인 통치자는 레오 10세였던 것이다.

낭만적인 한량 줄리아노

그럼 왜 젊은 로렌초로 바꾸었을까? 첫째, 마키아벨리는 줄리아노가 자기의 책을 읽지 않거나 자기 제안들을 무시하지 않을까 고민했다. 1513년 12월 10일 편지에서, 마키아벨리는 베토리에게 자기 책이 줄리아노에게 외면당할까 두렵다는 말을 꺼낸다. 그리고 여기에 덧붙여 줄리아노의 측근인 아르딩헬리(Piero Ardinghelli, 1470-

1526)가 자신이 받아야 할 영예(honore)를 가로챌지 모른다는 경계심을 나타낸다.[13]

마키아벨리의 고민에 대한 베토리의 의견이 담긴 편지는 발견되지 않았다. 그렇지만 그의 대답이 부정적이었다는 추측은 가능하다. 1513년 12월 24일 베토리는 『군주』를 읽어 보고 판단하겠다는 답변을 했고, 그로부터 한참이 지난 1514년 5월 16일에 『군주』의 내용을 조목조목 반박하는 편지를 써서 보낸다. 그리고 1514년 6월 10일에 쓴 마키아벨리의 편지는 베토리의 충고에 대한 참담함을 담고 있다. 베토리가 줄리아노뿐만 아니라 로마에 있는 그 누구에게도 『군주』를 보여 주는 것이 좋지 않다는 의견을 피력했던 것이다.

베토리가 자신과 생각이 다르다는 이유만으로 마키아벨리의 부탁을 거절한 것은 아닐 것이다. 후대의 많은 사람들이 그렇게 생각하지만, 베토리가 마키아벨리의 재능을 시기했다거나 복직을 가로막았다고 보는 것은 지나치다. 이후 교황 클레멘스 7세로 등극한 추기경 줄리오(Giulio di Giuliano de' Medici, 1478-1534)의 부탁으로, 마키아벨리에게 프랑스와의 관계에 대해 교황청에 전하는 조언을 쓰도록 했던 사람도 베토리다.[14] 교황과 그 주변 인사들에게 마키아벨리의 능력을 보여 주기는 했지만, 마키아벨리에 대한 메디치 가문의 경계심을 완전히 풀지는 못했던 것이다.[15]

실제로 마키아벨리는 로마에 많은 적을 두고 있었다. 1514년 레오 10세의 비서로 자리를 옮긴 아르딩헬리와는 특히 사이가 좋지 못했다. 마키아벨리는 소데리니(Piero di Tommaso Soderini, 1450-1522) 정부에서 함께 봉직했다가 메디치 가문으로 일찌감치 전향한 아르딩헬리를 경멸했고, 아르딩헬리는 마키아벨리와 관련된 일을 사사건건 좋지 않은 시선으로 바라보았다. 여기에는 추기경 줄리오의 입김도 작용했다. 1515년 줄리아노가 마키아벨리를 채용할 것이라는 소문이 돌자, 줄리오는 아르딩헬리에게 마키아벨리를 채용하는 것은 메디치 가문 그 누구에게도 득이 될 수 없다는 말을 줄리아노에게 전하라고 했을 정도였다.[16]

여기에서 놓치지 않아야 할 것이 하나 있다. 왜 "읽지 않을 수도 있다."고 마키아벨리가 생각했을까 하는 것이다. 바로 줄리아노가 정치적 야심이라고는 찾아볼 수 없는 성격의 소유자였기 때문이다. 교황 레오 10세는 1515년 줄리아노를 사보이 공국의 필리베르타(Filiberta)와 결혼시켜 프랑스 국왕으로부터 네므르 공작이라는 작위를 받게 한다. 이로써 줄리아노는 교황군의 책임자, 새로운 국가의 군주, 그리고 봉건 영주의 지위까지 갖추게 된 것이다. 그러나 그는 메디치 가문의 영토를 확장하고자 하는 의지는 없었다. 1516년 매독으로 죽기까지, 한마디로 줄리아노는 정에 약하고 시를 좋아하는 한량이었을 뿐이었다.

결국 줄리아노는 『군주』를 읽어도 무슨 말인지 이해하지 못할 사람이었을지도 모른다. 『군주』 22장에서 마키아벨리는 이런 군주를 '쓸모없는 두뇌(cervello inutile)'를 가진 인간으로 분류하고 있다. 즉 판돌포 페트루치(Pandolfo Petrucci, 1452-1512) 정도의 두뇌를 가졌을 수 있다 하더라도, 이탈리아의 통일이나 공화정의 건설과 같은 이야기에 줄리아노가 관심을 보이지 않을 것을 마키아벨리는 이미 알고 있었던 것이다. 오로지 기대할 수 있는 것은 자기에게 갖고 있으리라 믿었던 호감뿐이었던 것이다. 그러기에 마키아벨리는 줄리아노의 주변에 신경을 곤두세울 수밖에 없었던 것이다.

'위대한 로렌초 시대'에 대한 열망

둘째, 마키아벨리는 젊은 로렌초에 대한 피렌체 시민의 일반적인 기대를 어느 정도 공유하고 있었다. 교황 레오 10세의 전폭적인 후원을 받고 있었지만, 결코 체사레 보르자와 같을 수 없는 줄리아노에게 마키아벨리는 정치적으로 큰 기대를 하지 않았다. 반면 젊은 로렌초에 대해서는 조금 달랐다. 1514년 2월에서 3월 사이에 베토리에게 보낸 편지에서 마키아벨리는 로렌초의 군주로서의 기풍을 높이 평가한다.

> 그의 궁정은 정연하게 질서가 잡혔다네. 크나큰 위엄(magnificenza), 그리고 품위에 어긋나지 않는 관후함(liberalità)이 있다네. 그래서 그의 궁정 안팎 모든 행동에서 그 누구도 불쾌하거나 비난할 만한 것이 있다고 느끼지 않네. 모두가 무척 만족하고 있는 것같이 보인다네.[17]
> —「마키아벨리가 베토리에게 보낸 편지」, 1514년 2~3월.

"기회가 되면 교황께 내가 그러더라고 말해 주게."라고 덧붙인 것을 보면, 레오 10세의 기대를 한 몸에 받고 있는 젊은 로렌초에 대해 좋은 말을 하는 것이 낫다고 판단했을 수 있다. 사석에서 "위대한 로렌초와 같은 인물이 메디치 가문에 없다."고 말한 것이 1513년의 투옥과 고문의 정황을 제공했던 터다.[18] 그렇다고 하더라도 그의 평가를 의도된 아부라고 치부하기에는 무리가 있다. 젊은 로렌초가 마키아벨리의 시야에 한 명의 '군주'로 들어왔다는 것을 부인할 수는 없다는 것이다.

우선 마키아벨리는 피렌체 시민들이 젊은 로렌초에게 위대한 로렌초의 시대를 다시 돌려주리라 기대하고 있다는 사실을 직시했다. 편지의 서두에 마키아벨리는 젊은 로렌초가 도시 전체를 희망으로 가득 차도록 만들었다고 지적하면서, "모두가 그로부터 그의 할아버지의 그토록 행복한 기억(la felice memoria)을 떠올리기 시작했다."고 적고 있다.[19] 위대한 로렌초 시대의 부활이라는 시대적 열망을 응시하고 있었던 것이다.

아울러 주목해야 할 것은 젊은 로렌초의 '자질(qualità)'이다. 동일한 편지에서 마키아벨리는 이렇게 적고 있다. "한마디로 그는 그 자신을 두렵기보다 사랑받고 존경받는 [존재]로 만들었네. 이것이 어려우면 어려울수록 더 그를 칭찬하도록 만드는 것 아니겠나."[20] 여기에 덧붙여, 그는 젊은 친구들을 대할 때에도 적당한 거리를 두는 엄격함, 상대의 이야기를 청취하면서도 휘둘린다는 느낌을 주지 않는 태도도 크게 칭찬하고 있다.

문제는 『군주』의 내용과 젊은 로렌초가 맞지 않는다는 것이다.

'시대적 요청'이든 '관후한 자질'이든, 젊은 로렌초는 『군주』 16장과 17장에서 마키아벨리가 밝힌 신군주의 덕목과는 동떨어진 인물이다. 위대한 로렌초에 대한 기억도 사랑과 존경을 유발하는 후덕함도 마키아벨리에게는 모두 자기 능력으로 일어서려는 군주가 경계해야 할 대상들이기 때문이다. 『강의』의 I권 18장과 49장의 말을 옮기자면, 젊은 로렌초는 폭력을 통해서라도 새로운 질서를 수립하려는 그러한 의지를 결코 찾아볼 수 없는 '좋은 사람(uno uomo buono)'이었던 것이다.

이렇듯 마음씨만 좋은 로렌초에게 왜 책을 바쳤을까? 마키아벨리는 젊은 로렌초는 최소한 "무슨 말인지는 이해할 수는 있을 것이다."는 정도의 기대를 가졌던 것 같다. 『군주』 26장에서 보듯, 젊은이의 패기를 가졌다면 외면하지는 않을 것이라는 기대가 있었던 것이다. 그리고 『군주』 15장에서 밝히고 있듯이, 이해할 수 있는 사람이라면 누구에게나 '유용한 것(la verità effettuale della cosa)'을 쓰려던 마키아벨리였다. 즉 판돌포 정도의 두뇌만 가져도 된다는 것이다.

그의 예측은 틀리지 않았다. 1516년 줄리아노의 뒤를 이어 교황령 군사 책임자가 된 젊은 로렌초는 우르비노 전투에서 큰 부상을 입고 피렌체에 주저앉고 만다. 결국 줄리아노도 젊은 로렌초도 자기의 능력이 아니라 다른 사람들의 노력을 통해 연명한 사람에 불과했던 것이다. 레오 10세의 후견이 없었다면 결코 자신들이 향유하던 지위를 갖지도, 유지할 수도 없었던 사람들이었고, 마키아벨리의 『군주』와 미켈란젤로가 조각한 그들의 무덤이 없었다면 후대에 기억되지도 않을 인물들이었던 것이다.

질문 2: 마키아벨리의 헌정사는 어떻게 읽혔을까?

젊은 로렌초가 마키아벨리의 『군주』를 읽었는지는 아직까지 밝혀지지 않았다. 그러나 읽었다고 하더라도 내색할 수 없었을 것 같다. 베토리처럼 반박하면 '무슨 말인지 이해하지 못하는 사람'이 될 것이고, 마키아벨리를 고용하면 '무슨 말인지 이해할 수 있는' 정도의 군주라는 평가밖에 받을 것이 없기 때문이다. 이런 맥락에서 본다면, 『군주』의 22장은 군주에게 헌정한 책이 담아서 좋을 것이 없는 내용을 갖고 있다.

헌정사도 마찬가지다. 군주가 불쾌해할 내용이 깔려 있다. '통상(Sogliono)'이라는 말로 시작되는 첫 문장은 『군주』가 중세부터 내려온 이른바 '군주의 교본(specula principum)'이라는 느낌을 준다. 그러나 『군주』가 제목만 라틴어이고 본문은 당시 토스카나어로 썼듯이, 첫 문장부터 통상적인 '교본'의 수준을 넘어서는 표현들로 가득 차 있다.

실패한 구직서

『군주』의 일차적인 목적은 구직이었다. 그러나 그는 운명의 소용돌이를 헤쳐 나아갈 '군주'에게 주문했듯이, 스스로도 복잡한 장식을 벗어던지고 무례하리만큼 과감하게 글을 써 내려간다. 그의 겸손은 곧 오만한 군주의 눈살을 찌푸리게 만든다. 첫 문장부터 그렇다. "군주로부터 은혜(grazia)를 획득하려는(acquistare) 사람이면 누구나"라는 표현을 사용하는 것이다. 군주의 선처나 관심을 바란다는 수동적 자세라기보다, 자기의 능력으로 받을 것을 받아가려는 태도를 보이는 구절이다. 수혜자와 피수혜자가 수평적 관계에 있을 때 사용되는 '획득하다'라는 동사를 구태여 사용한 것이다.

　마키아벨리는 무슨 말을 하고 있는 것일까? 통상적으로 군주의 호의를 구한 사람들은 무엇인가 바라는 것이 있어 그러할 뿐이라는 말을 내뱉고 있다. 바로 '획득하다'는 동사가 '은혜'라는 단어와 함께 사용되면서 만들어 내는 상반된 의미다. 은혜란 수혜자가 어떤 자격이 있어 받는 것이 아니라, 전적으로 은혜를 베푸는 사람의 호의로 전달되는 일종의 선물이다. 그렇다면, 지금까지 통상적으로 군주에게 무엇인가를 바쳤던 사람들은 그들이 받을 자격이 있다는 생각에 '획득하려'고 덤벼들었고, 군주는 그들이 받을 자격도 없지만 '호의'를 베풀었다는 말이 된다.

　반면 마키아벨리 자신이 구하는 군주의 은혜는 그렇지 않다는 것이다. 우선 자신은 결코 군주와 자기가 수평적 관계라는 생각을 갖지 않는다고 강조한다. '복종(servitù)'이라는 단어 속에 담은 그의 생각이다. 자기는 무엇인가를 획득하기 위한 것이 아니라, 군주의 종복으로서 자신이 갖고 있는 '위대한 인물들의 행동에 대한 지식(la cognizione delle azioni delli uomini grandi)'을 전해드리려고 한다는 것이다. 그러기에 자기의 글은 그 어떤 장식과 과장도 불필요하고, 그러기에 자기의 글은 조금의 온정(umanità)만 있으면 읽고 유익을 얻을 수 있으리라고 말한다. 누구든지 읽으면 '유용할 지식'이므로 읽어 주십사 하는 것이다.

그러나 '낮고 미천한 신분(basso e infimo stato)'의 사람으로서는 내뱉을 수 없는 말들이 그 다음에 전개된다. 바로 "군주가 모르는 바를 자기가 안다."고 말한 것이다. 이미 '장식(ornamenti)'이나 '격식을 차리고 웅장한 언어(parole ampullose e magnifiche)'라는 표현을 통해 유력 가문 자제인 젊은 군주의 평판을 정면으로 비난하고 난 후였다. 여기에다 그는 "군주의 본질(natura)을 알려면 인민이 될 필요가 있다."고까지 말한다.

어떤 군주가 이런 말을 좋아할까? 군주에게 훈계를 받는다는 느낌을 주지 않으려고 글의 절반을 군주에 대한 칭찬으로 채우던 시절이다. 그런데 군주가 '군주의 본질'을 모른다는 말, 곧 '통치'를 모른다고 쓴 것이다. 어떻게 다스려야 할지를 모르면서 높은 자리에 앉아 있다는 말을 듣고 좋아할 군주는 많지 않을 것이다. 그럼에도 불구하고, 마키아벨리는 점점 더 무례해진다. 자기가 주려는 '통치에 대한 지식'은 자격이 있는 사람이 대상이 아니라 '이해할 수 있는 사람'에게 주는 '선물(dono)'이며, 이러한 선물을 얻기 위해서는 당신이 "나를 필요로 해야 한다."고 주장하고 있는 것이다.

종복으로서 자기가 바라는 것은 군주의 위대함뿐이라지만, "당신은 통치에 대해 아는 바가 없다."는 말을 흔쾌히 받아들일 수 있는 통치자는 없을 것이다. 무례하게 생각지 말아달라고 말했지만, 군주로서 자격을 갖추고 있다는 그 어떤 언급도 없이 당신은 좋은 운을 타고났다는 말을 좋아할 군주는 없을 것이다. 그래서 "운과 다른 자질들이 당신에게 약속하고 있는 위대함"을 성취하기 위해서는 자신이 필요하다는 말은 이미 설득력이 없다. 젊은 로렌초가 이미 자기의 말을 듣지 못할 위인이라는 판단을 했을지도 모를 일이다.

새로운 조망

> 왜냐하면 풍경을 그리는 사람들이 산과 높은 곳의 특징(natura)을 고려하기 위해서는 낮은 곳으로 내려가고, 낮은 곳의 특징을 고려하기 위해서는 산꼭대기로 가듯, 인민들의 본질(natura)을 잘 알기 위해서는 군주가 되어야 하고, 군주의 본질을 잘 알기 위해서는 인민이 되어야 하기 때문입니다.
>
> ─『군주』, 헌정사, (5).

여기에서 마키아벨리가 사용하고 있는 비유는 실제로 당시에 사용되고 있던 원근법이다. 레오나르도 다빈치와의 친분에서 보듯, 그림과 지도 제작에 대한 마키아벨리의 지식은 남달랐다. 그리고 두 천재의 만남은 많은 연구자들의 상상력을 자극해 왔다. 1502년 이몰라의 체사레 보르자 궁정에서의 만남을 시작으로, 1503년 아르노 강의 물길 공사와 최근 발굴된 벽화 '앙기아리의 전투'의 계약까지, 재능은 있었지만 사회적 굴레에 갇혔던 두 천재는 많은 열정과 절망을 공유했다.[21]

마키아벨리의 비유를 지도 제작에 국한시킬 필요는 없다. 지도를 그리기 위해 지평을 따라가는 데 그치는 것이 아니라, 산에 올라가서 아래를 내려다보며 전체를 조망하는 작업까지 말하려 했기 때문이다. 이런 작업은 실제로 1502년 다빈치가 체사레 보르자의 부탁으로 이몰라의 지도를 그려 주었을 때 사용했던 방법이다. 그리고 마키아벨리가 이런 것들을 다빈치로부터 알게 되었으리라는 추측도 가능하다. 문제는 지도냐 채색이냐가 아니다. '그리는 사람(coloro che disegnano)'이 두 각도를 모두 알고 있어야 하느냐는 것이다. 즉 '새의 눈'을 갖고 전체적 풍경을 조망할 수 있는 능력을 마키아벨리가 정치 현상에 대한 자신의 지식과 동일한 것으로 말하려고 했냐는 것이다.[22]

일군의 학자들은 '새의 눈'과 마키아벨리의 비유를 일치시키는 것 자체를 달갑지 않게 생각한다. 마키아벨리의 『군주』를 '군주의 교본'의 전통에서 해석하려는 입장이나, 마키아벨리를 당시 인문주의 전통에서 이해하려는 입장에서 이런 견해는 더욱 뚜렷하다. 왜냐하면 '새의 눈'은 마키아벨리가 어떤 본질적인 것에 대한 지식을 꿰뚫고 있다고 말하는 것처럼 보이게 만들고, 당시 동시대인들과 완전히 단절된 근대 정치철학자로 규정하는 것을 용이하게 만들며, '신'을 대체한 '인간'처럼 자만하는 인상을 줄 수 있다고 보는

것이다.[23]

그러나 마키아벨리에게 풍경의 다각적 조망은 매우 중요하다. 전쟁을 통치의 주요한 행위로 생각한 그에게는 더욱 그러했다. 전체가 한눈에 들어와야 하고, 개별 군대의 특성에 대한 이해는 필수적이었다.[24] 소실점이 하나인 '단선적 전망(linear perspectivism)'은 전술을 세우기에 너무 빈약하다. 최소한 한 개 이상의 소실점이 필요하다. 아니 그보다도 더 많은 소실점이 필요할지도 모를 일이다. 그렇지 않으면, 마키아벨리의 참담함도 시민들의 궁핍함도 결코 해소될 수 없기 때문이다.

결국 '새의 눈'이 말하는 바는 또 다른 시각이다. 스스로가 모든 것을 안다고 자위했을 수도 있다. 젊은 로렌초와 동시대의 유력 가문 자제들에게는 마키아벨리가 그렇게 보였을 수도 있다. 위엄으로 치장하고 화려한 수사에 젖어 있는 귀족들에게, "너희는 우리를 알 수 없다."는 말이 편치만은 않았을 것이다. 그러나 무엇보다 중요한 것은 마키아벨리에게는 시민들의 궁핍한 삶을 직시하는 군주가 필요했다는 점이다. 시민들의 삶을 모른다면 자신을 고용해야만 한다는 것이다. 그러지 않는다면, 『강의』에서 그가 꿈꾸던 "권력을 제외하고는 군주로서 모든 자질을 갖추고 있는" 히에론(Hieron)이 필요한 형국이었던 것이다.

1부
군주정

1장
얼마나 많은 종류의 군주정이 있고,
어떤 방식으로 군주정들은 획득될까

Quot sint genera principatuum et quibus modis acquirantur.

질문 1: '지배(dominium)'와 '통치(imperium)'는 다른가?

마키아벨리의 첫 번째 장은 모든 정체에 대해 설명하고 있다. "얼마나 많은 군주정체가 있고, 그것이 어떤 방식으로 획득되는지"를 밝히겠다는 것이 첫 번째 장의 목적이다. 그런데 첫 문장부터 심상치 않다. 첫 문장을 읽은 동시대 지식인들이라면 아리스토텔레스의 『정치학』의 첫 문장을 떠올렸을 것 같다. "모든 도시(polis)는 일종의 결사(koinonia)이며, 모든 결사는 어떤 선(agathos)을 위해 구성"된다는 말과 비슷한 이야기를 마키아벨리가 하고 있다고 생각했을 것이다.[25]

그 차이도 금방 알아차렸을 것 같다. 아리스토텔레스와 같은 형식을 취했지만, 매우 다른 인간과 정치 공동체에 대한 시각을 드러냈기 때문이다. 첫째, 아리스토텔레스에게 정치 공동체의 보편적 특징은 '선'이지만, 마키아벨리가 발견한 공통점은 '지배(dominion)'다.

> 통치체(imperio)를 가지고 인간을 다스려 왔거나 다스리는 모든 국가(stati)와 모든 지배(dominii)는 공화정 아니면 군주정이다.
> ―『군주』, I장, (1).

여기에서 마키아벨리가 사용하고 있는 '통치체(imperio)'는 로마법 전통에서 말하는 지배(dominium)와 통치(imperium)의 구분을 따른 것이다. 로마법 체계에서 지배와 통치는 모두 권력(potestas)과 연관되지만, 전자는 사적인 소유 또는 지배를 지칭하고, 후자는 정치적인 통제 또는 관리에 대한 정당성의 유무와 관련되었다. 이러한 로마법 전통을 마키아벨리의 첫 문장과 연관시키면 두 가지 주장을 발견하게 된다. 하나는 '공화정'과 '군주정'은 모두 주권적 통치(imperium)를 통해 정치적 권위를 인정받을 수 있는 정치체제라는 점이고, 다른 하나는 두 정치체제 모두 물리적 점유의 대상이 될 수 있다는 점이다.

봉건시대부터 이러한 로마법의 구분은 파괴되기 시작했다. 그렇지만 공화정의 복원을 꿈꾸던 사람들의 입장에서 본다면 사적 권력과 공적 권위의 구분을 무시하는 서술은 용납할 수 없었을 것이다. 즉 '군주정(monarchia)'과 '참주정(tyrannida)'의 구분이 불필요해지고, '공화정'과 '중우정(ochlokratia)'의 구분도 희미해진다. 『강의』에서 보여 주는 마키아벨리의 '권력(potenza)'과 '권위(autorità)'에 대한 구분도 무력해진다. 전자도 후자도 '지배' 또는 '힘'이라는 공통점을 갖게 되면서, 결국 무엇이 '지배'의 결과일 때 그것이 '효과적'인지의 문제만 남는다.

둘째, '구성'과 '성취'의 차이를 발견했을 것이다. 아리스토텔레스는 '정치적 공동체(koinonia politike)'라는 표현을 통해 동물의 군집과는 다른 결속을 강조하고자 노력했다. 인간은 동물과는 달리 '사는 것(zen)'뿐만 아니라 '잘사는 것(eu zen)'을 목표로 한다는 점을 분명히 한 것이다.[26] 반면 마키아벨리에게서는 이런 생각을 읽을 수 없다. 성취할 대상으로서 '군주정'을 규정하는 것이 더 중요하다. '어떤 좋은 것'을 대변했던 아리스토텔레스의 '군주정'은 마키아벨리에게서는 더 이상 악을 대변하는 '참주정'과 구분되지 않는다.

역설적인 것은 '공화정'과 '군주정'의 보편적인 성격을 '지배'로 규정했음에도 불구하고, 공화정을 '획득'되는 물리적 점유의 대상으로 상정하지 않았다는 점이다. 2장에서 마키아벨리가 말하듯, 표면적인 이유는 공화정에 대해서는 『강의』에서 다룬다는 것이다. 그럼에도 불구하고, 우리는 마키아벨리가 귀족과 평민의 숱한 대립을 통해 만들어져 갔던 로마공화정을 선호했다는 사실이 『군주』에서도 드러나는 것을 알게 된다. 탁월한 한 사람에 의해 획득되기보다 시간의 흐름 속에서 구성되는 공화정을 그가 더 선호한다는 것을 표현한 것이다. 물론 공화정도 획득의 대상이 될 수 있다. 그러나 어느 한 집단이 '점유'하거나 한 사람에 의해 획득될 때, 공화정은 더 이상 '공화정'일 수는 없다고 본 것이다.

어쩌면 우리는 마키아벨리로부터 두 가지 생각을 동시에 요구받고 있는지도 모른다. 하나는 '지배'하고자 하는 열망이 곧 '정치'의 시작이라는 관점이고, 다른 하나는 '군주정'은 '획득'되어야 하기에 더욱 지배하고자 하는 열망을 필요로 한다는 것이다. 전자는 공화정이든 군주정이든 정치가가 가지는 보편적 특성이라면, 후자는 군주정에만 해당되는 성공의 열쇠라는 것이다. 이런 맥락에서 볼 때, 공화정을 전복해서 권력을 찬탈한 용병대장 스포르차(Francesco Sforza, 1401-1466)의 밀라노공국이 새로운 군주정의 예로 등장한 것은 하나도 이상할 것이 없다. 군주정은 운(fortuna)으로든 자기 능력(virtù)으로든, 사악한 방식으로든 정당한 방식으로든, 획득하기만 하면 되기 때문이다.

질문 2: 군주정의 분류는 어떤 의미를 갖는가?

I장에서 마키아벨리는 모든 정체를 일곱 가지 형태로 구분한다. 우선 공화정과 군주정으로 나눈다. 그리고 군주정을 세습 군주정과 새로운 군주정으로 나누고, 후자를 완전히 새로운 군주정체와 혼합 군주정체로 나눈다. 이후 획득된 대상의 성격에 따라 획득된 군주정과 획득된 공화정으로 나누고, 획득의 방식에 따라 타인의 힘 또는 운을 통해 획득된 것과 자기의 힘 또는 스스로의 능력으로 획득된 것이 있다.

이 구분은 지켜지지 않는다. 세습 군주정은 2장에서 다루어지고, 혼합 군주정은 3장에서 5장에 이르기까지 혼합 형태에 따라 세 가지로 세분된다. 그리고 완전히 새로운 군주정체와 획득 방식과 획득된 대상에 따른 분류가 혼합된다. 6장은 자기의 능력으로 세운 군주정체, 7장은 타인의 도움이나 운으로 세운 군주정체, 8장과 9장은 각각 잔인한 범죄를 통해 세워진 것과 정당한 수단을 통해 세워진 것을 다룬다. 그리고 11장에서 교회 군주정이 첨가된다.

이러한 분류가 갖는 의미는 무엇일까? '지배'라는 측면에서 볼 때 모든 정체는 동일하고, 통치되는 방식과 획득되는 방식에 따라 다른 모습을 가진다. 그렇다면 어떻게 하나의 정체가 만들어지고 유지되는지를 설명할 때 진정 '획득되는 방식'에 따른 구분만이 유효할까? 혹시 획득되는 방식만큼이나 유지되는 것이 더 중요하다는 것을 보여 주기 위한 것은 아닐까? 이런 맥락에서, 우리는 마키아벨리의 『군주』를 아리스토텔레스의 '자애로운 참주'에 대한 조언과 비교하면서 읽을 수밖에 없다.[27]

2장
세습 군주정
De Principatibus Hereditariis

질문 1 : 『강의』를 쓰고 있었던 걸까?

2장의 첫 문장에서 마키아벨리는 '공화정'에 대해서는 "다른 곳에서 길게 이야기하니" 생략하겠다고 말한다. 아마도 이 한 문장이 서지학적으로 얼마나 많은 논쟁을 불러일으킬지 그는 상상도 못했을 것이다. 오랜 시간 동안, 첫 번째 문장은 『강의』와 『군주』의 연관성에 대한 수많은 상상과 억측을 제공해 왔다. 상반된 주제의 책이 동일한 사람의 손에서 나왔다는 것 자체가 수수께끼였으니 더욱 그러했다.

1782년 마키아벨리의 전집이 피렌체에서 출간되기 전까지, 일반적으로 마키아벨리는 여전히 『군주』의 저자로만 알려졌다.[28] 장 보댕(1530-1596)이나 프랜시스 베이컨(1561-1626)이 『강의』를 언급하기는 했지만, 마키아벨리는 참주의 '악마적 선생'이라는 꼬리표를 완전히 벗어던지지 못했다.

이전부터 『군주』를 『강의』를 통해 해석하려는 노력이 없었던 것은 아니다. 예를 들면, 스피노자(1632-1677)는 훨씬 일찍부터 마키아벨리를 '자유의 신봉자'로 보았다.[29] 그러나 『강의』의 저자로 마키아벨리가 재평가받기 시작한 것은 유럽에서 계몽주의가 급물살을 타고 있을 때였다. 1782년 출판은 이런 변화된 분위기를 반영하는 것으로, '공화주의자'로서 마키아벨리를 본격적으로 조명하는 계기를 마련한다.

최초의 계몽주의 철학자 마키아벨리

계몽주의 정치철학자들은 『강의』의 내용에 크나큰 공감을 느꼈다. 몽테스키외(1689-1755)는 『강의』의 핵심적인 생각들을 자신의 로마공화정의 붕괴에 대한 고민으로 재구성했고,[30] 루소(1712-1778)는 마키아벨리가 군주가 아니라 인민을 가르치고자 했음에도 불구하고 피상적인 독서에 희생되었다고 개탄했다.[31]

이후 마키아벨리는 '근대 민주주의 혁명의 정신적 아버지'로 불리게 된다.[32] 18세기 혁명가들 사이에서 마키아벨리의 저작들은 필독서였고, 그의 주장들은 이들이 혁명의 불가피성을 선전하고 정당화하는 데 중요한 역할을 담당했다.[33] 러시아 혁명을 주도했던 트로츠키는 『강의』의 I권 55장을 언급하면서, 마키아벨리를 민주주의 혁명을 보급시킨 정치철학자라고 칭하기까지 했다.[34]

마키아벨리가 이렇게 이해되는 것을 개탄하는 정치철학자도 있다. 레오 스트라우스(Leo Strauss, 1899-1973)가 대표적이다. 그의 견해를 따르면, 마키아벨리는 최초의 계몽주의 철학자다.

> 마키아벨리는 다수를 새로운 방식과 질서로 끌어들여, 그 결과 한 사람 또는 소수의 생각을 다수의 의견으로, 그리고 그 밖의 것을 대중적 힘으로 전환시키는 선전을 통해 '철학과 정치권력의 일치'가 도래할 수 있다고 믿은 최초의 철학자다. 마키아벨리는 '위대한 전통'과 단절했고, 계몽주의를 일으켰다.
> ─ 레오 스트라우스, 『마키아벨리』, 1979[1958], 173.[35]

여기에서 '철학과 정치권력의 일치'가 의미하는 바는 플라톤의 철인정치다. 플라톤에게 철인정치는 곧 이상국가의 실현이고, 궁극적으로는 인간 능력 밖의 일이다. 왜냐하면 탁월한 철학자가 정치권력을 가지는 것은 가능하기는 하지만 좀처럼 일어나지 않는, 이른바 우연으로밖에 설명되지 않는, '신'이나 '초자연적 동인'에 의해 좌우되는 일이기 때문이다.[36] 이에 반해, 스트라우스의 해석을 따르면, 마키아벨리는 자신이 구상한 이상적인 정치체제를 대중에게 선전함으로써 이상국가의 실현이 가능하다고 믿은 최초의 정치철학자라는 것이다.

이런 입장에서 볼 때, 젊은 로렌초는 마키아벨리가 생각하는 군주의 범주에서 완전히 벗어난다. 마키아벨리는 이미 자기의 말을 이해할 수 있고, 변화를 열망하는 일반인들을 자기 책의 독자로 생각한 것이다. 안토니오 그람시(1891-1937)의 표현을 빌리면, 마키아벨리는 '유기적 지식인(intellettuale organico)'이었던 것이다. 지배적인 질서와 담론에 저항할 수 있는 대안적인 정치 구상과 대항 담론을 만들고, 소수의 지식인층뿐만 아니라 다수 인민을 가르치고 변화시킴으로써 새로운 정치 질서를 확립하려고 노력했던 실천가였던 것이다.[37]

최초의 계몽주의 철학자든, 시민적 삶을 회복시키려는 공화주의자든, 근대 혁명의 아버지든, 악의 교사든, 그를 『군주』의 저자로 국한시킬 수 없다.[38] 따라서 우리는 『군주』와 『강의』를 함께 읽을 수밖에 없다. 『강의』 속에서 『군주』를 발견한다면, '참주'를 견제하고 억제할 수 있는 시민적 자유가 획득되고 유지되는 방법에 대해 꼼꼼히 읽어 볼 필요가 있다. 『강의』를 읽어도 그가 '참주의 조언자'로밖에 보이지 않는다면, '참주(tyrannos)'에 대한 고전의 충고를 꼼꼼히 되짚어 볼 일이다.[39] 그러지 않으면, 마키아벨리의 생각을 이해할 수 없을 것이다.

『강의』의 '제왕적 권력'

서지학적 논의의 핵심은 과연 『강의』를 쓰던 중에 『군주』를 쓰게 되었느냐는 것이다. 이런 논의의 중심에 『강의』 I권 18장이 있다. 이 장에서 마키아벨리는 부패한 공화정의 개혁을 위해서는 폭력적이고 무자비한 '제왕적 권력'의 행사가 불가피하며, 그것이 공화정이든 군주정이든 최초 정치 질서의 수립은 한 사람(uno solo)에 의해 수행될 수밖에 없다는 점을 강조한다. 역설적 표현이 마키아벨리의 습관이라고 하더라도, 『강의』 전반에 서술된 '갈등과 변화의 제도화'라는 공화주의적 전망과는 매우 상반된 견해를 피력한 것이다.

어떤 학자들은 『군주』를 집필할 즈음 마키아벨리에게 사상적 전환이 있었다고 주장한다.[40] 마키아벨리가 피렌체의 파벌과 부패를 극복하기 위한 혁명적 전제의 필요성을 느끼게 되었다는 것이다. 과연 마키아벨리의 사상을 상황논리로 단순화할 수 있을까? 『강의』에 나온 공화정과 관련된 풍부한 논의들을 혁명적 청사진으로 무분별하게 환원시키는 오류를 범하지는 않을까?

또 어떤 학자들은 마키아벨리의 저술에서 논리적 일관성을 찾는 것 자체를 포기하라고 충고한다.[41] 마키아벨리는 역사적 사실의 정확성이나 논리적 일관성보다 자기 자신이 가지고 있던 정치적 이상을 관철시키기 위한 수사적 기교에 더 많은 주의를 기울였다는 것이다. 마키아벨리의 저작에서 수많은 모순들을 접하는 우리에게 꽤 일리가 있는 설명으로 들리기도 한다. 그러나 문제는 어떤 '정치적 이상'을 마키아벨리가 관철하려고 했냐는 것이다. 결국 동일한 질문으로 돌아갈 수밖에 없다.

이탈리아 제도사를 연구하는 학자들은 마키아벨리가 군주정과 공화정이라는 구분 자체에 무관심했고, 프랑스 왕정과 같은 입헌군주정과 로마공화정과 같은 혼합 공화정의 형태 모두를 수용했다고 주장하기도 한다.[42] 반면 마키아벨리로부터 근대성을 찾으려는 학자들은 예외적이고 폭력적인 전제의 불가피성을 주장함으로써, 고전적 공화주의 전통에서 벗어난 새로운 형태의 공화주의가 나타난 것이라고 주장한다.[43]

『강의』의 18장에 등장하는 '새로운 군주'는 고전적 의미로는 '참주'다. 자기 자신의 의지를 따라 무제한적인 힘을 행사해야 하며, 기존의 관습이나 제도의 틀을 벗어나 모든 것을 새롭게 만들어야 하기 때문이다. 이른바『강의』I권 25장에서 절대적 권력을 통해 모든 질서를 새로운 것으로 대체하는 혁명적 참주인 것이다. 그러나 우리는『강의』I권 37장에서 '혁명적 참주'는 시민적 삶을 보장할 수 없다는 말을 무시할 수 없다. 『군주』의 저작 시기와 무관한, 그리고 상황논리로 풀 수 없는 그만의 정치철학이 존재하는 것이다.

500년 동안의 수수께끼를 한꺼번에 풀 수는 없다. 새로운 군주정이 어떻게 구성되는지, 마키아벨리가 과연 키루스와 같은 참주를 통해 피렌체의 자유를 회복하고자 했는지, 마테우치(Nicola Matteuci, 1926-2006)가 지적하듯 귀족과 인민의 정치적 주도권을 장악하기 위한 분쟁을 혁명으로 종식시키고자 한 것인지,[44] 직접 읽어 보는 것 외에는 왕도가 없다.

질문 2: 세습 군주정은 어떻게 수립될까?

I장에서 전개된 군주정 분류를 따른다면, 2장의 내용은 세습 군주정이 어떻게 획득될 수 있을까에 대한 설명이 되어야 했다. 그런데 마키아벨리는 2장을 세습 군주정이 "어떻게 통치되고 유지되느냐?"에 대한 토론으로 전환시켰다. 동시에 '세습 군주정'을 어떻게 무너뜨릴 수 있는지에 대한 답도 찾고 있다.

위기관리가 가능한 정체

세습 군주정은 '혈연(sangue)'에 기초한다. 그리고 혈연은 익숙하고 습관적인 복종을 가져온다. 그래서 세습 군주는 조금의 '부지런함(industria)'만 있어도 정체를 유지하는 데 큰 어려움이 없다. 선대로부터 동떨어진 정책을 추진해야 할 이유도 없고, 예측하지 못한 사건이 발생해도 '시간을 끌면' 그것이 초래한 위기가 자연히 소멸될 수도 있다.

여기에서 '시간을 끌다(temporeggiare)'라는 동사는 매우 중요하다. 『강의』 I권 33장과 37장에서 보다시피, 공화정체에서 코시모(Cosimo de' Medici, 1389-1464)와 같이 대중적 인기를 한 몸에 끌고 있는 인물이 등장할 때, 마키아벨리는 공화정 지도자들에게 "시간을 끌어야 한다."는 주문을 한다. 일찍 제거하는 것이 가장 좋지만, 정면으로 대응하기보다 시간을 끌면서 '잠재적 참주'의 위험이 소멸되기를 기다려야 한다는 것이다.

얼핏 보면, 『군주』 3장의 우유부단한 '우리 시대의 현자' 보카치오(Giovanni Boccaccio, 1313-1375)와 똑같은 말을 하는 듯 보인다.⁴⁵ 그러나 꼼꼼히 살펴보면, 그렇지 않다. 『강의』 3권 11장에서 보듯, 시간을 끄는 것도 힘이 있을 때만 가능하다. 힘이 없으면 시간을 끌 수도 없고, 이런 상황에서 지연 전략은 나쁜 결과만 가져온다. 자기 세력을 강화시킬 능력도 없이 시간만 끌면, 지연된 시간만큼 적은 더 강력해지기 때문이다.⁴⁶ 자기가 통제할 수 없는 것을 기대하기보다 자기의 능력과 판단에 의지하라는 마키아벨리의 충고와 정반대되는 것이다.

흥미로운 것은 마키아벨리가 세습 군주정을 '시간을 끌 수 있는' 정체로 보았다는 점이다. 『강의』 3권 9장에서 체제 유지에 관한 한 공화정체가 군주정체보다 월등하다고 말하는 것과 유사한 어조로, 시간을 끌 수 있을 정도로 안정적 정치체제라고 말한다. 빼앗긴다고 하더라도 쉽게 되찾을 수 있다고까지 말한다. 자유를 향유했던 시민들이 군주의 폭압을 견디지 못하듯,⁴⁷ 세습 군주도 과거의 유산을 통해 손쉽게 권력을 되찾을 수 있다고 본 것이다.

예외적 힘(straordinaria forza)

질문의 각도를 바꾸어 보도록 하자. 세습 군주정은 난공불락일까? 마키아벨리는 '예외적이고 강력한 힘(una straordinaria ed eccessiva forza)'을 통해서라면 획득할 수 있다고 대답한다. 이때 '예외적'이라는 단어를 '강력한'이라는 단어의 동어반복이라고 일축하기에는

그 의미가 다층적이다.[48]

『군주』에서 '예외적'이라는 말은 예견하지 못한 사건이나 '새로운 군주'와 관련되고, 『강의』에서 이 말은 '우연적 사건'과 함께 '초법적 권위'나 '혁명적 참주'와 연관되어 사용된다. 두 저작 모두 '예외적'이라는 말을 '폭력(violenzia)'과 '무력(armi)'의 예외적 사용의 묘사에 사용하는 것이다. 즉 우연적 사건이 '신(Dio)' 또는 '운(fortuna)'이라는 초인간적 존재의 힘을 반영한다면, '예외적'이라는 단어는 초인간적 힘과 대등할 정도의 '절대적 권력'을 행사해야 할 필연성을 내포하는 것이다.

결국 세습 군주정도 '예외적이고 강력한 힘'에 의해 붕괴될 수 있다는 말이다. 이런 맥락에서 볼 때, 마키아벨리가 제시한 성공적인 세습 군주의 예도 따져 보면 어설프다. 페라라 공작(Ercole d'Este, 1431-1505)이 1484년 베네치아 공화정으로부터 스스로를 성공적으로 방어했다는 말에 동시대인이라면 누구든지 파안대소했을 것이다. 페라라 공작이 자신의 권좌를 지킬 수 있었던 것은, 전적으로 이탈리아 군주들이 베네치아와 교황 식스투스 4세(1414-1484)에 대항해 연합 세력을 구축한 덕분이었기 때문이다.

사실 소금을 둘러싸고 벌어진 '페라라 전쟁(Guerra del Sale)'(1482-1484)으로부터 페라라 공작이 얻은 것은 치욕뿐이었다. 그의 영토가 교황령으로 편입되는 것은 막았지만, 영토의 일부를 베네치아에 양도해야 했기 때문이다. 그리고 베네치아의 포위로 파괴된 것은 그의 영토뿐이 아니었다. 자기도 병들어 드러눕고 말았던 것이다. 세습 군주로서 그는 성공과는 거리가 멀었던 것이다.

반면 그의 아들 알폰소(Alfonso d'Este, 1476-1534)는 성공한 세습 군주라고 할 수 있다. 2010년 교황 율리우스 2세로부터 파문당하고, 그와의 전투에서 영토의 일부(첸토, 루고, 바냐카발로, 모데나)를 잠시 동안 빼앗긴 적이 있다. 그러나 그는 자신의 영토를 성공적으로 방어한 군주였다. 이미 베네치아 해군을 폴레셀라 전투(1509)에서 성공적으로 물리쳐 볼로냐를 차지했고, 라벤나 전투(1512)에서 프랑스의 승리를 도왔으며, 카를 5세(1519-1556년 재위)의 이탈리아 원정에 참여함으로써 더 이상 교황이 자신의 영토를 넘보지 못하도록 만들었다. 일정 정도의 '부지런함'만으로도 어떻게 세습 군주가 행복한 결과를 가져올 수 있는지를 보여 줄 수 있는 좋은 예였던 셈이다.

그러나 보다 좋은 예는 젊은 로렌초일 것이다. 전술한 바, 마키아벨리는 그가 공격적이지 않고, 그렇기에 신민들로부터 크게 사랑을 받는다고 말한 바 있다.[49] 동일한 방식으로 마키아벨리는 세습 군주의 행운을 설명한다. 한마디로 줄이면, 세습 군주는 공격적일 '이유'도 '필연성'도 없고, '사랑받기에 더(sia più amato)' 적합하다는 것이다. 경멸을 불러일으키는 행위만 없다면, 신민들은 그를 공격하지 않을 것이라고까지 덧붙인다.[50]

그 이유를 마키아벨리는 오랜 지배가 '혁신의 기억과 이유(le memorie e la cagioni delle innovazioni)'를 소진시켰기 때문이라고 말한다. '혁신의 기억'이란 최초 세습 군주정의 시작, 즉 '새로운 군주'의 출현을 야기했던 시대를 지칭한다. 그리고 혁신의 이유란 '새로운 군주'를 필요로 했던 시대적 상황을 말한다. 즉 오랫동안 세습 군주정에서 살았던 신민은 "왜 그리고 어떻게 지금의 군주정이 세워졌는지"를 알지 못한다는 것이다. 이 말을 뒤집으면, 세습 군주정은 신민들이 '혁신의 기억과 이유'를 망각했기 때문에 특별한 문제가 없으면 유지된다고 본 것이다.

마키아벨리는 "항상 하나의 변동은 또 다른 업적을 위한 자리를 남긴다.(sempre una mutazione lascia lo addentellato per la edificazione dell'altra.)"는 말로 이야기를 끝맺는다. 이 문장은 글자 그대로 번역하면 이빨 모양으로 일렬로 서 있는 집들을 묘사하기에, 세습 군주정의 역사적 지속을 의미하는 것같이 보인다. 그러나 이 문장은 '하나의 변혁은 또 다른 변혁의 빌미를 제공'한다는 의미로 해석될 수도 있다. '변동(mutazione)'이라는 단어가 '정체의 변화'를 의미하기도 했던 시대였기 때문이다.

종합하면, 마키아벨리에게 세습 군주정은 난공불락이 아니다. 혁명적 참주와 같은 예외적 힘을 통해 무너질 수 있는 정치체제다. 옛 자취(obmra)를 존속시키면서 모든 것을 새롭게 한다면 세습 군주정으로의 회귀도 막을 수 있다.[51] 세습 군주가 최초에 세습 군주정체가 성립된 '기억과 이유'를 모르고 통치하는 경우에는 쉽게 무너뜨릴 수 있다. 끊임없이 변화하는 정치체제만이 살아남기 때문이고, 변화하지 않으면 세습 군주도 아래로부터 들끓는 변화의 열망에 어이없이 무너질 수 있기 때문이다.

3장
혼합 군주정
De Principatibus Mixtis

'혼합(misto)'이라는 말은 마키아벨리의 피렌체 개혁 청사진을 읽는 데 매우 중요한 단어다. '혼합 군주정'이나 '혼합 정체'와 같은 단어를 이해할 때, 무엇보다 '혼합'은 '융합'과 다른 뜻을 갖고 있다는 사실에 주목해야 한다. '혼합'은 다른 성질의 것들이 각각의 특성을 잃지 않으면서 하나의 구조 아래 상호작용하는 상태를 의미한다. 즉 다른 성질의 것들이 합쳐져서 완전히 다른 형질로 변하는 과정을 요구하지 않는다는 말이다.

『강의』 I권 2장에서 마키아벨리가 말하는 '혼합 정체(governo misto)'가 좋은 예다. 그의 혼합 정체는 군주정, 귀족정, 그리고 민주정의 요소들이 함께 존재한다. 각각의 특성을 유지해야 할 뿐만 아니라, 각각의 특성을 나타내는 집단의 구성원이 그 집단이 목표하는 바를 정체 안에서 구현하려고 노력해야만 '혼합 정체'의 장점이 살아날 수 있다.

그러나 3장에서 설명하는 '혼합 군주정'은 당초 기대했던 것과는 다른 내용을 담는다. 『강의』의 '혼합'이 각기 다른 계층과 계급들의 이해를 반영하는 공화정의 장점과 관련된다면, 『군주』의 '혼합'은 언어와 관습이 다른 영토의 병합과 연관된다. 물론 우리의 호기심을 자극하는 암시가 없는 것은 아니다. 첫째는 피렌체가 중심이 된 이탈리아 연방의 구성이고, 다른 하나는 이탈리아 제국의 건설이다. 그러나 두 가지 암시들은 모두 텍스트 속에 숨어 있는 뜻을 유추해야 한다는 해석학적 한계를 갖고 있다.

질문 1 : 왜 '혼합 군주정'은 유지되기 힘든가?

1장에서 언급한 바를 따른다면, 이번 장에서 마키아벨리는 프란체스코 스포르차의 밀라노공국과 같이 완전히 새롭게 건설된 군주정에 대한 이야기를 전개했어야 했다. 그러나 그는 새로운 군주정의 이야기를 혼합 군주정으로 시작하고, 그가 사용하는 예도 프란체스코의 아들인 루도비코 스포르차(Ludovico Sforza, 1452-1508)로부터 밀라노공국을 빼앗은 프랑스의 루이 12세(1462-1515)다. 6장에서 보듯, '완전히 새롭게 건설된 군주정'은 프란체스코와는 비교도 할 수 없는 위대한 인물들에게 할애된다.

이때 혼합 군주정은 기존의 군주정이 영토를 확장한 경우를 말하고, 새로운 군주가 당면하는 어려움은 확장한 영토를 유지하는 과정에서 겪는 곤란함을 말한다. 그래서 마키아벨리는 '일부 (membro)'라는 용어를 사용한다. '일부'라는 단어는 당시에 몸의 부분 또는 기관을 지칭했다. 따라서 이러한 용례를 따르면, 마키아벨리의 혼합 군주정은 하나의 독립된 개체로 새로운 영토가 기존의 군주정에 병합된 형태를 의미하는 것이 된다. 그리고 루이 12세가 차지한 밀라노공국은 프랑스로부터 언제든지 분리 또는 독립될 수 있었던 영토에 불과한 것이 된다.

변화에 대한 열망

그러나 마키아벨리는 새롭게 차지한 영토를 유지하기가 왜 어려운지에 대한 이야기를 "분리 또는 독립될 수 있다."는 혼합 군주정의 구조적 특성과 관련시키지 않는다. 대신 마키아벨리는 그의 이야기를 인간 본성에 대한 정치심리학적 분석으로부터 시작한다. 새로운 군주가 겪는 어려움은 병합이라는 구조적 한계만큼이나, 새로운 군주를 통해 무언가를 성취할 수 있으리라 기대했던 사람들의 욕망에서 비롯된다고 말한다.

> 인간들은 더 나은 생활을 할 수 있다는 믿음에서(credendo migliorare), 기꺼이 그들의 지배자(signore)를 갈아치우려고 하며, 이런 믿음이 그들로 하여금 [지배자]에게 무기를 들고 봉기하게 만든다.
>
> ——『군주』, 3장, (1).

이런 맥락에서 볼 때, 혼합 군주정이 겪는 어려움은 일차적으로 모든 정치체제가 경험하는 문제다. 변화에 대한 열망이 빚어내는 위기로부터 자유로운 정치체제는 없기 때문이다. 공화정도 예외가 될 수 없다. 『강의』 1권 37장에서 보듯, 원래 인간은 자기가 가질 수 있는 능력 이상의 것을 원하고, '좋은 환경에서(nel bene)'조차 따분함을 느끼는 습관이 있다. 그러기에 『강의』 3권 21장에서 언급되듯, 공화정의 지도자들도 '더 좋은 것'과 '더 많은 것'을 가지려는 인간의 본성으로부터 자유롭지 못하다.

결국 혼합 군주정의 군주는 보다 직접적인 위험 속에 노출되어 있을 뿐이다. 모든 군주가 그러해야 하듯, 혼합 군주정의 군주도 변화에 대한 열망을 주시해야 한다. 『군주』 17장에서 이야기되듯, 신민들이 보여 주는 충성이나 애정을 과신해서는 안 된다. 지지를 받더라도, 혼합 군주정의 군주는 변화에 대한 열망을 더더욱 주도면밀하게 살펴봐야 한다. 그는 지배자를 갈아치우려는 욕망을 노출시키면서까지 새로운 주인을 지지한 사람들에게 둘러싸여 있기 때문이다.

그러기에 혼합 군주정의 군주는 병합한 영토를 유지하는 데 어려움이 많다. 우선 영토를 확장하는 과정에서 피해를 입은 사람들이 갖고 있는 적대감을 알고 있어야 한다. 그리고 나쁜 환경에서 벗어나기 위해 자기를 지지한 세력들이 처지가 더 나빠졌다고 느끼는 순간, 걷잡을 수 없는 위기 국면에 봉착한다는 사실을 알고 있어야 한다. 더 나은 삶에 대한 기대를 잘 관리하지 못하면 혼합 군주정은 바로 몰락의 길에 다다르는 것이다.

'자연적'인 어려움

그래서 혼합 군주정이 당면하는 어려움은 하나같이 '자연적(naturale)'인 것으로 묘사된다. 다시 말하자면 자연적인 어려움은 모두 인간의 본성에서 비롯되는 것으로 서술된다. 가진 것을 잃든지, 가지고자 하는 것을 얻지 못하든지, 모두 인간의 '열망'과 관련되는 것이다. 얼핏 보기에, 혼합 군주정의 실패는 어쩌면 당연한 것처럼 비친다. 영토를 확장함과 동시에 혼합 군주정은 '자연적'인 어려움에 봉착하기 때문이다.

그러나 '자연적'이라는 말로 모든 것이 간단하게 정리되진 않는다. 새로운 군주에 대한 지지도 자연스럽고, 새로운 군주가 봉착하는 어려움도 자연스러운 것이 되기 때문이다. 즉 변화에 대한 열망이 혼합 군주정의 새로운 군주에게 한편으로는 '자연적인 유리함'이 되고, 다른 한편으로는 '자연적인 어려움'을 초래한다는 것이다. 도대체 이렇게 두 가지 상반된 결과들 사이에서 혼합 군주정의 군주는 무엇을 선택해야 할까?

혼합 군주정의 '자연적 어려움'과 관련된 이야기에서 마키아벨리는 상대를 '너(tu)'라고 부르면서 극적인 전환을 노린다. 마치 젊은 로렌초가 3장까지는 결코 보지 않을 것이라고 추측한 듯 일대일의 조언을 시작한다. 혹은 3장까지 읽었다면 지금부터는 대등한 관계에서 대화할 수 있을 것이라고 생각한 듯, 마키아벨리는 혼합 군주정이 봉착하는 '자연적'인 어려움이 극복하기 어려운 장애가 아니라는 점을 조심스럽게 밝힌다.

인간 본성에 대한 마키아벨리의 서술들을 반추해 볼 때, 만약 어떤 군주가 영토를 확장할 계획을 갖고 있다면 그는 어떤 방식으로든 스스로의 욕구를 만족시키기를 원할 것이라는 예측이 가능하다. 영토를 확장할 의지가 있다면, 그 군주는 '자연적인 유리함'을 적극적으로 활용하면서 '자연적인 어려움'을 극복할 방법을 찾을 것이다. 그러한 의지가 없다면, 마키아벨리가 말하는 자연적 유리함도 자연적인 어려움도 관심 밖의 사안일 것이다.

후술하는 로마공화정의 성공적인 사례에서 보듯, 마키아벨리는 영토를 확장할 의지가 있는 군주라면 '또 다른 자연적이고 통상적인 필연성(un'altra necessità naturale e ordinaria)'을 극복할 수 있는 방법을 찾고자 할 것이라고 믿었던 것 같다. 그렇지 않았으면, 그가 '자연적인 어려움'에 대해 서술할 필요도 못 느꼈을 것이다. 동일한 맥락에서, 그의 '자연적 어려움'에 대한 서술에서 '자연적'이라는 말은 불가피하다는 말과 동일한 의미로 해석될 수 없다.

거주민의 지지

비록 강력한 군대를 거느리고 있다고 하더라도, 어떤 지방(una provincia)에 들어가기 위해서는 항상 그 지방 [거주민]들의 지지(favore)가 필요하다.

——『군주』, 3장, (3).

　마키아벨리는 어떤 지방을 점령하기 위해서는 그 지방 거주민의 지지가 필요하다고 말한다. 그러나 그 이후 전개되는 설명을 자세히 들여다보면, 혼합 군주정의 군주가 실제로 당면하는 '자연적인 어려움'은 한번 획득한 '지역 주민의 지지'를 유지하기가 쉽지 않다는 것이다. 사실 혼합 군주정의 군주가 병합한 지역 주민의 '지지'를 지속적으로 받기란 어렵고, 세습 군주정에서나 볼 수 있는 신민들의 습관적 복종을 기대할 처지도 아니다. 그렇다면, 신민들의 지지를 확보하라는 조언을 어떻게 해석해야 할까?
　마키아벨리의 조언은 '통상적'인 범주를 넘어서는 발상이 필요하다는 것이다. 처음에 그는 혼합 군주정의 군주는 자기를 지지했던 사람들을 공격할 수 없는 것처럼 말한다. 그러나 루도비코 스포르차에 대한 설명에서 보듯, 이러한 '통상적'인 어려움은 "공격자들을 처벌하고, 의심스러운 사람들을 색출하고, 취약한 부분을 보완함으로써 스스로를 지키려는" 군주의 의지를 통해 충분히 극복될 수 있다. 실제로 그의 조언을 따른다면, 혼합 군주정의 군주는 자신의 안위에 문제가 된다면 그 대상이 누구든지 가리지 않고 물리력까지도 불사해야만 한다. 그럼 이런 행동을 하고도 주민들의 지지를 유지해야 한다는 말은 무엇을 의미하는 것일까?
　이런 맥락에서 볼 때, 루이 12세의 예는 매우 흥미롭다. 그는 1499년에 밀라노공국을 병합했지만, 그 다음 해에 바로 루도비코 스포르차에게 빼앗기고 만다. 마키아벨리가 찾은 루이 12세의 실패는 전적으로 변덕스러운 '지역 주민의 지지'다. 루이 12세는 지역 주민들의 지지로 쉽게 밀라노로 들어갈 수 있었지만, 그들의 지지가 사라지자 차지했던 영토를 빼앗기게 되었다는 것이다. 그의 표현을 빌린다면, 스포르차가 국경에서 작은 소요를 일으킨 것만으로도 프랑스의 루이 12세는 밀라노공국에서 물러나게 되었다는 것이다.

1500년의 실패는 루이 12세에게 무엇을 가르쳐 주었을까? 마키아벨리는 구체적인 답을 뒤로 미룬 채, 루이 12세가 두 번 실수는 하지 않았다고 말한다. 매우 어렵게 밀라노를 다시 차지한 후, 그는 성공적으로 통치했다고 말한다. 그러고는 '세계(il mondo)'가 그에게 등을 돌리지 않았더라면, 다시 말해 교황 율리우스 2세가 주도한 신성동맹이 그와 대적하지 않았다면 그의 통치가 계속되었을 것이라고 말한다. 비록 두 번째 밀라노 병합도 루이 12세의 외교적 실패로 인해 오래가지 못했지만, 첫 번째 경우의 실패를 반복하지 않았다는 말이다.

마키아벨리는 바로 다음 문단에서 혼합 군주정의 군주가 획득한 영토를 유지하기 위해서는 두 가지를 분명하게 해야 한다고 말한다. 첫째는 변화에 대한 주민의 열망을 충족시키는 것이고, 둘째는 잔인한 폭력도 불사하겠다는 의지를 갖고 있어야 한다는 것이다. 『강의』 3권 21장에서 마키아벨리가 단언하듯, 병합된 영토에 거주하는 사람들이 새로운 군주를 통해 자신들이 원하던 변화에 대한 열망을 충족시킬 수 있다면, 스키피오(Publius Cornelius Scipio Africanus,

BC236-183)의 온후함도 한니발(Hannibal Barca, BC247-183/182)의 잔인함도 모두 효과적일 수 있다. 다만 마키아벨리는 『군주』 17장에서 이야기하듯, 이질적인 요소들을 통합해야 하는 혼합 군주정의 군주는 한니발과 같은 '비인간적 잔인함(inumana crudeltà)'이 필요하다고 생각했을지도 모를 일이다. 그렇다면 문제는 '주민의 지지'를 유지하려면, 혼합 군주정의 군주가 사용해야 할 잔인한 폭력의 대상이 누구냐는 것이다.

질문 2: '국가'와 '지방'이 의미하는 바가 뭘까?

마키아벨리는 『군주』 3장에서 '지방(provincia)'과 '국가(stato)'를 뚜렷하게 구별하고 있다. 전자가 어떤 지역과 그 지역에 거주하는 사람들을 지칭한다면, 국가는 특정 영토 내에서 통치자가 자신의 권한을 행사하는 권력 구조 또는 정치체제를 지칭한다.

예를 들어, 로마인들이 아카이아나 아에톨리아 사람들이 그리스 지역에서 '국가(stato)'를 확장하도록 허용하지 않았다고 말할 때, 그리고 로마인들이 안티오쿠스 3세(BC241-187)가 그리스에서 '어떤 국가(alcuno stato)'도 갖지 못하도록 했다고 말할 때, 두 가지 개념은 뚜렷하게 구분되고 있다. 마키아벨리에게는, 한 지방에 여러 국가가 있을 수도 있고, 경계가 고정된 지방과는 달리 국가는 확장될 수도 축소될 수도 있다는 것이다.

군주의 국가(lo stato)

마키아벨리가 사용하는 '국가(lo stato)'와 관련된 논쟁은 아직도 끝나지 않았다. 혹자는 마키아벨리를 통치자와 구별된 권력 구조 또는 정치제도로서 '국가'를 말한 최초의 정치철학자로 보는가 하면,[52] 혹자는 그가 여전히 최고 권력기구의 담지자 또는 통치 집단(archai)의 성격에 따라 그 특성을 달리하는 법제도 이상의 것을 지칭하고 있다고 주장한다.[53] 전자가 국가 구성원의 의사로부터 독립해서 그 자체의 생존을 위해 자율적으로 작동해야 하는 근대적 의미에서의 '국가(state)'를 말한다면, 후자는 전체 사회의 구조와 '삶의 방식(bios tis)'으로부터 분리되지 못한 상태에서 통치 구조의 성격에 따라 전체 사회의 내용도 규정되는 고전적 의미에서의 '정체(politeia)'를 가리키는 것이다.

해석학적 차이가 가져오는 학자들 사이의 긴장도 지속되고 있다. 마키아벨리의 시대를 군주정이든 공화정이든 외세로부터 정치 공동체를 지켜 주는 국가를 원했던 때라고 보는 학자들은 전자를 지지하고, 마키아벨리를 고전적 의미에서 '정체'가 전달했던 도덕적 교훈으로부터의 단절을 선언한 철학자로 보는 학자들은 후자를 지지한다. 그리고 이러한 해석학적 논쟁은 하나의 역설을 수반한다. 전자의 입장은 마키아벨리를 로마공화정 이래 지속된 고전적 공화주의의 도덕적 가치를 계승한 정치철학자로 평가하는 반면, 후자의 입장에서는 마키아벨리를 모든 고전적 교훈으로부터 단절한 근대 정치철학자 또는 새로운 공화주의의 창시자로 이해하는 것이다.

여기에는 보다 흥미로운 긴장 관계가 존재한다. 전자는 '국가를 유지(mantenere lo stato)'하는 군주의 행위 자체를 일종의 공공선의 실현으로 이해함으로써 마키아벨리를 로마공화정의 부활을 꿈꾸던 키케로와 같은 반열의 애국지사로 해석한다.[54] 반면 후자의 경우에는 마키아벨리의 서술에서 '국가를 유지'하는 군주의 행위는 사리사욕에 바탕을 둔 권력 행위와 다를 바 없다고 일축함으로써 결과적으로 '참주의 정치 행태를 보편화'시킨 최초의 계몽주의자가 되었다고 해석한다. 후자의 경우, 레오 스트라우스가 마키아벨리의 애국심에 대해 비판한 부분이 좋은 예다.

> 우리가 마지못해 마키아벨리를 본질적으로 애국자 또는 과학자라고 인정하더라도, 우리는 그가 '악의 교사(a teacher of evil)'였음을 부인할 수 없다. 마키아벨리가 이해했던 애국심은 '집단적 이기심'이다. 자기 조국에 대한 헌신으로부터 비롯되는 옳고 그른 것에 대한 무관심은 개인의 편의나 영광에 전적으로 사로잡혀 [옳고 그른 것]에 무관심한 것보다 덜 혐오스럽다. 그러나 바로 이런 이유에서 [애국심]은 더 매혹적이고, 그러기에 더 위험하다. 애국심은 일종의 자신에 대한 애정이다. 자신에 대한 애정은 자기 것이면서도 좋은 것보다는 열등하다. 따라서 자신에 대한 애정은 자신이 선해지거나 옳음의 요구에 순응하는 것에 관심을 갖는 경향을 갖고 있다.
>
> — 레오 스트라우스, 『마키아벨리』, I 1.[55]

사실 마키아벨리는 '국가'와 관련된 두 가지 용례를 모두 사용하고 있다. 다만 후자의 경우가 더 일반적인데, 특히 『군주』에서 전자의 용례를 사용한 경우는 단 두 차례에 불과하다. 4장에서 알렉산드로스 대왕(BC356-323)이 죽은 후에 아시아의 모든 '국가(stato)'가 들고 일어났어야 했다고 말할 때, 그리고 21장에서 "어떤 국가(alcuno stato)도 항상 안전한 정책을 취할 수 있으리라 믿어서는 안 된다."고 경고할 때, 우리는 전자의 용례를 발견하게 된다.

그러나 대부분의 경우, '국가'는 하나의 중립적이고 독립적인 행위 주체라기보다 군주에게 획득되고 유지되고 확장되는 대상으로 묘사된다. 게다가 『군주』 26장의 애국적 호소와 『강의』 3권 41장에서 애국적 조언을 할 때에는 '국가'라는 단어가 등장하지 않는다. '조국(patria)'이라는 단어가 그 자리를 대신한다.

따라서 마키아벨리가 말하는 '국가'는 군주의 소유물 또는 군주의 지배욕을 충족시키는 대상을 의미한다는 해석이 완전히 잘못된 것은 아니다. 동시에 '국가'와 관련된 마키아벨리의 모든 서술들을 '정치 공동체의 생존'을 보장하는 데 필요한 준칙으로서 '국가이성(Della Ragion di Stato)'을 설명한 것일 뿐이라고 단순화하는 태도도 부적절해 보인다.

이런 맥락에서 혼합 군주정을 읽으면 마키아벨리의 생각을 다양한 각도에서 살펴볼 수 있다. 특히 프랑스의 루이 12세가 밀라노 공국을 또다시 잃는 과정과 관련된 마키아벨리의 서술들이 새롭게 이해될 수 있다. 거대한 제국을 건설하려는 기획도 고귀한 목적보다 '명예'나 '이익' 같은 사심에서 비롯된다는 철학적 탄식이 냉엄한 정치적 현실로 받아들여지고, '영토를 확장하려는 욕구'가 지극히 자연스러운 것으로 설명되기에 젊은 로렌초와 같은 군주에게 자급자족하는 조그마한 도시국가로 만족해서는 곤란하다고 충고하는 것처럼 보이기 때문이다.

피렌체를 넘어서

마키아벨리는 동일한 언어와 유사한 삶의 방식을 갖고 있는 지방의 영토를 병합하는 경우에 크게 주목하지 않았다. '지방'에 대한 마키아벨리의 인류학적 분석은 동일한 언어를 사용하는 지방에 대한 이야기로 시작되지만, 그는 몇 가지 간단한 처방들만 던지고 주제를 전환한다. 주민들이 '자유로운 삶(vivere libere)'을 향유한 적이 없다면, 이전까지 지배하던 군주의 가문을 제거하고, 기존의 법과 세금을 유지해 거주민들의 동요를 막는 것만으로도 충분하다는 것이다.

그러나 이 말을 피렌체의 경우에 적용해 보면 문제는 그리 간단하지 않다. 우선 피렌체가 피사, 시에나, 그리고 프라토와 같이 오랫동안 공화정이나 자유로운 주민 공동체를 유지해 온 지방에 둘러싸여 있다는 사실부터가 절망적이다. 주지하다시피 1406년에 병합된 이후 피렌체가 바다로 나갈 수 있는 항구의 역할을 담당했던 피사는 틈만 나면 독립의 움직임을 보였다. 1494년 샤를 8세의 나폴리 원정으로 촉발된 소요를 틈타 피사는 피렌체로부터 독립을 선언했고, 마키아벨리가 주도한 1509년 전쟁으로 피렌체에 다시 복속된 후에도 피사 주민들의 독립에 대한 열망은 식지 않았다.

그럼에도 불구하고, 여기에서 마키아벨리는 '영토 확장'을 주문한다. 『강의』 2권 2장에 상술되듯, 로마인들의 강력한 군사력에 대한 이야기를 통해, 그는 크게 두 가지 방식을 제시한다. 우선 자유로운 삶을 통해 국가를 크게 번성시켜야 한다는 것이다. 그는 로마인들의 강력한 군사력은 어디에서 비롯되었고, 이러한 로마의 힘에 맞섰던 자유를 향유했던 지방 사람들의 용맹과 헌신은 어떻게 배양될 수 있었는가를 모두 자유(libertà)라는 동일한 조건을 가지고 설명한다.

모든 [고대의 좋은] 것들은 자유로운 삶(vivere libero)으로부터 나왔고, 지금의 [무질서]는 노예적 삶(vivere servo)에서 비롯되었다. 앞에서 언급한 바와 같이, 모든 부문에서 자유로운 땅(le terre)과 지방(le provincie)은 크게 번성했다. 왜냐하면 더 많은 사람들이 살기 때문이다. 여기서는 결혼이 더욱 자유롭고, 남성들에게 결혼하는 것이 더욱 바람직한 것이며, 이들은 각자가 키울 수 있다고 믿는 자녀들을 기꺼이 낳아서 기른다. 그는 자신의 유산이 빼앗길까 두려워하지 않는다. 그는 [그의 자녀들]이 노예가 아니라 자유인으로 태어났다는 것을 알 뿐만 아니라, 그의 자녀들이 그들의 능력(virtù)을 통해 우두머리(principi)가 될 수 있다는 것을 알고 있다. 농업과 제조업 모두로 인해 [도시의] 부는 크게 증가한다. 왜냐하면 각자는 그와 같은 것을 기꺼이 증대시키고, 한 번 획득하면 [자신의 것으로] 향유할 수 있다고 믿고 재화를 취하고자 노력하기 때문이다. 이로부터 경쟁 관계에 있는 사람들이 개인적이고 공적인 이익들을 생각하게 되고, [사익]과 [공익] 모두가 놀랍게 성장한다.

— 『강의』 2권 2장, (43)-(47).

위에서 보듯, 마키아벨리는 자유가 없는 도시는 궁핍하고 허약할 수밖에 없다는 사실을 주지시키고 있다. 로마인의 영광이 재현될 수 없다고 생각하는 동시대인들에게, 공화정체로는 외세에 맞설 수 없다고 말하는 귀족들에게, 모두가 정치적 야망을 이룰 기회와 조건이 동등하게 주어지는 공화정체만이 해답이라는 것을 강조하고 있는 것이다.

그러나 마키아벨리는 '자유'가 곧 '안전(sicurtà)'을 보장한다고 보지도 않았다. 자유로운 공화정체라고 할지라도, 당시 인문주의자들이 말하는 것과 같은 '도시(città) 중심의 공화정'으로 시민적 자유를 지킬 수는 없다고 생각했다. 그에게는 용맹하고 헌신적인 시민들이 지켰던 지역도 로마인들에게 병합될 수밖에 없었던 역사적 사실이 중요했고, 같은 이유에서 젊은 로렌초든 아니면 새로운 군주든 '국가를 유지'하는 것만큼이나 존속을 위해서라면 스스로의 군사력으로 팽창하는 방법을 알아야 한다고 생각했던 것이다.

[영토를] 획득하기를 열망하는 것은 분명 매우 자연스럽고 정상

적인 일이다.(È cosa veramente molto naturale e ordinaria desiderare di acquistare.) 그리고 할 수 있는 사람들이 그렇게 했을 때 그들은 항상 칭찬을 받지 비난을 받지 않는다. 그러나 할 수 없을 때 어떤 방식으로든 그렇게 하려는 데 실수와 비난이 있다.

—『군주』3권, (40).

그러기에 당시 지식인들이 선호하던 스파르타와 베네치아 모델은 늘 그의 관심 밖에 있다.[56] 공공의 안녕에 대한 열망은 결국 제국의 건설을 불가피하게 만들 것이고, 팽창이 준비되지 않은 도시국가는 하루아침에 붕괴될 수도 있다고 보았기 때문이다.[57] 즉 국내적으로는 자유가 보장된 공화정이라 할지라도, 국외적으로는 '안전'을 위해 주변 국가들을 지배할 수밖에 없다는 생각을 떨치지 못했던 것이다.[58]

질문 3: 루이 12세의 실수를 통해 무엇을 가르치려고 했는가?

새로운 영토를 병합한 군주에게는 동질적인 문화를 가진 지방이든 이질적인 문화를 가진 국가든 큰 차이가 없다. 마치 조국의 권력을 찬탈한 참주처럼, 새로운 영토를 병합한 군주는 그 지방을 지배했던 '소수'를 처단하고, '다수'의 열망을 충족시켜 주어야 한다. 대상이 공화정일지라도 다르지 않다. 마흔 내지 쉰 명 정도에 불과한 권력자들을 제거하고, 안전하게 사는 것만으로 충분한 나머지 '다수'의 욕구를 충족시키면 그만이다.[59]

> 어떤 지방(una provincia)에서 언어(lingua), 관습(costumi), 그리고 법체계(ordini)가 이질적인 국가들(stati)을 획득했을 때, 그러한 어려움들이 있으며, 그 [국가]들을 유지하기 위해서는 크나큰 행운(gran fortuna)과 지대한 성실함(grande industria)을 지녀야 할 필요가 있다.
>
> ─『군주』3장, (II).

위의 인용에서 보듯, 결국 마키아벨리는 '다수'의 욕구를 충족시키는 데 '크나큰 행운'과 '지대한 성실함'이 필요하다고 말한다. '다수'의 욕구를 충족시켜 주는 것과 '주민의 지지'는 어떤 관계를 갖고 있을까? 왜 다수의 욕구를 충족시키는 것이 중요할까? 왜 다수를 만족시키는 것이 어려울까? 그가 말하는 행운과 성실함은 무엇일까?

참주와 군주

마키아벨리는 새로 획득한 영토의 다수가 갖는 일반적 욕구를 크게 두 가지로 설명한다. 하나는 자신의 자유를 찬탈한 사람들을 응징하는 것이고, 다른 하나는 그 누구의 지배로부터도 벗어나고자 하는 것이다. 그런데 영토를 병합한 새 군주가 당면하는 어려움은 전자가 아니라 후자로부터 발생한다. '소수'의 권력자 또는 '군주의 가문'을 제거함으로써 전자를 충족시키는 것은 어렵지 않지만, 후자는 참으로 충족시키기가 어렵다는 것이다. 지배하지 않을 것이었으면, 영토를 병합하지 말았어야 했기 때문이다.

가장 효과적인 처방 중 하나는 군주 자신이 획득한 영토에 거주하면서 직접 통치하는 것이다. 정치에 참여하려는 의욕을 갖고 있는 소수를 권력으로부터 완전히 배제하고, 다수의 '일반적 안전(la sicurtà universale)'을 위협하는 사건들에 효과적으로 대처하려면, 군주가 직접 통치하는 것이 좋다는 것이다. 또한 직접 통치는 병합한 지방을 탐관오리들이 약탈하는 것을 방지하고, 신민들의 청원을 신속하게 처리할 수 있다는 장점도 갖고 있다. 안전하게 사는 것만으로 충분한 다수가 지지하는 한, 군주는 새 영토를 유지하는 데 따르는 어려움을 어느 정도 효과적으로 극복할 수 있다는 것이다.

'또 다른 최선의 처방(l'altro migliore remedio)'은 획득한 영토에 식민지를 건설하는 것이다. 마키아벨리에게 식민지란, 군주가 아니라 군주의 신민들이 대신 정착하는 지배의 한 형태다. 소수에게 피해를 주는 대신, 다수에게는 안전을 보장한다는 점에서 군주의 직접 통치와 유사하다. 그러나 이 방식은 직접 통치보다 더 위협적이다. 직접 통치가 '다수'에게 만족을 줌으로써 적들을 두려움에 떨도록 만드는 지배의 방식이라면, 식민지는 직접적인 피해를 보지 않는 '다수'조차도 군주의 보복을 두려워하도록 만드는 지배 방식이기 때문이다. '다수'의 일반 사람들에게도 군주에게 자신들의 땅과 집을 빼앗길 수 있다는 '두려움(timore)'에 사로잡히게 하는, 보다 확실한 지배의 양식인 것이다.

사실 『강의』 2권 6장에 묘사된 로마인들의 식민지 건설은 섬뜩하다. 전쟁이 선포됨과 동시에 대군을 이끌고 나와 즉시 전투를 수행하고, 상대가 항복하면 토지를 완전히 몰수해서 식민지를 건설했다. 그리고 이 식민지를 '파수꾼(guardia)'으로 삼아 특별한 추가 비용을 들이지 않고도 접경 지역을 방어했다. 적이 없을 때에는 식민지만으로도 충분히 상대를 두려움에 떨도록 만들었고, 상대가 식민지를 공격하면 즉시 대군을 이끌고 나와 철저하게 보복했다. 그리고 이런 방식으로 로마인들은 패권자로서의 평판을 유지했고, 효과적으로 그들의 영토를 확장했다. 로마인들은 마치 무제한적 권력을 휘두르는 참주처럼 주변 지역을 다스렸던 것이다.

『군주』 3장에 나오는 로마인들도 주변 지역을 참주처럼 다스린다. 영토를 획득함과 동시에 식민지를 건설했고, 식민지를 통해 접경 지역을 관리하는 정책을 취했다. 주변 세력들을 모두 적대시하지는 않았지만, 결코 그 어떤 외부 세력도 획득한 영토에 개입하거나 지역의 패권적 위치를 차지하도록 방관하지 않았다. 또한 거주민들의 불만만 가중시키는 대규모 병력을 주둔시키는 정책은 삼갔다. 대신 기존의 권력에 반발하는 세력들을 자신들의 편에 두고, 스스로를 정복자가 아니라 보호자로 비치도록 노력했다. 그러나 좋은 평판을 유지할 수 없다고 판단되면, 가혹하리만큼 혹독한 힘의 행사를 통해 모든 적대 세력들을 두려움에 떨도록 만들었다.

마키아벨리는 이런 로마인들의 방식을 무자비하다고 비난할 요량이면 영토를 확장하는 것 자체를 단념하라고 말한다. 그리고 당시 피렌체의 인문주의자들에 대한 비난을 거침없이 쏟아낸다. "인간들은 다정하게 대하거나 아니면 아주 짓밟아야" 하는데, 피렌체는 부질없이 '가벼운 공격'으로 보복심만 부추기거나 '시간을 끌기'만 해서 스스로 자멸을 초래했다는 것이다. 주변 국가들에 '심각한(grave)' 공격을 가할 힘을 갖지 못한 피렌체로서는 무엇부터 다시 시작해야 할지 도무지 알 수 없는 주문인 것이다.

프랑스 vs. 로마교회

이런 맥락에서, 루이 12세가 어떻게 했더라면 이탈리아를 장악할 수 있었으리라고 설명하는 마키아벨리의 서술들을 다시 보자. 주지하다시피, 프랑스식 군주정에 대한 당시 지식인들의 호감은 공화정에 대한 열망만큼이나 강했다.[60] 법으로 군주의 권력을 견제할 수만 있다면, 대군을 이끌고 신속하게 전투를 치를 수 있는 절대 군주정이 좋은 대안이 될 수 있다는 생각이 통용되고 있었던 것이다. 그럼 마키아벨리도 프랑스와 같은 절대 군주정을 건설하려고 했을까? 『군주』 19장에서 언급되듯, 그도 프랑스의 정치제도가 나름의 장점을 갖고 있다는 것을 인정하지 않았는가 말이다.

단언하건대, 마키아벨리에게 프랑스는 로마공화정과 같은 위대한 제국을 건설할 수 있는 (실현 가능한) 최선의 모델이 될 수 없다.[61] 획득된 영토를 어떻게 유지하는지 알지 못했고, 로마공화정과 같이 지속적으로 헌신할 수 있는 시민들도 없었기 때문이다. 이런 맥락에서, 오히려 루이 12세가 어떻게 했더라면 이탈리아를 정복할 수 있었는지에 대한 설명에 그가 3장의 대부분을 할애하는 것이 의아할 뿐이다. 루이 12세의 이탈리아 침공에 대해 상세히 이야기하는 의도가 무엇인지 궁금해진다는 것이다.

가장 흥미를 끄는 부분이 바로 루이 12세와 로마교회와의 관계에 대한 서술들이다. 마키아벨리는 루이 12세가 밀라노 공국에 들어서자마자 로마교회를 상대로 실수를 저질렀다고 말한다. 교황 알렉산드르 6세에게 기병과 스위스 보병을 보내, 체사레가 이몰라와 폴리를 손에 넣을 수 있도록 지원한 사실을 지적하는 것이다. 곧바로 군대를 철수시켰지만, 루이 12세의 지원은 이후 체사레가 로마냐 지방의 대부분을 장악할 수 있도록 허용하는 결과를 낳았다.

> 이러한 결정(deliberazione)으로 그의 친구들과 그에게 의탁한 사람들이 그로부터 떨어져 나간 반면, 그리도 큰 권위(autorità)를 제공하는 영적인 것에 그만큼의 세속적인 것을 더해 로마교회를 위대(grande)하게 만듦으로써, 그 자신을 약하게 만든 것을 [루이 12세]는 몰랐다.
> ―『군주』3장, (37).

마키아벨리는 로마교회와 관련해서 '힘(potenza, forza)'이나 '권력(potestà)'이라는 단어를 가능한 사용하지 않는다. 『군주』 11장에서 '교회 군주정'을 다룰 때까지, 마키아벨리는 로마교회의 영향력과 관련된 서술을 가능하면 '위대함(grandezza)'이라거나 '위대한

(grande)'이라는 단어를 통해 설명하려고 한다. 마치 교회의 영향력은 실질적인 힘으로부터 파생된 것이 아니라 영적 권위에서 비롯된 상상의 결과처럼 묘사하는 것이다.

물론 마키아벨리가 로마교회의 세속적 힘을 무시했던 것은 아니다. 그가 1503년 12월 6일에 '10인 위원회'에 보낸 편지에서 보듯, 그는 체사레가 이몰라와 폴리를 손에 넣은 사건을 로마교회의 실질적인 '힘(forza)'의 확장으로 이해하고 있다.[62] 그리고 루이 12세의 실수 중 하나로 이 사건을 설명할 때에도, "이탈리아에서 막강한 세력에게 힘을 더해 준(accresciuto in Italia potenza a uno potente)" 사건으로 기술하고 있다. 즉 로마교회의 실질적 힘을 인지하고 있었지만, 루이 12세와 관련해서는 지극히 통상적인 용어들을 회피한 것이다.

반면 루이 12세의 마지막 실수와 관련된 서술을 보면, 우리는 마키아벨리가 로마교회를 이탈리아에서 힘의 역학관계를 주도하는 하나의 '국가'로 이해하고 있다는 것을 알 수 있다. 그는 루이 12세의 '또 하나의 실수'로 발리아 전투(1509)를 언급한다. 이 전투는 알렉산드르 6세가 죽은 후에 베네치아로 넘어갔던 로마냐 지방을 교황 율리우스 2세가 회복할 수 있도록 했고, 이후 프랑스는 로마교회가 결성한 신성동맹으로 이탈리아에서 쫓겨나는 신세에 처한다. '힘'이나 '권력'이라는 말은 여전히 사용되지 않았지만, 마키아벨리는 로마교회를 하나의 '국가'로 설명하고 있는 것이다.

이런 맥락에서 보면, 루앙의 추기경(Georges d'Amboise, 1460-1510)과의 대화에서 "프랑스인들은 국가를 이해하지 못한다.(Franzesi non si intendevano dello stato.)"고 말했던 것은 힘의 역학관계 이상을 말하고자 했음을 알 수 있다. 바로 다음 문장에서 "이해했더라면, 그들이 로마교회가 그와 같은 위대함(grandezza)에 도달하도록 내버려두지 않았을 것"이라고 말할 때 이는 더욱 분명해진다. '힘'이라는 용어를 여전히 사용하지 않는 것이다. 즉 루이 12세는 '국가'가 영토를 유지하고 확장하는 방식을 알지 못했을 뿐만 아니라, '국가'와 너무나도 똑같이 행동하는 로마교회의 행위 양식을 이해하지 못했다는 점을 우회적으로 표현한 것이다.

참고로 『강의』에서 마키아벨리는 로마교회와 관련해서 '위대함'이라는 단어를 사용하지 않는다. 그가 말하는 '위대함'의 대상은 로마공화정으로 바뀐다. 로마교회는 영적 권위에 굴복하는 사람에게만 위대하지만, 로마공화정은 주변 국가가 인정하든 안 하든 치명적이고 위협적인 '힘'을 가진 존재로 묘사된다.[63] 로마교회의 위대함은 '잘못된 교육(false educazioni)'과 '잘못된 해석(false interpretazioni)'으로 만들어졌지만, 로마공화정의 위대함은 '신(Dio)'이나 '운(fortuna)'에 의한 것이 아니라 내적 갈등과 외적 전쟁을 이겨낸 결과물이라는 것이다.[64]

『군주』에서도 마키아벨리의 로마교회에 대한 시각은 동일하다. 그리고 루이 12세의 실패는 곧 이탈리아를 해방시키려는 사람들에게 필요한 교훈이 된다. 무엇보다 그는 로마 교황도 결국 영토를 유지하고 확장하는 군주에 불과하고, 그러기에 로마교회를 하나의 통상적인 '국가'로 보아야 할 필요가 있다고 주문하고 있다. 만약 젊은 로렌초라면 체사레처럼 교황 레오 10세의 힘을 이용하라는 것이고, 잠재적 군주라면 로마교회 때문에 외세로부터 이탈리아를 해방시켜 줄 강력한 국가의 건설이 좌절되고 있다는 사실을 직시하라고 주문하는 것이다.

질문 4: 루이 12세의 실패에 대한 분석이 체계적인가?

『강의』에서 마키아벨리는 『군주』를 '논문(trattato)'이라고 부른다. 『강의』 2권 1장의 마지막 부분에서 『군주』 3장을 읽어 보라는 식의 이야기를 할 때에도 마찬가지다. 만약 '논문'이 의미하는 바가 어떤 주제에 대해 형식을 갖춰 체계적으로 설명한 글이라면, 그는 『군주』를 단순히 자기의 조언을 원하는 군주에게 충고하는 취지에서만 쓴 것이 아니라는 말이 된다.

이런 점에서 루이 12세의 실패와 관련된 서술은 또 다른 흥미를 제공한다. 마키아벨리가 3장 처음에 사용하던 '너(tu)'라는 인칭대명사를 대신해서 '당신(voi)'을 사용하기 때문이다. 자기의 조언을 원하는 군주에게 충고하듯 다정하게 말하는 태도를 버리고, 좀 더 격식을 갖춰 불특정 다수에게 진지하게 자신의 생각을 전달한다.[65] 한편으로는 자기 주장이 강한 학자들에게 자기의 생각을 설명하듯, 다른 한편으로는 『강의』에서 장래에 '군주'가 될 재목들을 가르치듯 기술하는 것이다.

일단 마키아벨리가 체계적으로 루이 12세의 실수를 검토했다고 가정해 보자. 앞서 설명한 로마교회와의 관계를 포함해서 모두 여섯 가지 실수들이 열거된다. 로마교회와 베네치아공화국을 견제하기 위해 루이 12세와 동맹을 원했던 약소국가들을 등 돌리게 하고, 알렉산드르 6세를 도와 로마교회가 이탈리아에서 더 큰 영향력을 갖도록 방치했으며, 나폴리를 페르난도 2세(Ferdinand the Catholic, 1452-1516)와 분할함으로써 또 다른 강대국을 이탈리아로 끌어들이고, 직접 통치하거나 식민지를 건설하거나 하지도 않았으며, 로마교회와 손을 잡고 베네치아를 공략해 로마냐 지방을 강대국들에게 헌납하는 실수를 저질렀다는 것이다.

마키아벨리의 해석이 논쟁적이라는 사실은 그가 예시하는 반론들 속에서 발견된다. 첫째는 루이 12세가 전쟁을 피하려 했을 뿐이라는 주장이다. 그는 이 주장에 대해 전쟁을 피하는 것이 해법이 될 수 없었다고 반박한다. 로마인들처럼 언제나 전쟁을 치를 각오가 있어야 한다는 말을 덧붙인다. 둘째는 조앤(Jeanne de Valois, 1464-1505)과의 이혼을 승인해 주고 자기의 심복을 추기경으로 임명하는 대가로 교황과 일정한 거래가 있었다는 주장이다. 그는 이 주장을 사실상 비웃는다. 무조건 약속을 지켜 좋은 평판을 받으려는 것은 지극히 몽매한 처신이라고 일축하고, 군주는 필요하다면 악행도 저지를 수 있어야 한다는 말로 답을 대신한다.[66]

마키아벨리의 반박들은 하나같이 일방적이다. 학자적인 논쟁은 기대하기 힘들다. 첫 번째 주장에서 가장 핵심적인 내용, 즉 프랑스가 역량이 없어 전쟁을 피하고자 한 현실은 전혀 고려되지 않는다. 그는 역량이 없었다면 애초에 롬바르디아를 욕심 내지 말았어야 한다는 이야기부터 내지른다. 아울러 두 번째 주장이 담고 있는 호혜적 관계의 지속이라는 주제도 그의 관심 밖에 있다. 윤리적 고려보다, 필요하다면 술책과 기만도 사용할 수 있어야 한다는 충고가 거듭 강조된다.

이렇듯 일방적인 설득이 과연 '논문'의 서술 방식으로 적절한지 의문이다. 그리고 이런 수준의 분석을 갖고 플라톤의 『법률』에 등장하는 '의사'의 비유를 들어가며, '국가와 관련된 일'에 관한 한 자기의 판단을 믿으라는 식의 말이 군주에게 납득되리라 그가 믿었을지도 의문이다. 단순히 '야망(ambizione)'과 '공포(paura)'만으로 모든 관계를 설명하려는 것처럼 보이기도 하고, 『강의』 I권 18장의 '신중한 한 사람(uno prudente)'처럼 너무나 비범해서 그의 선견지명을 일반인은 이해하지 못할 것 같은 느낌도 든다. 그러기에 '새로운 군주'에 대한 『강의』의 주장을 새겨들을 필요가 있다.

이러한 제도들이 더 이상 좋지 않다는 점이 드러나면 일시에 새 것과 바꾸든지 아니면 모든 사람들이 인지하기 전에 조금씩 바꾸든지 해야 하기 때문에, 두 가지 방법 모두가 거의 불가능하다고 말하겠다. 만약 조금씩 새것으로 바꾸기를 원한다면, 이런 불편함을 아주 멀리서, 그리고 나타나자마자 볼 수 있는 신중한 한 사람(uno prudente)이 필요하다. 그러나 이러한 사람들이 어떤 도시에 나타나는 것은 실로 어렵다. 설사 나타난다고 해도, 그가 이해하는 바를 어느 누구에게도 납득시킬 수 없다. 왜냐하면 한 가지 방식에 따라 사는 데 익숙한 사람은 그것을 고치기를 원하지 않으며, 특히 악(il male)이 목도되지 않고 추론(coniettura)을 통해 설명될 때에는 더더욱 그러하기 때문이다.

—『강의』, I권 18장, (23)-(25).

위에서 보듯, 아마도 마키아벨리의 일방적 설득도 '한 가지 방식'에 따라 살고 있는 이탈리아인들에 대한 자기 나름의 전달 방식이었을 수도 있다. 어차피 '이해할 수 있는 사람'이 대상이 된 글쓰기다. 즉 '야망'과 '공포'를 외면하는 정치적 삶에 젖어 있다면 그의 이야기를 들으려 하지 않을 것이고, '악'에 대해 말해도 이해하지 못한다면 쓸모없다는 전제에서 글을 썼다는 말이다. 마키아벨리 자신이 '한 명의 신중한 사람'이든지, 아니면 자기의 이야기를 듣는 사람이 '한 명의 신중한 사람'이든지 간에, 그는 추론을 통해 무능한 군주를 설득하는 것 자체에 이미 회의적이었다고 보아야 할 것이다.

4장
알렉산드로스 대왕이 점령했던 다리우스 왕정은 왜 알렉산드로스가 죽은 이후에도 그의 계승자들에게 반란을 일으키지 않았을까

Cur Darii regnum, quod Alexander occupaverat,
a successoribus suis post Alexandri mortem non defecit

    마키아벨리는 『군주』 4장의 제목에서 알렉산드로스 대왕(BC356-323)의 이름을 두 번이나 언급한다. 그만큼 알렉산드로스 대왕은 중요한 인물이고, 마키아벨리의 혼합 군주정에 대한 설명에서도 핵심적인 인물이다.

    그러나 본문에서 우리는 별다른 이야기를 읽을 수 없다. 영토를 확장하는 것 외에, 알렉산드로스 대왕이 무엇을 잘했는지 말해 주지 않는다는 것이다. 마치 알렉산드로스 대왕이 무언가를 잘했다기보다, 그가 점령한 다리우스 왕국의 특성이 그의 제국을 지탱한 것처럼 설명된다. 그렇다면 영토를 확장한 군주가 알렉산드로스 대왕으로부터 배워야 할 것은 무엇일까?

    『군주』 14장에 힌트가 있다. 마키아벨리는 14장에서 알렉산드로스 대왕이 아킬레스를 모방했다고 말한다. 아킬레스는 바다의 여신 테티스와 인간의 아들 펠레우스 사이에서 태어난 트로이 전쟁의 영웅인데, 반은 인간이고 반은 동물인 키론에게 교육을 받아 야수와 같이 용맹스러운 사람이다. 따라서 14장에 묘사된 알렉산드로스 대왕으로부터, 한편으로는 공포를 통해 다민족 군대를 굳건하게 유지한 한니발의 모습을, 다른 한편으로는 죽은 후에 신이 되어 버린 알렉산드로스 대왕의 권위를 연상하게 된다.

이후 마키아벨리는 『군주』 15장부터 19장까지 고전 철학에서 강조하는 군주의 덕성을 여러 형태로 비난한다. 특히 18장에서 크세노폰(Xenophone, BC430-354)이 묘사한 키루스 대왕(BC576-530)을 비꼬는 부분은 압권이다. 크세노폰이 제국을 건설한 군주의 욕망을 부각시킨 것은 칭찬하면서도, 이러한 욕망을 도덕으로 억제하라는 충고에 대해 못마땅함을 드러낸 부분 말이다.

이런 맥락에서 본다면, 4장에서 우리는 마키아벨리로부터 매우 흥미로운 충고를 듣게 된다. 표면적으로는 알렉산드로스 대왕이 어떻게 영토를 확장하고 유지했는지에 대한 조언이다. 그런데 영토 확장에 대해서는 설명이 되어 있지만, 어떻게 유지했는지에 대해서는 별로 읽을 것이 없다. 그러나 자세히 읽으면, 이탈리아 군주들이 어떻게 국가를 잃게 되었는지에 대한 진지한 토론을 접하게 된다. 『군주』 24장에서 언급되듯, 인민들을 적대적으로 만들거나 귀족들의 야망을 견제하지 못한 경우, 알렉산드로스 대왕과 같은 인물이 공격하면 그 어떤 군주도 국가를 유지할 수 없다는 충고를 접하게 되는 것이다.

질문 1: 알렉산드로스 대왕의 성공은 아시아 국가의 특성 때문이었을까?

알렉산드로스 대왕 vs. 피루스

이러한 모든 것들을 고려한다면, 알렉산드로스 대왕이 아시아 국가를 유지하기가 수월했던 것과, 피루스와 같은 많은 사람들이 획득한 영토들을 유지하는 데 어려움이 있었던 점에 대해 그 누구도 놀라지 않을 것이다. 이는 승자(vincitore)의 역량(virtù)이 많거나 적거나 한 것에서 비롯된 것이 아니라, 신민의 차이(la disformità del subietto)에서 [비롯되었다.]

—『군주』, 4장, (21).

위에서 보듯, 마키아벨리는 4장의 마지막 부분에서 알렉산드로스 대왕의 치적이 모두 운이 좋아서 가능했던 것처럼 말한다. 그와 에피루스의 왕이 된 피루스(Pyrrhus)의 차이가 단지 정복했던 지역 거주민들의 차이였을 뿐이라고 말하는 것이다. 과연 마키아벨리는 피루스가 이탈리아 원정에 실패한 것을 단순히 '신민들의 차이'에서 비롯된 것으로 보았을까?

피루스도 용맹스럽고 전쟁에 능한 장군이었다.[67] 그러나 『강의』를 살펴보면, 마키아벨리가 생각하는 피루스는 알렉산드로스 대왕과 큰 차이가 있다. 알렉산드로스 대왕이 한니발과 같은 잔인함을 사용할 수 있는 인물이었다면, 피루스는 스키피오와 같이 자애로운 성격의 소유자로 묘사되고 있는 것이다.『강의』3권 21장에 나오는 말이다.

> 한니발의 불경스러운 삶의 방식(modo di vivere impio)으로 인해 로마 인민은 [자기들의] 공화정이 겪었던 그 어떤 적들보다 그를 혐오했다는 것을 잘 알 수 있다. 그래서 피루스가 그의 군대와 함께 이탈리아에 있었을 때 [로마 인민들]은 그를 독살하려고 음모를 꾸민 사람을 그에게 알려 준 반면, 한니발은 비록 그가 무장 해제되고 내쫓겼음에도 결코 용서하지 않고 결국 그를 죽게 만들었다.
>
> ―『강의』, 3권 21장, (I6).

피루스가 정복지에서 취한 행동은 한니발의 '잔인함'이나 '불신앙'과는 큰 대조를 이룬다. 그러나 엄밀하게 말하자면, 피루스는 스키피오와 같은 자애로움도 갖지 못한 인물이다.『강의』3권 20장에서 보듯, 마키아벨리는 피루스가 암살을 모면할 수 있었던 이유가 그의 자애로움이 아니라 로마공화정의 집정관 파브리키우스(Gaius Fabricius Luscinus)의 '관대함(liberalità)' 때문이라고 말한다. 즉 마키아벨리에게 피루스는 한니발처럼 잔인하지도 못했고, 단지 운이 좋았던 인물인 것이다.

반면『강의』에서 알렉산드로스 대왕은 유능한 군주로 묘사된다. I권 20장에서 보듯 알렉산드로스 대왕은 그의 아버지 필리포스

2세(BC382-336)와 같이 '역량(virtuoso)' 있고 '가장 탁월(eccellentissimi)'한 군주 중 하나다. 만약 I권 26장에 기술된 필리포스 2세의 거주민 이주 정책을 고려한다면, 알렉산드로스 대왕은 확장된 영토에 사는 주민들의 생활방식까지 바꿀 수 있는 인물이었으며, 모든 사람들이 오직 그에게만 의지하도록 만드는 능력을 가졌다.[68] 또한 알렉산드로스 대왕은 로마인들과 같이 패권에 대한 열망 때문에 영토를 확장했고, 전쟁에서 자기에게 반항하는 적은 철저하게 응징하는 패권적 군주였다.[69]

따라서 잉글레제가 해석하듯 '신민의 차이'를 '상황의 차이(differenza di situazione)'로 단순화하는 것은 곤란하다.[70] 알렉산드로스 대왕과 같은 인물에게 복속된 지역 거주민들의 특성은 바꿀 수 없는 상황이 될 수 없기 때문이다. 이런 맥락에서 본다면, 알렉산드로스와 피루스의 차이는 작지 않다. 전자는 상황을 바꿀 수 있는 인물이라면, 후자는 상황을 극복하기에 역부족이었던 인물이다. 마키아벨리는 지금 알렉산드로스 대왕과 같은 인물을 기다리고 있고, 알렉산드로스 대왕과 피루스의 차이를 알고 있는 사람에게 이야기하고 있는 것이다.

아킬레스와 알렉산드로스 대왕

여기서 짚고 넘어가야 할 것 중의 하나는 알렉산드로스 대왕이 죽기 전부터 신처럼 행동했고, 죽고 난 뒤에도 신처럼 숭앙을 받았다는 사실이다. 그는 어려서부터 어머니로부터 자기의 아버지는 필리포스 2세가 아니라 제우스와 아몬 신이라는 이야기를 듣고 자랐고, 자기 스스로도 이집트를 공략한 후 '신의 아들'이라는 신탁을 받기 위해 먼 거리를 마다 않고 아몬 신전을 참배했을 정도였다. 비록 『원정(Anabasis)』을 쓴 로마인 아리아누스(Lucius Flavius Arrianus Xenophon, 86-160)를 비롯한 후대의 역사가들로 인해 신화적 인물로 채색되었지만, 알렉산드로스 대왕 자신도 병합한 영토를 잘 다스리기 위해 스스로를 신적인 존재로 만들려 했음을 부인하긴 힘들다. 마키아벨리는 이런 사실을 몰랐을까?

『군주』 14장에 그 실마리가 있다. 14장에서 마키아벨리가 "알렉산드로스 대왕이 아킬레스를 모방했다."고 적고 있는 것이다. 알렉산드로스 대왕이 아킬레스를 흠모했다는 것은 잘 알려져 있다. 아킬레스가 파트로클로스의 장례를 치른 방식을 따라 자기 친구인 헤파이스티온의 죽음을 애도했다는 기록도 있다. 아킬레스를 흉내 내어 애도 기간 동안 음식과 물을 먹지 않았고, 머리카락을 잘라 죽은 친구의 각지 낀 손에 놓아 두었으며, 친구를 비싼 돈을 들여 화장했다고 한다.[71] 특히 알렉산드로스 대왕을 신화적 인물로 묘사했던 역사가들에게 그가 아킬레스를 모방했다거나 닮았다는 사실은 매우 중요했다.

기원전 330년, 알렉산드로스 대왕에게 쫓기던 다리우스 3세가 암살당할 때까지, 아시아 원정은 신화적이라기보다 영웅적인 사건으로 기록되었다. 칼리스테네스(BC360-328)의 기록에서 보듯, 역사가들은 알렉산드로스 대왕의 페르시아 원정에 대해 관찰자적 태도를 취하려 노력했다. 그러나 클라이탈쿠스(BC323-283)에 이르러, 역사가들은 알렉산드로스 대왕을 신화적 인물로 묘사하기 시작한다. 알렉산드로스 대왕의 개인적 동기를 강조했던 플루타르코스(46-120)도 마찬가지다. 초기 페르시아 전쟁마저도 영토 확장에 대한 열망에서 비롯되었다고 믿는 낭만적 전통이 가미되었을 뿐이다.

마키아벨리는 알렉산드로스 대왕을 신화적이고 낭만적으로 묘사하는 역사가들의 견해를 사용한다. 『군주』에서 언급되는 아킬레스에 대한 이야기가 이를 말해 준다. 14장에서 아킬레스는 알렉산드로스 대왕이 모방한 대상으로, 18장에서는 키론으로부터 인간의 '법(le leggi)'과 야수의 '힘(forza)'을 동시에 사용하는 법을 배웠다는 이야기에서 아킬레스가 등장한다. 아킬레스와 키론 모두 신적 존재이고, 알렉산드로스가 탐독한 호메로스의 『일리아드』도 신화적 상상력으로 가득 찬 책이다.

따라서 마키아벨리가 낭만주의 역사가들의 신화적인 묘사들을 이용했다고 보는 데 무리가 없다. 어쩌면 마키아벨리는 프톨레마이우스(BC367-283)가 이집트를 안정적으로 통치하기 위해 알렉산드로스 대왕을 신적인 존재로 만들었다는 사실을 쓰고 싶었는지도 모를 일이다. 그렇지 않더라도, 마키아벨리는 알렉산드로스 대왕의 영토 확장이 개인적 열망에서 비롯된 것이라는 낭만주의 역사가들의 해석을 반대할 이유가 없었을 것이다.

이런 측면에서 보더라도, 마키아벨리가 알렉산드로스 대왕의 성공을 아시아 국가의 특성에서 기인한 것이라고 단정하기는 어렵다. 아울러 알렉산드로스 대왕(Alessandro Magno)으로부터 교황 알렉산데르 6세(papa Alessandro)가 연상되고, '신으로부터 유래된 권위'를 가진 투르크 왕국의 술탄과 관련된 이야기로부터 알렉산데르 6세가 연상되는 것도 곱씹어 봐야 할 문제다.

질문 2: 군주정의 두 가지 통치 방식을 설명함으로써 무엇을 말하고자 했는가?

나는 기억되고 있는 모든 군주정들이 두 가지 다른 방식으로 통치되어 왔다고 답하겠다. 하나는 한 명의 군주(uno principe)에 의한 것으로, 그 밖의 모든 사람들은 그의 호의와 동의로 행정 관리가 되어 왕정의 통치를 돕는 종복들(servi)이다. 또 다른 [방식]은 한 명의 군주와 제후들(baroni)에 의한 것으로, 후자의 지위는 주인의 호의가 아니라 그들 가계의 유산(antichità di sangue)에서 비롯된다. 이 제후들은 자신들만의 국가들과 신민들을 갖고 있다. [그리고 신민들은] 그들을 주인들로 인정할 뿐만 아니라 그들에게 자연적인 애착(naturale affezione)을 갖는다. 한 명의 군주와 종복들에 의해 통치되는 국가들에서 군주는 더 많은 권위(autorità)를 누린다. 왜냐하면 그의 지역을 통틀어 그를 제외하고는 주인(signori)으로 인정받을 자가 없기 때문이다.

——『군주』, 4장, (2)-(4).

위에서 보듯, 마키아벨리는 군주정을 두 가지 통치 방식으로 나누고 있다. 하나는 군주가 전권을 갖고 다스리는 곳이고, 다른 하나는 군주가 제후들과 함께 다스리는 곳이다. 이후 마키아벨리는 전자의 경우로는 투르크 왕정을, 후자의 경우에는 프랑스 왕정의 예를 들어 두 가지 통치 방식을 상술한다. 그리고 다음과 같은 주장을 전개한다.

(가) 투르크 왕정을 점령하기 어려운 이유는 [다음과 같다.] 그 왕정의 지도자들(principi)로부터 도움을 요청받을 수 없고, 군주 주변의 사람들이 반란을 일으켜 [점령]을 용이하게 하리라 기대할 수 없다는 것이다. 이건 앞서 언급한 이유들 때문이다. 모두가 종복들이고 의리에 묶여 있기에, 그들을 타락시키는 데 많은 어려움이 따른다. 그들이 타락했다 하더라도, 그들의 인민들을 동원할 수 없기에 큰 소용이 없다.
―『군주』, 4장, (10).

(나) 프랑스처럼 통치되는 왕정에서는 정반대의 것이 나타납니다. 왜냐하면 당신(tu)은 그 왕정의 몇몇 제후들을 당신 편으로 끌어들여 쉽게 그곳으로 들어갈 수 있을 것이기 때문입니다. [그리고] 불평분자들과 변혁을 원하는 사람들을 항상 발견할 수 있기 때문입니다. 제시된 이유들로 인해, 그들은 당신이 그 국가로 들어오는 문을 열어줄 것이며, 당신의 승리를 용이하게 할 것입니다. 이후 당신을 도왔던 사람들뿐만 아니라 당신을 반대한 사람들로 인해, [획득한 국가]를 유지하

려는 당신의 열망은 끝없는 어려움(infinite difficultà)에 봉착할 것입니다.

─『군주』, 4장, (13)-(14).

(가)에서 보듯, 한 사람이 통치하는 국가를 점령하기는 쉽지 않다. 마키아벨리가 후술하듯, 이런 국가는 군주를 중심으로 일치단결하기에 쉽게 성으로 들어갈 수도, 반란을 기대할 수도 없다. 오직 '스스로의 힘(forze proprie)'만을 믿고, 알렉산드로스 대왕처럼 일격에 승리를 거두어야 한다. (나)의 경우는 점령하기가 상대적으로 쉽다. 군주의 권력을 시기하는 귀족들이 우군이 되어 도와줄 수도 있고, 군주가 위기에 봉착하면 불만을 가진 사람들이 소요를 일으키는 경우가 다반사이기 때문이다.

그러나 점령 이후에 정복 군주가 봉착하는 어려움은 (나)의 경우가 더 크다. (가)의 경우는 『군주』 2장의 '세습 군주정'에서 살펴보았듯이, 군주의 가계만 성공적으로 제거하면 그뿐이다. 군주를 제외하고는 그 누구도 인민의 지지를 받지 못하기 때문이다. 반대로 (나)의 경우는 『군주』 3장에서 '복합 군주정'의 군주가 그러하듯, '변화에 대한 열망'이 빚어낸 '끝없는 어려움'에 봉착한다. 지배자를 갈아치우면서까지 자신을 지지한 사람들의 기대를 충족시켜야 하고, 새로운 군주의 출현으로 모든 것을 상실한 사람들의 분노도 감안해야 하기 때문이다.

당시 이탈리아의 군주들이 마키아벨리의 4장을 읽었다면 어떤 느낌을 가졌을까? 두 가지로 나누어 볼 수 있을 것 같다. 첫째는 영토를 확장하려면 어떻게 해야 하느냐는 것이다. 마키아벨리의 조언을 따른다면, '신'처럼 군림하는 군주나 세습 군주가 있는 국가는 '예외적인 힘'으로 단숨에 제압해야 한다. 그리고 루이 12세와 같이 내부적 분열을 통해 쉽게 점령한 국가도『군주』 3장에서 언급된 처방들을 따른다면 그 영토를 성공적으로 유지할 수 있다. 결국 교황이 다스리는 교황령도, 이탈리아의 다른 왕정들도 '예외적 힘'만 있다면 획득할 수 있을 뿐만 아니라 유지할 수도 있다는 말이다. 영토를 확장하고자 하는 의지가 없는 군주들에게는 섬뜩한 이야기였을 것이다.

둘째는 획득된 영토를 어떻게 유지할 수 있냐는 것이다. 마키아벨리의 조언을 따른다면, 두 경우 모두 군주의 확고한 의지와 강력한 군사력이 필요하고, 후자의 경우는 특히 '다수'를 만족시킴으로써 야망을 가진 사람들을 견제해야 한다. 이런 맥락에서 마키아벨리는 다시 로마인들의 이야기로 돌아간다. 로마인들은 스페인, 프랑스, 그리고 그리스 지방에서의 '소요들(tumulti)'을 성공적으로 진압했고, '제국의 힘과 오랜 기간(la potenza e diuturnità dello imperio)'을 통해 그 지역에 군주정들이 있었는지도 기억하지 못하도록 만들었다고 말한다. 로마인들과 같은 세력이 나타나면, 당신의 군주정은 기억도 없이 사라질 수 있다는 경고인 셈이다.

『군주』 24장에서 언급되듯, 대부분의 이탈리아 군주정은 스스로를 방어할 능력도 없었다. 그럼에도 불구하고, 이탈리아의 군주들은 군비를 강화할 생각도 없고, 모든 것을 '운(fortuna)'에 맡기고 살아간다. 그래서 영토를 확장하기는커녕 자기 것도 지킬 수가 없다. 다수 인민의 지지를 받지 못하면서도, 인민들이 정복자를 몰아내 주길 기다린다. 성공하진 못했지만, 로마인들에게 작은 나라의 힘을 보여 주었던 마케도니아의 필리포스 5세(BC239-179)와 같은 인물도 없다. 또한 『군주』 5장에서 상술되듯, 이탈리아의 공화정들도 이러한 비난으로부터 자유로울 수 없다. 즉 두 가지 통치 방식에 대한 설명은 이탈리아인들에게 무력과 지략의 필요성을 역설하기 위한 하나의 방편이었던 것이다.

5장
점령되기 전에 그들 자신의 법에 따라 살아온 도시들이나 군주정들은 어떤 방식으로 통치해야 할까

Quomodo administrandae sunt civitates vel principatus
qui ante quam occuparentur suis legibus vivebant

이 장에서 마키아벨리는 처음으로 '도시(città)'라는 단어를 쓰고 있다. 이때 '도시'는 '군주정'과 대조되는 정치체제, 즉 『군주』 I장에서 언급된 '공화정'을 의미한다. 물론 마키아벨리가 '도시'라는 단어를 '공화정'에 국한해서 사용하지는 않는다. 『강의』 I권 I장에서 보듯, 공화정도 군주정도 '모든 도시(qualunque città)'에 포함된다. 그럼에도 불구하고, 여기에서처럼 마키아벨리는 종종 '도시'를 '공화정'이라는 말을 대신해 사용한다. 그의 시대까지 공화정은 대체로 도시를 기반으로 건설되었기에 특별한 부언도 없다.

놓치지 말아야 할 것은 '도시'라는 말을 사용함으로써 로마공화정과 다른 정치체제를 비교하고 있다는 점이다. 최초에는 스파르타와 로마를 비교한다. 『강의』에서와 마찬가지로, 마키아벨리가 로마공화정을 선호한다는 것을 쉽게 알아차릴 수 있다. 그러나 스파르타와 로마의 진정한 차이는 힘을 사용할 수밖에 없는 상황에서 힘을 사용할 수 있었다는 점뿐이다. 따라서 '자유(libertà)'와 관련된 논의를 충분히 이해해야만, 『강의』에서 마키아벨리가 로마공화정을 통해 보여 주려는 '제국(imperio)'의 건설이라는 주제와 연관시킬 수 있다.

'제국'이라는 주제는 로마와 피렌체가 비교될 때 더 분명하게 우리의 뇌리에 각인된다. 한편으로는 자유를 향유해 온 국가를 점령하기가 얼마나 어려운지를 알게 되지만, 다른 한편으로는 피사를 어떻게 장악해야 하는지를 고민하게 된다. 일면 두 가지 주제가 충돌되는 것 같다. 그러나 『강의』 I권 4장부터 6장까지 전개되는 내용을 참고하면, 두 가지 주제는 '로마공화정'의 우수성이라는 관점에서 수렴된다. 즉 인민에게 귀족을 견제할 실질적인 힘을 부여하고, 자신들의 자유를 지킬 수 있도록 인민들을 무장시켜야만 '강력한 제국'을 건설할 수 있다는 점에서 두 가지 주제는 충돌되지 않는다는 것이다.

질문 1: '자유'가 가져오는 이점은 무엇인가?

'자유'와 관련해서 『군주』 5장만큼 매력적인 글이 있을까? 5장의 마지막 구절을 읽은 군주라면, 특히 공화정을 전복하고 군주가 된 사람이라면 섬뜩한 느낌이 들었을 것이다. 그러나 마키아벨리의 질문은 다른 도시의 '자유'에 대한 열망을 어떻게 짓밟느냐는 것이다.

공화정들에는 더 많은 생명(vita), 더 많은 증오(odio), 복수에 대한 더한 열망(desiderio)이 있다. 그들의 옛 자유에 대한 기억(la memoria della antiqua libertà)은 그들을 잠잠하도록 내버려 두지 않는다. 그래서 가장 안전한 길은 [공화정들]을 제거하거나 그곳에 사는 것이다.

─『군주』, 5장, (9).

이런 맥락에서 위의 인용문을 하나씩 읽어 보자. 첫째, 여기에서 '더 많은 생명'은 두 가지 의미를 가진다. 우선 전술한『강의』2권 2장의 인용에서 보듯, 글자 그대로 더 많은 사람들이 도시에 거주하게 된다는 의미로 이해할 수도 있다. 그리고 '활력(vitalità)'이나 '힘(energia)'을 의미하기도 한다. 그의 표현대로 하자면, 공화정에서 "각자는 [농업과 제조업]과 같은 것을 기꺼이 증대시키고, 한 번 획득하면 [자신의 것으로] 향유할 수 있다고 믿기에" 국가의 부는 군주정에서보다 더 크게 증가한다. 시민에게 자유가 보장되면, 전쟁 수행에 가장 중요한 '인력'과 '돈'이 준비되는 것이다.

둘째, '증오'와 '복수에 대한 열망'은 정복 군주를 불편하게 만든다.『군주』19장에서 보듯 증오와 미움은 지속적인 불안을 가져오고,『강의』3권 6장에서 보듯 복수에 대한 열망은 불안을 반란으로 전이시킨다. 그리고 침략 군주에 대한 '증오'와 '복수에 대한 열망'은 인민이 정치에 참여할 수 있었던 국가에서 더 클 수밖에 없다.

내가 말했던 그 도시에서 귀족들이 이겨 인민으로부터 자유를 빼앗은 일이 일어났을 때, 인민 세력(i popolari)은 아테네인들을 이용해서 그들의 힘(le forze)을 회복한 후, 모든 귀족을 붙잡아 그들 모두를 감옥에 가두었다. [인민들]은 그들을 다른 곳들로 추방시킨다는 구실로 한 번에 여덟 또는 열 명을 그곳에서 끌어내어 잔인함의 수많은 본보기들을 사용해서 죽였다. 남아 있던 사람들이 이것을 알고는 가능한 최선을 다해 이 불명예스러운 죽음으로부터 도망가기로 결심했다. 그들이 할 수 있는 모든 것으로 무장하고, 감옥으로 들어오려는 사람들과 전투를 벌였고, 감옥의 문을 막았다. 그러자 이 소음에 인민들(il popolo)이 무리를 지어 그곳의 지붕을 열어젖혔고, 그 잔해에 [귀족들]이 압사당했다. 비슷하게 끔찍하고 눈에 띄는 많은 일들이 내가 말한 지방에서 역시 일어났다. 그러기에 당신이 빼앗고자 하는 것보다 당신이 빼앗은 자유가 훨씬 더 격렬하게 복수한다는 것이 사실이라는 점을 알게 된다.

──『강의』, 2권 2장, (23)-(25).

위에서 보듯, 로마인들이 한니발을 끝까지 용서하지 않았듯이, 인민들은 자유를 앗아간 군주에게 어떻게 보복해야 하는지를 너무나 잘 알고 있다. 왜냐하면 공화정과 같은 자유로운 국가의 인민들은 귀족들과의 투쟁을 통해 스스로의 자유를 지키는 방법을 체득했기 때문이다. 마키아벨리는 이런 전투적인 인민들이 로마공화정을 패권국가로 만들었다고 믿고 있다.

셋째, '옛 자유에 대한 기억'은 자유를 꿈꾸는 인민들에게 안식

처를 제공한다. 그러기에 마키아벨리는 "진실로 그들을 파멸시키지 않고서는 그 도시를 안전하게 소유할 방식이 없다."고 말한다. 그리고 이렇게 부언한다.

> 누구든지 자유롭게 사는 데 익숙해진 도시의 수호자(patrone)가 되어 그 도시를 파괴하지 않으면, 그 도시에 의해 반드시 파괴당할 것이라고 예측해야 할 것이다. 왜냐하면 그 도시는 반란을 일으켜 시간의 길이를 통해서나 부여된 이익들로도 결코 망각되지 않는 자유의 이름과 그 도시의 옛 질서에서 위안을 갖기 때문이다.
> ──『군주』, 5장, (6).

그리고 너무나도 이율배반적인 충고가 이어진다. 마키아벨리는 피사가 피렌체의 지배 아래에서 '노예상태(in servitù)'에 있었다고 말한다. 그러나 그는 피사 시민들의 '자유에 대한 기억'에 대해서는 관심이 없다. 그들을 '갈라서게 하고 흩어 버려(si disuniscono o dissipano)' 자유를 꿈꾸지 못하게 하라고 한다. 그리고 1494년 샤를 8세가 이탈리아를 침공했을 때와 같은 '사건(accidente)'을 틈타 피사가 독립한 사실을 상기시킨다. 자기 지배를 강화하기 위해 복속한 국가에 내분을 일으켜서라도 자유를 꿈꾸지 못하게 하라고 말하는 것이다.

마지막으로, 마키아벨리는 5장의 서두에 했던 말을 반복한다. 자유를 경험한 도시를 다스리는 세 가지 방법 중, 첫 번째와 두 번째를 선택해야 한다고 말하는 것이다.

> 첫째, 그 [국가]들을 파괴하는 것. 둘째, 그곳에 가서 직접 사는 것. 셋째, 그들로부터 조공을 받고 그 [국가]들 안에 당신과 우호적인 관계를 유지할 과두 국가(uno stato di pochi)를 만들어, 그들의 법에 따라 살게 내버려 두는 것이다.
>
> ─『군주』, 5장, (2).

위에서 보다시피, "무엇을 하던 어떤 대비를 하던" 자유에 대한 기억은 소멸시키기 어렵다던 말과는 다른 말을 하고 있다. 그리고 우리는 곧 스파르타가 세 번째 방법을 선택했기에 아테네와 테베를 다스리는 데 실패했다는 말이 큰 의미가 없다는 것을 알게 된다. 『강의』I권 6장에서 보듯, 스파르타는 인력도 힘도 작은 도시국가를 넘어 제국이 될 준비가 전혀 되어 있지 않았지만, 로마인들은 스파르타와 같이 과두 국가를 세웠다가 실패하자 바로 첫 번째로 전환할 수 있는 인력과 힘은 있었다는 것이다. 그래서 스파르타는 테베의 펠로피다스(BC410-364)가 일으킨 반란으로 제국도 자신도 무너졌지만, 로마는 단숨에 반란들을 진압해 버렸다는 것이다.

결국 우리는 마키아벨리가 설명하는 '자유'의 이점을 그의 제도적 구상의 모델이었던 로마공화정과 연관시킬 수밖에 없다. 당시 대부분의 피렌체 귀족들과 지식인들은 정치적 안정을 위해 시민의 자유와 정치적 참여를 제한하거나 억제해야 한다는 견해를 갖고 있었다. 그리고 대부분의 사람들이 세상에서 '가장 조용한 공화정(la Serenissima Repubblica)'으로 평가받던 베네치아를 모방하자고 목소리를 높였다.[72] 이런 환경에서 마키아벨리는 '소란스러운 공화정(una tumultuaria repubblica)' 중의 하나로 간주되던 로마에 주목한 것이다. 그리고 "시민을 무장시켜야 한다."는 주장까지 전개하고, 변화의 요구들이 합의된 제도화의 방법까지도 바꿀 수 있는 정치체제를 꿈꾸기 시작한 것이다.

마키아벨리에게 있어 '자유'가 의미하는 바를 여러 차원에서 다각적으로 접근해야 한다. 특히 '자유'의 국제적 차원, 즉 다른 국가로부터 지배당하지 않는 상태로서의 '자유'에 주목할 필요가 있다. 그는 개인의 자율성을 바탕으로 다른 사람 또는 집단의 자의적인 지배로부터 자유로운 상태, 이러한 정치사회적 조건에서 기대할 수 있는 정치 공동체의 힘에 큰 기대를 걸었다. 시민에게 자유가 보장되면 전쟁 수행에 가장 중요한 '인력'과 '돈'이 준비되고, 시민들이 스스로의 자유를 지키는 방법을 채득하면 독립뿐만 아니라 제국을 건설할 수 있는 힘을 얻게 된다고 생각했던 것이다. 그러기에 그에게는 로마공화정이 스파르타나 베네치아 공화정보다 더 월등한 정치체제일 수밖에 없었던 것이다.

질문 2: 자유를 경험해 보지 않았던 국가는 어떻게 자유를 쟁취할 수 있나?

> 도시들이나 지방들이 한 명의 군주(uno principe) 아래 사는 것이 익숙하다면, 그리고 그의 혈통이 제거되었다면, 그들은 그들 중에서 [군주]를 만드는 데 동의하지 않을 것이고, 어떻게 해야 자유롭게 살 수 있는지도 모른다. 왜냐하면 한편으로 그들은 복종하는 데 익숙하기 때문이고, 다른 한편으로 그들은 그 옛 군주(il principe vecchio)를 갖고 있지 않기 때문이다.
>
> ―『군주』, 5장, (8).

마키아벨리는 자유를 경험하지 못한 사람들은 결코 자유를 쟁취하지도, 자기들을 위한 군주를 선택하지도 못한다는 말을 하고 있다. 왜 갑자기 이런 말을 하는 것일까? 『군주』 4장의 투르크 왕정처럼 술탄이 다스리는 체제를 말하는 것일까? 아니면 '자유에 대한 기억'을 상실한 이탈리아 사람들을 비꼬는 것일까?

아시아의 전제

1453년 5월 29일 오스만투르크 제국의 메메드 2세(1432-1481)는 콘스탄티노플을 함락하고 끝내 비잔티움 제국을 멸망시킨다. 이 사건은 서양 세계 전체를 공포로 몰아넣었다. 왜냐하면 이 사건은 동양과 서양, 이슬람교와 기독교 세계의 충돌에서 서양과 기독교 세계가 패배한 것이었기 때문이다. 이뿐만이 아니었다. 비록 베네치아와 제노아의 원군이 있었지만, 7000명의 군사들이 8만의 군사에 맞서 싸우는 참담한 전투였다. 비록 잘 만들어진 성곽, 그리고 황제와 숙련된 군인들이 있었지만, 메메드 2세의 군대를 상대하기란 군대의 규모부터 역부족이었다.

그리고 메메드 2세의 리더십도 서양 세계를 공포의 도가니에 빠뜨렸다. 그는 짧은 기간에 콘스탄티노플을 포위하고, 단숨에 함락했다. 그리고 이슬람 전통을 따라 사흘 동안의 약탈을 허락했다. 도시는 아수라장이 되었고, 도망가지 못한 사람들 대부분이 노예로 전락했다. 이탈리아인들도 삽시간에 공포에 휩싸였다. 최소한 몇 달은 견딜 줄 알았는데, 콘스탄티노플이 순식간에 함락된 것이다. 약탈에 대한 소문도 과장되었고, 아시아의 전제군주는 잔인하고 비인간적인 존재로 묘사되고 인식되기 시작했다.[73]

마키아벨리는 오스만투르크 제국의 일사불란한 힘을 알지 못했을까? 그리스인들의 패배는 그에게 아무런 의미도 없는 사건이었을까? 그렇지 않다. 『강의』 I권 19장에서 보듯, 마키아벨리는 메메드 2세가 탁월하고 전쟁에 능한 군주 중 한 사람이었음을 인정하고 있다. 비록 이탈리아 남부 원정이 그리 성공적이지는 못했지만, 이탈리아까지 쳐들어왔던 제국의 군주라는 사실을 알고 있는 것이다.

게다가 가능한 최선의 정치체제는 아니지만, 마키아벨리에게 '복종의 습관'을 가진 오스만투르크 제국은 이탈리아의 국가들보다 훨씬 월등하다. 만약 국제적 차원에서의 '자유'에 국한해서 본다면, 투르크도 로마만큼이나 강력한 국가를 만드는 데 성공한 셈이다. 그리고 투르크도 로마도 주변 국가에 참주와 다름없이 일방적이었다는 점에서 볼 때, 어떤 정치체제가 다른 국가와의 관계에서 더 우호적이고 도덕적이었냐는 잣대는 적용할 수 없다.

이탈리아인들의 망각의 근원

그렇다면 어떤 군주정을 염두에 둔 것일까? 『강의』 2권 2장에 나오는 기독교에 대한 비판을 눈여겨볼 필요가 있다. 주지하다시피, 『강의』 2권 2장과 『군주』 5장은 비슷한 주제를 다루고 있다. 그러나 후자에서는 아래와 같은 기독교와 관련된 부분이 빠져 있다.

> 어떻게 고대 인민들(i popoli)이 오늘날 [인민들]보다 더 자유를 사랑하게 되었는지 생각하니, 나는 현재 사람들을 덜 강하게 만드는 동일한 원인으로부터 비롯되었다고 믿는다. 내가 믿고 있는 바, 우리의 종교(religione)와 고대의 것의 차이에 기초한 우리 교육(educazione)과 고대의 것의 차이[에서 비롯되었다.] 왜냐하면 우리의 종교는 진리(la verità)와 진정한 길을 보여 주면서 우리가 세상의 명예(onore)를 덜 숭앙하도록 하는 반면, 비유대인들(i Gentili)은 그것을 매우 존경하고 최상의 선(il sommo bene)으로 간주했기에 그들은 행동에 있어 더욱 호전적이었다.
>
> ─『강의』, 2권 2장, (26)-(27).

메디치 가문이 로마교회를 장악하고 있는 상황에서, 메디치 가문의 젊은 군주에게 이런 말들을 쓰는 것이 부적절하다고 판단했을지 모를 일이다. 그러나 우리는 어렵지 않게 '복종하는 습관'과 이탈리아인들이 상실한 '자유에 대한 기억'이 무관하지 않다는 것을 알게 된다. 작게는 교황(레오 10세)이 장악하고 있는 로마, 크게는 교회의 권위에 나약해진 이탈리아가 '복종하는 습관'을 가진 지방이라는 것을 알 수 있다는 말이다.

결국 마키아벨리의 '자유'에 대한 논의는 피렌체에서는 로마공화정의 시민들이 보여 주었던 '군사적 덕성(la virtù militare)'을 기대할 수 없다는 탄식으로 귀결된다. 자유에 대한 기억으로부터 위안을 느끼는 사람들보다 신의 구원에 안식을 느끼는 사람들이 많기 때문이고, 복종의 삶이 습관이 되어 나약할 뿐만 아니라 외세로부터 스스로를 지켜낼 수 있는 호전성 또한 결여되었기 때문이다. 어쩌면 그는 이런 상태에서는 로마공화정을 꿈꿀 수 없다고 판단한 듯하다. 그러기에 로마공화정에 대한 기억을 통해 피렌체 시민들의 뇌리에서 사라진 '자유'에 대한 열정을 새롭게 불러일으키고자 한 것이다.

사보나롤라(독일 보름스 루터광장)

『강의』 1권 11장에서 보듯, 마키아벨리는 애당초 사보나롤라가 "신과 이야기를 했다는 것"에 대해 믿고 싶지도, 판단하고 싶지도 않았다. 그리고 피렌체 인민이 그의 말을 믿는 것을 무지하거나 조야하기 때문이라고 비난하지도 않았다. 그래서인지 그는 피렌체 시민들이 사보나롤라의 예언이 적중되기 전부터 그를 따랐다는 점을 부각한다. 대신 그는 사보나롤라의 몰락은 다름이 아니라 "스스로가 만든 법을 위반한 것"에서부터 시작되었다고 말한다.

6장
자기 자신의 무력과 능력으로 획득한
새로운 군주정에 대하여

De principatibus novis qui armis propriis et virtute acquiruntur.

　6장은 『군주』의 핵심적인 주제들을 많이 다루고 있다. 새로운 군주정, 위대한 창건자, 무장하지 않은 예언자, '행운(fortuna)'과 '덕성(virtù)'의 관계 등 지금까지 마키아벨리의 『군주』와 관련되어 수많은 논쟁을 불러일으킨 주제들이 한꺼번에 등장한다.

　1장의 분류를 따르면, 6장의 '새로운 군주정'은 3장에 등장했어야 했다. 그랬다면 새로운 국가를 세우거나 민족을 이끈 위대한 지도자들에 대한 마키아벨리의 생각도 조금 일찍 드러났을 것이다. 그러나 이런 순서였다면, 누구나 『군주』의 핵심적인 주제가 '새로운 군주정' 또는 '위대한 지도자'에 대한 이야기라고 속단했을 것 같다. 그래서 '새로운 군주정'이 6장에 등장한 것이 일면 다행스럽기도 하다. 그렇지 않아도 『군주』의 주제는 '새로운 군주' 또는 '위대한 인물'에 대한 이야기로 이해되는 경우가 대부분이기 때문이다.

　어쨌든 여기에서 다뤄지는 '새로운 군주'는 세습 군주가 아니다. 보잘것없는 사람, 또는 평범한 사람이 자기 능력만으로 '군주'가 된 경우다. 그러기에 우리는 『강의』의 헌정사에 나오는 '잠재적 군주'라는 주제를 연상하게 된다. 마키아벨리에게 '잠재적 군주'란 자신의 능력으로 군주가 될 수 있는 시라쿠사의 히에론 2세(BC308-215)와 같은 인물을 뜻한다.

> 역사가들은 사사로운 개인이었던 때의 시라쿠사인 히에론을 왕이었던 때의 마케도니아인 페르세우스보다 더 칭찬합니다. 왜냐하면 히에론은 군주정(il principato)을 제외하고는 군주가 되는 데 부족함이 없었던 반면, [페르세우스]는 왕국(il regno)을 제외하고는 왕으로서 어떤 요소도 갖추지 못했기 때문입니다.
>
> ─『강의』, 헌정사, (10).

위에서 보듯, 시라쿠사의 왕 히에론은 마케도니아의 왕 페르세우스(BC212-166)와 군주가 된 방식부터 달랐다. 전자가 인민들에 의해 왕이 되었다면, 후자는 세습으로 왕이 되었다. 둘의 차이는 다른 나라와의 관계를 관리하는 능력 면에서 더욱 잘 나타났다. 히에론은 정복 군주는 아니었다 하더라도 막강한 로마공화정을 상대로 시라쿠사를 지켜냈다. 반면 페르세우스는 로마공화정을 상대로 벌인 전투에서 패배해 포로가 되었고, 이후 자신의 왕국이 몰락하는 것까지 경험하게 된다.

마키아벨리에게 '잠재적 군주'는 '새로운 군주'의 과거형이고,

'새로운 군주'는 '잠재적 군주'의 미래형이다. 그러기에 그가 『군주』 6장의 끝을 히에론으로 장식하는 것이 전혀 이상하지 않다. 표면적으로는 자기의 능력으로 군주가 된 사례로 히에론이 자주 언급되기 때문인 것처럼 보인다.[74] 그러나 우리는 마키아벨리가 히에론을 거론한 이유가 바로 그가 인민의 지지를 받아 군주가 된 '새로운 군주'의 전형이기 때문이라는 것을 알게 된다. 히에론은 '위대한 인물'의 반열에는 들어가지 못해도, '잠재적 군주'의 범주에서 매우 중요한 인물이었던 것이다. 마키아벨리에게서 '새로운 군주'와 '참주', '군주'와 '참주'의 구분이 사라지는 대목이다.

흥미로운 사실은 구약성서의 선지자 모세와 도미니크 수도사 사보나롤라(Girolamo Savonarola, 1452-1498)도 새로운 군주라는 범주에서 다루어진다는 것이다. 『군주』 6장에서 모세는 신의 말을 대신하는 선지자가 아니라 유대 민족의 지도자로, 사보나롤라는 실패했지만 주목할 필요가 있는 인물로 묘사된다. 구약성서의 '선지자'란 단지 '신의 말(dabar)'을 전달하는 사람에 불과했다는 점을 상기할 때,[75] 그리고 1498년 사보나롤라가 화형에 처해진 이후에도 그를 추종하는 사람들이 지속적으로 공화정의 부활을 도모했다는 점을 염두에 둘 때,[76] 마키아벨리의 '새로운 군주정'에 대한 생각이 어디까지 미쳤는지를 가늠하기란 쉽지 않다.

질문 1: 위대한 인물들을 왜 모방해야 하는가?

6장에서 마키아벨리는 네 명의 '가장 위대한 선례들(grandissimi esempli)'을 언급한다. 모세, 키루스, 로물루스, 그리고 테세우스다.

> 그러나 운(fortuna)이 아니라 그들 자신의 능력(virtù)으로 군주가 된 사람들을 살펴보기 위해, 나는 모세, 키루스, 로물루스, 테세우스, 그리고 그와 같은 사람들(simili)이 가장 뛰어난 인물들이라고 말하고자 한다.
>
> ─『군주』 6장, (7).

키루스를 제외하고는 모두 신앙과 신화 속의 인물들이다. 모세는 구약성서에 등장하는 유대 민족의 해방자이고, 로물루스와 테세우스는 플루타르코스의 저작을 비롯한 영웅적 이야기로 윤색된 인물들이다. 역사적 사실과 무관하지는 않겠지만, 신앙과 신화의 대상들이기에 역사가들이 분석의 대상으로 자주 언급하는 인물들이 아니다. 누가 '그와 같은 사람'이라는 범주에 들어가는 것일까? 범주에 들어가려면 어떻게 해야 할까?

우선 마키아벨리는 '신중한 한 사람(uno uomo prudente)'과 '위대한 인물들(uomini grandi)'을 나눈다. 그리고 전자는 후자를 닮고자 하는 사람으로, 후자는 전자와 같이 또 누군가를 모방한 인물로 묘사한다. 그의 말을 따르면, 역사 속의 '위대한 인물들'도 한때는 '신중한 한 사람'처럼 자기보다 앞서 등장한 위대한 인물들의 '행동들(azioni)'을 모방했다. 즉 둘 모두 현재 또는 과거의 '잠재적 군주'다. '신중한 한 사람'은 지금의 '잠재적 군주'이고, '가장 위대한 선례'를 남긴 인물들도 한때 다른 사람을 모방했던 '잠재적 군주'였다는 것이다.

따라서 마키아벨리에게는 위대한 인물을 모방하는 것 자체가 '잠재적 군주'의 능력(virtù)이 된다. '위대한 인물'이 될 능력이 없으면, 위대한 인물의 모방도 불가능하다. 그러기에 그는 '신중한 사람'이 위대한 인물들의 행동을 모방하듯, 잠재적 군주는 위대한 인물들이 걸었던 '길(vie)'을 걷고자 노력해야 한다고 강조한다. 물론 그는 군주가 되고자 하는 사람 모두가 위대한 인물의 길을 따라갈 수 없다는 것을 알고 있다. 그럼에도 불구하고, 그는 포기하라고 말하지 않는다. 대신 그는 그렇게 하지 않으면 잠재적 군주는 자기 스스로가 원하는 것조차 얻을 수 없을 것이라고 경고한다.

여기에서 우리는 마키아벨리로부터 두 가지 구체적인 충고를 듣게 된다. 첫째, '잠재적 군주'는 자신이 원하는 것보다 더 위대한 업적을 수행하려고 노력해야 하고, 진심으로 신앙과 신화 속에 존재하는 인물을 닮으려고 노력해야 한다는 것이다. 그의 표현을 빌리자면, 설사 위대한 인물의 업적에 미치지 못한다 하더라도, 노력한 사람만이 위대한 인물의 '향기(odore)'에 거할 수 있다는 것을 알아야 한다는 것이다. 분발하고 노력해야 한다는 이야기처럼 들린다. 그러나 아래 '궁수'의 비유는 우리에게 또 다른 충고를 전한다.

그는 아주 멀리 떨어져 있는 곳을 맞추려고 하는 신중한 궁수들 (gli arcieri prudenti)과 마찬가지로 행동해야 한다. [신중한 궁수들]은 자신들의 활의 세기(la virtù del loro arco)가 어느 정도인지 파악하고, 노리는 곳보다 훨씬 더 높이 조준한다. 그들의 화살이 그렇게 높이 도달하도록 하려는 것이 아니라, 그만큼 높이 조준함으로써 그의 계획 (disegno)을 성취할 수 있도록 돕기 위한 것이다.

—『군주』, 6장, (3).

위의 글로부터 우리는 위대한 인물을 '모방'하는 것 자체가 '잠재적 군주'의 목적이 아니라는 것을 알게 된다. 위대한 인물을 모방하다 보면 그들의 발꿈치라도 따라간다는 이야기도, 어느 정도 세간의 좋은 평판을 얻게 된다는 이야기도 아니다. 오히려 '계획'한 바가 '목적(obiettivo)'이고, '모방'은 목적을 달성하기 위한 행위에 불과하다는 이야기다.

이미 우리는 위대한 인물을 모방한 탁월한 군주의 사례를 살펴보았다. 『군주』 4장의 알렉산드로스 대왕이다. 알렉산드로스 대왕은 아킬레스를 흠모했고 모방했다. '궁수'의 비유를 들자면, 그가 아킬레스를 모방한 것은 '제국의 건설'과 '제국의 유지'라는 두 마리 토끼를 잡기 위한 행위에 불과하다. 물론 이집트를 획득한 후 아몬 신전을 찾아가서 자기가 신의 아들이라는 신탁을 받은 행위도 동일한 범주에 들어간다. 아킬레스의 스승인 키론이 궁수였다는 사실도 우리로 하여금 두 번째 충고의 의미를 되새기게 만든다.

결국 '잠재적 군주'에게 위대한 인물을 모방한다는 것은 두 가지 의미를 갖는다. 하나는 위대한 인물의 행동과 족적을 따라 위대한 업적을 이룰 수 있는 능력을 키운다는 것이다. 다른 하나는 신화 속 인물의 행동을 모방함으로써 자신의 계획을 달성해야 한다는 것이다. 전자는 지극히 평범한 충고다. 그러나 후자는 매우 특별한 충고다. 알렉산드로스가 신의 아들처럼 행동한 것과 같이, 잠재적 군주는 필요하다면 신화와 신앙의 영역까지도 자기의 수단으로 만들 수 있는 능력이 필요하다. 마키아벨리가 위대한 인물을 모방한다는 것 자체가 '능력'이라고 말한 것은 후자를 의미한다.

질문 2: 위대한 인물들은 자기 능력에만 의지했을까?

6장에서 마키아벨리는 2인칭을 사용한다. 그가 3인칭 대신 2인칭 '너(tu)'를 사용할 때마다, 우리는 추상적이고 일반적 논증 대신 보다 구체적이고 직접적인 충고를 읽게 된다.[77] 따라서 『군주』를 헌정 받은 젊은 로렌초가 '자기의 능력'으로 군주가 된 경우가 아니라는 사실로부터, 우리는 다음과 같은 질문들을 갖게 된다. 그럼 '운'이 좋아 군주가 된 사람은 6장에서 얻을 것이 없냐는 것이다. 서둘러 7장으로 넘어간 이유가 이것 때문이냐는 것이다.

젊은 로렌초의 입장에서 살펴보자. 무엇보다 그가 마키아벨리에게 이렇게 항변하고 싶었을 수도 있었을 것이다. 마키아벨리가 설명하는 위대한 인물들이 진정 '자기의 능력'만으로 국가를 세웠느냐고 반문하는 것이다.

> 사사로운 개인에서 군주가 되었다는 것은 능력(virtù) 또는 운(fortuna)이 있다는 것을 전제로 하기 때문에, 이 두 가지 것들 중 어떤 것이든 많은 어려움들을 일정 정도 덜어 주는 것으로 보인다. 그럼에도 불구하고, 운에 덜 의지했던 사람이 자기를 더 잘 유지할 수 있다.
> ─『군주』, 6장, (5).

위에서 보다시피, 사사로운 개인이 군주가 되는 길은 두 가지다. 하나는 능력이고, 다른 하나는 운이다. 마키아벨리에 의하면, 운에 의지해서 군주가 된 사람은 국가를 유지하는 데 있어 능력에 의지해 군주가 된 사람보다 더 많은 어려움에 봉착하게 된다. 그러기에 얼핏 보면 위대한 인물들은 모두 자신의 능력에 전적으로 의지해 군주가 된 인물들인 것 같다.

> 그들의 행동과 삶을 살펴보면, 자신들이 원하는 어떤 형상(forma)이든 도입할 수 있는 질료(materia)가 주어졌다는 기회(occasione) 외에 그들이 운으로부터 얻는 것이 없다는 점을 알게 된다. 그러한 기회가 없었다면, 그들의 정신력(la virtù dello animo)은 소멸되었을 것이다. 그리고 그러한 능력이 없었다면, 그 기회는 허사가 되었을 것이다.
> ─『군주』, 6장, (10).

그러나 위에서 보듯 실제는 그렇지 않다. 그들도 '운'을 타고났다. 모세에게는 이집트에서 노예와 같은 생활을 하던 이스라엘 민족이 있었고, 키루스에게는 메디아 왕조에 불만을 품은 페르시아인들이 있었으며, 테세우스에게는 흩어진 아테네인들이 있었다. 즉 그들을 필요로 하는 신민들이 바로 그들이 타고난 '운'이었다는 것이다.

흥미로운 것 중의 하나는 로물루스다. 그에게는 '질료'로서 신민들이 어떤 상태에 있었는지에 대한 언급이 없다. 단지 강에 버려졌다는 이야기뿐이다. 반면『강의』를 통해 우리는 마키아벨리가 그의 능력에 대해 끊임없는 찬사를 보내고 있다는 것을 알게 된다. 『강의』I권 9장에서 그는 로물루스가 형제를 죽인 일도 그가 이룬 업적에 비추어 본다면 용서할 수 있다고 말한다. 그리고『강의』I권 19장에서 마키아벨리는 로물루스의 '능력(virtù)'이 있었기에 누마 폼필리우스(기원전 509년경 로마공화정이 건립되기 이전에 로마를 다스렸던 일곱 명 가운데 두 번째 왕)가 평화롭게 로마를 다스릴 수 있었다고 말한다. 즉 모세, 키루스, 그리고 테세우스에게 견줄 수 있는 '신민들'이 없었지만, 자신만의 '능력'으로 군주가 된 것이다.

또 하나 흥미로운 사례가 모세다. 구약성서에 따르면 모세도 강에 버려졌다.[78] 다행히도 파라오의 딸에게 발견되어 공주의 양자로 자랐지만, 이집트에서 이스라엘인들의 노예와 같은 삶을 참다못해 살인을 저지르고 미디안으로 도망을 친다. 모세 나이 여든이 되어 신의 부름을 받았을 때, 다른 사람들이 자신을 믿지 않을 것이니 신이 함께한다는 표적을 달라고 말할 정도로 자신의 능력을 믿지 못했다.[79] 그리고 그는 이스라엘 사람들을 이집트에서 탈출시켜 신이 약속한 땅으로 이끌고 갔지만, 정작 자신은 그 땅에 들어가지도 못했다. 신의 거룩함을 드러내기보다 자신의 능력을 드러내어 신의 노여움을 샀기 때문이었다.[80]

비록 누군가는 그가 단지 신이 명령한 것들을 집행한 사람일 뿐이었기에 모세를 생각지 말아야 한다고 하겠지만, 그럼에도 불구하고 그는 신과 이야기할 자격이 있는 사람이 된 은총(grazia)만으로도 존경받아야 한다. 그러나 키루스와 왕정을 획득하거나 창건한 다른 사람들을 고려해 보자. 당신은 그들 모두가 존경받을 만하다는 것을 알게 된다. 그리고 만약 그들 각자의 행동과 [그들이 세운] 법제도(ordini)를 고려한다면, 그들이 너무나도 위대한 한 명의 개인 교사를 가지고 있었던(che ebbe sì grande precettore) 모세의 것과 다를 바 없이 보일 것이다.
—『군주』, 6장, (8)-(9).

학자들에게 말하듯 복수 2인칭으로 바꾼 위의 문단은 두 가지 논증으로 되어 있다. 첫째는 신의 선택을 받은 것만으로도 모세는 존경받아 마땅하다는 것이다. 여기에서 마키아벨리는 다른 인물들이 운명의 여신이 준 기회를 포착했듯이, 모세도 자신의 능력이 없었다면 신으로부터 기회를 얻지 못했을 것이라는 이야기를 하고 있다. 둘째는 기독교인들이 믿고 있는 절대적 신의 가르침과 이러한 가르침을 받지 않았던 사람들의 업적이 동일하다는 것이다. 여기에서 마키아벨리는 신을 대리한 모세가 만든 것과 다를 바 없는 것을 위대한 인물들은 자신들의 능력만으로 창출했다고 강변하고 있다.

마키아벨리의 신앙심에 대한 논쟁은 제쳐 두더라도, 모세에 대한 기술들은 당시 기독교인들에게 쉽게 납득될 수 없었을 것 같다. 한편으로는 모세가 3000명의 이스라엘인들을 도륙한 것과 로물루스가 형제를 살해한 것이 동일한 차원에서 다루어지고,[81] 다른 한편으로는 『강의』 I권 9장에서와 같이 모세도 키루스와 같이 자신의 왕정을 창건한 사람으로 취급되기 때문이다. 게다가 기독교의 유일무이한 신이든 로마인들의 운명의 여신이든, 신적 존재란 위대한 인물들에게는 단지 기회를 제공하는 하나의 조건처럼 기술되기 때문이다.

결과적으로 볼 때, 위대한 인물들은 자신의 능력에 의지했던 사람들이다. '운'을 발견하는 것도 능력이고, '기회'를 잡는 것도 능력이라는 이야기가 아니다. 마키아벨리는 우리에게 '운'도 없고 '기회'가 주어지지 않으면 로물루스처럼 자신의 운명을 개척하라고 충고한다. 따라서 잠재적 군주에게 필요한 것이 '신중함'만큼이나 '대담함(audacia)'이라는 사실은 어떻게 보면 당연하다. 『군주』 25장에서 그가 기술하듯, 운명의 여신을 '때려 눕혀서(batterla e urtarla)'라도 잡아야 하기 때문이다. 결국 우리는 마키아벨리에게서 '운'이란 스스로 획득해야 하는 것이지 은혜를 베푸는 절대적 존재에 의존해서는 안 된다는 결론에 도달하게 된다.

질문 3: 사보나롤라는 무엇을 잘못했는가?

도미니크회 수도사 사보나롤라(Girolamo Savonarola, 1452-1498)에 대한 마키아벨리의 비난은 크게 두 가지 측면으로 나뉜다. 첫째는 사보나롤라를 통해 본 자신의 불행과 관련된다. 두 사람 모두 정치적 실패로 체포되고 구금되었다. 그리고 두 사람 모두 집필을 통해 자신이 처한 곤경을 극복해 보고자 노력했다. 그러나 마키아벨리는 사보나롤라와는 달리 신에게 구원을 요청할 생각이 없었다. 둘째는 사보나롤라가 피렌체에 미친 영향과 관련된다. 마키아벨리는 사보나롤라의 등장과 퇴장에 모두 비판적인데, 특히 죽은 이후에도 피렌체를 사로잡은 사보나롤라의 종교적 영향력과 그의 정치적 전망에 비판적이었다. 인민의 정치 참여가 필요하다는 점에는 공감했지만, 사보나롤라의 즉흥적이고 민중주의적 태도에는 반감을 갖고 있었다.

『군주』 6장에서 전개되는 소위 '무장하지 않은 예언자'라는 주제는 첫 번째와 두 번째 측면의 비판이 결합된 것이다. 표면적인 사보나롤라의 패인은 '신'에게 전적으로 의지했다는 것이지만, 보다 결정적인 패인은 '인민'을 지나치게 과신했다는 것이다.

무장한 모든 예언자들은 획득했고(tutti e' profeti armati vinsono) 무장하지 않은 사람들은 파멸당했다. 왜냐하면 지금까지 말한 것들 외에도, 인민들의 본성은 변덕스럽기(la natura de' populi è varia) 때문이다.

그들에게 무언가를 설득하기란 쉽지만, 그들을 설득된 상태(in quella persuasione)로 유지하기란 어렵기 때문이다. 그래서 일들은 다음과 같은 방식으로 수행되어야 한다. 그들이 더 이상 믿지 않을 때, 강제로 (per forza) 그들을 믿게 만들 수 있어야 한다. 만약 모세, 키루스, 테세우스, 그리고 로물루스가 무장하지 않았다면, 우리 시대 지롤라모 사보나롤라 신부에게 일어났듯이 그들은 그들의 체제를 오랫동안 유지할 수 없었을 것이다. [사보나롤라]는 대중(la moltitudine)이 [그가 만든 제도들]을 더 이상 믿지 못하자 몰락하고 말았다. 그는 믿었던 사람들을 확실히 붙잡을 방식도, 믿지 않는 사람들을 믿게 만들 방식도 갖고 있지 않았던 것이다.

—『군주』, 6장, (21)-(23).

여기서 우리는 마키아벨리가 사보나롤라 몰락의 원인을 단순히 모세가 행사했던 무력의 부재로부터 찾지 않는다는 것을 알 수 있다. 사보나롤라에 대한 대중의 불신은 '그가 만든 제도'나 '리더십'에 대한 불만으로 시작되었지, 그와 신의 관계에 대한 의심에서 시작된 것이 아니라는 것이다.

『강의』 I권 11장에서 보듯, 마키아벨리는 애당초 사보나롤라가 "신과 이야기를 했다는 것(che parlava con Dio)"에 대해 믿고 싶지도 판단하고 싶지도 않았다.[82] 그리고 피렌체 인민이 그의 말을 믿는 것을 무지하거나 조야하기 때문이라고 비난하지도 않았다. 그래서인지 그는 피렌체 시민들이 사보나롤라의 예언이 적중되기 전부터 그를 따랐다는 점을 부각한다. 대신 그는 사보나롤라의 몰락은 다름이 아니라 "스스로가 만든 법을 위반한 것"에서부터 시작되었다고 말한다.

시민들을(i cittadini) 보호하는 다른 주요 법들(costituzioni) 중, [사보나롤라]가 어떤 법이 제정되도록 [힘을] 썼는데 [이 법은] 누구나 8인회나 시정위원회가 국사범으로 유죄를 선고한 경우에 인민들에게 호소할 수 있도록 하는 것이었다. 그는 오랫동안 강력히 권고했고, 크나큰 어려움 끝에 [이 법을] 획득했다. 이 법의 승인 후 곧 다섯 명의 시민들이 시정위원회로부터 국가 대사를 이유로 사형을 선고받았고, 그들이 인민에게 호소하려 했지만 허락되지 않았던 일이 일어났다. 이 법이 지켜지지 않은 것이다. 다른 어떤 사건보다 그것만큼 수도사의 평판(riputazione)을 훼손한 것은 없었다. 왜냐하면 소청 제도가 유익하면, 반드시 준수되어야 했기 때문이다. 만약 유용하지 않다면, 그는 그 [법]을 통과되도록 하지 말았어야 했다. 이 사건은 그 법이 위반된 이후 행해진 수많은 설교에서 수도사가 법을 어긴 사람들을 비난하지도 용서하지도 않았기에 더 주목을 받게 되었는데, 마치 그 일이 그의 목적에 부합되기에 비난하길 원하지는 않지만 그렇다고 용서할 수도 없었던 것 같았기 때문이다. 그의 야심만만하고 파당적 정신(l'animo suo ambizioso e partigiano)이 노출되었기에, 그는 명망(riputazione)을 잃었고 그에 대한 비난이 커졌다.

— 『군주』, I권 45장, (9)-(11).

『강의』 I권 45장에서 마키아벨리는 법 집행에 있어 공화정의 지도자뿐만 아니라 군주도 지켜야 할 원칙을 제시하고 있다. 자기가 만든 법을 자기가 위반해서는 안 된다는 것이다. 1497년 메디치 가문을 다시 복귀시키려는 귀족들의 움직임이 포착되고, 사보나롤라의 후견을 받는 발로리(Francesco Valori, 1439-1498)가 이들을 기소해서 곧 사형에 처한다. 이 과정에서 다섯 명의 피의자들은 소청을 요청했지만 받아들여지지 않았다. 이 사건으로 사보나롤라는 자기가 추진해서 제정된 법을 자기가 위반했다는 비난을 받게 된다. 공공선을 위해 도입된 법조차도 파당적 이익에서 비롯되었다는 의심을 받은 것이다.

　동일한 맥락에서, 마키아벨리는 사보나롤라의 실패를 언급하기 전에 '새로운 질서들(nuovi ordini)'을 도입한 사람들이 겪는 어려움에 대해 말한다. 그는 이러한 어려움들이 한편으로는 과거 체제에서 이득을 본 사람들이 적대하기 때문이고, 다른 한편으로는 아직 변화를 확신하지 못하는 사람들이 의심하기 때문이라고 말한다. 새로운 질서를 수립하는 사람들은 누구나 영토를 병합한 복합 군주정의 군주와 다를 바 없는 환경에 처한다는 것이다. 이런 측면에서 보자면, 사보나롤라는 무모했다. 왜냐하면 '불의 연단'이라는 시험을 기피함으로써 자신에 대한 불만이 폭발하기 전, 사보나롤라는 이미 자신의 정치적 성공을 가져온 인민들로부터 불신을 받고 있었기 때문이다. 즉 인민들이 변덕스럽기 때문이 아니라, 인민들이 그를 신뢰할 수 있는 기반을 상실했기 때문에 그의 몰락이 시작되었다는 말이다.

『강의』에서 마키아벨리는 『군주』에서와는 달리 사보나롤라의 '신중함(la prudenza)'과 '고매한 정신(la virtù dello animo suo)'을 높이 평가한다. 그리고 그는 사보나롤라의 정치개혁에 일정 정도 호감을 보인다. 그러나 그는 자기가 제정한 법을 스스로가 어긴 행위에 대해서는 신랄한 비판을 가한다. 『강의』 I권 45장에서 그는 사보나롤라가 로마공화정을 이끈 지도자들처럼 행동했어야 한다고 강조한다. '인민에게 호소'하는 제도를 파당적 손해에도 불구하고 지켜냄으로써, 로마공화정의 지도자들이 내분으로 '자유'를 송두리째 잃어버리는 일을 막았던 지혜를 배웠어야 했다는 것이다.[83]

혹자는 마키아벨리도 사보나롤라와 같은 '무장하지 않은 예언자'라고 말할 것이다. 둘 모두 정치적 실패로부터 헤어날 수는 없었지만, 무력이 아닌 저작을 통해 후대에 새로운 생각을 불어넣었기 때문이다. 마키아벨리도 '무장하지 않은 예언자'의 성공을 보았을 것이다. 1523년 마르틴 루터(1483-1546)가 쓴 글에서 보듯 사보나롤라의 저작들이 이미 종교개혁의 바람을 불러일으키고 있었고,[84] 1527년 사보나롤라를 흠모하던 사람들이 피렌체에 공화정을 다시 일으켰기 때문이다. 그러나 마키아벨리가 '무장하지 않은 예언자'로서의 자신의 성공을 기대했으리라 단정할 근거는 어디에도 없다. 그는 죽기까지 신에게 매달렸던 사보나롤라보다 자신을 앞세워 가나안에 들어가지 못한 모세를 더 닮고 싶었을 것 같다. 그러기에 『군주』에서 '영혼(anima)'이라는 말을 종교적 의미로는 결코 쓰지 않았던 것은 아닐까 생각된다.

요약하자면, 마키아벨리가 바라보는 사보나롤라는 두 가지 측면 모두에서 실패한 사람이었다. 첫째는 인민들이 등을 돌렸을 때 자신의 의지를 관철할 수 있는 무력이 없었다. 우리는 '무장하지 않은 예언자'는 모세와 같은 예언자와는 달리 몰락의 길을 걸을 수밖에 없다는 충고를 어렵지 않게 듣게 된다. 둘째는 새로운 제도를 도입한 사람이 자기를 지지하는 사람들을 잃었다는 것이다. 변혁을 가져온 사람은 기존의 제도로부터 수혜를 입은 사람들의 적개심뿐만 아니라 새로운 제도가 가져올 결과에 반신반의하는 사람들의 의구심에 봉착하게 된다. 무력이 없는 경우에 인민으로부터의 신뢰는 매우 중요하다. 즉 무력이 없는 사보나롤라는 자기가 만든 법을 스스로가 어김으로써 몰락을 자초했다는 것이다.

질문 4: 고전적 '참주'와 마키아벨리가 꿈꾸었던 '새로운 군주'는 무엇이 다른가?

미켈레 디 란도

마키아벨리는 『피렌체사(Istorie Fiorentine)』 3권에서 1378년 촘피의 난(Il Tumulto dei Ciompi)을 이끈 미켈레(Michele di Lando, 1343-1401)에 대해 비교적 자세하게 기술하고 있다. 마키아벨리는 그를 "맨발에 옷도 거의 걸치지 않은(scalzo e con poco indosso)" 양모 빗는 한 사람으로 소개한다.[85] 그리고 그를 현명함과 신중함으로 "조국에 덕을 입힌 몇 안 되는 사람들(i pochi che abbino benificata la patria loro)" 중 한 명으로 묘사한다.[86] 사사로운 한 인물이 피렌체의 자유를 지켜낸 영웅이 되기까지 과정을 매우 극적으로 묘사하고 있는 것이다. 읽다 보면, 미켈레의 이야기를 왜『군주』와『강의』에서는 거론하지 않았는지 궁금해질 정도다.

촴피의 난은 피렌체의 오랜 파당적 갈등의 산물이었다. 당시 피렌체는 한편으로는 3년을 끌어 온 교황령 국가들과의 전쟁을 종식시키려는 교황파(Parte Guelfa)와 이 전쟁을 수행해 온 반교황파(Parte Ghibellina) 사이의 권력 다툼, 다른 한편으로는 교황파의 주축을 이루는 부유층(popolo grasso)과 반교황파를 지지하던 도시 빈민층(popolo minuto) 사이의 갈등이 심각한 긴장을 조성하고 있었다. 그러기에 최초 귀족들 사이의 권력 다툼은 곧 도시 빈민들과 하층 노동자들이 가담하는 폭동으로 발전했다.

1378년 6월, 교황파가 반교황파를 몰아내려 하자 유력 가문들에게 반감을 갖고 있던 신흥 귀족들이 이를 저지하려고 일어난 것이 폭동의 시작이었다. 유력 가문들이 축출된 후 권력투쟁은 잠잠해졌지만, 피렌체 정세는 이 사건을 계기로 오랫동안 곪았던 상처들이 드러나면서 더욱 혼란스러워졌다. 곧 처음에는 권력 투쟁에 무관심했던 도시 빈민과 하층 노동자들의 요구가 터져 나왔다. 7월 중순, 양모 가격 불안이 가져온 임금 하락과 전쟁으로 인한 세금 폭증에 불만을 품고 있던 도시 빈민과 조합에 소속되지 못한 하층 노

동자들이 폭동을 일으킨 것이다.[87]

이 폭동의 결과로 미켈레가 주도하는 민중정부가 들어섰다. 미켈레는 한편으로는 교황파를 완전히 몰아내고, 빈민들과 하층 노동자들의 이익을 대변하는 새로운 조합을 결성해 그들의 목소리가 정치에 반영될 수 있는 길을 열었다. 그러나 그의 개혁은 이어 발생한 상인들과 기존 조합들의 반혁명으로 물거품이 된다. 새로이 민중정부가 들어선 지 6주 후, 부유한 상인들과 거대 조합들이 주도한 반혁명 폭도들이 새로 결성된 조합들을 공격했고, 그 결과 미켈레의 민중정부와 그의 개혁은 역사의 뒤안길로 사라졌다.

당시 역사가들과는 달리, 마키아벨리는 미켈레의 집권과 몰락을 '신중한 한 사람'의 영웅적 행동으로 묘사한다. 그에게 미켈레는 결코 폭도들 중의 한 명이 아니었다. 7월 중순에 일어난 폭동이 약탈로 변하고 귀족들의 반혁명 기도가 시도되고 있었을 때, 미켈레는 유력 가문의 자제들도 흉내를 낼 수 없는 정치가로서 탁월한 기질을 선보인 '타고난 지도자'로 묘사된다. 그리고 적개심과 두려움에 사로잡힌 인민들이 잔인한 보복을 자행하려고 했을 때, 인민들의 의사를 추종하기보다 그들의 무모한 행동을 설득으로 자제시킨 현명한 지도자로 기술된다. 한편으로는 인민들의 사사로운 복수를 공적 처벌로 대체하고, 다른 한편으로는 귀족들의 오만을 제도적으로 견제함으로써, 새로운 형태의 공존을 기획한 혁명적 지도자로 본 것이다.

이런 묘사들은 당시 역사가들의 일반적 기술과는 판이하게 다른 것이었다. 미켈레가 맨발에 옷도 제대로 걸치지 않았다는 점은 다른 역사가들의 기술에서도 발견된다.[88] 그러나 당시 역사가들은 미켈레를 '민중의 지도자'로 설명할 이유도 의도도 없었다. 따라서 그들의 기술에서 우리는 인민들을 설득하는 정치가로서의 미켈레를 발견할 수 없다. 등장부터 몰락까지 미켈레는 한 명의 폭도일 뿐, 피렌체의 정치 판도를 바꾸고 새로운 제도를 도입한 혁명적 정치가로 평가되지 않는 것이다. 역사가들의 기술들이 옳다면, 『피렌체사』에 등장하는 미켈레는 마키아벨리가 발굴한 새로운 사실이거나 순전히 그의 창작물이다.

어쨌든 『피렌체사』 3권의 미켈레는 『군주』 6장의 '새로운 군주'를 이해하는 데 큰 도움을 준다. 특히 『군주』 7장에 등장하는 체사레와 비교했을 때, 우리는 마키아벨리의 생각 저변에 깔린 '새로운 군주'에 대한 또 다른 측면을 발견하게 된다. 즉 '인민의 지지'도 '자신의 능력'으로 군주가 된 경로에 포함될 수 있다는 것이다. 『군주』의 체사레가 '운'으로 군주가 되었지만 자신의 탁월한 능력을 선보인 군주라면, 『피렌체사』의 미켈레는 자신의 능력으로 인민들에게 선택된 이후 귀족들 못지않은 통치를 선보인 지도자다. '인민의 지지'를 운이라고 한다면 미켈레는 그 기회를 포착한 사람이고, '인민의 지지'를 탁월함이 가져온 결과라고 말한다면 그는 전적으로 자기 능력에 의지해 군주가 된 인물인 것이다.

참주 히에론

이런 맥락에서, 우리는 『강의』 I권 2장에 기술된 군주정의 출현과 『군주』 6장의 새로운 군주의 등장을 함께 살펴볼 필요가 있다. 마키아벨리는 『강의』 I권 2장에서 최초의 군주정이 출현할 때를 다음과 같이 묘사하고 있다.

> 자기들을 더 잘 방어하기 위해, 그들 중에 더 힘이 넘치고 더 용감한 사람을 찾기 시작했고, 이후 그들은 그를 우두머리(capo)로 세우고, 그에게 복종했다.
>
> ─『강의』, I권 2장, (14).

위에서 보듯, 마키아벨리는 강하고 용감한 인물의 출현만으로 군주정이 설립된다고 보지 않았다. 지배와 복종 관계의 핵심이 자연(physis)에 의해 주어진 힘과 지능의 우위로부터 다수에 의해 평가된 능력(virtù)으로 전환되어 있는 것이다. 따라서 그가 '자신의 능력'만으로 군주가 된 사례에 '인민의 지지'로 군주가 된 경우를 포함시킨 것은 전혀 이상할 것이 없다. '인민의 지지'도 '잠재적 군주'의 능력으로 볼 수 있는 것이다.

『군주』 6장에서 미켈레와 같이 시민들의 지지를 바탕으로 지도자가 된 사례를 살펴보자. 바로 "별로 중요하지 않은 사례(uno esemplo minore)"의 하나로 소개된 시라쿠사의 왕 히에론이 있다. 전술한 바, 시라쿠사 왕 히에론은 『강의』의 헌정사에서 '잠재적 군주'의 대표적 예로 제시된 인물이다.『군주』6장에서도 그는 '잠재적 군주'의 성공적인 사례들 중 하나로 소개된다.『강의』에서 덧붙여진 것이 있다면, 히에론이 인민들에 의해 군대의 '우두머리(capitano)'로 선출되었다는 사실이다.『강의』1권 2장에 기술된 원시 군주정의 '우두머리(capo)'와『피렌체사』3권 16장의 미켈레의 등장을 연상시키는 부분이다.

> 그는 사사로운 개인에서 시라쿠사의 군주가 되었다. 그 기회(la occasione)를 제외하고 그는 운[명의 여신]으로부터 어떤 것도 부여받지 않았다. 왜냐하면 시라쿠사인들이 외압을 받았을 때, 그들은 그를 그들의 우두머리(capitano)로 선택했고, 거기에서부터 그는 그들의 군주(principe)가 될 자격(merità)이 있음을 입증했기 때문이다.
>
> ─『군주』, 6장, (27).

위에서 보다시피, 마키아벨리는 히에론이 시라쿠사의 왕이 된 과정에서 '인민의 지지'를 강조하고 있다. 이런 해석은 다른 역사가들의 것과 크게 다르지 않다. 아가토클레스(Agathocles, BC361-289)가 한때 고용했던 캄파니아 출신의 마메르티니(Mamertini) 용병들이 그의 사후에 메시나를 장악해 시라쿠사를 위협했고, 두려움에 사로잡힌 시라쿠사인들이 히에론을 대장으로 군대를 파견했으며, 히에론이 지금의 밀라초 부근 전투에서 용병들을 물리쳤다는 이야기는 특별할 것이 없다. 그리고 이 전투에서의 승리로 히에론이 시라쿠사인들에 의해 왕이 되었다는 것 또한 찾아볼 수 있는 견해다.[89] 다만 '인민의 지지'를 통해 우두머리가 된 것을 '기회'라고 강조한 부분이 다소 특기할 만한 것일 뿐이다.

그럼 마키아벨리에게 히에론은 인민의 지지로 군주가 된, 즉 근대적 의미의 '민주적 지도자'였을까? 아니면 후덕하고 점잖지만, 전쟁에서는 누구보다 용맹한, 이른바 고전적 의미의 '모범적 군주'였을까? 이런 질문에 대해, 마키아벨리는 후술되는 『군주』 13장에 매우 의미심장한 힌트를 남기고 있다.

> 시라쿠사인들에 의해 [히에론]이 군대의 우두머리(capo)가 되었을 때, 그는 즉각 [시라쿠사인들]의 용병부대가 쓸모없다는 것을 알았다. 왜냐하면 그들은 우리 이탈리아인 용병대장들 같았기 때문이다. 그는 그들을 데리고 있기도 내버려 두기도 어렵다고 생각했기에, 그들 모두를 박살내고, 그 후에는 다른 사람들의 것(le aliene)이 아니라 자기 자신의 군대(le arme sua)로 전쟁을 치렀다.
> ―『군주』, 13장, (14).

위의 인용에서 주목해야 할 것은 마지막 문장이다. 다른 문장들은 폴리비우스의 서술을 그대로 옮겨 놓은 것처럼 보일 정도로 유사하다. 당시 폴리비우스의 『역사』 I권이 라틴어로 번역되어 있었기에, 마키아벨리의 그리스어 독해와 관련된 논쟁에 휘말릴 필요도 없다. 폴리비우스에 따르면, 히에론은 첫 전투에서 의도적으로 마메르티니에게 시라쿠사의 용병들이 도륙되도록 내버려 두었고, 이후 시라쿠사 시민들로 구성된 군대를 이끌고 나가 마메르티니를 성공적으로 물리친다. 그러나 마지막 문장은 마키아벨리가 꾸며낸 것이다. 히에론 스스로도 상당한 숫자의 용병들을 모집했고, 이들을 통해 도시를 통치했기 때문이다.[90]

어쩌면 히에론은 고전적 의미에서 용병으로 도시를 다스린 '참주'이고, 마메르티니를 이용해 도시를 지배한 아가토클레스와 다를 바 없다. 비록 폴리비우스를 비롯한 많은 역사가들이 히에론의 뛰어난 외교술과 전쟁 수행 능력을 칭송했지만, 히에론이 용병들을 고용해서 도시를 다스렸다는 것을 숨기지 않은 이유다. 반면 마키아벨리는 히에론이 데리고 있던 병사들이 모두 시민들로 구성된 것처럼 말한다. 왜 그는 참주를 군주처럼 묘사했을까?

> 그는 옛 군대를 없애고 새로운 것을 조직했으며, 그의 오랜 관계들을 떠나 새로운 것들을 만들었다. 그가 자기 자신만의 관계들과 병사들을 가졌을 때, 그는 그 초석 위(su tale fondamento)에 어떤 건물이든 세울 수 있었다. 그래서 그는 획득하는 데는 극심한 어려움(durò)을 겪어야 했지만, 유지하는 데는 [어려움이] 거의 없었다.
>
> ―『군주』, 6장, (29).

위의 문장에서 보듯, 마키아벨리는 히에론이 권력을 장악하기까지의 과정에서 사용한 잔인한 방법과 기만적 태도들을 모두 의도

된 것으로 기술하고 있다. 그리고 그는 이러한 행위들이 국가의 초석을 세우기 위한 정당한 행위처럼 말하고 있다. 결국 고전 철학자들과 그들의 영향을 받은 역사가들에게 히에론은 '참주'지만, 마키아벨리에게는 '새로운 군주'의 모범적인 사례였던 것이다.[91]

새로운 군주

『군주』 2장에서 살펴보았다시피, '건물(edificazione)'의 비유는 새로운 국가의 탄생과 밀접한 관계를 갖고 있다. 이 비유를 통해, 마키아벨리는 『군주』 6장에서 '새로운 군대'와 '새로운 외교 관계'를 '잠재적 군주'가 갖추어야 할 무기로 보고 있다. 그리고 그에게는 이러한 기초들을 획득하기 위해 참주 히에론이 사용한 '잔인함'과 '기만'은 모두 정당화된다. 그가 히에론이 외국인 용병들을 고용했다는 사실에 대해 침묵하는 것도 같은 맥락이다.

특히 카르타고와의 우호적 관계를 일방적으로 파기하고 로마공화정과 조약을 체결한 것을 마치 '자기 자신만의 관계'를 통해 국가의 초석을 깐 행위로 표현한 것이 인상적이다. 폴리비우스에 따르면, 히에론은 로마공화정이 지역의 패권국가가 될 것을 예견했을 뿐이다.[92] 기원전 264년 그는 마메르티니의 잔당을 소탕하기 위해 다시 군대를 일으켰고, 마메르티니는 로마공화정에 도움을 요청한다. 로마 시민들은 이 용병들의 횡포를 알고 있었지만, 카르타고를 시칠리아에서 제거하기 위해 동맹을 맺는다. 이를 계기로 촉발된 1차 포에니전쟁(BC264-241)에서 히에론은 카르타고와 연합해서

로마군과 일전을 벌인다. 그러나 로마군의 위용에 밀려 메시나를 포기한 후, 그는 카르타고를 버리고 로마공화정과 동맹을 맺는다. 다시 말하자면, 히에론이 로마공화정으로 동맹을 바꾼 것은 최초부터 자신이 '국가를 세우기 위해 의도한 행위'가 아니라는 것이다.

그럼에도 불구하고, 마키아벨리는 모든 사건들을 전적으로 히에론이 기획한 것처럼 기술한다. 시라쿠사의 옛 용병들을 제거한 것도, 카르타고와의 동맹을 일방적으로 파기한 것도 기만적인 행위가 아니라 국가 건설을 위해 필요한 행위였다고 말한다. 여기에서 우리는 『군주』에서 유일하게 언급되는 고전 철학자 크세노폰이 히에론을 모델로 해서 만들어 낸 이야기를 기억할 필요가 있다. 단지 크세노폰의 『히에론』이 키케로(BC106-43)로부터 레오나르도 브루니(1370-1444)에 이르기까지 탐독되었던 군주의 교본이었기 때문이 아니다. 마키아벨리가 크세노폰이 가상의 인물 시모니데스를 통해 전달하는 '참주'에 대한 충고를 비틀어 자기만의 충고를 만들어 내기 때문이다.

> 히에론. 내가 말하리다. 당신의 경쟁 상대는 다른 도시의 수호자들(prostates)이요. 그리고 만약 당신이 당신의 도시(polis)를 다른 수호자들의 것보다 더 살기 좋게 만든다면, 당신은 세상에서 가장 고귀하고 위대한 경쟁의 승자(nikon)가 될 것이요.
>
> ―『히에론』, 11.7.[93]

위의 글에서 보듯, 크세노폰은 참주에게 나라를 풍요롭고 안전하게 만드는 것이 자신의 욕망을 충족시키는 진정한 길이라고 말한다. 경쟁의 대상은 신민들이 아니라 다른 나라의 우두머리들이고, 신민들의 사랑을 받는 것이 진정 자기를 지키는 일이라고 말하는 것이다. 그러나 마키아벨리는 히에론과 같은 '참주'를 설득해서 그의 지배욕이 '신민들을 위해 일하는 사람'으로 경도되도록 유도할 생각은 없어 보인다. 대신 마키아벨리는 크세노폰의 '선한 군주'에 대한 충고를 '새로운 군주'에 대한 충고로 대체하고 있다. '국가의 유지' 또는 '참주의 개선'이 아니라 '새로운 국가의 건설'로 방향을 전환시킨 것이다.

마키아벨리와 참주

마키아벨리의 충고를 따른다면, '새로운 군주'는 '참주' 히에론과 같이 행동해야 한다. 새로운 국가를 건설하기 위해서는 인민의 지지가 필요하지만, 그들의 지지를 유지하기 위해 스스로를 위기에 봉착시켜서는 안 된다. 그리고 새로운 국가의 건설을 위해서라면 신의에 집착해서도 안 된다. 자기에게 유용하지 않은 용병들은 기만을 해서라도 처참하게 죽게 만들고, 불리한 동맹에 집착하기보다 더 나은 상대가 있으면 새로운 동맹을 체결해도 무방하다. 즉 자신의 군대를 확보하고, 외세를 적절히 이용하면서, 무엇보다 자신의 힘을 확고하게 키워야 한다. 이런 맥락에서 '잔인한 참주'와 '자애로운 군주'는 큰 차이가 없다.

마키아벨리는 히에론을 통해 당시 인문주의자들에게 어떤 이야기를 해 주고 싶었을까? 주지하다시피, 당시 크세노폰의 히에론은 군주정에 대한 호감을 갖고 있던 인문주의자들에게 널리 읽히던 텍스트 중 하나였다. 살루타티(Coluccio Salutati, 1331-1406)도 크세노폰을 언급하며 군주정을 옹호했고, 브루니도 젊은 시절 크세노폰의 『히에론』을 라틴어로 번역해 기존의 공화주의와는 다른 입장을 피력한 적이 있다는 사실이 이를 증명해 준다. 그리고 이들 모두가 단테(1265-1321) 이후 더욱 활발하게 토론되었던 '참주'와 '참주 살해'와 관련된 논의에 직간접적으로 참여했다는 것도 잘 알려진 사실이다.

로마공화정 최초의 종신 독재관 율리우스 카이사르(BC100-44)가 '좋은 군주'였는지 아니면 '참주'였는지, 그를 암살한 것이 정당했는지 아니면 부당했는지, 어떤 기준에서 '군주'와 '참주'가 구별되는지와 관련된 모든 논쟁도 같은 맥락에서 전개되었다. 예를 들면, 살루타티는 『참주에 대하여(De Tyranno)』에서, 카이사르가 독재관이 된 시기는 공화정이 극심한 혼란 속에 있었기에 이러한 잣대를 적용하기가 어려운 예외적 상황이었으며, 혼란을 잠재우던 '좋은 지도자'를 암살한 행위는 부적절했다고까지 주장했다.[94] 이와 반대로, 브루니는 카이사르는 참주이며 그를 죽인 브루투스야말로 진정 영웅이라고 추켜세운다.[95] 이런 논쟁에 참여한 사람들은 의견은 서로 달랐지만 '법을 따르지 않는 통치자'인 '참주'는 '군주'와 명확하게 다르다는 입장에는 동의했다.

그러나 마키아벨리는 자기의 견해를 크세노폰의 '자애로운 군주'라는 주제로 포장하고 싶은 생각도, '참주'와 '군주'를 구별할 생각도 전혀 없다. 그래서인지 애써 카이사르를 '좋은 군주'로 말하거나, 카이사르를 죽인 사람들의 행동이 개인적인 야심에서 비롯되었다고 평가절하하지도 않는다.

  역사가들이 그를 특별히 찬양하는 것을 듣더라도, 그 어느 누구도 카이사르의 영광 때문에 자기 스스로를 기만해서는 안 된다. 왜냐하면 그를 칭찬하는 사람들은 그의 운(la fortuna sua) [때문에] 부패했고, 역사가들에게 그에 대해 자유롭게 말하는 것을 허용하지 않았던 그의 이름으로 통치한 제국(imperio)이 지속되는 데 놀랐기 때문이다. 그러나 만약 그 역사가들이 자유로웠다면 그에 대해 무엇을 이야기했을까 알고자 하는 사람들은 누구나 그들이 카틸리나에 대해 말하는 바를 살펴보아야만 한다. 카이사르는 [악을] 행하려고 했던 사람보다 악을 행했던 사람이 더 비난받아야 하는 것과 마찬가지로 [비난받아 마땅하다.] 그는 얼마나 그들이 브루투스를 찬양하는지도 알게 될 것이다. 마치 그의 권력(potenza) 때문에 카이사르를 비난할 수 없었던 것처럼 말이다.

—『강의』, I권 10장, (12)-(15).

  위에서 보다시피, 마키아벨리에게 카이사르는 단지 로마 '최초의 참주(il primo tiranno)'일 뿐이다.[96] 그는 비난받아 마땅하고, 그를 본받기보다는 로물루스를 본받아야 한다.[97] 그리고 카이사르 때문에 로마공화정이 구축했던 좋은 제도들까지 모조리 비난받아야 할 이유도 없다.[98] 예외적 상황을 예비하기 위해 만든 독재관 제도에 문제가 있었던 것이 아니라, 이러한 제도를 악용해서 공화정의 자유를 송두리째 앗아간 카이사르가 비난의 대상이어야 한다. 마키아벨리에게는 '법 아래 자유로운 시민들이 정치에 참여하는 정체'와 '법을 무시하며 자의적으로 통치하는 참주'의 구분이 엄연히 존재하는 것이다.

그러나 마키아벨리는 '새로운 군주'에 대해 말할 때는, '군주'와 '참주'의 구분에 큰 의미를 두지 않는다. 그에게 둘은 서로 대조되기보다 오히려 연속성을 가지는 통치 방식이다. 한편으로는 '예외적'이고 '필연적 상황'에서 요구되는 '제왕적(regia)' 권력의 행사 방식에서,[99] 다른 한편으로는 부패한 공화정의 개혁이나 새로운 정치체제의 설립에 필요한 '절대적 권력(una potestà assoluta)'을 확보하기 위한 행동 양식에서[100] '군주'와 '참주'는 구별되지 않는다.

당시 인문주의자들도 정치 공동체의 존립이 문제가 될 때에는 절대적 권력의 사용을 통해 시민적 삶의 회복이 필요하다는 것을 인정했다. 그러나 마키아벨리에게는 '참된 군주'와 '잔인한 참주', 그리고 '자애로운 군주'와 '법을 초월하는 참주'의 구분을 강조하면서 이러한 '예외적' 권력 행사를 언급한다는 자체가 비현실적이었다. 왜냐하면 그에게는 모든 정치체제의 시작은 참주적일 수밖에 없으며, '군주'와 '참주'의 구분이 새로운 정치체제를 건설하려는 '잠재적 군주'에게는 부적절한 가르침으로 간주되었을 것이기 때

문이다.¹⁰¹

그러기에 크세노폰과 '참주'를 가르치려는 것에서는 동일하지만, 마키아벨리는 '잠재적 군주'가 '지배하려는 욕구'나 '획득하려는 욕구'를 억제해야 한다거나 조절해야 한다고 충고하지 않는다. 오히려 이들의 지배하려는 욕구와 획득하려는 욕구를 더욱 충동질해 이들의 관심을 새로운 국가 건설과 영토 확장으로 경도시키려 노력한다. 그래서인지 그는 『군주』에서 한 번도 '참주(tiranno)'라는 단어를 사용하지 않는다. 마키아벨리는 『강의』에서 '참주'라고 불렀던 스파르타의 마지막 왕 나비스(BC207-192 재위)를 『군주』 9장에서는 '군주(principe)'라고 부르기도 하고,¹⁰² 악명 높았던 시에나의 참주 판돌포 페트루치(1452-1512)도 『군주』 20장에서는 어엿한 '군주'다.¹⁰³ 어쩌면 마키아벨리는 '절제'를 가르치는 크세노폰의 충고가 새로운 국가를 창설하고 공화정을 만들 사람들에게 오히려 독이 된다고 생각했을지도 모를 일이다.

체사레 보르자

    특히 우리의 주목을 끄는 것이 군주와 신민들의 관계다. 마키아벨리는 "사랑받거나 두려움의 대상이 되거나, 잔인함에 치를 떨게 하면서도 관대한 평판을 유지"하라고 주문한다. 당시 참주들은 기만을 통해서든 공포를 통해서든 인민이 자기들을 지지하도록 만들어야 한다는 조언이 의아했을 것이다. 당시 이탈리아 참주들 대부분은 인민의 지지를 통해서라기보다 정복 군주처럼 무력을 통해 권력을 장악했기 때문이다. 이렇게 대조적인 특성을 한꺼번에 갖추고, 상반된 평판을 동시에 유지할 수 있었던 사람이 바로 체사레라는 것이다.

7장
다른 사람의 무력과 운으로 획득한
새로운 군주정에 대하여
De Principatibus Novis Qui Alienis Armis et Fortuna Acquiruntur

『군주』7장은 새로운 군주의 행동 양식과 관련해서 수많은 논쟁거리를 담고 있다. 한편으로는 5장까지 전개된 정복 군주의 행동 양식이 6장의 위대한 인물들의 업적으로 윤색되었다가 다시 7장부터 용병대장(condottiero)과 같은 천박한 모습으로 전락하기 때문이고, 다른 한편으로는 『군주』에서 새로운 군주의 전형으로 묘사된 체사레의 잔인함과 기만술이 마키아벨리가 꿈꾸던 '자유로운 삶(vivere libere)'과 모순되는 것처럼 보이기 때문이다. 다시 말하자면, 그들보다 더한 잔인함과 천박함으로 무장하지 않는다면 어떻게 그런 악당들을 제거하겠느냐는 질문이 떠나지 않고, 그런 방식으로 '자유로운 삶'을 건설하는 것이 과연 바람직하냐는 의구심이 드는 것이다.

사실 7장부터 마키아벨리가 '새로운 군주'의 사례들로 소개한 인물들은 당시 사람들에게는 큰 불쾌감을 불러일으켰을 것이다. 프란체스코 스포르차는 이미 I장에서 언급되었지만, 체사레 보르자를 비롯해 마키아벨리의 설명에 등장하는 인물들은 그들의 잔인함과 천박함으로 이미 악명을 드높이던 참주들이거나 용병대장들이다. 올리베로토 다 페르모(1475-1502)와 비텔로초 비텔리(1458-1502)는 체사레의 용병대장들이자 참주들이고, 조반니 2세 벤티볼리오(1443-1508)와 판돌포 페트루치도 시민의 자유를 박탈했던 참주들이며, 3장에서 언급된 루도비코 스포르차(Ludovico il Moro)는 레오나르도 다빈치에게「최후의 만찬(L'Ultima Cena)」을 그리게 한 것 외에는 잘한 것이 없는 폭군이다. 비록 그들의 실패와 비참한 최후가 기술된다 하더라도, 그들을 죽인 사람들까지도 그들과 유사한 평판(reputazione)을 공유할 수밖에 없다. 왜냐하면 그들은 잔인함과 천박함으로 무장하지 않고서는 결코 제거될 수 없는 인물들이었기 때문이다.

    마키아벨리가 묘사한 체사레도 이탈리아 참주들과 별반 다를 바가 없는 행동 양식을 선보인다. 그들과 차이가 있다면, 권좌에 오르게 된 과정이다. 7장의 제목이 말해 주듯, 그는 교황 알렉산데르 6세의 후견이 없었다면 권력을 잡을 수 없었다. 아버지 알렉산데르 6세가 프랑스 루이 12세로부터 지원을 얻어내지 못했다면, 체사레는 로마냐 지방을 획득할 수 없었을뿐더러 이탈리아에서 영향력 있는 인물로 부상하지도 못했을 것이다. 그럼에도 불구하고, 마키아벨리는 체사레를 모든 면에서 본받으라고 말한다.

그래서 누구든지 그의 새로운 군주정에서 [다음과 같은] 것이 필요하다고 판단하는 사람들은 그 사람[체사레]의 행동들보다 더 새로운 사례들(più freschi esempli)을 찾을 수 없을 것이다. 적들로부터 스스로를 지키는 것, 그 자신을 위해 친구들을 확보하는 것, 힘으로든 기만으로든 정복하는 것, 인민들이 자기를 사랑하거나 두려워하도록 만드는 것, 병사들이 자기를 따르고 존경하도록 만드는 것, 당신을 공격할 수 있거나 공격할 만한 사람들을 제거하는 것, 새로운 방식들을 통해 옛 질서들을 새롭게 하는 것, 가혹하면서도 상냥하고 위압적이면서도 관대해지는 것, 불손한 군대를 제거하는 것, 새로운 [군대]를 창설하는 것, 왕들과 군주들과의 동맹을 유지해 그들이 당신에게 호의를 베풀거나 아니면 당신을 공격하기를 주저하도록 유지하는 것[에서 말이다.]

— 『군주』, 7장, (43).

만약 히에론이 '새로운 군주'의 고전적 사례였다면, 위에서 보다시피 체사레는 마키아벨리 시대에 가장 모범적인 '새로운 군주'다. 그래서인지, 히에론으로부터는 '군대'와 '외세'만 언급되었지만, 체사레의 경우는 많은 세목들이 추가되어 있다. 한편으로는 혼합 군주정의 정복 군주를 연상하도록 만드는 목록들이고, 다른 한편으로는 당시 지식인들이 생각하는 '자애로운 군주'의 자질과는 달리 용병대장의 천박함이 묻어난다.

특히 우리의 주목을 끄는 것이 군주와 신민들의 관계다. 마키아벨리는 매우 상반된 행동을 동시에 연출하도록 조언한다. "사랑받거나 두려움의 대상이 되거나, 잔인함에 치를 떨게 하면서도 관대한 평판을 유지"하라고 주문한다. 아마도 당시 이탈리아 참주들은 '두려움'과 '잔인함'을 효과적으로 사용해야 한다는 말은 이해했겠지만, '군대'와 '외세'만으로는 더 이상 충분하지 않기에 어떤 방식으로든 '인민의 지지'를 확보해야 한다는 말을 납득하기가 쉽지 않았을 것이다. 그들 대부분은 인민의 지지를 통해서라기보다 정복 군주처럼 무력을 통해 권력을 장악했기 때문이다. 따라서 '잔인함'이라는 단어가 불쾌하지는 않았겠지만, 당시 참주들은 기만을 통해서든 공포를 통해서든 인민이 자기들을 지지하도록 만들어야 한다는 조언이 의아했을 것이다. 달리 말하자면, 이렇게 대조적인 특성을 한꺼번에 갖추고, 상반된 평판을 동시에 유지할 수 있었던 사람이 바로 체사레라는 것이다.

그럼에도 불구하고, 『군주』 3장의 '복합 군주정'을 꼼꼼히 읽은 사람들이라면 마키아벨리의 일관된 메시지를 놓치지 않았을 것이다. 새로운 영토를 병합한 군주에게 그 지방을 지배했던 '소수'를 처벌해서 '다수'의 열망을 충족시켜 주어야 한다고 말했던 대목 말이다. 그리고 '다수'의 욕구를 충족시키려면 '크나큰 행운'과 '지대한 성실함'이 필요하다는 마키아벨리의 조언 말이다.[104] 이 대목을 기억했다면, 지배받지 않고 사는 것만으로 충분한 대다수 신민의 욕구를 충족시키는 것이 얼마나 중요한지 누구든지 깨달았을 것이다.

질문 1: 체사레 보르자는 진정 마키아벨리의 모델이었을까?

마키아벨리는 체사레에 대해 두 가지 상반된 평가를 내린다. 한편으로 체사레는 '새로운 군주'의 전형으로 등장한다. 비록 자신의 갑작스러운 죽음을 예상하지는 못했지만, 모든 면에서 '새로운 군주'가 모방해야 할 모델로 제시되는 것이다. 다른 한편으로 체사레는 교황 율리우스 2세가 선출되도록 허용함으로써 결정적 실수를 범한 실패한 군주다. 신민을 다루는 면에서는 그 누구보다 명석했지만, 군주들을 어떻게 다루어야 하는지에 대해서는 잘 알지 못했다고 판단한 것이다. 첫 번째 경우가 인간의 능력으로 극복할 수 없는 한계에 대한 철학적 성찰이 요구된다면, 두 번째 경우는 체사레와 같이 탁월한 군주도 '군주의 본질'을 잘 모른다는 마키아벨리만의 역설이 다시 고개를 든다.

체사레가 진정 '새로운 군주'의 이상적인 모델인지 아니면 당시 이탈리아 참주들을 풍자하기 위한 소재인지는 오랜 시간 동안 논쟁의 대상이 되어 왔다. 마키아벨리의 저서가 혁명가의 교본처럼 사용되었던 계몽주의 시기에도 마찬가지였다.[105] 몽테스키외는 그의 책 『법의 정신(De L'esprit des lois)』(1748)에서 체사레를 마키아벨리의 진정한 우상이라고 말했지만,[106] 루소는 그의 책 『사회계약(Du contrat social)』(1761)에서 체사레는 공화주의자 마키아벨리의 풍자적 소재에 불과하다고 주장했다.[107] 최근에도 마찬가지다. 어떤 학자들은 체사레를 마키아벨리의 진정한 영웅이라고 보지만, 어떤 학자들

은 그를 통해 마키아벨리의 숨은 이야기를 찾아내야 한다고 주장한
다. 아마도 이 질문의 답은 각자가 마키아벨리의 기술에서 찾아야
할 것이다.

외세를 이용한 알렉산데르 6세

우선 알렉산데르 6세와 체사레를 구분할 필요가 있다. 종종 두 사람은 새로운 군주로서 체사레의 행동들이 묘사될 때 함께 기술된다. 그러기에 마키아벨리가 두 사람이 동일한 목적을 가졌다고 생각했거나, 두 사람 모두에게 동일한 평가를 하고 있는 것처럼 속단하는 경우를 보게 된다. 그러나 두 사람은 엄연히 다른 모델들이다. 알렉산데르 6세도 정복 군주로서 야망을 가졌지만, 마키아벨리가 주목한 새로운 군주의 행동방식은 체사레의 것이다.

루이 12세에 대한 마키아벨리의 충고에 비추어 본다면, 교황 알렉산데르 6세는 실패한 정복 군주다. 약한 국가를 파괴했고, 외세를 끌어들였다. 그러나 우리는 『군주』 7장에서 알렉산데르 6세가 결코 실패한 군주는 아니라는 점을 알게 된다. 마키아벨리는 알렉산데르 6세가 자기 자신의 군대도 없이 자기를 적대하는 세력에 둘러싸인 교황이었다는 점을 강조한다.

알렉산데르 6세가 그의 아들인 공작을 위대하게(grande) 만들려고 결심했을 때, 그는 그 당시에도 그 이후에도 매우 많은 어려움에 처했다. 첫째, [공작]을 교황령이 아니고는 그 어떤 국가(alcuno stato)의 주인

(signore)으로도 만들 수 있는 길이 보이지 않았다. 그리고 그가 교황령을 취하고자 결정했을 때, 파엔차와 리미노가 오랫동안 베네치아인들의 보호 아래 있었기에 밀라노 공작과 베네치아인들이 동의하지 않을 것을 알고 있었다. 게다가 그는 이탈리아의 군사력(l'arme di Italia), 특히 그가 이용할 수 있을 만한 모든 사람들의 군대가 교황의 위대함(la grandezza del papa)을 두려워할 사람들의 손아귀에 있다는 것을 알고 있었다. 오르시니 가문과 콜론나 가문, 그리고 그들의 추종자들이 [군사력]을 갖고 있었기에, 그는 그것들을 신뢰할 수 없었다. 그래서 그러한 질서들을 뒤엎을 필요가 있었고, 자기 스스로를 그들 중 일부의 주인으로 확실하게 자리를 잡도록 하기 위해 이탈리아의 국가들을 혼란에 빠뜨려야만 했다.

— 『군주』, 7장, (10)-(13).

위에서 보다시피, 마키아벨리에게 알렉산데르 6세는 세속적인 교황령의 주인으로서는 자기의 군대도 자기를 지지하는 세력도 확실하지 않은 존재였다. 즉 '운(fortuna)'조차 따르지 않았던 이름뿐인 군주였지만, 자기의 국가를 세우고 그 영토를 확장하려고 노력한 인물이었다. 그러기에 마키아벨리는 로마교회와 관련해서는 사용하기를 꺼리던 '위대함'이라는 단어도 정복 군주로서 야망을 가진 알렉산데르 6세에게 붙여 준다. 동일한 이유에서 마키아벨리는 외세를 불러들여 이탈리아를 혼란에 빠뜨린 알렉산데르 6세를 비난하지도 않는다.

엄격하게 말하자면, 알렉산데르 6세는 체사레를 군주로 만들어 달성하고자 했던 일련의 목적들을 '자기 자신의 군대'가 아니라 '신중함'과 '간교함'으로 얻은 '다른 사람의 군대'를 통해 달성한다.

최초에 그는 명목상 교황령이지만 베네치아로부터 보호를 받는 로마냐의 여러 국가들을 회복할 계획을 세운다. 그러나 그는 곧 자신이 사면초가라는 것을 알게 된다. 그래서 그는 프랑스에 접근했다. 루이 12세의 이혼을 허락하고, 체사레가 프랑스로부터 발렌티노 공작이라는 작위와 함께 로마냐 정벌에 필요한 장병들을 제공받을 수 있도록 해 준 것이다. 이런 결정을 통해 그는 자신의 정복욕을 십분 달성한다. 이몰라와 폴리를 시작으로, 페사로, 리미니, 파엔차가 모두 체사레의 손아귀에 들어온다. 그의 정적들도 하나둘 무릎을 꿇는다. 로마냐에서 콜론나 가문이 축출당하고, 오르시니 가문의 추기경은 지하 감옥에서 죽음을 맞이한다.

결국 마키아벨리는 알렉산데르 6세를 통해 '외세에 의존'하는 것조차 새로운 군주정을 설립하는 하나의 방편으로 이야기하고 있는 것이다. 그에게 알렉산데르 6세는 다른 지방의 영토를 병합한 정복 군주가 아님에도 극심한 어려움에 시달렸던 군주일 뿐이다. 그가 혼합 군주정에서 사용한 구분을 따르자면, 프랑스의 루이 12세가 부르군디와 노르망디를 병합할 때처럼, 알렉산데르 6세도 이탈리아 국가들을 혼란에 빠뜨리고 그 지역의 군주들을 몰아내는 것이 쉬웠어야 했다. 왜냐하면 이름뿐이지만 자기 자신의 영토를 되찾는 과정이었기 때문이다. 그러나 실제로는 그렇지 못했다. 자기의 영토는 이미 여러 군주들에게 통치되고 있었고, 그는 군대도 믿을 만한 지원 세력도 없었다. 이런 맥락에서, 알렉산데르 6세는 외세에 의존해서라도 새로운 군주정을 설립한 하나의 사례가 된다. '운'도 없고 '자신의 군대'도 없는 경우, 외세에 의존해서라도 새로운 군주정을 건설한 성공적인 사례인 것이다.

그렇다면 질문이 하나 생긴다. 정말 마키아벨리가 로마교회의 수장으로서 알렉산데르 6세를 하나의 성공적인 사례로 상정했을까?

> 로마교회는 이탈리아를 장악할 수 있을 만큼 강력하지도 못했고, 다른 [세력]이 장악하도록 허용하지도 않았기에, [이탈리아]가 한 명의 우두머리(uno capo) 아래 있기보다 많은 군주들과 주인들(principi e signori) 아래 있게 만든 원인이 되어 왔다. 교회로부터 극심한 분열(disunione)과 그만큼의 나약함(debolezza)이 초래되었고, 그 결과 [이탈리아]는 힘 있는 야만인들뿐만 아니라 누구든 공격하는 자의 먹이(preda)로 전락하고 말았다.
>
> ―『강의』, I권 12장, (20).

위에서 보듯, 마키아벨리는 이탈리아에서 로마교회가 수행해 왔던 역할을 달갑지 않게 여겼다. 비단 『강의』에 국한된 이야기가 아니다. 『군주』 11장에서도, 마키아벨리는 샤를 8세의 이탈리아 침공 이후 증가한 로마교회의 영향력에 대해 이중적인 태도를 보인다. 교황 레오 10세에게 아부하듯 교회의 힘을 칭송하지만, 알렉산데르 6세 이후 '돈(il danaio)'과 '힘(le forze)'으로 이탈리아를 분열시킨 로마교회에 대해 비판적인 태도를 감추지 못한다. 『피렌체사』에서도 마찬가지다. 이탈리아에 외세를 최초로 야만인들을 불러온 세력도 로마교회이고, "이탈리아를 분열되고 나약하게(la Italia disunita e inferma)" 만든 것도 로마교회다.[108]

주지하다시피 알렉산데르 6세는 그때까지만 해도 무기력했던 교회의 힘을 이탈리아에서 무시할 수 없는 세력의 하나로 만들었다. 물론 그의 의도대로 되었다면, 마키아벨리의 평가는 달랐을 수도 있었을 것이다. 왜냐하면 마키아벨리에게 알렉산데르 6세와 체사레의 영토 확장은 로마교회가 아니라 그들의 국가를 세우고 확장시킨 것에 지나지 않았기 때문이다.[109] 그러나 알렉산데르 6세의 노력들은 자신의 죽음으로 모두 수포로 돌아갔다. 단지 로마교회의 힘만 더 막강하게 만들고 말았던 것이다.

결국 『군주』에 기술된 알렉산데르 6세는 비난의 대상이지 모방의 대상일 수는 없다. 다만 마키아벨리가 알렉산데르 6세에게 덧붙인 '외세'를 이용했던 '정복 군주' 또는 '새로운 군주'로서의 모습은 조금 다른 각도에서 살펴볼 필요가 있다. 로마교회가 아니라 세속의 한 국가의 설립과 유지라는 측면에서 살펴본다면, 알렉산데르 6세는 '운'도 '군대'도 없이 '신의 이름'과 '외국의 군대'를 이용해서 이탈리아에 막강한 국가를 건설한 새로운 군주였던 것이다. 만약 그 자신의 죽음으로 계획한 바가 좌초되지 않았다면, 체사레를 앞세운 알렉산데르 6세가 이탈리아의 대부분을 차지했을지도 모를 일이다. 그리고 마키아벨리에게 이런 생각이 있었다면, 레오 10세를 등에 업은 젊은 로렌초에게 마키아벨리가 희망을 가졌을 수도 있었을 것이다.[110]

체사레와 운(fortuna)

알렉산데르 6세가 '운'도 '힘'도 없는 군주였다면, 그의 아들 체사레는 아버지가 가져다준 '운'과 '타인의 군대'를 갖고 영토를 확장한 정복 군주다. 전자가 '자기의 능력'에 의지해서 새로운 국가를 건설한 경우로 볼 수 있다면, 후자는 자기의 능력이라기보다 철저하게 초인간적 힘과 타인의 도움에 의해 군주가 된 경우라고 볼 수 있다. 왜냐하면 그러한 아버지를 가졌다는 것은 초인간적 능력에 의해 주어진 '운'이고, 루이 12세의 원군이 없었다면 체사레가 전쟁에서 이길 수 없었기 때문이다. 즉 『군주』 7장의 제목이 지칭하는 '운'이 좋은 군주는 알렉산데르 6세가 아니라 체사레인 것이다.

이런 체사레를 마키아벨리는 세 차례에 걸쳐 '새로운 군주'의 모범이라고 말한다. "그의 행적들보다 새로운 군주에게 줄 더 나은 수칙을 알지 못한다.(io non saprei quali precetti mi dare migliori, a uno principe nuovo, che lo esemplo delle azioni sue.)"는 말을 시작으로,[111] 그에게서 비판할 것을 찾을 수 없다면서 "내가 지금까지 그랬듯이, 운과 다른 사람의 군사력으로 제국을 얻은 사람 모두가 모방해야 할 [대상]으로 제시되어야 한다."고 부언하고,[112] 마지막으로 새로운 군주정의 군주라면 누구나 체사레가 행한 모든 것들로부터 배워야 할

것이라고 말한다.[113]

그러나 이런 체사레도 꿈을 이루지 못했다. 마키아벨리는 그의 실패를 그가 예측할 수 없는 곳으로부터 왔다고 말한다. 운명의 여신이 체사레를 버렸다는 것이다.

> (1) 그[가 수립한] 질서들이 그에게 이득을 주지 않았더라도, 그가 잘못한 것은 아니다. 왜냐하면 이것은 예외적이고 극도로 악의적인 운명(una estraordinaria ed estrema malignità di fortuna)에서 비롯되었기 때문이다.
>
> ―『군주』, 7장, (9).

> (2) 그는 내게 율리우스 2세가 선출된 바로 그날, 그의 아버지가 죽을 때 일어날 것 같은 일을 염두에 두었고 모든 것을 대비했다고 말했다. 그는 그의 아버지가 죽은 순간, 단지 자기도 죽게 될 것이라고는 결코 생각지 못했던 것이다.
>
> ―『군주』, 7장, (41).

> (3) 그의 계획한 대로 되지 않았던 것은 오직 알렉산데르의 짧은 생애와 그 자신의 병(la brevità della vita di Alessandro e la sua malattia)이었다.
>
> ―『군주』, 7장, (42).

세 차례에 걸쳐 칭찬했듯이, 마키아벨리는 세 차례에 걸쳐 운명의 장난이 체사레의 노력을 수포로 돌아가게 만들었다고 안타까워 한다. 이때 7장 앞머리에 '아버지의 운(la fortuna del padre)'으로 국가를 얻었고, 바로 그것으로 모든 것을 잃었다던 지적은 흔적도 없이 사라진다.[114] 체사레가 아버지 덕분에 국가를 얻은 것은 맞지만, 그가 국가를 잃은 것은 아버지의 죽음이 아니라 '자신의 병' 때문이었다고 한탄한 것이다.

게다가 인용문 (3)에서 보듯, 마키아벨리는 '알렉산데르의 짧은 생애'라는 모호한 표현을 남긴다. 단순히 알렉산데르 6세의 죽음만을 의미하는 것 같지는 않다. 1431년에 태어나 1503년에 죽은 알렉산데르 6세의 생애가 짧았다고 보기는 어려울 것이기 때문이다. 알렉산데르 6세가 교황으로 재위한 11년(1492-1503)을 의미하거나, 아니면 알렉산드로스 대왕의 짧은 생애를 연상시키는 대목이다. 물론 마키아벨리가 알렉산데르 6세를 알렉산드로스 대왕과 동일시하지는 않았다. 그럼에도 불구하고, 알렉산데르 6세 또는 체사레를 알렉산드로스 대왕과 같은 정복 군주, 또는 그러한 잠재력을 갖고 있었던 군주로 표현하고자 한 것은 부인할 수 없다.

그렇다면 체사레의 죽음으로 마키아벨리는 무엇을 이야기하고 싶었을까? '자기의 죽음'을 알았다면, 체사레는 자기가 세운 국가가 붕괴되는 것을 막을 수 있었을까?

　　스스로를 어떻게 [시류]에 조응시켜야 하는지 알 만큼 신중한 사람을 발견할 수도 없을 것이다. 본성(la natura)이 이끄는 바로부터 벗어나기가 어렵거나, 아니면 어떤 사람이 어떤 길(una via)을 걸어 항상 번창했을 때, 그를 [그 길]로부터 떠나도록 결코 설득할 수 없기 때문이다. 반면 바로 그렇게 조심스러운 사람(l'uomo respettivo)은 급박한 처지에 직면했을 때(quando e' gli è tempo di venire allo impeto) 어떻게 해야 할지를 몰라서 몰락하게 된다. 만약 그가 그의 본성을 시대와 사태에 따라 변화시킨다면, 그의 운은 변하지 않을 것이다.

―『군주』 25장, (16)-(17).

운(fortuna)에 대한 보다 구체적인 논의는 『군주』 25장에서 다루기로 하더라도, 여기에서 한 가지 짚고 넘어가야 할 것이 있다. 바로 마키아벨리가 생각하는 인간의 '본성'과 '운'의 상관관계다. 위에서 보다시피, 마키아벨리는 본성과 운의 상관관계에 대해 매우 비관적이다. 인간이 '시류(la qualità de' tempi)'에 따라 자기가 타고난 품성과 익숙해진 습관을 바꾸기는 어렵다고 본다. 여기에서 하나 주의해야 할 것은 마키아벨리가 사용하고 있는 '본성'은 철학적 개념이 아니라는 것이다. 고대 로마의 전통을 따라, 개별 사람의 구체적인 인성을 지칭한 것이다.

로마의 사상가들은 '마음(animus)'과 '능력(virtus)'을 혼용해서 한 인간의 본성을 구체적으로 표현했다. 마찬가지로 마키아벨리도 인간의 기질과 습성을 인간사의 우여곡절을 따라 구체적으로 표현한다. 예를 들면, 한니발의 공격으로부터 로마공화정을 지켜낸 퀸투스 파비우스 막시무스(BC280-203)는 '신중하고 조심스러운

(rispettivamente e cautamente)' 본성으로, 피렌체 공화정의 종신 대통령이었던 우유부단한 피에로 소데리니(1450-1522)는 '인간미와 인내심(umanità e pazienza)'을 가진 사람으로 기술한다.[115] 이렇듯 구체적인 인성을 묘사한 후, 마키아벨리는 특정인의 성격이 어떤 행동이 필요할 때에는 부적합했다고 말하는 것이다.

그러나 마키아벨리의 '본성'과 관련된 표현이 로마적 전통과 완전히 일치되는 것은 아니다. 살루스티우스(BC86-35)나 타키투스(56-117)와는 달리, '정신(virtus animi)'이냐 '재능(fortuna)'이냐의 논쟁보다, 상황에 맞춰 개개인의 '본성'을 '운'에 어떻게 조화시키느냐에 더 많은 관심을 갖고 있다. 예를 들면, 살루스티우스가 전투에서 육체와 정신 중 어떤 것이 더 중요하냐를 이야기한다면, 마키아벨리는 전쟁이 벌어진 상황에서 어떤 형태의 '전투 방식'이 어떤 본성이 필요한지를 이야기한다.[116]

물론 마키아벨리는 '본성'과 '시류'의 조화가 모두에게 가능한 일이라고 보지 않았다. 『강의』 3권 9장에서 언급되듯, 그는 '본성이 당신을 추동하는 데 따라(secondo ti sforza la natura)' 인간은 행동한다고 보았다.[117] "가장 지혜로운 사람도 운명의 공격에 저항할 수 없다."는 키케로의 넋두리를 연상시키는 말이다.[118]

그러나 마키아벨리는 이런 비관적 넋두리를 공유하고 싶지는 않았던 것 같다. 즉 시류에 맞추어 자기의 '본성'을 바꾸어야만 '행복할(felice)' 수 있다는 것이 마키아벨리의 핵심적인 조언인 것이다. 각기 다른 '본성'을 가진 다양한 사람들이 때마다 바꾸어가며 통치하는 '공화정'이 한 사람의 본성에 의지해야 하는 '군주정'보다 더 오래 지속되듯, 위대한 인물이 되고 싶은 사람은 시류에 맞춰 자기의 본성을 뜯어 고쳐야 한다고 주문하는 것이다.

이런 맥락에서 볼 때, 체사레의 '운'에 대한 마키아벨리의 이야기는 복잡하다. 특히 알렉산데르 6세가 죽은 후에도 체사레가 만 3년이나 더 살았고, 그가 질병으로 죽은 것이 아니라 전쟁터에서 사망했다는 사실을 기억한다면 더욱 그러하다. 즉 마키아벨리의 체사레에 대한 기술은 의도적 왜곡이라는 것이다. 체사레가 율리우스 2세에게 감금당했다가 탈출해서 처남이 다스리는 북스페인의 나바라 왕국으로 갔다는 것, 그곳에서 발생한 반란을 진압하기 위해 조직된 군대의 사령관이 된 것, 그리고 이 전쟁을 수행하는 과정에서 복병에게 공격을 당해 숨졌다는 사실이 모두 생략되어 있는 것이다.

다시 말하자면, 마키아벨리가 말하는 체사레의 '질병'은 율리우스 2세가 교황으로 선출된 때에 그가 로마에 있는 산탄젤로 성에서 요양 중이었다는 사실을 말한 것이다. 즉 마키아벨리는 질병으로 체사레가 죽었다고 한탄한 것이 아니라, 그가 충분히 막을 수 있었던 일을 체사레 자신이 갖고 있던 어떤 '본성' 또는 '습성' 때문에 적절하게 처리하지 못했다고 지적한 것이다. 마치 운명의 여신의 잔혹함에 희생된 것처럼 기술되었지만, 실제로 마키아벨리는 체사레의 몰락이 '운'이 아니라 그의 '본성' 또는 고치지 못한 '습성' 때문이었다고 본 것이다.

체사레의 실패

체사레의 실패를 가져온 그의 '본성' 또는 고치지 못한 '습성'은 무엇일까? 이 질문을 갖고 『군주』 7장을 보면, 모든 것이 수수께끼처럼 보인다. 왜냐하면 7장에서 기술된 체사레가 마치 흠결이 없는 '새로운 군주'처럼 소개되기 때문이다.

> 지금까지 나는 내가 믿는 바를 말하지 못했고, 내가 말한 바도 결코 믿지 않았습니다. 종종 정말 진실(il vero)을 말할 경우가 있다면, 나는 그것을 찾기 어려운 수많은 거짓말들 사이에 감춥니다.
> ―『귀치아르디니에게 보낸 편지』, 1521년 5월 17일.

위에서 보듯, 마키아벨리는 귀치아르디니에게 보낸 편지에서 흥미로운 사실을 하나 말하고 있다. 종종 그가 말하고자 하는 진실이 거짓말 속에 담겨 있다는 것이다. 즉 그의 직설적이고 거침없는 말과 마찬가지로, 그의 왜곡과 침묵에도 그만 한 이유가 있다는 말이 된다.

이렇게 본다면, 『군주』 7장의 체사레의 '죽음'과 '질병'에 대한 의도적 왜곡은 매우 의미심장한 부분이 된다. 왜냐하면 체사레와 젊은 로렌초가 모두 교황의 후견을 통해 군주가 되었기 때문이다. 사실 『군주』 11장과 26장에서 보듯, 마키아벨리는 레오 10세와 그의 조카인 젊은 로렌초에게 큰 기대를 걸고 있었다. 그리고 레오 10세는 알렉산데르 6세만큼 야망이 큰 사람이었다. 젊은 로렌초를 권좌에 앉혔고, 모데나와 파르마를 포함하는 새로운 국가를 만들었으며, 우르비노를 비롯해 체사레의 옛 영토들을 손에 넣었던 것이다. 즉 젊은 로렌초를 통해 자신의 야망을 실현시키려는 레오 10세가 마키아벨리의 뇌리 속에 자리를 잡고 있었고, 마키아벨리의 침묵은 이와 밀접한 관련이 있다는 것이다.

그럼 마키아벨리가 구체적으로 밝힌 체사레의 실수부터 살펴보자. 그는 구태여 체사레의 잘못을 지적해야 한다면, 율리우스 2세가 교황으로 선출되는 데 동의한 것이라고 말한다.

> (1) 단지 그가 율리우스를 교황으로 만든 것만은 비난할 수 있겠는데, 거기에서 발렌티노 공작(il duca)은 잘못된 선택(mala elezione)을 했다. 왜냐하면, 이미 말했다시피, 비록 그가 자기에게 맞는 교황을 만들지는 못했어도, 그가 누구든지 교황이 되는 것을 막을 수는 있었기 때문이다. 그리고 그가 공격을 했거나 교황이 되어 그를 두려워할 수밖에 없는 추기경들이 선출되는 것을 결코 동의하지 말았어야 했다. 왜냐하면 사람들은 두려움(paura)이나 혐오감(odio)에서 공격하기 때문이다.
> ―『군주』, 7장, (44)-(45).

알렉산데르 6세가 죽은 후, 체사레는 비오 3세(1439-1503)를 교황으로 선출하는 데 일조했다. 자신의 군대와 함께 로마에 있던 체사레가 영향력을 발휘한 것이다. 그러나 비오 3세가 26일 만에 급사하자, 상황은 정적이었던 율리우스 2세에게로 다시 기울기 시작했다. 알렉산데르 6세에게 갖은 탄압을 받았지만, 교황 식스토 4세 (1414-1484)의 조카로서 교회 내에서 기반이 두터웠던 율리우스 2세는 살아남았을 뿐만 아니라 유력한 후보로 추기경들의 시선을 끌기 시작했던 것이다. 이때 율리우스 2세는 매독으로 요양 중이던 체사레를 찾아갔다. 그리고 그에게 알렉산데르 6세가 베풀었던 것과 유사한 후견을 제공하겠다고 약속해서 그의 동의를 확보하고, 이후 교황으로 선출된다. 위의 본문은 바로 이러한 역사적 사건을 묘사한 것이다.

마키아벨리는 체사레가 율리우스 2세에게 속은 것을 일단 '실수'라고 기술한다. 그러나 이러한 평가를 그대로 받아들인다고 하더라도, 체사레는 '새로운 군주'의 모범적 사례가 될 수 없다.

> (2) 거물들(personaggi grandi) 사이에서 새로운 혜택들(benifizi nuovi)이 옛 상처들(le iniurie vecchie)을 잊게 만들 수 있다고 믿는 사람들은 누구나 스스로를 기만한다. 그래서 공작은 그의 선택에서 실수를 범했고, 그 [선택]은 그의 궁극적인 파멸의 원인(cagione dell'ultima ruina sua)이었다.
>
> ─『군주』, 7장, (48)-(49).

> (3) [운과 타인의 군대로 군주가 된] 이런 사람들은 그들에게 국가를 준 사람의 의지와 운에 의존하는데, 이 두 가지는 매우 변덕스럽고 불안정한 것들(cose volubilissime e instabili)이다. 그들은 [어떻게 할지를] 모르고, 그 지위를 유지할 수도 없다. 그들은 알지 못하는데, 왜냐

하면 대단한 지능과 능력을 가진 사람이 아니라면, 그가 사사로운 운에 항상 [기대어] 살면서 어떻게 통솔하는지를 알아야 한다는 것이 온당하지 않기 때문이다. 그들은 그 지위를 유지할 수도 없는데, 그들은 그들에게 우호적이고 믿을 만한 세력이 없기 때문이다.

— 『군주』, 7장, (3).

(2)에서 보듯, 체사레가 저지른 실수는 완벽에 가까운 인물이 저지른 대수롭지 않은 실패가 아니다. 그리고 (3)에서 보듯, 체사레의 실수는 '운'으로 권좌에 오른 새로운 군주가 명심해야 할 수칙을 어긴 어처구니없는 행동이었다. 알렉산데르 6세의 죽음으로 자기에게 '우호적이고 믿을 만한 세력'이 불확실할 때, 오랫동안 적대적이었던 거물 인사의 약속을 믿은 것이다. 다시 말하자면, 체사레의 실수는 그 어떤 '새로운 군주'도 저질러서는 안 되는 행동이었던 것이다.

체사레는 왜 이런 어이없는 실수를 저질렀을까? 그는 '신민'에 대해서는 누구보다 현명하게 대처했던 군주였다. 그리고 히에론과 같이 자신만의 무력을 확보하고, 기만과 힘을 통해서라도 "그를 공격하기에 충분한" 세력들을 제거해 스스로의 기반을 확고히 했던 무서운 군주였다.[119] 아울러 그는 알렉산데르 6세의 죽음 이후를 준비했던 부지런한 군주기도 했다. 자기가 빼앗은 영토의 군주들이 다시 권좌에 오를 수 없도록 혈통을 끊어 놓았고, 로마의 귀족들을 모두 자기편으로 만들었으며, 추기경들을 자신의 영향력 아래 두었을 뿐만 아니라 누가 교황이 되더라도 자기의 힘으로 물리칠 수 있는 힘을 키웠다. 그런데, 율리우스 2세와 같은 '거물들'에 대해 이렇듯 무능력하게 대처한 사람으로 기록되어 있는가 말이다.

마키아벨리는 실수의 원인을 '타인의 운'에 기대어 살았던 체사레의 '본성'과 '습성'으로부터 찾고 있다. 첫째, (1)에서 보듯, 그는 체사레가 율리우스 2세가 교황으로 선출되는 것을 충분히 막을 수 있었다고 보았다. 체사레가 원하지 않는 사람이 교황이 되는 것만은 막을 수 있었다는 것이다.[120] 둘째, 『군주』 11장에서 보듯, 마키아벨리는 율리우스 2세의 역량을 높이 평가하고 있다. 율리우스 2세는 알렉산데르 6세에 비견될 만큼 용의주도했고, 체사레와 견주어서 손색이 없을 만큼 과감했다. 마키아벨리는 체사레가 이런 거물을 병사한 피우스 3세같이 호락호락한 인물처럼 생각했다는 것이다.

(4) 공작에게는 그만큼의 포악함(ferocità)과 그만큼의 능력(virtù)이 있었고, 그는 어떻게 인간들을 자기편으로 만들어야 하고 파멸시켜야 할지를 잘 알고 있었다. 그리고 그리도 짧은 기간이었지만 그가 구축한 토대들이 매우 견고했기에, 만약 그가 그러한 군대들을 직면하지 않았거나, 그가 건강했더라면, 그는 모든 어려움을 감당할 수 있었을 것이다.

— 『군주』, 7장, (39).

그러나 (4)에서 보듯, 마키아벨리는 체사레가 율리우스 2세와 같은 거물들을 잘 다루었다고 쓰고 있다. 여기에서 그가 사용한 '포악함'이라는 단어를 '정신력(forza d'animo)'과 동일하게 해석하는 견해도 있지만, 실제로는 그의 부하인 라미로(Ramiro de Lorqua, 1452-1502)를 두 토막을 내 전시할 정도로 무시무시한 잔인함을 뜻한다. 이런 그가 율리우스 2세와 같은 거물이 제시한 약속을 받아들여 자신의 몰락을 초래했다는 것이다. 질병으로 인해 판단력이 흐려졌거나, 율리우스 2세의 기만이 성공했다고 보지 않고서는 이해가 되지 않는 대목이다.

질병 외에 체사레에게 위협적인 요소 중 하나는 외세였다. 1501년 프랑스가 가에타를 회복하면서 프랑스와 스페인이 벌인 전쟁에 동원된 군대들이 체사레에게는 부담이 안 될 수 없었을 것이다.[121] 게다가 로마로부터 얼마 떨어지지 않은 곳에 강대국의 군대들이 전투를 벌이고 있었고, 알렉산데르 6세가 죽으면서 생긴 힘의 공백에 이들이 어떤 역할을 할지 불확실했다. 그럼에도 불구하고, 마키아벨리는 이것이 이미 확고해진 체사레의 군대로 충분히 견제할 수 있었다고 쓰고 있다. 전쟁에 개입하지 않는 정책만으로도 실익을 챙길 수 있었다는 것이다.[122]

반면 그의 질병은 달랐다. (1)에서 보듯, 마키아벨리는 체사레가 율리우스 2세의 선출만은 막았어야 했다고 지적하고 있다. 여기에서 그는 체사레의 성공과 몰락에 일관된 요소가 작용하고 있었음을 암시하고 있다. 바로 '교황'의 후견이다. 체사레는 알렉산데르 6세의 후견으로 일어섰고, 율리우스 2세가 피렌체 공략에 필요한 군자금을 제공하고 로마냐 지방의 지속적인 지배를 보장하겠다는 약속에 몰락했다. 거물을 다루는 데 능했던 그가 율리우스 2세의 약속을 믿었다는 것, 즉 체사레의 질병은 "어떤 사람이 어떤 길(una via)을 걸어 항상 번창했을 때"에 굳어진 습성 때문에 자멸했다는 마키아벨리의 숨겨진 판단을 노출시키고 있는 것이다.

『군주』11장에서 보듯, 체사레의 실패는 이탈리아의 분열과 고통의 화근인 로마교회의 힘을 더욱 키워준 결과를 초래했다. 그래서 몇몇 학자들은 체사레에 대한 서술로부터 '로마교회를 제거하라.'는 메시지를 읽어낸다. 그리고 어떤 학자들은 동일한 문맥에서 레오 10세의 후견을 받는 피렌체 중심의 강력한 제국의 건설을 읽어내기도 한다. 둘 모두 가능한 해석이다. 그러나 체사레의 '습성'에 대한 마키아벨리의 숨겨진 비판을 읽어내지 않는다면, 둘 모두 불충분한 해석에 불과하다. 어쩌면, 마키아벨리는 체사레를 통해 이탈리아인 모두의 습성을 비난하고 있을지도 모를 일이기 때문이다.

질문 2: 체사레는 어떤 '평판'을 어떻게 이용했나?

『군주』7장은 '평판(reputazione)'에 대한 마키아벨리만의 고유한 정치적 해석을 담고 있다. 이때 평판은 단순히 세간의 입방아만을 의미하는 것이 아니다. 한편으로는 '명분'과도 같은 의미를 갖고 있고, 다른 한편으로는 대중적 '인상'과도 같은 의미를 갖고 있다. 특히 '신민' 또는 '인민'을 어떻게 다루어야 하는지, 그리고 '잔인함'과 '공포'를 어떻게 사용해야 하는지와 연관된 언술들이 '평판'의 주요한 내용을 구성한다. '잔인함'도 '공포'도 '평판'이라는 큰 범주에 들어간다는 점에서 볼 때, 7장에서 마키아벨리가 말하는 체사레가 어떤 평판을 어떻게 이용했는지에 대한 이야기는 우리의 관심을 끌기에 충분하다.

그럼에도 불구하고, 마키아벨리의 정치사상과 관련해서, '평판'만큼 주목을 받지 못한 주제도 없을 것이다. '잔인함'이나 '공포'보다 덜 자극적이었기에 그랬을 수 있고, '평판'이라는 단어 자체가 고대 로마 정치철학의 주요한 주제였기에 마키아벨리의 독창성을 부각시켜 주지 못할 것이라는 선입견이 작용했을 수도 있다. 또한 정치와 도덕이라는 이분법적 도식을 적용할 때, '잔인함'이나 '공포'가 '정치의 자율적 영역'에 대한 마키아벨리의 생각을 더 선명하게 보여 줄 것이라는 기대가 작용했을 수도 있다.

어쨌든 마키아벨리는 『군주』에서 '평판'을 자주 사용한다. 명사와 동사(reputare)의 변형을 모두 합해 서른한 번이나 등장한다. 만약 '영광(gloria)', '명성(fame)', '명망(nome)', '오명(infamia)', '명예(onore)', '존경(stima)'까지 합하면 더 많은 경우를 발견할 수 있을 것이다. 최상위에는 다리우스 I세(Darius I, BC549-486)와 같이 위대한 인물들만이 향유한 '영광(gloria)'이 자리를 잡고,[123] 가장 기초적인 범주에는 타인들이 '눈으로 판단한(iudicano alli occhi)' 결과로서 외양이나 인상이 자리를 잡는다.[124] 군주에게 있어서, 평판은 정치적 권위의 핵심적 요소이자 영향력의 실질적 근거로 제시되는 것이다.

루이 12세의 평판

이런 맥락에서, 우리는 『군주』 7장에 등장하는 두 사람의 '평판'을 비교해 볼 필요가 있다. 하나는 프랑스의 루이 12세이고, 다른 하나는 체사레다. 마키아벨리는 전자를 고대 로마의 정치사상으로부터 그때까지 지속되었던 '도덕적'이고 '윤리적'인 사고와 연관시키고, 후자를 자신이 로마적 전통으로부터 벗어나 그가 제시하고자 의도한 새로운 사고의 지평과 관련짓는다.

> (1) 그래서 왕[루이 12세]은 베네치아인들의 도움과 알렉산데르의 동의를 받아 이탈리아를 침공했고, 그가 밀라노에 입성하자마자 교황은 그로부터 로마냐 정복을 위한 [원병]들을 얻었다. 왕의 평판(reputazione)[때문에] 승인된 것이다.
>
> —『군주』, 7장, (15).

(1)에서 마키아벨리는 알렉산데르 6세가 기병들과 스위스 용병들을 지원받을 수 있었던 것이 모두 루이 12세가 세간의 평판을 고려했기 때문이라고 말한다. 이 말은 두 가지 사실을 함께 반영한다. 하나는 베네치아의 승인이고, 다른 하나는 루이 12세의 약속 이행이다.

전자는 글자 그대로 해석한 결과다. 알렉산데르 6세가 루이 12세로부터 장병들을 지원받고자 한 이유는 베네치아의 후견을 받고 있는 로마냐의 국가들을 정벌하기 위해서였고, 이런 이유에서 프랑스의 후견이 아니었으면 베네치아가 교황의 행동을 용납하지 않았을 것이라는 말이다. 한편 후자도 매우 중요하다. 사실 루이 12세는 알렉산데르 6세와의 약속을 지킬 필요가 없었음에도 불구하고, 단지 자신의 '평판' 때문에 약속을 이행했다. 이후 루이 12세가 체사레에게 빌려주었던 군대를 모두 철수시킨 것에서 알 수 있듯이, 그는 약속을 이행하지 않아도 무방했을 것이다. 그리고 3장에서 전개된 마키아벨리의 충고에서 보듯, 그는 최초부터 체사레를 돕지 않았어야 했다.[125]

마키아벨리에게 루이 12세와 관련되어 언급된 '평판'은 전통적이며 고루하다. 첫째, 루이 12세는 평판의 실체를 파악하지 못했다. 그의 평판이 그의 도움을 필요로 하는 국가들 때문에 구축된 것을 몰랐던 것이다. 베네치아도 교황도 그의 도움이 필요했다. 그러기에 그의 평판은 그가 두 번째로 밀라노를 병합한 후 땅바닥으로 떨어진다. 첫 번째와는 달리 '세계(il mondo)'가 등을 돌린 것이다. 둘째, 루이 12세의 평판은 '소수'의 지지를 통해 형성된 것이었다. 『군주』 3장에서 보았듯이, 그는 첫 번째 밀라노 합병에서 '다수' 인민보다 '소수' 귀족을 만족시키려다 실패하고 말았다. 그의 외교정책도 '소수'에 집중되었다. 그의 도움을 필요로 했던 약소국들을 등한시하고, 강대국을 끌어들이고 로마교회의 영향력만 극대화시켰다.

내정과 외정에서 모두 시대에 뒤떨어지는 평판에 집착한 결과였다.

체사레의 평판

반면 체사레가 평판을 얻는 과정은 마키아벨리에게 매우 비전통적이다. 그는 '다수' 인민의 편에 서 있고, 자신의 야망을 도덕이나 이타심으로 포장하지 않는다. 그리고 '다수'의 좋은 평가를 얻기 위해서라면 '잔인함'도 '기만'도 취하기를 주저하지 않았다.

> (2) 그 지방은 강도질, 싸움, 그리고 다른 모든 종류의 무례가 판을 치고 있었기 때문에, [체사레]는 만약 그가 [그 지방]을 잠잠하게 만들고 제왕적 힘(braccio regio)에 복종하도록 하려면, 그 지역에 좋은 정부(buono governo)를 [만들어] 줘야 한다고 판단했다. 그래서 그는 그곳에 잔인하고 신속한 사람(uomo crudele ed espedito), 레미로 데 오르코를 보냈고, 그에게 전권을 부여했다. 레미로는 짧은 시간 안에 평화와 통합을 가져왔다. [그에 대한] 매우 엄청난 평판(grandissima reputazione)과 함께 말이다. 그러자 공작은 이토록 과도한 권위(eccessiva autorità)가 불필요하다고 판단했다. 왜냐하면 그는 [그 권위가] 혐오스러워질까 두려웠기 때문이다.
>
> ──『군주』, 7장, (24)-(26).

(2)에서 보듯, 레미로의 평판은 잔인하고 신속한 일처리를 통해 구축되었다. 마치 풍자하듯, 마키아벨리는 그의 통치를 '좋은 정부'

라고 부른다. 그러나 우리는 곧 레미로의 무시무시한 평판이 '좋은' 것과는 거리가 멀었다는 것을 알 수 있다. '평판'이 곧 '권위'라는 등식은 여전히 유지되지만, 평판 그 자체가 '좋음'을 의미하거나 도덕적 우위를 요구하지 않는다. 체사레의 평판도 별반 다르지 않다.

> (3) 그리고 [체사레]는 과거의 엄격함(le rigorosità passate)들이 레미로에 대한 증오를 양산했다는 것을 알았기 때문에, 그 인민들의 마음(li animi di quelli populi)을 정화하고 그들을 전적으로 자기편으로 만들고자, 그는 만약 어떤 잔인함이 자행되었다면, 이것은 그로부터 비롯된 것이 아니라 자신의 행정관의 거친 본성(la acerba natura del ministro)으로부터 나왔다는 것을 보여 주고 싶었다. 그리고 이 기회를 잡아, 그는 어느 아침 [레미로]를 두 동강을 내어 나무 조각 하나와 피 묻은 칼과 함께 체세나 광장에 두었다. 인민들은 이 광경의 잔인함으로 만족을 느끼면서도 멍해졌다.(la ferocità del quale spettaculo fece quegli popoli in uno tempo rimanere satisfatti e stupidi.)
>
> ―『군주』, 7장, (27)-(28).

마키아벨리의 해석을 따르면, 체사레가 라미로(Ramiro de Lorqua)를 죽인 이유는 '인민'의 증오를 피하기 위해서였다. 그의 의사와는 달리 과다한 세금을 징수했다거나, 용병대장들이 반기를 들었다는 기록도 있다. 그러나 (3)에서 보듯, 마키아벨리는 체사레가 반란의 기운을 읽었고, 이를 피하기 위해 라미로를 희생양으로 삼았다고 기술하고 있다. 신속하게 라미로를 감금하고, 시민법정을 설치해서 자의적인 처벌이 아니라는 점을 만천하에 과시했다. '이 기회'를 통해 그는 '공정함'과 '잔인함'을 동시에 그의 평판의 주된 내용으로 만들었던 것이다.

그러나 마키아벨리는 체사레와 라미노가 한 가지 측면에서 큰 차이를 보였다는 점을 강조한다. 전자는 후자와는 달리 '자의적'이라는 평가를 받지 않았다는 것이다. 사실 체사레는 라미노와 전혀 다를 바 없는 '잔인함'으로 자기의 평판을 만들었다. 그러나 법을 집행한다는 인상을 줌으로써, 경멸 대신 경외심과 두려움을 확보했다. 『군주』 3장에서 기술된 것처럼, 그는 '소수'를 처벌하고 '다수'의 지지를 얻은 정복 군주의 전형적인 행보를 보여 준 것이다. 그리고 『군주』 19장에서 언급되듯, 그는 '다수'를 얻었을 때, 그 누구도 자기를 상대로 음모를 꾸미지 못한다는 것을 알고 있었던 것이다.

이렇듯 마키아벨리는 '다수'가 형성하는 '평판'을 통치에 매우 중요한 요소로 여긴다. 특히 공화정에서 인민들이 특정 시민을 지지하는 과정에서 사용되는 '평판'에 주목한다. "인민들이 관직을 배분하는 능력이 군주보다 낫다."고까지 말하기 때문이다.[126]

(4) 그러나 세 번째는 [실제로 있었던] 사실과 당신의 업적에서 시작되고 토대가 구축되기에, 시작부터 당신에게 커다란 명성(tanto nome)을 가져다준다. 그래서 만약 당신이 [이 평판]을 없애길 원한다면 정작 이것과 상반된 많은 일들을 이후에 이행할 필요가 있다.

—『강의』, 3권 34장, (13).

(4)에서 보듯, 마키아벨리는 훌륭한 집안이나 훌륭한 사람들과의 친분이 가져다주는 평판보다 스스로의 탁월한 능력이 발휘된 행동과 업적에서 비롯된 '평판'을 강조한다. 그리고 그의 '다수'가 형성하는 '평판'에 대한 입장은 체사레에 대한 기술에서도 어김없이 드러난다. '다수'의 의사를 무조건 존중하라는 메시지는 아니지만,[127] '다수'의 의사가 정복 군주에게도 중요하다는 것을 강조하고자 한 것이다.

(5) 그의 평판이 회복되었을 때, 그는 프랑스도 다른 외부 세력들도 신뢰하지 않았다. 그래서 그는 스스로를 그러한 시험에 빠뜨리지 않기 위해, 기만(inganni)에 의지했다.

—『군주』, 7권, (21).

(6) 만약 그가 이것을 성공했었더라면(마치 알렉산데르 6세가 죽은 그해에 그가 성공했듯이), 그는 막강한 군대와 대단한 평판을 획득했을 것이고, 홀로 서서 더 이상 다른 누군가의 운명과 군대가 아니라 자기의 힘과 능력(la potenza e virtù sua)에 의지했을 것이다.

—『군주』, 7권, (37).

(5)에서 보듯, 프랑스의 도움으로 로마 귀족들과의 갈등을 해소

한 후, 체사레는 타인의 도움으로 만든 '평판'을 포기하기로 마음을 먹는다. 대신 기만을 통해 자기에게 적대하는 파벌들을 제거하고, 자기 영토에 있는 인민의 지지를 확보하는 방향으로 정책을 전환한다. 그리고 (6)에서 보듯, 그의 방향 전환은 성공적이었다. 알렉산데르 6세의 죽음이 없었다면, 체사레는 토스카나 지방을 모두 자기 손아귀에 넣을 수 있었을 것이라는 추측이 가능하다. 즉 체사레가 확보한 '평판'은 타인의 평가가 아니라 '다수의 지지'와 '자기의 능력'에 의존해서 얻은 결과였던 것이다.

종합하면, 『군주』 7장에 기술된 체사레의 '평판'은 『강의』에서 언급된 공화정의 통치자에게 필수적인 '다수의 지지'와 '스스로의 능력'이 적용되고 있다. 따라서 『강의』 I권 47장에서 언급되는 충고를 적용하면, 마키아벨리는 자기들의 구체적 필요들을 가장 정확하게 아는 인민들의 지지에 초점을 맞추고 있다. 종종 광장이 선동과 폭동으로 얼룩지더라도, 인민들의 '평판'은 공화정의 지도자들뿐만 아니라 정복 군주에게 매우 중요한 자산이라고 말하고 있는 것이다. 이러한 평판이라면, 잘 사용된 '잔인함'도 '좋은(bene)' 것으로 용인된다. 당시로서는 매우 파격적인 생각이 아닐 수 없다. 한편으로는 '인민'과의 관계를 강조하고, 다른 한편으로는 정치와 도덕의 경계를 무너뜨리고 있기 때문이다.

교황 알렉산데르 6세

『군주』에 기술된 알렉산데르 6세는 비난의 대상이지 모방의 대상일 수는 없다. 그러나 마키아벨리에게 알렉산데르 6세는 외세에 의존해서라도 새로운 군주정을 설립한 하나의 사례가 된다. '운'도 없고 '자신의 군대'도 없는 경우, 외세에 의존해서라도 새로운 군주정을 건설한 성공적인 사례인 것이다.

8장
범죄로 군주정을 획득한 사람들에 대하여
De his qui per scelera ad principatum pervenere

『군주』 8장에서 마키아벨리는 두 명의 악명이 높았던 인물들을 다룬다. 한 사람은 시칠리아의 참주 아가토클레스(Agathocles, BC361-289)이고, 다른 한 사람은 이탈리아 용병대장 올리베로토 다 페르모(Oliverotto da Fermo, 1475-1502)다. 둘 모두 잔인하고 비도덕적인 방법을 통해 도시를 장악했고, '동료 시민들의 지지'나 '인민의 지지'가 없이도 공포를 통해 안정적인 통치를 한 사례에 들어간다. 한편으로는 7장에 기술된 '라미노'와 같은 인물들이고, 다른 한편으로는 체사레의 냉혹하리만큼 가증스러운 기만이 연상되는 인물들이다.

이런 인물들의 잔인함을 '능력' 또는 '덕성'이란 맥락에서 거론하는 것 자체가 당시로서는 매우 파격적이었을 것이다. 기독교 윤리가 시민적 덕성과 동의어였던 시대, 마키아벨리의 '효과적인' 또는 '실제적인 진리(la verità effettuale)'는 종교적으로나 도덕적으로나 받아들여지기 어려웠을 것이다. 당시만 하더라도 '정직(honestas)'과

'효용(utilitas)'의 일치를 강조하던 키케로의 '신중함(prudentia)'이 정치의 올바른 원칙으로 평가받고 있었고, 그러기에 '신중함'에 도덕적 고삐가 풀린 '기만'이나 '잔인함'까지도 포함시키는 그의 사상은 일반인들뿐만 아니라 정치인들에게도 쉽게 받아들여지지 않았을 것이다.

물론 마키아벨리의 사상이 전적으로 거부된 것만은 아니다. 몇몇 인문주의자들은 그의 서술로부터 아리스토텔레스의 이른바 '자애로운 참주' 테제를 발견하기도 했다. 즉 아리스토텔레스『정치학』5권에 나오는 참주에 대한 이야기를 심화시킨 것으로 이해하는 사람들도 있었던 것이다. 주지하다시피 아리스토텔레스는 참주에게 권력을 유지하기 위해서는 두 가지 방법이 있다고 충고했다. 하나는 폭력과 기만을 사용해서 누구도 자기에게 저항하지 못하게 만드는 것이고, 다른 하나는 신민들에게 '참주라기보다 공공의 종복'이라는 인상을 줌으로써 안정적으로 다스리는 것이다.[128] 두 번째가 바로 '자애로운 참주' 테제인데, 일부 인문주의자들은 마키아벨리의 '잔인함'과 관련된 서술로부터 '참주가 자기도 모르게 공공의 선을 위해 통치하도록' 만들려는 수사적 태도를 발견한 것이다.[129]

그러나 이렇게 마키아벨리를 이해하고자 했던 흐름도 오래가지 못했다. 교황의 영향력 아래에 있던 이탈리아는 물론이고, 대륙에서도 종교개혁의 거대한 파도와 함께 마키아벨리의 정치사상에 대한 반감이 조성되었다. 성바르톨로메오의 학살(1572)에 분개한 프랑스 신학자 장티예(Innocent Gentillet, 1535-1588)의 『반(反)마키아벨리 강의(Discours contre Machiavel)』(1576)가 대표적이다.[130] 위그노파 기독교인들의 학살을 주도한 샤를 9세의 어머니 카테리나(Caterina de' Medici, 1519-1589)에 대한 반감에 더해, 장티예는 마키아벨리의 사상을 아리스토텔레스 서술의 일부분을 과장한 불완전한 것일 뿐이며, 프랑스 궁정의 참주적 통치에 영감을 제공한 사악한 견해라고 일축했다.[131] 이런 견해는 유럽 전역에서 널리 받아들여졌는데, '반(反)마키아벨리'가 하나의 장르를 형성할 정도였다.

영국에서도 상황은 마찬가지였다. 1584년 『군주』의 이탈리아어본이 런던에서 인쇄되었을 때, 이탈리아에서 망명해 옥스퍼드에서 법학을 가르치고 있던 젠틸리(Alberico Gentili, 1552-1608)와 같이 마키아벨리를 '공화주의'자로 이해하려는 사람들도 있었다.[132] 그러나 그로부터 8년 후에 장티예의 책이 번역되면서, 마키아벨리에 대한 좋은 감정보다 나쁜 감정이 먼저 자리를 잡게 되었다. 게다가 1593년 크리스토퍼 말로(Christopher Marlowe, 1564-1593)의 「파리에서의 학살(The Massacre at Paris)」이 무대에 올려지자,[133] 반(反)마키아벨리 정서가 영국 전역에서 크게 풍미하기 시작했다. 이런 분위기는 데이커(Edward Dacres)가 1636년에 『강의』를 번역하고, 4년 뒤에 그가 『군주』의 번역을 내놓은 시점까지 지속되었다. 영국 내란(English Civil War, 1642-1651)의 지도자들과 같이 마키아벨리를 '공화정'의 건설을 위해 '정치의 본질'을 가르쳐준 사상가로 인식하려는 태도는 17세기에나 가능했던 것이다.

어쩌면 당시 유럽에서 벌어졌던 논쟁은 아직도 끝나지 않았을

지도 모른다. 그리고 지금도 마키아벨리의 '잔인함'이 담고 있는 모순과 역설에 대한 비난과 찬사는 지속적으로 교차되고 있다. 셰익스피어(William Shakespeare, 1564-1616)의 비극에서 보듯, 개인적 양심과 정치의 냉혹함이 빚어내는 긴장은 인간사에서 영원히 풀리지 않는 숙제이기 때문이다. 그러나 마키아벨리가 암시하듯, 그 누구도 '잘 사용된(bene usate)' 잔인함이 어디에서 비롯되었는지를 알 수 없기 때문이기도 할 것이다. 개인적 야망의 성취인지 아니면 공적 이상의 달성인지는 도덕을 희생해서라도 권력을 가지려는 사람만이 알 수 있지 않겠는가 말이다.

질문 1 : 체사레와 아가토클레스가 무엇이 다른가?

이런 맥락에서 볼 때, 『군주』 8장의 아가토클레스에 대한 마키아벨리의 서술은 수사학적으로도 큰 의미를 갖고 있다. 과장된 표현, 긍정과 부정이 혼돈된 평가, 대중과의 관계에서 강조된 군주의 연기력, 그리고 7장에서 언급된 체사레와의 명시적이고 묵시적인 동일시가 어우러져 있기 때문이다. 마키아벨리는 자기의 글을 읽는 사람들에게 무엇을 설득하려고 했을까?

> 그러나 누구도 결코 자기의 시민들을 죽이고, 자기의 친구들을 배신하고, 신의도 없고, 자비도 없고, 종교도 없는 것을 덕(virtù)이라고

부르지 않을 것이다. 이러한 방식들은 통치권(imperio)을 획득할 수는 있어도 영광(gloria)을 [획득할 수는] 없을 것이기 때문이다. 만약 누군가 아가토클레스가 위험에 뛰어들어 벗어난 능력(virtù), 그리고 고난을 이겨내고 극복한 정신의 위대함(la grandezza dello animo)을 고려한다면, 왜 그가 다른 가장 탁월한 대장(capitano)보다 못하게 평가받아야 하는지 이해할 수 없을 것이다. 그럼에도 불구하고, 그의 야만적 잔인함과 비인간성(la sua efferata crudeltà e inumanità)은 그의 수없는 범죄들과 함께 그를 가장 탁월한 사람들 중 하나로 칭송받는 것을 허용하지 않는다. 왜냐하면 우리는 그가 획득한 바를 운(fortuna)이든 능력(virtù)이든 그 어느 것으로도 귀착시키지 못하기 때문이다.

―『군주』, 8장, (10)-(11).

위에서 보듯, 마키아벨리의 평가는 매우 혼돈스럽다. 특히 물주구문을 부드럽게 만들기보다 직역해 놓으면 더욱 그렇다. 아가토클레스가 칭송받아서는 안 된다는 말이 아니라, 그의 악행으로 칭송을 받지 못하고 있다는 말이 되기 때문이다. 그리고 도덕적 평가로부터는 외면당할 수 있지만, '능력'만은 주시해야 한다는 말처럼 읽히기 때문이다. 다만 한 가지 분명한 것은 아가토클레스의 '능력'과 『군주』 6장에서 언급된 탁월한 인물들의 '영광'은 구분된다는 것이다.[134]

그러나 문제는 '영광'과 '능력'을 구분하는 것으로 끝나지 않는다. 왜냐하면 『군주』 7장에 나오는 체사레와 어떤 차이가 있는지 명확하지 않기 때문이다.[135] 사실 체사레도 탁월한 인물의 반열에 들어가지 못하는 것은 마찬가지고, 그가 사용한 방법도 도덕적 잣대로 본다면 기피해야 할 '기만'과 '잔인함'의 경계를 넘나들었다. 그럼에도 불구하고, 마키아벨리는 체사레를 새로운 군주가 반드시 모방해야 할 인물로 제시하지 않았던가 말이다.

누군가는 [다음과 같은] 의구심이 들 것이다. 어떻게 아가토클레스와 그와 같은 사람들 모두가 수없는 배신과 잔인함 이후에도 오랫동안 그의 조국(sua patria)에서 안전하게 살았으며, 외적에 맞서 스스로를 지켰으며, 그의 시민들(suoi cittadini)이 결코 그에게 맞서 음모를 꾸미지 않았는지 말이다. [반면] 다른 많은 사람들은 불확실한 전쟁 시기는 말할 것도 없고 평화로운 시기에서조차 잔인함으로 그들의 국가들을 유지할 수 없었는지 말이다. 나는 이것이 잔인함이 잘못 사용되었는지(male usate), 아니면 잘 사용되었는지(bene usate)에서 비롯되었다고 믿는다. 잘 사용된 것이라고 부를 수 있는 것들은(만약 악에 대해 좋게 이야기하는 것이 허용된다면) 스스로를 안전하게 할 필연성에서 단번에 행사된 것으로, 지속되기보다 할 수 있는 한 신민들의 유용함(utilità)으로 전환된 것이다. 잘못 사용된 잔인함은 비록 처음에는 거의 없었지만 시간이 가면서 제거되기보다 증가된 것이다. 첫 번째 방식을 준수한 사람들은 아가토클레스가 그러했던 것처럼 신이나 인간을 통해(con Dio e con li uomini) 그들의 국가를 [고칠] 처방책을 가질 수 있다. 반면 [두 번째 방식]은 스스로를 유지하기가 불가능하다.

—『군주』, 8장, (22)-(25).

위에서 보듯, 마키아벨리는 8장 말미에 아가토클레스의 '능력'을 다시 평가하고 있다. 수사학적으로 부사인 '잘(bene)'이라는 표현은 많은 의미를 함축한다. 퀸틸리아누스(Marcus Fabius Quintilianus, 35-100) 이후 이 표현은 미리 어떤 행동의 윤리적 준칙을 던져 주기보다 행위자의 감각적인 판단을 존중할 때 많이 사용되는 말이다. 이런 표현을 사용함으로써, 그는 도덕적으로 허용할 수 없어 보이는 아가토클레스의 행동에 '잘 사용하면' 자신도 신민도 행복할 수 있는 결과를 얻었다는 평가를 부가한 것이다. 게다가 '신'과 '인간'이라는 말을 첨언함으로써, 신도 용서할 것이며 신민으로부터도 위협받지 않을 것이라는 위로까지 전달하고 있다. 직설적으로 표현하면, 신도 인간도 권력의 정당성을 확보하는데 이용할 수 있는 여지까지 아가토클레스에게 열어 주고 있다.

그럼에도 불구하고, 대부분의 학자들은 체사레의 '잔인함'과 아가토클레스의 것을 동일시하는 해석을 꺼린다. 어떤 경우는 아가토클레스는 체세레와는 달리 결코 받아들일 수 없는 경우이며, 전자를 부정적으로 기술함으로써 후자는 최소한 납득할 수 있는 도덕적 기준을 갖고 있었다는 것을 증명하려 했다고도 말한다. 그 근거로 체사레가 그의 형 조반니(Giovanni Borgia, 1474-1497)를 암살했었다는 풍문이 돌았음에도, 마키아벨리가 체사레에게는 '범죄' 또는 '사악함(scelleratezza)'이라는 표현을 사용하지 않았음을 예로 들

기도 한다.[136]

그러나 우리는 리비우스가 한니발에 대해 기술한 표현을 마키아벨리가 사용하고 있다는 것을 유념할 필요가 있다. 리비우스(Titus Livius Patavinus, BC59-17)가 한니발의 잔인함을 "진리에 무관심하고, 고결함도 없고, 신도 두려워하지 않고, 선서도 신앙도 없다.(nihil veri nihil sancti, nullus deum metus nullum ius iurandum nulla religio)"고 묘사한 부분을 모방한 것이다.[137] 전술한 바, 리비우스의 이중적 평가를 따라, 마키아벨리도 한니발의 '잔인함'에 대해 양가적 평가를 내렸다.[138] 이렇게 본다면, 아가토클레스의 잔인함도 '비인간적'이라고 해서 부정적이라고만 말할 근거는 없다. 또한 '신앙', '자비', '종교'와 같은 단어를 사용했다고 해서, 아가토클레스의 잔인함을 체사레의 것과 다르게 다룰 이유도 없는 것이다.

그렇다면 아가토클레스도 새로운 군주가 모방해야 할 대상일까? 마키아벨리의 평가는 이중적이다. 아가토클레스의 잔인함이 효과적이었음을 부인하지 않지만, 그에게는 체사레와는 달리 그가 결코 받아들일 수 없는 무언가가 아가토클레스에게는 있다.

그는 시칠리아에서 그의 군대와 함께 전투를 수행하던 카르타고인 하밀카르와 공모해서, 어느 날 아침 마치 공화정(la repubblica)에 관련된 일들을 결정해야 하는 것처럼 시라쿠사의 인민과 원로원을 소집했다. 그가 내린 신호를 따라, 그의 장병들은 모든 원로원 의원들과 부유한 인민들을 죽였다. 그들이 죽자, 그는 그 어떤 시민적 저항

(controversia civile)도 없이 그 도시(la città)의 전권을 장악하고 유지했다.

—『군주』, 8장, (6)-(7).

위에서 보듯, 마키아벨리에게 아가토클레스는 공화정을 전복한 참주일 뿐이다. 용병들을 데려와 수많은 시민들을 죽이고, 결국 그들의 자유를 앗아간 인물인 것이다. 이를 위해, 마키아벨리는 매우 제한적으로 사용하던 '공화정'과 '도시'라는 단어를 사용한다. 즉 마키아벨리가 아가토클레스에게 내린 부정적 평가의 기준은 '잔인함'이 아니라, '인민'의 자유를 빼앗은 행위와 관련이 있었던 것이다.

『군주』 7장에서, 마키아벨리는 체사레를 '소수'에게는 잔인했지만 '다수'에게는 엄격했던 군주로 기술했다. 기본적으로 '다수' 또는 '신민'과의 관계를 중시한 군주로 기술한 것이다. 반면 아가토클레스는 '소수'뿐만 아니라 '동료 시민들'도 죽인 인물로 묘사한다. 비록 많은 역사가들에게 칭송을 받지만, 마키아벨리의 기준에서는 결코 '참된 영광(vera gloria)'을 향유하지 못한 카에사르와 다를 바 없는 인물로 기술한 것이다.[139] 아니, 체사레에게 처형당한 올리베로토와 결코 다를 바 없는 인물로 묘사한 것이다.

종합하면, '범죄' 또는 '사악한 방법'이 문제가 아니라, 어떤 목적에서 '나쁜' 방식이 사용되었는지가 체사레와 아가토클레스를 구분하는 기준이다. 이 기준에서 우리는 당시 인문주의자들이 사용하던 도덕적 잣대나 시민들의 뇌리에 박혀 있던 기독교 윤리를 발견할 수 없다. 물론 '공화정'을 세워야 한다는 명시적인 요구도 발견할 수 없다. 그러나 마키아벨리에게는 '다수' 또는 '인민'과의 관계라는 뚜렷한 잣대가 있다. 이런 기준에서 볼 때, 『군주』 8장은 7장에서 암시되었던 바를 보다 명확하게 보여 준다.

9장
시민 군주정에 대하여
De principatu civili

『군주』9장부터 마키아벨리는 군주가 '인민' 또는 '다수'와의 관계를 어떻게 설정해야 하는지를 보다 구체적으로 설명하고 있다. 전술한 바와 같이, 7장과 8장에서 마키아벨리는 '다수' 또는 '인민'과의 관계가 새로운 군주에게 얼마나 중요한지를 설명하기 위해 매우 자극적인 사례와 과장된 표현을 많이 사용했다. 그러나 9장은 매우 차분하고 분석적이다. 자극적인 사례도 없고, 학자적 논의를 진행하듯 진지하게 자기의 생각을 정리해서 피력한다.

그러기에 9장에서 우리는 마키아벨리의 정치사상을 이해하는 데 중요한 두 가지 주제를 발견하게 된다. 첫째는 마키아벨리의 집단심리학이다. 『군주』에서 그가 수행한 심리학적 분석이 대부분 개인적 차원이라면, 9장은 '집단으로서' 인간의 심리를 집중적으로 다룬다. 둘째는 인민의 지지에 기초한 군주의 안정성이다. 8장까지 군주정의 '수립' 또는 '획득'이 핵심적인 주제였다. 반면 9장은 획득된 군주정을 어떻게 유지하느냐에 더 초점이 맞추어지고, 이 과정에서 귀족보다 인민에게 의지한 군주의 지위가 더 안정적이라는 주장이 전개된다.

이 두 가지 주제를 가지고 9장을 읽다 보면, 마키아벨리가 진정 '공화주의자'라는 느낌을 받게 된다. 『강의』의 주요 테제들을 이미 알고 있다면 더욱 그렇다. 자유라는 추상적인 테제부터 그라쿠스 형제라는 구체적인 사례까지, 9장의 시민 군주정은 『강의』에서 묘사되는 로마공화정의 모습과 매우 유사하기 때문이다. 만약 공화정의 지도자도 유력 가문과 일반 시민 사이에서 조정자 역할을 요구받는다면, 다른 어떤 충고보다 마키아벨리가 시민 군주정의 '군주'에 대해 전하는 바를 살펴봐야 할 듯 보인다.

질문 1: 인민과 귀족 중 어느 편이 군주에게 더 위협적인가?

9장의 첫 부분은 두 가지를 다루고 있다. 하나는 시민 군주정의 정의이고, 다른 하나는 집단심리학이다. 첫 번째는 간단하게 언급된다. '운'에도 '능력'에도 의지하지 않고 군주가 된 사례들 중, "범죄나 다른 참을 수 없는 폭력을 통해서(non per sceleratezza o altra intollerabile violenzia)"가 아니라 "동료 시민들의 지지를 받아(con il favore delli altri sua cittadini)" 군주가 된 경우를 '시민 군주정(principato civile)'이라고 부른다는 것이다.[140] 반면 두 번째는 조금 복잡하다. 시민 군주정은 다시 두 가지 유형으로 나뉘는데, 이 두 가지 유형을 이해하기 위해서는 마키아벨리의 집단심리학에 대한 이해가 선행되어야 한다.

집단심리학과 비지배 자유

사실 마키아벨리가 『군주』 9장에서 설명하는 집단심리학은 많은 부분에서 『강의』 5장을 연상시킨다. 단지 『강의』 5장에서 제시되는 "인민과 귀족 중에 어느 집단이 자유의 수호자로 더 안전한가?"라는 질문에서 '자유'를 '군주'로 바꾼 것에 불과해 보일 정도다.

> 왜냐하면 모든 도시(città)에는 이러한 두 개의 다른 기질(umori)들이 발견되는데, [이러한 기질들은] 이것으로부터 비롯된다. 인민은 귀족들에게 명령받거나 지배당하지 않기를 원하고, 귀족은 인민을 명령하고 지배하기를 원한다(che il populo desidera non essere comandato né oppresso da' grandi ed e' grandi desiderano comandare e opprimere el populo)는 것이다. 이러한 두 가지 다른 욕구(dua appetiti diversi)들로부터 도시들에서 세 가지 결과들 중 하나가 발생한다. 군주정(principato), 또는 자유(libertà), 또는 방종(licenza)이다.
>
> ─『군주』, 9장, (2).

위에서 보듯, 마키아벨리는 사회를 두 가지 집단적 기질(umore)로 나누고 있다. 하나는 '명령하고 지배하려는' 집단의 기질이고,

다른 하나는 '명령받거나 지배받지 않기를 원하는' 집단의 기질이다. 그리고 전자와 같은 '지배하고자 하는' 심리적 경향을 갖는 집단을 '유력 집단(i grandi)'이라고 부르고, 후자와 같이 '지배받지 않고자 하는' 심리적 경향을 갖는 집단을 '인민(il populo)'이라고 부르고 있다.

    위의 구절은 크게 세 가지 측면으로 세분해서 살펴볼 필요가 있다. 첫째, 마키아벨리가 말하는 기질은 어떤 사회 계층의 고정된 심리적 경향을 의미하지 않는다는 것이다. 귀족계급이라고 '지배하고자 하는 속성'만 가지고, 인민계급이라고 '지배받지 않으려는 속성'만을 가지는 것이 아니라는 것이다. 『강의』 I권 46장에서 보듯, 마키아벨리는 "자유를 지키려는 욕구는 쌍방이 우위를 차지하기 위해 노력하게 만들고, 그 결과 상대방을 짓누르게 된다."고 지적한다.[141] 즉 개인의 야망에 따라 사회적 계층과 무관하게 '유력 집단' 또는 '인민'의 경향성을 보이기도 하고, 집단적으로 하나의 경향성에서 다른 경향성으로 기질을 전환시킬 수도 있다는 것이다.

    여기에서 마키아벨리가 말하는 기질(umore)은 히포크라테스(Hippocrates, BC460-370)의 기질론을 정치심리학적 경향으로 전환시킨 것이다. 이때 기질은 철학적 차원에서 모두에게 발견될 수 있는 본성 또는 욕구와는 다르다. 죽음에 대한 공포, 부에 대한 열망, 지배욕, 명예욕은 누구나 가지는 심리적 감정이자 욕구다. 그러나 마키아벨리에게 '기질'이란 집단에 소속된 개인 또는 그 집단이 가지게 되는 집단적 경향이다. 이런 '기질'의 용례는 르네상스 시대 의

학에서 주로 사용되었는데, 마키아벨리는 여러 '체액'들의 조합을 통해 개개인이 하나의 성격을 갖듯이 집단 또는 사회도 여러 요소가 결합해서 어떤 기질을 구성한다고 본 것이다.[142]

둘째, 지배와 비지배의 긴장이 '방종'으로 귀결될 수 있다고 지적한 것이다. 가끔 '명령하다(comandare)'라는 동사를 '지배하다'라고 번역하는 경우를 보게 된다. 아마도 뒤에 따라오는 '지배하다(opprimere)'라는 동사에서 '억압'이라는 의미를 강조하기 위한 의도를 갖고 있는 것으로 보인다. 그러나 위에서 보듯, '지휘' 또는 '명령'하는 것과 '지배' 또는 '억압'하는 것은 구분된 행동이다. 즉 인민에게는 '지휘'와 '명령'을 피하고 싶은 욕구가 함께 있고, '지배'하기보다 '지휘'하려는 욕구를 가진 귀족이 있다는 의미를 담고 있다.

보다 구체적으로 말하자면, 인민의 두 가지 욕구를 모두 충족시키면 방종으로 귀결될 수 있고, 귀족의 기질을 모두 억제하면 무정부 상태에 이를 수도 있다는 충고다. 이런 측면에서 보자면, 최근 마키아벨리의 공화주의를 '무정부적 요소' 또는 '무정형적 요소'가 있다고 주장하는 입장[143]은 지나친 과장이다. 위에서 보다시피, '자유'와 '방종'은 다르며, 후자와 같이 어떤 질서 또는 제도를 전제하지 않는 통치에 대해 마키아벨리가 부정적인 입장을 갖고 있다는 것을 알 수 있다.

셋째, 자유(libertà)를 공화정과 일치시킨 것이다. 아마도 위의 인용만큼 1990년대 이후 세계 학계를 흔들어 놓은 고전의 구절은 없을 것이다. 이 구절 하나가 비지배(non-domination) 자유, 소위 '타인의 자의적 의지로부터의 자유'를 통해 사회 정의의 초점을 '평등'으로부터 '지배'의 문제로 전환시키고, 공동체에의 헌신과 불간섭의 자유의 경계를 허물어 버릴 고전적 공화주의의 부활을 촉발시켰기 때문이다.[144]

실제로 마키아벨리의 저작에서 '자유'와 '공화정'은 거의 일치한다. 전술한 바, '공화정'의 강함은 외세로부터 지배받지 않으려는 일반 시민 모두의 욕구를 충족시켜 주고, '공화정'의 제도는 유력 집단으로부터 지배받지 않으려는 인민의 욕구를 충족시켜 준다.[145] 그리고 이러한 지배받지 않으려는 욕구로부터 유발되는 '갈등(conflitto)'은 지배하려는 욕구가 만들어내는 '소요(tumulto)'보다 건강하기에,[146] 안팎으로 자유를 더욱 진작시켜 갈등이 참혹한 분쟁으로 귀결되는 것을 막아 준다.

인민의 지지와 정치적 권위

세 가지 측면을 종합하면, 시민 군주정의 군주는 '지배받지 않으려는' 인민의 편에 서야만 스스로의 지위뿐만 아니라 나라도 안팎의 위협으로부터 안전하게 유지될 수 있다. 그러나 이것은 인민의 지지가 시민적 군주정을 위험으로부터 완전히 해방시켜 준다는 말이 아니다. 왜냐하면 인민의 지지를 통해 군주가 된 경우에도, 인민의 욕구를 충분히 충족시키지 못했을 때에는 위기에 봉착하기 때문이다. 즉 국가를 유지하기가 한층 쉬워진다는 이야기이지, 인민의 지지가 군주가 당면하게 될 어려움을 완전히 제거해 준다는 이야기가 아닌 것이다.

특히 군주가 인민의 지지를 받는 과정을 주목해서 봐야 한다. 인민이 군주를 옹립하는 경우, 인민이 요구하는 바는 크게 두 가지다. 하나는 지배받지 않고 살 수 있도록 해달라는 것이고, 다른 하나는 자기의 자유를 앗아간 사람들에게 복수를 해달라는 것이다. 전자는 충족시켜 줄 수 있지만, 후자는 사실상 군주 자신에게도 매우 위험한 요구다. 크게 두 가지 이유 때문이다. 첫째는 인민이 한 개인을 추대하게 되는 이유가 자신들이 "귀족에게 저항할 수 없다는 것을 알게(vedendo non potere resistere a' grandi)" 되었기 때문이고, 둘째는 인민의 지배받지 않으려는 욕구는 '통제받지 않으려는 욕구'를 수반하기 때문이다.[147]

마키아벨리는 이런 위험을 배제하기 위해, 인민의 지지를 통해 등장한 군주를 '참주'와 구분하고 있다. 사실 인민이 한 사람을 군주로 지지했다는 것은 이른바 한 도시에서 '원시 군주' 또는 '참주'가 등장했다는 말이다. 『강의』 I 권 2장에서 보듯, "자기들을 더 잘 방어하기 위해, 그들 중에 더 힘이 넘치고 더 용감한 사람을 찾기 시작했고, 이후 그들은 그를 우두머리(capo)"로 만들었다는 말의 다른 표현인 것이다.[148] 다만 『군주』 9장의 '군주'는 고전적 의미에서의 '원시 군주정'이나 '참주'와는 다른 한 가지 특성을 갖고 있다. 그러기에 마키아벨리가 '그에게 복종했다.'는 말 대신 "그의 권위를 통해 보호를 받으려고 했다."는 말을 사용하고 있는 것이다.

군주정은 어느 편에 그 기회(l'occasione)가 있느냐에 따라 인민 또는 귀족에 의해 유발된다. 귀족들이 인민에게 저항할 수 없다는 것을 알게 될 때, 그들은 그들 중 한 사람에게 평판(la reputazione)을 주고, 그를 군주로 만들어 그의 그늘 아래 그들의 욕구를 분출시키려 하기 때문이다. 인민들 역시 그들이 귀족에게 저항할 수 없다는 것을 알게 될 때, 한 사람에게 평판을 주고, 그의 권위로(la sua autorità) 보호받으려고 그를 군주로 만들기 때문이다.

─『군주』, 9장, (3).

귀족들이 자신들의 욕구를 충족시키기 위해 한 사람을 지지해 군주를 만들 듯, 인민들도 자기들의 욕구를 충족시키기 위해 한 사람(uno)을 군주로 만든다. '지배받지 않으려는 것'도 하나의 욕구이기 때문에, 인민들이 군주를 통해 자기들의 욕구를 충족시키려 한다는 점에서는 귀족들과 차이가 없다. 그러나 위에서 보듯, 마키아벨리는 귀족의 욕구에는 '명령하려는 것'과 '지배하려는 것'의 구분을 두지 않았지만, 인민들의 욕구는 '권력(potenza)'이 아니라 '권위(autorià)'의 보호 아래 있다는 점을 명시하고 있다. 즉 인민이 충족하고자 하는 욕구는 '명령을 받지 않으려는 것'이 아니라 '지배를 거부하는 것'으로 차별화한 것이다.

따라서 마키아벨리가 여기에서 말하는 '시민 군주'는 '원시 군주'나 '참주'와는 전혀 다른 형태의 우두머리가 된다. 반면 귀족들은 '저항' 또는 '견제'하려는 욕심에 그치지 않고 군주를 통해 지배하려고 할 뿐만 아니라 군주조차도 자기들 마음대로 하려고 드는 집단일 뿐이다. 그래서 귀족들의 지지를 통해 군주가 되면, 군주는 이들의 지배하고자 하는 욕구가 언제 그리고 어떻게 만족될지 알 수가 없어 불안하다. 큰 욕심이 없는 자들은 큰 문제가 없지만, 야심만만한 귀족들은 언제나 적대적 세력이 될 수 있기에 전전긍긍해야만 한다. 왜냐하면 야심만만한 귀족들에게 부족한 것은 오직 권력뿐일 것이기 때문이다.

마키아벨리는 『군주』 9장에서 인민들의 지지를 확보하는 방식에 대해 침묵하지만, 우리는 이미 '복합 군주정'과 체사레의 경우를 통해 '다수'를 어떻게 만족시키는지를 들어 왔다. 무엇보다 '다수'를 탄압한 '소수'를 처벌해 달라는 요구가 중요했다. 그러나 9장에서는 '처벌'에 대한 이야기를 볼 수 없다. 대신 "[인민들은] 그에게 단지 지배받지 않도록 해달라는 것"뿐이라는 이야기만 반복해서 듣게 된다.[149] 결코 인민들이 복수해 달라고 요청하지도 않고, '사적인 치유책(rimedi privati)'에 호소하지도 않는다는 것이다. 대신 어떤 당파(fazione)도 지지하지 않는 '권위'를 바탕으로 그들이 지배받지 않도록 해달라고 요구한다는 것이다.

혼합정체

귀족의 지지를 받고 군주가 된 경우에, 마키아벨리는 스스로를 보호할 가장 적절한 방식의 하나로 '인민들의 지지'를 확보할 것을 권한다. 귀족의 지지에 의지하고 있는 경우, 군주는 자기와 똑같은 기질을 가진 사람들과 끝없는 경쟁을 해야 하는데, 이때 자기를 보호해 줄 세력으로 또 다른 귀족의 파당이 아닌 인민들을 자기편으로 확보해야 한다고 충고한 것이다.

그러나 인민들에게 대항해서 귀족들의 지지를 받아 군주가 된 사람은 반드시 무엇보다 인민들을 자기편으로 끌어들이도록 노력해야 하는데, 이것은 그가 인민들을 보호하는 [정책을] 취할 때에는 손쉬울 수밖에 없다. 그리고 나쁘게 대할 것이라 믿었던 사람으로부터 도움을 받은 사람들은 그들의 은인에게 더욱 복종하게 되기 때문에, 인민들은 그들의 지지로 군주정을 획득한 사람보다 그에게 호의를 더 베풀 것이다.

─『군주』, 9장, (16).

한마디로 말하자면, 어떤 방식으로 군주가 되었든 인민의 지지를 확보해야 한다는 것이다. 그런데 이런 충고 속에서도 귀족을 '처벌'하라거나 인민들의 '복수'라는 말은 찾아볼 수 없다. 대신 귀족들의 지지를 받아 군주가 되었더라도, 인민의 지지가 필요하다는 말뿐이다. 그리고 이렇게 하는 것이 결코 어렵지 않다고까지 충고한다.

여기에서 우리는 마키아벨리의 시민 군주정이 지향하는 혼합정체의 요소들을 발견하게 된다. 첫째, 마키아벨리는 군주의 '참주'적 통치를 달가워하지 않았다. 군주정의 획득과 영토의 병합에서 그렇게 강조되던 '참주'의 행위 방식은 찾아볼 수 없다. 인민의 지지를 통해 집권한 군주는 집권하자마자 '권위'를 확보해야 하고, 귀족의 지지를 통해 옹립된 군주는 집권하자마자 '인민의 지지'를 확보해야 한다. 『강의』에서 한 명의 탁월한 사람이 대중적 인기나 선동을 통해 참주가 되는 것을 막고, 자신의 능력(virtù)을 공공의 이익을 위해 발휘할 수 있는 혼합정체를 요구한 것과 같은 맥락이다.[150]

둘째, 마키아벨리는 귀족 또는 '다스리려는 욕구'를 가지고 있는 귀족의 중요성도 인지하고 있다. 그에게서 우리는 귀족의 지지가 없어도 인민의 지지를 받는다면 안정적인 통치를 할 수 있다는 말을 듣는다. 그러나 '귀족이 없어도 된다.'거나 '귀족이 없어야 한다.'는 말은 듣지 못한다. 간혹 "군주는 항상 동일한 인민들과 필연적으로 살지만, 동일한 귀족들이 없이도 잘 살 수 있다.(può bene fare sanza quelli medesimi grandi.)"는 말을 오해하는 경우를 보게 된다.[151] 그러나 마키아벨리는 여기에서도 기본적으로 어떤 도시든 "항상 명망 있는 시민들이 필요하다."는 인식을 갖고 있다.[152] 그러기에 『군주』 9장에서 그는 귀족을 제거하라는 말 대신 어떤 귀족을 어떻게 다루어야 하는지를 설명하고 있는 것이다.

어쩌면 마키아벨리는 시민 군주정의 군주가 불안정하고 혼란스러운 공화정의 무능한 지도자보다 낫다고 생각했을지도 모른다. 그는 자주 이런 자조 섞인 이야기를 『피렌체사』에서 내뱉었다.[153] 그리고 『강의』에서도 "공화정에서는 평화로운 시기에 훌륭한 사람들에게 존경심을 갖지 않는" 결점이 있다고 한탄했다.[154] 물론 공화정이든 군주정이든 귀족들은 자기보다 못난 사람들이 우월한 지위를 차지하면 '새로운 전쟁(nuove guerre)'을 일으킬 우려가 크다. 그럼에도 불구하고, 마키아벨리는 "번창할 때에는 당신에게 명예를 가져다주고, 어려울 때에는 당신이 두려워하지 않아도 될(nelle prosperità te ne onori e non hai nelle avversità a temere di loro)" 명망 있는 사람들은 최소한 필요하다는 생각을 버리지 않았다.[155]

질문 2: 그라쿠스 형제와 조지오 스칼리는 무엇을 잘못했나?

그럼 『군주』 9장에서 마키아벨리는 '인민의 지지'에 대한 좋은 말만 늘어놓았을까? 과연 마키아벨리는 인민들이 '처벌'과 '복수'에 대한 열망을 자동적으로 절제할 수 있다고 보았을까?

왜냐하면 사사로운 시민이 그의 기초를 인민에게 두고, 만약 그가 적들에게 또는 관리들에게 억압당하면 인민들이 그를 해방시켜줄 것이라 믿는다면, 이런 경우 누구든 로마의 그라쿠스 형제와 피렌체의 조지오 스칼리와 같이 기만당할 것이다.

—『군주』, 9장, (20).

위에서 보듯, 마키아벨리는 마냥 핑크빛 전망만을 제시한 것이 아니다. 로마공화정의 붕괴로 귀결되었던 그라쿠스 형제의 실패,

그리고 피렌체의 정치 판도를 바꿀 수 있었던 촘피의 난의 씁쓸한 결말을 언급한 것이다.

조지오 스칼리(Giorgio Scali)의 경우는 별반 이의를 제기할 것이 없다. 비록 촘피의 난을 이끌었던 지도자들 중 한 사람이지만, 하층 빈민의 이익을 충실히 대변하지도 못했을 뿐만 아니라 그가 통치한 3년은 인민의 지지까지도 송두리째 앗아갈 정도로 자의적이고 나빴기 때문이다.[156] 마키아벨리는 『피렌체사』에서 그의 등장과 몰락을 상세하게 적고 있다. 인민의 지지로 민중 정부가 들어섰지만, 당파들 간의 힘의 균형이 깨지면 어떤 일이 일어날지 예측할 수 없는 불완전한 상태였다. 매일같이 소동과 분쟁이 벌어졌고, 민중 정부는 정부로서 기능을 발휘하지 못한 채 민중을 앞세운 참주라는 비난을 받고 있었다. 결국 자기의 정적을 기소하려다 실패한 사람을 무력으로 구제하려다, 이 기회를 놓치지 않은 유력 시민들의 역공으로 1382년에 처형되고 만다.

마키아벨리는 스칼리가 얼마 전만 하더라도 그를 칭송했던 인민들 앞에서 교수형에 처해졌으며, "인민들을 지나치게 믿었던(avendo confidato troppo in uno popolo)" 자기 자신을 통탄했다고 적고 있다.[157] 이런 넋두리를 통해, 마키아벨리는 그가 보기에 스칼리가 "어려운 때에 겁먹지 않고, 다른 대비를 만드는 데 실패하지 않으며, 자신의 정신과 제도들을 가지고 일반 [인민들]을 늘 고무되어 있도록 할 수 있는(tenga con lo animo e ordini suoi animato l'universale)" 지도자가 아니었음을 밝히고 있는 것이다.[158]

반면 그라쿠스 형제의 경우는 조금 다르다. 왜냐하면 그라쿠스 형제들은 스칼리와는 달리 인민의 지지를 확실히 받고 있었고, 그들의 의도도 최소한 마키아벨리에게는 매우 순수한 것이었기 때문이다.

이러한 무질서의 원동력은 그라쿠스 형제들이었다. 그들의 신중함(prudenzia)보다 그들의 의도(intenzione)를 칭찬해야 할 것이다.
—『군주』, I권 37장, (26).

마키아벨리가 그라쿠스 형제의 의도를 칭찬할 만하다고 한 것은 곧 그들이 로마공화정의 문제들을 제대로 보고 있었음을 뜻한다. 널리 알려진 바, 티베리우스 그라쿠스(Tiberius Gracchus, BC163-133)가 500유게라 이상의 공유지를 소유할 수 없도록 제한한 토지법(lex agraria)을 부활시키려 했을 때, 로마공화정은 이미 노예노동에 기반을 둔 대농장으로 인해 고통 받고 있었다. 소작농들은 이미 삶의 터전을 잃었고, 로마는 유랑민들과 실직자들로 가득 차 있었다.

왜냐하면 그들이 공화국에서 자라난 무질서를 제거하고자, 이를 통해 아주 먼 과거까지 소급하는 법을 만들려고 한 것은 잘못 생각한 정책(partito male considerato)이었기 때문이다.
—『강의』, I권 37장, (27).

표면적으로 보면 마키아벨리는 로마 인민들이 귀족들과 명예뿐만 아니라 소유까지 공유하려고 했다는 데서 문제의 원인을 찾는 듯하다.[159] 그러나 소유를 둘러싼 갈등은 그라쿠스 형제 시기에만 있었던 것은 아니다. 마키아벨리도 언급하듯, 토지법을 둘러싼 논쟁으로 로마공화정은 자주 위기에 봉착했다. 그럼 그라쿠스 형제의 잘못이 무엇이란 말인가?

리비우스의 서술을 보면, 로마공화정에서 토지법을 둘러싸고 벌어진 논쟁은 당파적 갈등의 당사자들 모두가 참주의 출현을 두려워하게 되었을 때 합의에 이르게 되었던 것을 알 수 있다. 집정관 스푸리우스 카시우스(Spurius Cassius, BC?-485)가 처음으로 토지 개혁안을 제안했을 때, 원로원과 시민들 모두는 군주정으로의 복귀라고 반발했다.[160] 이후 토지법은 로마공화정이 커지면서 다시 발의되었고, 그때마다 소요가 일어났지만 '참주의 복귀'에 대한 공포가 이들을 합의로 이끌었다.

그러나 『강의』 I권 37장에서의 상황은 다르다. 마키아벨리는 그라쿠스 형제의 시기에 로마공화정에서는 이러한 '참주의 출현에 대한 공포'가 사라지고 없었으며, 각 당파는 다른 한쪽을 일방적으로 지배하려고 했었다는 점을 부각시킨다. 귀족도 인민도 '비정상적인(straordinari)' 방법을 사용해서라도 자기들의 이익을 관철시키려고 했다는 것이다.

마키아벨리는 공화정이 이렇게 변한 것의 모든 책임을 그라쿠스 형제에게 묻고 있다. 특히 그들의 개혁이 "모든 시민적 방식과 관습(ogni modo e costume civile)"을 넘어서서 행해졌기 때문에 실패했다고 분명히 밝히고 있다.[161] 그에 따르면, 원로원이 다른 호민관을 설득해서 법안을 막으려 하자 그 호민관의 관직을 박탈하고, 원로원의 고유한 권한을 무시했으며, 호민관 재임 금지라는 관행을 깨뜨렸다. 그리고 이러한 일들 모두가 로마공화정에서 처음 있는 일이었기에, 티베리우스 그라쿠스는 누구에게든 인민의 지지를 이용해 참주가 되려고 한다는 비난을 받을 수 있는 처지에 놓였다는 것이다.

이런 마키아벨리의 해석을 따른다면, 티베리우스 그라쿠스도 결국 조지오 스칼리와 동일한 실수를 저지르고 말았던 것이다. 자기의 통치를 정당한 '권위'의 행사가 아니라 '힘'의 행사로 인식시키는 오류를 범했던 것이다. 전술했듯이, 스칼리는 사보나롤라와 같은 실수를 저질렀다. 적법한 처벌 과정에 무력으로 개입함으로써 스스로의 개혁이 '사사로운 보복'으로 보이도록 만든 것이다. 마찬가지로 그라쿠스도 유사한 실수를 저질렀다. 무엇보다 그는 로마공화정이 오랫동안 지켜 왔던 '시민적 방식과 관습'을 어김으로써, 자신의 혁신이 정당한 '권위'의 행사가 아니라 '비정상적'인 권력을 행사하는 것처럼 '일반'에게 각인되도록 했다는 것이다. 자신의 개혁을 힘으로 밀어붙이려 한다는 인상을 주자, 귀족들이 티베리우스 그라쿠스를 '참주'라고 공격할 때 인민들은 너무나 무기력한 집단으로 전락했다. 모든 것을 힘의 결과로 인식하게 되었기에, 자신들의 힘이 턱없이 부족하다고 판단되자 스스로를 방어할 명분도 능력도 상실하게 된 것이다. 이런 맥락에서, 마키아벨리는 그라쿠스 형제들이 로마공화정을 붕괴시키는 데 일조했다고 한탄한다. 그들의 허무한 죽음 이후에, 인민들은 더 강력한 힘을 찾아다녔고, 이런 과정에서 귀족과 인민의 적대적 갈등이 공화정을 몰락으로 이끈 내란으로 귀결되었다는 것이다.

이렇듯 『군주』 9장의 그라쿠스 형제에 대한 이야기는 『강의』 I권 37장의 것을 고스란히 옮겨놓았다. 즉 '인민의 지지'는 결정적인 문제가 아니다. 그리고 인민을 지나치게 믿었던 것이 문제가 된 것도 아니다. 결정적인 문제는 공적 권위의 행사라는 인식을 주지 못한 지도자의 판단력 부재다. 그라쿠스 형제와 스칼리와 같은 지도자들의 비정상적인 행동은 한편으로는 합법적으로는 결코 '귀족에게 저항할 수 없다.'는 생각을 인민들에게 각인시키고, 다른 한편으로는 인민들에게 '명령받지 않으려는 욕구'를 불러일으킨다. 이 두 사례를 통해, 마키아벨리는 인민의 지지를 유지하기 위해서라도 지도자는 어떤 경우에도 '사적 치유책'을 행사하는 것처럼 인식되면 안 된다고 충고하고 있다.

10장
어떤 방식으로 모든 군주정의 힘이 측정되어야 하는가

Quomodo omnium principatuum vires perpendi debeant

『군주』 9장으로 새로운 군주정에 대한 논의가 사실상 끝났다. 11장에서 교회 군주정을 다루지만, 최초의 분류에서 제시한 군주정의 유형들은 모두 다룬 것이다. 그래서인지 10장에서는 군주정의 군사력을 어떻게 측정하는지의 문제가 다루어진다. 다만 '인민' 또는 '다수'와의 관계에 대한 논의는 지속된다. 특히 작은 나라의 군주에게 '인민' 또는 '신민'의 지지는 그의 생존에 필수적이며 절대적이라는 충고가 이어진다.

> 자신의 영토(terra)를 강하게 하고 인민들에게 증오를 받지 않는 누군가를 공격하는 것이 쉽지 않다는 것을 알게 될 것이다.
> ―『군주』, 10장, (6).

흥미로운 점은 이후 군주정의 힘에 대한 설명에 군주정이 사례로 소개되지 않는다는 것이다. 대신 독일 지방의 '도시들'이 하나의 사례로 제시된다. 이를 두고 학자들은 많은 논쟁을 벌였다. 독일의 작은 도시들이 마키아벨리의 이상적 국가라는 주장부터, 독일 도시들을 사례로 제시함으로써 자족적인 삶을 영위했던 작은 도시나 작은 군주정이 얼마나 부실한지를 빗대었다는 주장까지, 참으로 많은 논의들이 있었다.

수사학적으로 볼 때에도 '군주정' 대신 작지만 강하고 자율적인 '공화정'이 사례로 소개된 것은 의외일 수밖에 없다. 논리적으로 큰 비약을 하지 않고서는 유추할 수 없는 대상을 놓고 질문에 답하는 형식이기 때문이다. 그러기에 독일의 '자유로운 도시'들이 마키아벨리가 원하던 피렌체의 모습이라는 주장도, 독일의 도시들이 그가 꿈꾸던 제국으로 발전하기 전의 피렌체의 모습이라고 말하는 것도 설득력이 아주 없어 보이지는 않는다.

질문 1: 마키아벨리에게 독일의 자유로운 도시들은 진정 이상적인 나라들이었을까?

당시 이탈리아 지식인들에게 독일은 '야만인'의 세계였다. 그러기에 인문주의자들은 페트라르카(Francesco Petrarca, 1304-1374) 이래 독일인들을 '야만인들(barbari)'이라고 부르기를 주저하지 않았고,[162] 독일은 로마의 문명과는 판이하게 다른 문화를 공유하는 세계로 분류되었다. 잘 알려져 있다시피, 『군주』 26장에서 페트라르카의 「나의 이탈리아(Italia mia)」에 나오는 한 구절이 인용된다. 따라서 마키아벨리도 이탈리아 지식인들의 독일인들에 대한 경멸과 두려움을 모를 리가 없었을 것이다.

마키아벨리의 독일

그러나 마키아벨리가 독일에 대해 가진 느낌은 당시 지식인들이 보여 준 편견과는 큰 차이가 있었다. 그가 남긴 독일에 대한 저술들이 이를 잘 말해 준다. 1507년 신성로마제국의 막시밀리안 1세(Maximilian I, 1459-1519)가 교황으로부터 왕관을 수여받기 위해 이탈리아로 올 것이라는 계획이 알려지고, 그 진의를 파악하기 위해 피렌체 공화정은 프란체스코 베토리를 대사로 보내고 얼마 후 마키아벨리를 그에게 조언을 줄 특사로 파견한다. 마키아벨리는 이 기간 동안 독일을 둘러볼 기회를 갖게 되는데, 스위스 일대와 인스부르크와 보젠이 있는 티롤 지방을 본 것이 전부임에도 독일에 대한 참으로 탁월한 인류학적 분석을 내놓는다.

특이한 사실은 그가 남긴 독일에 대한 소품들이 모두 독일에 대한 칭찬 일색이라는 점이다. 1512년에 쓴 「독일에 대한 소묘(Ritratto delle cose della Magna)」를 비롯해, 1508년에 쓴 「독일에 대한 보고서(Rapporto di cose della Magna)」와 1509년에 쓴 「독일과 신성로마제국 황제에 대한 이야기(Discorso sopra le cose della Magna e sopra l'Imperatore)」에서도, 그는 독일인들과 독일에 대한 칭찬을 아끼지 않는다. 전체적으로 볼 때, 그를 감동시킨 것은 무엇보다 독일인들의 삶인데, 그들의 '단순한 삶(rozzo vita)'과 '자유(libertà)'가 독일 도시들을 "인력도, 부도, 군사력도 풍부"하도록 만들었다는 점이다.[163]

그곳 인민들은 사적으로는 부유했는데(li populi in privato sieno ricchi), 이유는 이것이다. 그들은 가난한 사람들처럼 살았다. 그들은 건물을 세우지도, 옷을 차려입지도, 집을 장식하지도 않았다. 단지 그들은 풍부한 빵과 고기, 그리고 추위를 피할 난로로 충분했다.
—『소묘』, 562.

위의 문장에서 "사적으로 부유하다."는 말은 실제로 독일인들이 개인적으로 많은 부를 향유했다는 말이 아니다. '개인적'으로는 가난했지만, 자족하며 '공적'인 부를 누렸다는 말이다. 바로 앞에 "[독일 지방의] 모든 공동체가 공적으로 부유하다.(ogni comunità si truova ricca in publico.)"는 문장이 있기에, 여기에서는 독일인들의 자족하는 삶을 강조하기 위해 역설적인 표현을 한 것뿐이다. 즉 필요 이상의 소비를 하지 않는 독일인들의 검소한 삶을 새삼 강조한 것이다. 이런 표현은 그의 다른 저술에서도 빈번하게 발견된다. 그는 독일인들의 검소한 삶과 함께, 전투적이고 호전적인 기질, 그리고 시민들 스스로가 자기들의 재산과 가족을 지키는 문화를 피렌체인들이 배워야 한다고 자주 역설했던 것이다.[164]

독일인들에 대한 이런 긍정적인 평가는 마키아벨리가 처음은 아니다. 로마 역사가 타키투스(Publius Cornelius Tacitus, 56-117) 이래 독일인들의 삶을 존경의 눈으로 바라본 사람들은 많았다. 독일인들의 삶과 비교했을 때, 이탈리아인들이라면 로마의 후예들이 보여주는 부패하고 나약한 삶을 한탄할 수밖에 없었던 것이다. 다만 당시 인문주의자들은 독일인들이 가진 장점들을 의도적으로 언급하길 피했다. 왜냐하면 그들에게 독일인들은 무례하고 원시적인 야만인에 불과했기 때문이다.[165] 이런 맥락에서, 마키아벨리가 타키투스의 해석을 따라 인문주의자들의 편견에 도전하려 했다는 해석까지 나오는 것이다.

그러나 마키아벨리가 독일에 대해 부정적인 견해를 가지고 있었다는 입장도 만만치 않다. 몇 가지 근거가 제시된다. 첫째, 그가 『군주』와 『강의』를 집필할 때 '작은 도시국가'에 대해 매우 부정적이고 비관적인 전망을 갖게 되었다고 보는 것이다.[166] 주지하다시피, 마키아벨리는 『군주』뿐만 아니라 『강의』에서도 개방적이고 자유로운 로마공화정에 사로잡혀 있다. 반면 폐쇄적이고 고립적인 스파르타와 베네치아에 대해 매우 부정적인 견해를 갖고 있다.[167] 따라서 자족적인 독일인들의 삶이 마키아벨리에게는 탐탁찮게 보였을 것이라고 해석하는 것이다. 이런 해석이 옳다면, 마키아벨리의 독일에 대한 칭찬은 단지 풍자일 뿐이다.

둘째, 마키아벨리가 독일인들의 분열에 부정적이었다는 것이다. 그의 서술을 따르면, 독일인들은 신성로마제국 황제에게 대항할 때에만 뭉치고 평소에는 분열되어 있었다. 따라서 독일 도시국가들의 풍요는 그들이 하나의 통일된 국가를 형성하는 데 장애가 되었을 수도 있다. 『군주』 20장에 나오는 말이다.

> 이탈리아가 어떤 방식에서든 균형을 잡고 있었을 때라면 [분열시켜 지배하는] 정책을 시행해도 좋았을 것이다. 그러나 나는 이런 것을 오늘날 수칙(precetto)이라고 줄 수 있으리라 믿지 않는다. 왜냐하면 그 분열들(le divisioni)이 어떤 도움이 되리라 믿지 않기 때문이다. 반대로 적이 쳐들어오면, 필연적으로 분열된 도시들은 곧 지게 된다. 왜냐하면 더 약한 일방(la parte più debole)이 항상 외부 세력들과 연합하고, 다른 쪽은 이것을 견디지 못하기 때문이다
>
> ─『군주』, 20장, (11).

『군주』 10장과 20장은 여러 주제를 공유하고 있다. '요새(fortezza)'도 '인민의 지지'도 위의 인용에 등장한 '분열'과 마찬가지로 공통된 여러 주제 중 하나다. '분열'만 초점을 맞춘다면, 로마공화정에 대한 서술에서 보듯 마키아벨리는 시민들의 자유와 그들의 전투력과 교환한 대가라고 말했을 것이다. 그러나 위에서 보다시피, 마키아벨리는 이탈리아의 도시국가들이 외부의 적들 앞에서 보여 준 분열까지 긍정적으로 볼 이유는 없었다. 비록 예속된 피렌체의 주변 도시를 다스리는 방식이라 할지라도 분열은 '더 이상' 안 된다고 말하고 있는 것이다.

자유롭고 작은 도시국가

다시 『군주』로 돌아가 보자. 마키아벨리는 10장에서 군주정의 힘을 평가한다고 하면서 작고 힘없는 군주정에 대해 이야기를 하고 있다. 그가 분석하는 경우는 적과 들판에서 전투를 벌일 능력도 없어 요새에 틀어박혀 방어만 해야 할 형편에 처한 군주다.

그러나 마키아벨리가 모방할 대상으로 묘사하는 '군주정'은 형편없는 국가는 아니다. 작지만 강한 군주정이다. 포위를 당해도 최소한 1년은 버틸 수 있는 군수 물자, 그리고 인민의 절대적 지지를 유지할 수 있는 국가인 것이다. 어쩌면 그는 당시 이탈리아에서 이런 군주정을 찾지 못했을는지 모른다. 그래서인지 『군주』 9장에 등장하는 스파르타의 나비스(Nabis BC207-192)와 같이 고전적 사례는 제시할 수 있지만, 당시 사례로는 군주정 대신 독일의 도시국가들을 선택했을지도 모른다.

물론 마키아벨리가 독일 도시국가들을 수사적 편의에서 사용했다고 단정할 수는 없다. 그는 독일 도시국가들의 시민들이 향유한 '자유'와 '평등'에 대해 분명 큰 관심을 갖고 있었고, "개인적으로는 가난하지만 공적으로는 부유한" 나라를 하나의 이상적인 형태로 제시하는 것을 주저하지 않았다.

> 잘 정돈된 공화정은 그들의 공공(il publico)은 부유하게 그리고 그들의 시민들(cittadini)은 가난하게 유지해야한다.
>
> —『강의』, I권 37장, (8).

그뿐만이 아니다. 독일인들이 향유하는 '자유'가 그들을 전투에서 얼마나 용맹스럽게 만드는지를 그는 알고 있었다.

이런 방식의 무장은 독일 인민들, 특히 스위스인들이 알아낸 것이다. 그들은 가난했고 자유롭게 살기를 원했기에(sendo poveri e volendo vivere liberi), 그들은 필연적으로 신성로마제국 군주들의 야망에 대항해 싸워야 했고 싸웠다. [신성로마제국은] 부유했기에, 말들을 키울 수 있었다. [반면 독일] 인민들은 가난했기에 그렇게 할 수 없었다.
——『전술』, 2권, (29).

위에서 우리는 기병과 보병의 차이 이상을 발견할 수 있다. 바로 스스로 무장해야만 할 필요가 있었던 시민들의 모습이다. 마키아벨리가 용병에 대해 가진 반감은 『군주』 12장에서 다루기로 하더라도, 스스로의 자유로운 삶을 지키기 위해 자유로운 시민들은 그 누구보다 용맹해질 수 있다고 그가 믿었던 것은 거듭 강조해도 지나치지 않을 것이다.

이런 맥락에서 마키아벨리는 시민들의 자기 소유에 대한 집착도 포위당한 상태에서는 더욱 그들의 전투력을 고취시킬 것이라고 말한다.

바로 그때 그들은 그들의 군주와 더욱더 하나가 된다. 왜냐하면 그를 방어하는 동안 그들의 집들이 불타고 그들의 소유가 파괴된 것을 책임질 의무가 그에게 있는 것처럼 보이기 때문이다. 그리고 인간의 본성은 그들이 받은 혜택만큼이나 그들이 준 혜택에 얽매이게 된다.

— 『군주』, 10장, (13).

'군주'를 '나라'로 바꾸어 보자. 독일의 도시국가에서처럼 시민들은 자기나라를 위해 싸운다. 만약 자기의 소유가 불타고 있더라도, 그들은 결코 자기의 나라를 배신하지 않는다. 더욱더 하나가 된다. 왜냐하면 그들이 자기 나라에 헌신한 만큼 그들은 자기 나라에 더 얽매이기 때문이다. '군주'는 끊임없이 신민의 지지를 확인해야 하지만, 분열되지 않고 잘 정돈된 공화정은 인민의 지지를 확인할 필요도 없다. 『강의』 I권 55장에서 보듯, 모두가 평등하고 자유로운 독일 국가들이라면 더욱 시민들이 사랑할 것이기 때문이다.

결국 마키아벨리에게 독일 도시국가들은 완벽하지는 않더라도 그가 꿈꾸는 강한 공화정이 가져야 할 면모의 일부는 갖추었다고 볼 수 있다. 비록 제국으로 성장할 가능성은 제한되어 있지만, 이 도시국가들은 강하고 헌신적인 시민들을 가지고 있기 때문이다. 『전술』에서 파브리치오 콜로나(Fabrizio Colonna, 1450-1520)의 입을 통해 말하듯, 로마인들보다는 못하더라도 당시로서는 독일과 스위스만큼 강한 보병을 가진 나라도 없었다.[168] 즉 이탈리아의 통일과 제국의 건설이라는 측면에서는 부정적인 사례에 불과했지만, 독일 도시국가들은 '자유롭고 평등한' 공화정이 얼마나 강력한지를 보여 줄 수 있는 좋은 사례였던 것이다.

11장
교회 군주정에 대하여
De principatibus ecclesiasticis

앞서 살펴보았듯이, 마키아벨리가 로마교회에 대해 가졌던 반감과 알렉산데르 6세가 체사레를 통해 성취하려 했던 세속적 권력은 엄격하게 구분된다. 그러기에 일면 '교회 군주정'에 대해 독립된 장을 마련해서 서술하는 것 자체가 의아할 수 있다. 그러나 레오 10세가 알렉산데르 6세와 같은 야망을 갖고 있는 것으로 그에게 비쳐졌다는 것을 전제로 할 때, 『군주』 11장에 등장하는 로마교회의 이야기를 보이는 그대로 받아들일 이유는 없다.

질문 1: 마키아벨리에게 율리우스 2세는 어떤 존재였던가?

문제는 율리우스 2세다. 체사레를 기만해서 교황까지 된 탁월한 인물이지만, 알렉산데르 6세와는 달리 자기 자신의 영달이 아니라 교회의 힘을 키우고 있는 것으로 보였기 때문이다. 그렇다면, 마키아벨리는 이런 율리우스 2세로부터 무엇을 발견했을까? 이런 맥락에서 볼 때, 『강의』에 소개되는 잔 파올로 발리오니(Gian Paolo Baglioni, 1470-1520)의 일화는 매우 흥미롭다.

근친상간을 하는 것도 공개적인 존속살해도 꺼리지 않았던 죠밤파골로가 어떻게 모두가 그의 정신을 찬양했을 과업을 어떻게 수행할지를 몰랐던가 말이다. 아니 좀 더 정확하게 말하자면, 그렇게 할 바로 그 기회를 가졌을 때 그럴 엄두도 못 냈단 말이다. [그가 그 일을 수행했다면], 그들이 한 것처럼 살고 다스리면 얼마나 존경받지 못하는지를 그 성직자들에게 증명시켜 준 최초의 인물로 자기에 대한 영원한 기억(sua perpetua fama)을 남겼을 것이다.

—『강의』, I권 27장, (5).

이 일화를 통해 마키아벨리는 두 가지를 강조한다. 첫째는 성급한 마음에 무장도 하지 않은 채 페루지아로 들어간 율리우스 2세의 '무모함'이다. 마키아벨리는 교황의 '불같은 성미(temerità)'가 스스로에게 큰 위험을 초래했다는 것을 지적한다. 둘째는 발리오니의 '비겁함(viltà)'이다. 위에서 보듯, 발리오니는 충분한 기회를 잡았음에도 교황을 죽일 엄두도 내지 못했다. 평소 신앙심이 깊거나 부도덕한 행위를 싫어하는 인물도 아니었다. 그럼에도 불구하고, 그는 단신으로 들어온 교황에게 무릎을 꿇는다.

한때 마키아벨리는 발리오니가 교황을 죽이기를 주저한 이유를 '순한 본성과 인간미'에서 찾기도 했다.[169] 그러나 『강의』에서 발리오니는 진정 자기의 사악함이 잘 발휘되어야 할 시점을 놓친 소심한 인간으로 취급된 것이다. 왜 발리오니같이 사악한 인간이 갑자기 착해졌을까?

> [군주들]만이 국가를 소유한다. 그렇지만 방어하지는 않는다. 그들은 신민이 있지만, 그들을 다스리지 않는다. 국가는 방어되지 않지만 빼앗기지도 않는다. 신민들은 통치되지 않지만 신경을 쓰지 않는다. 그들은 그런 군주들로부터 멀어지려는 생각도 그렇게 할 수도 없다. 따라서 오직 이러한 군주정들만 안전하고 행복하다.
>
> ─『군주』, II장, (2)-(4).

마키아벨리는 '교회 군주정'을 한마디로 세속적이지만 세속적인 힘에 근거하지 않는 특이한 정치체제로 규정한다. 위에서 보듯, 국가지만 방어할 필요도 없고, 신민이 있지만 신경 쓸 필요도 없다. 왜냐하면 '상위의 이유(cagione superiori)'로부터 정당성을 확보하고 있고, 그 힘의 근원은 그 군주정을 '세우고 유지시키는 신(essendo esaltati e mantenuti da Dio)'이기 때문이다.[170]

이런 맥락에서 볼 때, 신이 준 힘을 가장 잘 이용한 사람들 중 하나가 바로 율리우스 2세다. 그도 알렉산데르 6세와 같이 로마교회의 힘을 확대하고, 자기 가문의 후손들이 영토를 차지해서 군림하도록 물심양면으로 도왔다. 외세를 끌어들였으며,[171] 추기경을 돈을 받고 팔았고, 면죄부도 팔았다. 그럼에도 불구하고, 그는 신앙심이 두터운 로마교회의 수장처럼 보였다.

> 율리우스는 알렉산데르 이전에는 결코 사용된 바 없는 축재의 길이 여전히 열려 있다는 것을 알게 되었다.
>
> ―『군주』, II장, (14).

위에서 보듯, 율리우스 2세도 돈이 필요했고, 자금을 확보하기 위해 알렉산데르 6세가 했던 불경스러운 짓을 따라 했다. 교회 관직을 돈을 받고 팔았고, 사후의 처벌을 면제해 주는 증서를 남발해 돈을 모았다. 비록 레오 10세가 산피에트로 성당을 짓기 위해 공격적으로 면죄부를 팔았던 것만큼은 아니라도, 이미 율리우스 2세도 알렉산데르 6세와 마찬가지로 용납되는 수준을 벗어났다. 그리고 조카인 프란체스코(Francesco Maria I della Rovere)가 체사레에게 빼앗겼던 영토를 회복할 수 있도록 도왔다.

비로소 우리는 마키아벨리가 왜 '상위의 이유'라는 표현에서 '상위(superiori)'라는 형용사는 복수를 쓰고 '이유(cagione)'는 단수로 기술했는지 조금은 이해할 수 있게 된다. 율리우스 2세도 로마인들이 그러했던 것과 다를 바 없이 '신'의 힘을 이용했다는 말이다. 그러기에 율리우스 2세가 세운 국가는 안전하지 못했다는 것이다.

> 볼로냐로부터 벤티볼리 가문을 몰아내고, 교황 율리우스는 그 도시에 요새를 하나 짓고 인민들이 그의 특사에게 도륙되도록 했다. 그래서 인민들이 반란을 일으켰고, 그는 단번에 그 요새를 잃었다. 그 요새는 그에게 도움이 되기보다 상처를 입혔다. 그가 그렇게 하지 않았다면, 그에게 도움이 되었을 수도 있었을 것이다.
>
> ―『강의』, 2권 24장, (24)-(25).

위에서 보다시피, 율리우스 2세도 다른 혼합 군주정의 군주처럼 직접 다스렸어야 했다. 그리고 무엇보다 먼저 인민들의 지지를 확보했어야 했다. 그러나 율리우스 2세는 추기경이자 자신의 심복인 알리도시(Francesco Alidosi, 1455-1511)가 자기를 대신해서 병합한 도시를 다스리게 했고, 그의 심복의 잔인한 통치가 볼로냐 사람들에게 크나큰 모욕과 분노를 불러일으키도록 방관했다는 것이다. 즉 마키아벨리에게는 율리우스 2세도 단지 세속적인 군주에 불과했던 것이다.

『군주』 11장은 레오 10세가 그 이전의 교황들이 사용했던 무력이 아니라 "그의 선함과 무수히 많은 덕을 통해 [교황권]을 매우 위대하고 존경받도록 만들 수 있길(questo con la bontà e infinite altre sua virtù lo farà grandissimo e venerando)" 희망한다는 말로 마무리된다.[172] 누군가 본문을 꼼꼼히 읽었다면, 알렉산데르 6세 이전의 무기력한 교황으로 돌아가라는 것인지, 아니면 알렉산데르 6세와 같이 노골적으로 세속적 권력을 확대하라는 것인지, 마키아벨리의 진의를 파악하기가 그리 간단하지 않았을 것이다. 어쩌면 마키아벨리는 '교회 군주정'에 대한 이야기를 통해 이탈리아의 모든 군주들이 발리오니와 다를 바가 전혀 없다는 비난을 쏟아내고 있었는지도 모른다.

폰토르모, 「코시모 데 메디치」(1518-1519)
　『강의』 1권 33장과 37장에서 보다시피, 공화정체에서 코시모와 같이 대중적 인기를 한 몸에 끌고 있는 인물이 등장할 때, 마키아벨리는 공화정 지도자들에게 "시간을 끌어야 한다."는 주문을 한다. 얼핏 보면, 『군주』 3장의 우유부단한 '우리 시대의 현자' 보카치오와 똑같은 말을 하는 듯 보인다. 그러나 꼼꼼히 살펴보면, 그렇지 않다. 『강의』 3권 11장에서 보듯, 시간을 끄는 것도 힘이 있을 때만 가능하다. 흥미로운 것은 마키아벨리가 세습 군주정을 '시간을 끌 수 있는' 정체로 보았다는 점이다.

루벤스, 「로렌초 데 메디치」(1612-1616)

　마키아벨리의 삶은 아이러니 그 자체다. 그와 메디치 가문의 관계를 살펴보면 더욱 그렇다. 그가 태어난 1469년은 메디치 가문의 전성기를 가져온 로렌초가 권력을 잡은 해이고, 그가 죽은 1527년은 메디치 가문이 피렌체의 정치 공간으로부터 완전히 자취를 감춘 해다. 그가 정치 일선에 나서게 된 계기도, 그의 실직과 추방도 메디치 가문의 정계 복귀를 통해 이루어졌다. 그의 삶 속에서 메디치 가문은 애증의 복잡한 실타래로 얽혀 있었던 것이다.

라파엘로, 「줄리아노 메디치(느무르 공작)」(16세기)
마키아벨리는 최초에 『군주』를 줄리아노(1479-1516)에게 바치려고 했었다. 줄리아노는 위대한 로렌초의 막내아들이고, 이후 교황 레오 10세로 선출된 조반니의 동생이다. 1512년 피렌체의 통치자가 된 이래 그의 이력은 화려하지만, 모두 형의 입김이 작용한 것이었다. 발다사레 카스틸리오네의 표현을 따르자면, 줄리아노는 세련된 신사였지만 정치적 야망이라고는 찾아볼 수 없는 한량이었다.

라파엘로, 「로렌초 메디치 2세」(1516-1519)

    마키아벨리는 젊은 로렌초에 대한 피렌체 시민의 일반적인 기대를 어느 정도 공유하고 있었다. 줄리아노 메디치는 교황 레오 10세의 전폭적인 후원을 받고 있었지만, 결코 체사레 보르자와 같을 수 없는 그에게 마키아벨리는 정치적으로 큰 기대를 하지 않았다. 반면 젊은 로렌초에 대해 마키아벨리는 군주로서의 기풍을 높이 평가한다.

라파엘로, 「레오 10세」(1518-1519)

『군주』11장과 26장에서 보듯, 마키아벨리는 레오 10세와 그의 조카인 젊은 로렌초에게 큰 기대를 걸고 있었다. 그리고 레오 10세는 알렉산데르 6세만큼 야망이 큰 사람이었다. 젊은 로렌초를 권좌에 앉혔고, 모데나와 파르마를 포함하는 새로운 국가를 만들었으며, 우르비노를 비롯해 체사레의 옛 영토들을 손에 넣었던 것이다.

세바스티아노 델 피옴보, 「클레멘스 7세」(1531년경)

마키아벨리가 붙인 최초의 라틴어 제목 '군주(De Principatibus)'를 글자 그대로 옮기면 '군주정에 대하여(Sui Principati)'라고 할 수 있다. 그러나 엄밀하게 말하자면, 초대 로마 황제가 로마공화정의 후계자임을 밝히기 위해 사용한 '원로원의 수장(princeps senatus)'이라는 함의를 함께 갖고 있다. 그러나 1532년 안토니오 블라도가 교황 클레멘스 7세의 허가를 받기 위해 제목부터 내용에 이르기까지 대대적인 수정을 가한 후, 최초의 라틴어 제목은 지금의 '군주(Il Principe)'로 바뀌고 말았다.

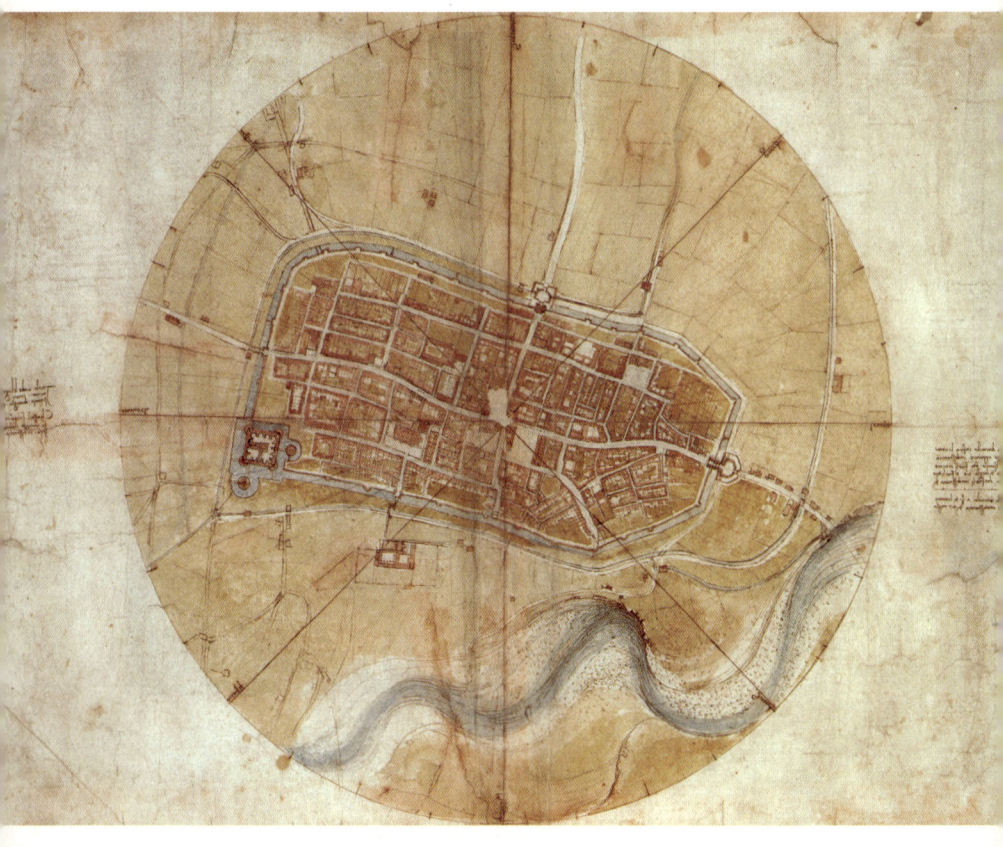

레오나르도 다빈치, 「이몰라 지도」(1502)
"풍경을 그리는 사람들이 산과 높은 곳의 특징을 고려하기 위해서는 낮은 곳으로 내려가고, 낮은 곳의 특징을 고려하기 위해서는 산꼭대기로 가듯, 인민들의 본질을 잘 알기 위해서는 군주가 되어야 하고, 군주의 본질을 잘 알기 위해서는 인민이 되어야 하기 때문입니다." 여기에서 마키아벨리가 사용하고 있는 비유는 당시 사용되고 있던 원근법이다. 이런 작업은 실제로 1502년 다빈치가 체사레 보르자의 부탁으로 이몰라의 지도를 그려 주었을 때 사용했던 방법이다. 그리고 마키아벨리가 이런 것들을 다빈치로부터 알게 되었으리라는 추측도 가능하다.

2부
군사

12장
얼마나 많은 종류의 군대가 있는지, 그리고 용병에 대하여

Quot sunt genera militare et de mercenariis militibus

『군주』12장부터 14장까지, 마키아벨리는 군대와 전쟁에 대해 다룬다. 12장에서는 용병, 13장에서는 동맹군, 14장에서는 군비에 대해 차례대로 서술한다. 비록 군대와 관련된 이야기지만 '자기 신민' 또는 '시민'을 무장시켜야 한다는 충고가 반복되어 등장하기에, 11장까지 다루어졌던 군주정에 대한 설명들과 '인민' 또는 '다수'와 군주의 관계에 대한 준칙들을 염두에 두고 읽어야 한다. 동일한 이유에서, 군주가 모방해야 할 사례로 공화정의 사례들이 등장하는 것도 감수해야 한다.

질문 1: '좋은 법'이 있으면 '좋은 군대'는 당연히 구비되는가?

마키아벨리는『군주』12장을 '좋은 법(buone legge)'과 '좋은 군대

(buone arme)'의 상관관계에 대한 이야기로 시작한다.

> 새로운 것이든 오래되거나 병합된 것이든, 모든 국가들이 가지고 있는 주요한 토대들(principali fondamenti)은 좋은 법체계와 좋은 군대다. 그리고 좋은 군대가 없는 곳에 좋은 법체계가 있을 수 없고, 좋은 군대가 있으면 좋은 법체계가 반드시 있기 때문에, 나는 법체계에 대한 추론은 놔두고 군대에 대한 이야기를 하겠다.
> ―『군주』, 12장, (3).

아마도 당시 지식인들이었다면 마키아벨리가 어떤 정치철학자의 이야기를 빗대었는지 금방 알아차렸을 것이다. 바로 아리스토텔레스다. 그는 『정치학』 3권에서 정치공동체는 '잘 살기(eu zen)' 위해 구성되며, 그러기에 정치공동체가 지향해야 할 바는 단순히 '사는 것(zen)'이 아니라 "행복하고 훌륭하게 사는 것(to zen dudaimonos kai kalos)"이라고 말한다.[173] 그리고 그는 '생존'이나 '번식'을 넘어 '좋은 삶(edudaimonia)'에 대한 고민이 필요하고,[174] 좋은 정치체제 또는 좋은 법체계를 유지하기 위해서는 군사력만큼이나 '혼(pusche)의 선'을 지향해야 한다고 충고한다.[175]

아리스토텔레스의 견해를 따르는 입장에서 본다면, 마키아벨리는 '좋음(bontà)' 또는 '행복함(felicità)'을 '잘 사는 것'이 아니라 '사는 것'과 연관시키고, '좋은 법체계'의 기초로 '영혼의 선함'이 아니라 '좋은 군대'를 제시하는 것이 불쾌했을 것이다. 물론 아리스토텔레스도 '좋음(agathon)'과 '유용함(chresimos)'을 고려하고, '군사적 덕성(polemike arete)'과 '정치적 덕성(politike arete)'도 정치체제가 지향해야 할 목적들 중 하나로 보았다.[176] 그러나 '군사적 요소(to polemikon)'나 '정치적 요소(to politikon)'만 강조한다면, 그것은 아리스토텔레스에게는 '법(nomoi)'이 아니라 단지 '지배(to kratein)'일 뿐이다.[177] 따라서 아리스토텔레스의 정치사상을 충실히 따른다면, 누구도 '좋은 법'이 곧 '좋은 군대'를 가져온다는 말을 쉽게 수긍할 수는 없었을 것이다.

하나 더 주목해야 할 것이 있다. 바로 마키아벨리가 말하는 '좋은 법'의 내용이다. 그는 『군주』에서는 '좋은 군대'만 논의하겠다고 했다. 따라서 우리는 『강의』에서 그가 말하는 '좋은 법'의 내용이 무엇인지를 찾아야 한다.

(1) 공화정을 세우고 법률을 제정하려는 사람이라면 누구든지 모든 인간은 나쁘다는 것과 자유로운 기회가 주어지면 언제든지 그들의 사악한 정신(la malignità dello animo)을 사용한다는 것을 전제해야(presupporre) 한다

—『강의』, I권 3장, (2).

(2) 그러기에 배고픔과 가난이 인간을 근면하게 하고, 법(le leggi)이 그들을 선하게 만든다는 말이 있다.

—『강의』, I권 3장, (6).

위에서 보듯, 마키아벨리는 '법'을 '필연성(necessità)'을 부여하는 일종의 강제로 파악하고 있다. (1)에서 보듯 법을 제정하려는 사람이면 누구나 인간은 할 수만 있다면 사악한 본성과 게으른 속성을 드러낸다는 것을 '전제'해야 한다고 충고하고, (2)에서 보듯 독일의 도시국가들처럼 시민들을 성실하고 전투적으로 만들어야한다고 주문하고 있다. '법'을 통해 개개인이 공동체의 삶 속에서 반드시 알고 있어야 할 '필연성'을 자각하도록 해야 한다는 것이다.

이런 맥락에서 본다면, '좋은 법'이 있더라도 '좋은 군대'를 갖추지 못할 수도 있다는 말은 성립되지 않는다. 그리고 『강의』 I권 4장에서 마키아벨리가 주장하는 바도 동일한 선상에서 이해되어야 한다.

> 좋은 본보기(buoni esempli)는 좋은 교육(buona educazione)에서 비롯되고, 좋은 법(buone leggi)으로부터 좋은 교육이 비롯되며, 좋은 법은 많은 사람들이 생각 없이 비난하는 소요들(tumulti)로부터 나왔다.
> ―『강의』, I권 4장, (7).

위에서 보듯, 마키아벨리는 로마공화정을 강하게 만든 계층 사이의 첨예한 갈등이 '법'으로 귀결되었고, 이러한 '법'은 상반된 이익을 추구하는 집단들이 공존할 수밖에 없는 필연성을 각인시켰다고 쓰고 있는 것이다.[178]

마키아벨리는 여기에서 멈추지 않는다. 『강의』 2권 3장에서는 무엇이 더욱 좋은 정치체제인가를 '제국의 건설'과 연관시킨다. 비록 아테네와 스파르타가 '좋은 법'으로 매우 잘 무장되고 정비되었지만, 소란스럽고 다소 덜 정비된 로마공화정이 이룬 '위대함(grandezza)'에는 이르지 못했다고 말하는 것이다.[179] 개방정책을 써서 많은 사람들이 몰려들게 해야 하며, 필요하다면 주변 도시들을 무력으로라도 정복해서 영토를 확장해야 한다는 것이다. 이러한 서술에 기초하자면, 아리스토텔레스에게 비난을 받았던 "주변 나라를 지배하고 폭군처럼 다스릴 궁리를 하는" 정치가도 마키아벨리에게는 오히려 필요한 사람이었을 수도 있는 것이다.[180]

종합하자면, 마키아벨리의 '좋은 법'과 관련된 서술은 당시 지식인들의 마음을 사로잡았던 아리스토텔레스로부터 다소 멀어져 있다고 볼 수 있다. 그의 설명대로라면 법은 평화로운 때에도 '필연성'을 각인하고 살아가는 하나의 방편이고, 이런 법이 없다면 외세가 쳐들어왔을 때 스스로를 방어할 수 있는 '좋은 군대'도 있을 수 없다. 즉 그에게 '좋은 군대'를 갖고 있는 국가는 시민들이 자신들의 삶 속에서 공동체의 필요와 자유로운 조건을 지키기 위한 행위방식들을 체득한 곳이다. 마키아벨리는 '좋은 법'의 새로운 기준을 세워 아리스토텔레스의 '좋은 국가'로부터 결별할 필요성을 각인시키고자 한 것이다.

그럼에도 불구하고, 우리는 마키아벨리의 시민적 삶에 대한 고민을 무시해서는 안 된다. 비록 그가 말하는 '좋은 법'은 아리스토텔레스의 전통에서 본다면 비천한 삶의 단면으로 보일 수도 있겠지만, 젊고 야심에 찬 청년들이 혁명적 참주의 길을 선택하지 않고 진정한 정치적 삶(vivere politico)을 회복시키는 데 헌신하도록 설득하려는 의도를 담고 있기 때문이다. 어쩌면 마키아벨리에게는 '좋은 교육'을 신의 뜻이라는 미명 아래 훼손시킨 로마교회로부터 되찾아오는 것 자체가 너무나 버거웠을지도 모를 일이다.[181]

질문 2: 이탈리아는 왜 용병에 의지하게 되었는가?

『군주』 12장은 마키아벨리가 용병에 대해 어떤 생각을 가졌는지를 비교적 분명하게 전달한다. 한마디로 "무익하고 위험하다."는 것이다. 그러나 그의 다른 저술에서는 이렇듯 『군주』에서와 같이 용병에 대한 분명한 입장이 전달되지 않는 경우가 잦다.[182] 『전술』에서 마키아벨리의 견해를 전달하는 가상의 인물도 당시에 실존했던 용병대장 파브리치오 콜론나(Fabrizio Colonna, 1450-1520)이고, 마키아벨리는 체사레의 심복 미구엘 데 코렐라(Miguel de Corella)와 같이 살인을 일삼던 용병대장을 피렌체의 민병대장으로 추천하기까지 한다.[183]

그래서 여러 가지 해석이 존재한다. 『군주』에서의 용병에 대한 과장된 반발은 전쟁을 야만인들의 전유물로 여겼던 인문주의자들에 대한 반감이 표출된 것이라는 주장,[184] 『전술』에서 파브리치오를 앞세운 것은 그를 통해 자신의 메디치 가문에 대한 적대감을 표현하려 했다는 해석,[185] 그리고 애국심의 발로로 중세의 시민군을 부활시키려는 원대한 꿈이 반영되었다는 설명까지,[186] 다양한 해석이 마키아벨리의 용병에 대한 모순된 평가를 둘러싸고 전개되어 왔다.

지금까지는 '전투적 시민군을 양성'하려고 했다는 것이 마키아벨리의 용병에 대한 해석에서 다수의 동의를 얻고 있다. 그러나 공화주의라는 큰 틀에서 이러한 해석을 공유하지만, 학자들 사이의 편차는 적지 않다. 특히 마키아벨리가 브루니(Leonardo Bruni)를 따랐다는 견해에 대해서는 입장 차이가 확연하다.[187] 시민적 덕성과 군사적 용맹이 돋보였던 스파르타에 대한 마키아벨리의 부정적 평가를 바탕으로, 고대에 대한 향수만큼이나 독일 자유도시의 형태를 넘어서는 새로운 형태의 국가관이 전제되어 있다는 해석이 점점 힘을 얻고 있는 것이다.[188]

용병의 특성

『군주』 12장에서 마키아벨리는 용병에 대해 매우 신랄한 비판을 전개하고 있다. 그들은 분열되고, 야심만만하며, 훈련되지 않았고, 믿을 수 없다는 말로 시작한다. 그러고는 곧 용병들은 친구들에게는 용맹스러움을 과시하지만 적들 앞에서는 겁쟁이들이라고 비난한다. 신을 두려워하지 않아 그들의 선서는 믿을 수 없고, 이들과의 약속이 지켜질 것이라 기대하는 것은 어리석다는 충고가 이어진다. 또한 용병들에게 의존하면, 평화로울 때에는 이들에게 고통을 당하고, 전쟁 때에는 적들에게 시달릴 것이라고도 말한다. 마키아벨리는 이런 모든 것들의 근원은 이들이 사랑하는 것은 돈이기 때문이라고 부언한다. 한마디로 "무익하고 위험하다.(inutile e periculose)"는 것이다.[189]

흥미롭게도, 마키아벨리는 용병의 특성을 나열한 후, 용병과 관련된 두 가지 사실을 적시한다. 첫째는 사보나롤라의 예언이 적중한 것이 아니라고 말한 것이다. 사보나롤라는 샤를 8세의 나폴리 침공을 '신이 내린 재앙'이라고 불렀다.[190] 6장에서 설명한 바대로, 마키아벨리는 사보나롤라에 대해 부정적이다. 여기에다가 그는 그 재앙이 신으로부터 온 것이 아니라 '용병'에 의존한 이탈리아 군주들 때문에 비롯된 것이라는 말까지 부언한다. 즉 이탈리아가 겪고 있는 고통은 '신이 내린 재앙'이 아니라 '신을 믿지 않는 용병들'에 의존한 대가이며, "[우리의 죄(peccati nostri)]는 분명 [사보나롤라]가 믿었던 것들이 아니라, 내가 말했듯이 [용병들에게 의존했기 때문]이다."라고 반박한 것이다.[191]

비단 사보나롤라만이 오류를 범한 것이 아니었다. 마키아벨리는 외세를 불러들인 알렉산데르 6세도 '신을 믿지 않는 사람들'과 동일한 범주에서 다룬다. 이를 위해 마키아벨리는 알렉산데르 6세가 샤를 8세에게 한 말을 옮겨 놓는다. 그가 "백묵으로(col gesso) 이탈리아를 장악하도록 허락했다."는 것이다.[192] 프랑스 역사가 코민(Philippe de Commynes, 1447-1511)에 따르면, 알렉산데르 6세는 샤를 8세에게 프랑스인들이 필요한 것은 단지 어디에서 묵을지를 표시할 백묵과 말을 몰 때 필요한 나무로 된 박차뿐이라고 했다고 한다.[193] 마키아벨리는 이 사실을 빗대어, 이탈리아의 재앙은 '신'이 아니라 '교황'으로부터 비롯되었다고 한탄하는 것이다.

둘째는 용병대장들의 본성과 이탈리아 군주들의 본성을 일치시킨 것이다. 이탈리아의 군주들은 자기들끼리 싸울 때에는 용맹함을 보였지만, 샤를 8세의 이탈리아 침공이 시작되었을 때는 모두가 길을 열어 주었다. 용병들의 태도와 이탈리아 군주의 행태가 너무나 유사했던 것이다. 만약 용병대장들이 "항상 그들 자신의 위대함만 추구한다면"[194] 이탈리아 군주들도 이들과 하등 차이가 없다. 그래서인지 마키아벨리는 프란체스코 스포르차를 『군주』 I장에서 '새로운 군주정'의 한 사례로 다룬다. 당시 용병대장들이 국가를 찬탈하거나 군주가 된 경우가 허다했다는 것은 말할 필요가 없었는지도 모른다.

이런 이유에서, 마키아벨리는 군주라면 용병대장을 쓰기보다 직접 군대를 이끌어야 하고, 공화정이라면 용병대장을 고용하기보다 시민들을 대장으로 삼아야 한다고 충고한다. 신민이든 시민이든 자기 인민을 무장시키는 것 외에 다른 어떤 해결책도 기대할 수 없다는 것이다. 그의 논리를 따르면 너무나 자명한 일이다. 신민을 무장시키지 않으면 어쩔 수 없이 용병을 써야 하고, 용병을 쓰는 순간부터 군주는 위험에 빠질 수밖에 없기 때문이다. 공화정도 마찬가지다. 외부인들에게 의존하기보다 시민을 무장시켜 스스로를 방어해야 한다. 그러지 않으면, 당시 이탈리아의 공화정들처럼 용병대장들에게 국가도 자유도 빼앗길 수 있기 때문이다.

용병과 기병

마키아벨리는 이렇듯 이탈리아인들의 자유를 앗아간 용병이 활개를 치게 된 이유를 다름 아닌 로마교회에서 찾는다. 마치『군주』11장에서 차마 말하지 못했던 로마교회에 대한 비난을 내뱉고 싶었던 듯, 13세기까지만 하더라도 유럽에서 가장 모범적인 군대를 갖고 있던 이탈리아 도시국가들이 왜 용병의 천지가 되었는지를 로마교회에서 찾는 것이다.

나는 [그러한 용병에 대한 피해 사례들]을 좀 더 깊이 다루고 싶다. 그래서 그 원인과 과정이 밝혀지면, 그것들을 더 잘 바로잡을 수 있도록 말이다. 그러자면 당신은 최근 이탈리아가 신성로마제국을 몰아내기 시작하자마자, 그리고 교황이 세속적인 것에서 많은 명성을 얻자마자, 이탈리아가 여러 국가들로 분열되었다는 것을 이해해야 한다. [그 이유는] 많은 커다란 도시들이 이전에 황제의 지원으로 그들을 억눌렀던 귀족들에 맞서 무기를 들었고, 교회는 세속적인 일에서 평판(reputazione nel temporale)을 얻기 위해 그 도시들을 지원했기 때문이다. 다른 많은 도시들에서는 시민들이 그들의 군주들이 되었다. 이탈리아가 로마교회와 몇몇 공화정들의 손아귀에 넘어가고, 사제들과 그 밖의 시민들은 군대에 대한 지식이 없었기에(non conoscere arme), 외부인들(forestieri)을 고용하기 시작했다.

—『군주』, 12장, (27)-(29).

다시 신성로마제국의 영향력 아래로 들어가자는 이야기가 아닙니다. 10장에서 살펴보았듯이, 마키아벨리는 독일 자유도시들이 신성로마제국 황제에게 맞선 사실에 아낌없는 찬사를 보낸 바 있다. 그렇다면 문제는 로마교회다. 마키아벨리는 로마교회가 자신의 세속적 권력의 확대를 위해 이탈리아 도시들의 분열을 조장했다고 강조하고 있는 것이다.

여기에 한 가지 덧붙여야 할 것이 있다. 진정 이탈리아의 새로운 지도자들이 '전쟁에 대한 지식'이 없어서 용병을 불러들였을까 하는 것이다. 만약 그렇다면, 자유로운 도시들도 시민들을 무장시키는 것만큼이나 전쟁을 잘 아는 사람들이 필요할 것이다.

> [용병대장들]이 유지해 온 방식(ordine)은 무엇보다 [자신들]이 명성을 얻으려고 보병들의 명성을 제거하는 것이었다. 그들이 이렇게 한 것은 그들이 국가가 없이 자기 노력으로 먹고살아야 했기 때문이다. 소수의 보병을 가져서는 명성을 얻을 수 없었고, 엄청나게 많은 숫자의 [보병]은 먹여 살릴 수가 없었다. 그래서 그들은 말에 의존했고, 감당할 만한 숫자를 가지고 수입도 올리고 명성도 누렸다. 이렇게 해서 2만 명 장병의 군대에서 2000명의 보병도 볼 수 없는 지경에 이르렀다.
>
> ―『군주』, 12장, (32).

그러나 위에서 보듯, 마키아벨리는 용병의 문제를 '지식'이 아니라 '돈' 또는 사회경제적인 관점에서 접근하고 있다. 즉 '돈' 때문에 용병이 기병에 집착했다고 쓰고 있다. '다수'인 보병을 먹여 살릴 수 없어, '소수'인 기병을 선택했다는 것이다. 그리고 자기들의 명예와 부를 늘리기 위해 '다수'를 무장시키기보다 '소수'를 무장시키는 방식을 선택했다는 것이다.

실제로 이탈리아 용병들은 귀족과 유력 가문의 이익에 봉사했다. 그리고 '다수'의 무장봉기를 두려워했던 군주들과 공화정의 유력 가문들에게 용병들은 안전한 전쟁 수단이었다. 마키아벨리의 설명을 따르면, 베네치아 공화정까지도 이러한 이탈리아의 새로운 '관습'에 물들어 시민들을 무장시키는 것을 두려워했다.[195] 그래서 전쟁을 곧 자신들의 '기예(arte)'라고 여겼던 용병들의 이기심에 전쟁은 종잡을 수 없는 수렁에 빠졌고, 자기의 도시와 삶을 지키려는 시민이 전쟁터에서 사라지는 결과가 초래되었다. 이런 이유에서, 마키아벨리는 이 모든 것이 이탈리아가 "노예 상태로 전락해 치욕을 감수"하는 것을 오히려 선호했던 귀족과 유력 가문 때문이라고 비난하고 있는 것이다.[196]

마키아벨리가 보병을 기병보다 선호했다고 보는 견해도 있다. 시민들을 무장시키기 위해, 귀족적이고 사치스러운 기병보다 거칠지만 성실한 시민들이 주축이 된 보병을 선호했다는 주장이다. 그러나 마키아벨리에게 보병과 기병은 모두 중요했다. 『군주』 26장에서 보듯, 스페인 보병은 프랑스 기병에게 적수가 되지 못하고, 스위스 보병도 항상 믿을 수는 없다.[197] 『전술』에서도 마찬가지다. 마키아벨리는 경우에 따라서는 기병에 대한 찬사를 아끼지 않는다. 파르티아인들이 기병에만 의지하고도 로마인들과 세계를 나누어 가졌다고 말할 정도다. 최소한 전투 상황에 따라 기병이 필요하다는 것은 인정한 것이다.[198] 다시 말하자면, 용병이 '기병'들로 구성되었다는 것이 문제가 아니라, 이탈리아인들의 전투에서 '보병'이 보이지 않았다는 것이 마키아벨리에게는 더 큰 문제였던 것이다.

결국 마키아벨리의 용병에 대한 비난은 크게 두 가지 측면으로 정리된다. 하나는 로마교회에 대한 비난이다. 그에게는 외세를 끌어들인 것도, 용병이 필요한 세상으로 이탈리아를 변질시킨 것도 로마교회다. 로마교회가 세속적 권력에 눈을 돌리고, 로마교회가 도시들을 분열시키는 동안, 이탈리아인들은 자신들의 용맹함을 상실해 버렸다.[199] 시민들을 무장시키는 것을 두려워했던 군주들과 유력 가문들로 인해, 시민들이 전쟁으로부터 철저하게 소외되기 시작했기 때문이었다. 전쟁의 '중추(nervo)'인 보병은 사라지고, 전쟁에 필수적인 '좋은 기병(buoni cavagli)'은 기대할 수 없는 상황에 처했던 것이다.[200]

13장
동맹군, 혼합군, 자기 군대에 대하여
De militibus auxiliariis, mixtis et propriis

『군주』 13장은 동맹군을 다룬다. 로마공화정과 제정 로마 시대에 '보조군(auxiliariis)'이라는 단어는 로마 장병들 중 원래 로마 주변의 토착민이지만 로마 시민권이 없는 거주민들로 구성된 군대를 지칭하는 말이었다. 대부분이 라틴 동맹에 소속된 식민지로부터 차출된 장병들이었기에, 동맹군이라고 말하기도, 신민이라고 말하기도, 시민이라고 말하기도 어려운 부류의 사람들이었다.[201] 또한 로마의 시민권을 받으려고 노력하는 사람들이 대부분이었기에, 로마 시민들과 비교해서 부족함이 없는 소속감을 갖고 있는 사람들이었다. 따라서 '보조군'이란 동맹군이나 지원군보다 더 믿을 만한 군대였다.[202]

그러나 마키아벨리가 여기에서 언급하는 '보조군(le arme ausiliarie)'은 이런 보조적 역할을 하는 사람들로 구성된 군대를 의미하지 않는다. 그는 『군주』에서 유일하게 단어 또는 명칭에 대한 정의를 내리고 있다. 그는 자기가 말하는 '보조군'을 "어떤 강한 세력에게 요청했을 때, 그와 함께 당신을 도와주고 지켜주기 위해 온 군대(sono quando si chiama uno potente che con le sua arme ti venga a difendere)"라고 정의한다. 즉 로마인들이 '보조적인 역할을 하던 주민들의 군대'를 일컫던 것과는 달리, '동맹군'을 의미하는 것이다.

이렇듯 '보조군'과 '동맹군'을 구분해서 지원군을 이야기하는 것은 나름 특별한 의미를 담고 있다. 무엇보다 도시 밖의 주민들(contadini)을 시민들과 동일하게 취급하겠다는 마키아벨리의 의지를 읽을 수 있다. 중세 이탈리아 도시국가들은 시민들만 무장시켰다. 그러나 당시 시민들만 대상으로 민병대를 조직한다면, 비교적 큰 피렌체라고 하더라도 대규모 병력들을 가지고 쳐들어오는 프랑스와 같은 세력에 맞서지 못했을 것이다. 따라서 당시 용례에 비추어 볼 때, 그가 '보조군'과 '동맹군'을 구분한다는 것은 시민이 아닌 도시 밖의 주민들까지도 도시를 지키는 민병대에 포함시켜야 한다는 평소 입장을 강조한 것이다.

실제로 마키아벨리는 도시 밖의 주민들을 민병대에 포함시켜야 한다고 주장했을 뿐만 아니라, 체사레의 심복 미구엘을 고용해 도시 주변의 주민들을 훈련시키기도 했다.[203] 이런 계획을 추진하는 과정에서 그는 피렌체의 유력 가문들의 강력한 저항에 부딪혔고, 피에로 소데리니 정부가 민병대를 사병으로 삼으려 한다는 소문이 돌기도 했다.[204] 결국 전쟁이 없을 때 10인회를 대신할 9인회가 1507년에 조직되었고, 마키아벨리가 이 위원회를 1512년까지 이끌었다. 한마디로 말하자면, 일부 학자들의 주장과는 달리,[205] 마키아벨리는 시민으로만 구성된 민병대를 머리에 그린 것은 아니었던 것이다.

질문 1: 동맹군은 왜 위험한가?

보조적 역할을 하는 군대를 지칭하는 용어로 동맹군을 설명한다는 것은 당시의 관행에 대한 풍자적 의미도 함께 담고 있다. 마키아벨리가 율리우스 2세의 실수를 언급하는 것도 같은 맥락이다. 율리우스 2세는 용병대장 곤차가(Francesco II Gonzaga, 1466-1519)에게 자신의 군대를 맡겨 페라라와 전투를 벌이게 했다. 처음에는 성공하는 듯했지만, 결국 페라라를 차지하지 못했다. 이후 1511년 프랑스가 피사에서 교황의 폐위를 공모하자, 율리우스 2세는 아라곤의 왕 페르난도 2세(Fernando II, 1452-1516)를 끌어들여 반프랑스 연맹을 결성한다. 마키아벨리는 이것을 용병으로 안 되자 동맹군을 불러들였다고 표현하고, '전사(il Papa Guerriero)'라는 별명을 가졌지만 전쟁 지식이라고는 전무한 인물로 교황을 묘사한 것이다.

이후 마키아벨리는 동맹군이 용병보다 더 위험하다고 말한다. 처음에는 용병과 같이 '또 하나의 쓸모없는 군대'라는 말 정도로 끝내지만,[206] 이후에는 "[전쟁에서] 지기를 원하는 사람은 이런 군대들을 이용하는"것이 낫다는 말과 함께 "[동맹군들]은 용병 군대보다 훨씬 위험하다."라고 강조한다.[207] 이렇듯 용병보다도 못한 동맹군의 특성은 무엇일까?

　　(1) 그들이 지면 당신은 실패한 것이고, 그들이 이기면 당신은 그들의 포로가 되기 때문이다.(perché, perdendo, rimani disfatto; vincendo, resti loro prigione.)

— 『군주』, 13장, (2).

(1)에서 보듯, 그는 동맹군은 도움을 요청한 사람이 아니라 자기의 목적을 위해 전쟁을 수행한다고 말한다. 용병들은 보수를 준 사람의 목적에 일정 정도 부응하지만, 동맹군은 처음부터 자기만의 목적을 갖고 전쟁에 참전한다. 따라서 카르도나(Ramón de Cardona, 1467-1522)가 이끈 스페인 군대가 라벤나에서 프랑스에 패하지 않았다면, 율리우스 2세는 스페인이 요구하는 바를 모두 들어주어야 했다는 것이다.[208]

　　(2) 그들은 모두가 하나가 되어 있고, 모두가 항상 다른 누군가에게 복종하기 때문이다.(sono tutte unite, tutte volte alla obbedienza d'altri.)

— 『군주』, 13장, (8).

그리고 (2)에서 보듯, 동맹군은 이미 어느 군주 또는 국가에 충성을 맹세한 군대다. 따라서 용병과는 달리 쉽게 자기 군대로 만들 수도 없고, 때로는 자기들의 주인이 명한 대로 신속하게 움직이기에 불안하다. 그래서 "용병들에게는 태만(la ignavia)이 더 위험하지만, 동맹군은 바로 그 충성스러움(la virtù)이" 더 위험하다는 것이다.[209] 이런 맥락에서 그는 동맹군에 의지한다는 것은 스스로를 기만해 '파멸에 이르게 하는 것'에 불과하다고 말한다.

마키아벨리의 동맹군에 대한 이야기는 다시 '다수' 또는 '인민'과의 관계로 돌아간다. 자기 자신의 군대를 가지라는 것이다. 그는 "현명한 군주는 항상 이러한 군대들을 피했고 자기 자신의 [군대]로 [눈을] 돌렸다."라고 말하고, "다른 사람의 것들을 가지고 이기기보다 자기 자신의 것으로 지는 것을 택했다."라고까지 말한다.[210] 전쟁에 이기더라도 그 승리는 자기의 것이 될 수 없으며, 스스로는 동맹군의 요구에 순응할 수밖에 없는 포로로 전락하는 선택일 뿐이라는 것이다. 결국 마키아벨리는 변덕스럽고 겁이 많아 믿을 수 없는 용병도, 듬직해 보이지만 결국 파멸로 이끄는 동맹군도 피하라고 충고한다.

질문 2: 신을 의지하는 것이 무엇이 잘못되었나?

마키아벨리의 로마교회에 대한 비판은 여러 번 다루었다. 그런데 '동맹군'과 관련된 서술을 읽어 내려가다 보면, 로마교회가 아니라 기독교 자체에 대한 회의와 비난을 가하고 있다는 생각을 지울 수 없다. 많은 학자들이 마키아벨리의 신앙심과 그가 로마교회에 대해 가하는 비난을 구분해야 한다고 주장한다.[211] 그의 신앙 고백이 담긴 언술들도 한몫을 하지만, 그의 신앙심으로부터 로마인들의 애국심을 유발했던 종교적 신념 정도는 찾아야 한다고 생각하는 학자들의 욕심도 한몫을 한다. 그러나 『군주』나 『강의』에서 드러나는 마키아벨리의 신앙심은 기독교인들의 잣대로는 용납할 수준을 넘어서고 있다.

『강의』 2권 2장에서 보듯, 마키아벨리는 기독교가 아니라 로마교회를 비난하고 있다고 해석할 여지가 없는 것은 아니다. 성경이 전달해 주는 것과는 너무나도 다른 "잘못된 해석들"이 이탈리아를 나약하게 만들었다는 표현에서 보듯, 기독교가 아니라 로마교회에 마키아벨리의 비난이 정조준된 것으로 보이기 때문이다.[212] 이런 측면에서, 마키아벨리의 기독교에 대한 태도를 마치 프리드리히 니체와 같이 당시 기독교 윤리에 실망해 구약의 유대교로 회귀하려 했다고 해석할 수도 있겠다. 그럼으로써, 마키아벨리가 신앙심을 완전히 상실하지는 않았다거나, 고대 로마에서 애국심을 고취시켰던 시민종교를 대안으로 제시하려 했다는 주장도 가능하겠다.

다윗과 신

그러나 신실한 기독교인들이라면 마키아벨리의 성경 왜곡에 반발하지 않을 수 없을 것이다. 그가 성경에 기술된 내용을 자기의 편의대로 해석한 부분들은 사실상 기독교인들이 용납할 수준을 넘어선 것이 많기 때문이다. 앞서 살펴보았듯이, 마키아벨리의 모세에 대한 해석에서도 신과 인간의 관계 설정에 문제가 있다. 유일하고 절대적인 기독교의 신(Yehowah)이 여러 신들 중의 하나인 고대 로마의 운명의 여신(fortuna)과 전혀 구분이 되지 않기에, 신실한 기독교인들이라면 이런 식의 해석을 받아들이기가 쉽지 않다.

『군주』 13장에 등장하는 다윗(Dāwid, BC1060-1021, 1010-971년 재위)도 마키아벨리가 그 내용을 자주 왜곡하는 성경적 인물 중 하나다. 사실 다윗에 대한 마키아벨리의 왜곡은 모세보다 더 심하다. 『강의』에서는 마리아가 아기 예수를 잉태한 감동으로 노래한 유명한 구절을 다윗의 혁명적 비전으로 대체할 정도다.[213] 그리고 『군주』 13장의 이야기도 이에 못지않은 왜곡이 있다.

> 다윗이 사울 왕에게 가서 필리스티아의 도전자 골리앗과 가서 싸우겠다고 했을 때, 사울은 그의 사기를 돋우기 위해 그를 자기의 무기로 무장시켰다. 다윗은 착용하자마자 그것들을 갖고는 이길 수 없을 것 같기에 그의 물매(la sua fromba)와 칼(il suo coltello)로 그 적을 맞서겠다 말하면서 거절했다.
>
> ─『군주』, 13장, (16).

구약성서 「사무엘상」 17장 38절에서 40절, 45절에서 48절, 그리고 50절이 전하는 다윗의 이야기는 매우 다르다.

(1) 이에 사울이 자기 군복을 다윗에게 입히고 놋 투구를 그의 머리에 씌우고 또 그에게 갑옷을 입히매, 다윗이 칼을 군복 위에 차고는 익숙하지 못하므로 시험적으로 걸어 보다가 사울에게 말하되 익숙하지 못하니 이것을 입고 가지 못 하겠나이다 하고 곧 벗고, 손에 막대기(maqqel)를 가지고 시내에서 매끄러운 돌 다섯을 골라서 자기 목자(牧者)의 제구 곧 주머니에 넣고 손에 물매(quela')를 가지고 블레셋 사람에게로 나아가니라.

——「사무엘상」 17 : 38-40.

(2) 다윗이 블레셋 사람에게 이르되 너는 칼(chereb)과 단창(chaniyth kiydown)으로 내게 나아오거니와 나는 만군의 여호와의 이름(shem) 곧 네가 모욕하는 이스라엘 군대의 하나님의 이름으로 네게 나아가노라. 오늘 여호와께서 너를 내 손에 넘기시리니 내가 너를 쳐서 네 목을 베고 블레셋 군대의 시체를 오늘 공중의 새와 땅의 들짐승에게 주어 온 땅으로 이스라엘에 하나님이 계신 줄 알게 하겠고, 또 여호와의 구원하심이 칼(chereb)과 창(chaniyth)에 있지 아니함을 이 무리에게 알게 하리라. 전쟁은 여호와께 속한 것인즉 그가 너희를 우리 손에 넘기시리라.

——「사무엘상」 17 : 45-47.

(3) 다윗이 이같이 물매(quela')와 돌('eben)로 블레셋 사람을 이기고 그를 쳐 죽였으나 자기 손에는 칼(chereb)이 없었더라.

——「사무엘상」 17 : 50.

첫째, 구약성서는 특별히 다윗에게 '칼'이 없었음을 강조하고 있다. 다윗은 양을 칠 때 사용하던 막대기와 물매만을 들고 골리앗을 이겼다는 것이다. 반면 마키아벨리는 '물매'와 함께 '칼'을 갖고 가겠다는 다짐을 적고 있다. (1)에서 말하는 '칼'이 다윗의 칼이 아니냐고 반문할 수도 있겠지만, (2)와 (3)에서 볼 수 있듯이 '칼'은 다윗의 손에 없었다. 둘째, 구약성서의 다윗은 '여호와에 대한 믿음'으로 이기겠다고 말하고 있다. 『시편』 20편이 전하는 "어떤 사람은 병거, 어떤 사람은 말을 의지하나, 우리는 여호와 우리 하나님의 이름(shem)을 자랑한다."는 다윗의 노래를 연상시키는 부분이다.[214] 이 노래는 다윗이 모세가 홍해를 건넌 후에 부른 노래에다가 자기의 심정을 옮긴 것으로,[215] 두 노래 모두 전쟁은 '하나님을 믿는 믿음'으로 수행한다는 유대인들의 생각을 온전히 옮겨놓은 것이다.

이렇듯 마키아벨리는 성경 속에 등장하는 다윗의 일화를 '하나님을 믿는 믿음'이 아니라 '자기 스스로의 힘'으로 이긴 전쟁으로 바꾸었다. 마키아벨리가 침묵한 '하나님의 이름'이 마치 다윗의 행동이 자기 스스로의 힘에만 의지한 것처럼 보이도록 만든 것이다. 『삼국지』에 나오는 '수인사대천명(修人事待天命)'이 언뜻 떠오를 수도 있겠지만, 기독교의 '여호와' 중심의 신앙 체계를 고려한다면 마키아벨리가 다윗의 기사를 통해 기독교 신앙의 '본질'에 대한 의구심을 드러냈다고 보는 것이 적절할 것이다.

현명한 군주

다윗의 일화를 읽은 후,『군주』13장의 율리우스 2세와 체사레에 대한 기술들을 읽어 보자. 그러면 마키아벨리의 기독교 신앙에 대한 도전은 좀 더 분명히 전달된다. 첫째, 그는 로마교회의 수장조차 '하나님의 이름'에 의지하지 않았다는 점을 강조한다. 그의 해석을 따르면, 율리우스 2세는 용병으로 뜻을 이루지 못하자, '여호와의 이름'이 아니라 '동맹군'에게 의지했다. 그리고 그를 구제해 준 것도, '여호와'가 아니라 '좋은 운'이다.

> 그러나 그의 좋은 운(la sua buona fortuna)이 세 번째 것(cosa)을 불러 일으켰고, 그 결과 그는 그의 잘못된 선택(sua mala elezione)의 결과를 감수하지 않아도 되었다.
>
> ─『군주』, 13장, (4).

세 번째 것, 즉 스위스 군대가 프랑스를 물리치지 않았다면, 율리우스 2세는 동맹군의 포로가 되었어야 했다는 말이다.『군주』11장에서 보듯, 알렉산데르 6세나 율리우스 2세는 '하나님의 이름'만 의지했던 로마교회의 수장들보다 뛰어났다. 그들을 통해 로마교회의 세속적 권력은 크게 확대되었던 것이다. 그러나 마키아벨리에게 그들의 전쟁은 '하나님의 이름'에 의지한 것이 아니었다. 게다가 율리우스 2세를 죽음에서 구원한 것도 '여호와'가 아니라 '운'이었다고 묘사한다. '신'에 의지하는 것도, '신'의 개입을 기대하는 것도, 마키아벨리에게는 운에 맡기는 일상에 불과했던 것이다.

반면 마키아벨리는 히에론과 체사레를 '현명한 군주'로 묘사한다. 전자는 불필요한 용병들을 기만을 통해 참살되도록 했고, 후자는 동맹군의 위험을 일찍 파악했을 뿐만 아니라 반기를 들은 용병대장들을 처참하게 죽여 자기만의 평판을 확보한 인물이다. 즉 그들은 모두 용병과 동맹군의 위험을 일찍 파악한 '현명한' 인물들이다.

> 따라서 군주정에서 악들이 발생했을 때 그것들을 알아보지 못하는 사람은 진정 현명하지 않다. 그리고 이런 [능력]은 소수에게 주어진다.
>
> ─『군주』, 13장, (24).

마키아벨리는 '동맹군'의 주제를 『군주』 6장과 7장의 핵심 주장으로 되돌린다. 새로운 군주정의 군주가 무엇을 해야 하는지에 대한 이야기로 돌아간 것이다. 아울러 동맹군에 대한 충고와 함께, '탁월한 소수'가 모방해야 할 인물로 시라쿠사의 참주 히에론과 발렌티노 공작 체사레를 다시 등장시킨다.

6장에서 살펴보았듯이, 히에론은 잔인한 방법과 기만적 태도를 사용한 '참주'다. 따라서 마키아벨리가 『군주』 13장을 알렉산드로스 대왕의 아버지 필리포스 2세(Phlippos II, BC382-336)의 통치로 마무리하는 것이 예사롭지 않다. '참주'라는 주제, 그리고 '참주'와 '새로운 군주'가 일치된 사례가 다시 등장했기 때문이다. 그것도

『강의』 I권 26장에서와 같이, 다윗의 개혁과 필리포스 2세의 잔인한 조치가 등치된 맥락에서 말이다.

> 알렉산드로스 대왕의 아버지, 마케도니아의 필리포스를 본받아야 한다. 그에 대해 쓴 사람은 말하기를, 그는 사람들을 양치기가 양떼를 옮기듯 이 지방에서 저 지방으로 옮겼다. 이러한 방식들은 매우 잔인하고(crudelissimi), 기독교인뿐만 아니라 인간에게도 모든 삶의 방식에 적[대적](nimici)인 것이었다.
> ─『강의』, I권 26장, (2)-(4).

마키아벨리는 필리포스 2세의 통치에 대해 '기독교인'뿐만 아니라 당시 인문주의자들의 시각에서도 용납될 수 없는 것으로 기술하고 있다. 그리고 이러한 잔인한 통치를 구약성서가 의인으로 칭하는 통일 유대의 왕 다윗의 것과 유사한 것처럼 묘사한다. 즉 '새로운 군주'는 신을 포함한 그 어떤 존재에게도 의지하지 않아야 하고, 그렇게 하길 원하지 않는다면 "누구든지 사람들에게 그렇게 많은 파멸을 가져다주는 왕이 되기보다 사사로운 개인으로 살기를" 원하는 것이 모두에게 이롭다고 말하는 것이다.²¹⁶

아울러 우리는 체사레를 통해 7장에서 살펴본 '다수'와의 관계도 다시 보게 된다. 전술한 바와 같이, 마키아벨리는 체사레를 '인민'과의 관계의 중요성을 파악한 '새로운 군주'의 전형으로 소개했다. 따라서 13장에 다시 등장한 그를 통해 우리는 마치 '신을 믿은 다윗'

보다 '다수를 믿은 잔인한 체사레'를 본받으라는 충고를 듣게 된다.

[샤를 7세]는 보병들을 완전히 없애고, 그의 장병들을 다른 사람들의 힘(virtù)에 의지하도록 했다. 이후 그들은 스위스 [군대]와 함께 싸우는 데 익숙해져, [스위스 보병들] 없이는 이길 수 있으리라 생각지 않았기 때문이다.

—『군주』, 13장, (20).

마키아벨리는 샤를 7세(Charles VII, 1403-1461)가 영국으로부터 프랑스를 해방시켰다고 추켜세우고는, 기다렸다는 듯이 샤를 7세가 프랑스 군대를 외국 군대와 '혼합군'으로 만든 장본인이라고 비난하고 있다. 보병을 멀리하고 기병을 선택했고, 그 결과 스위스 보병에 의지하게 되었다는 것이다. 마치 로마 황제가 고트족을 고용해서 로마인들의 명성을 야만인들이 향유하게 된 것처럼, 샤를 7세도 동일한 실수를 저질렀다는 것이다.[217]

사실 마키아벨리가 샤를 7세를 소개하기 위해 사용한 "그의 운과 능력으로 프랑스를 영국인들로부터 해방시켰다.(avendo con la sua fortuna e virtù la Francia dagli inghilesi)"는 표현은 생뚱맞다.[218] 만약 마키아벨리가 말하는 '운'이라는 것이 잔 다르크(Jeanne d'Arc, 1412-1431)의 활약을 의미한다면, 신의 '인도하심'을 마치 여신의 장난처럼 폄하시킨 것에 다름없기 때문이다. 또한 샤를 7세의 능력이라는 것도 그리 대단치 않았기 때문이기도 하다. 어린 나이에 권좌에 오른 헨리 6세(Henry VI, 1421-1471)가 전쟁을 기피하지만 않았다면, 그는 영국에게 점령된 프랑스 북부를 결코 회복하지 못했을지도 모를 일이었다. 이런 맥락에서 본다면, 샤를 7세는 운으로 군주가 된 경우다.

그런데 마키아벨리의 눈에는 '운'으로 권력을 잡은 군주가 체사레와 반대되는 행동을 한 것이다. '신의 인도하심'을 받는다고 알려진 잔 다르크의 승리를 통해 무사히 자신의 대관식을 가질 수 있었지만, 샤를 7세는 잔 다르크가 영국인들에게 넘겨져 화형에 처해지기까지 아무런 손을 쓰지 못했다. 반면 그는 그를 둘러싼 귀족들과 유력 가문의 도움에 자신을 떠맡기고 있었다. 그가 장모인 아라곤의 여왕 욜란다(Jolantha de Aragon, 1384-1442)에게 의지했다는 것은 이미 잘 알려진 사실이다. 한마디로 말하자면, 그는 '신민' 또는 '다수'를 전쟁에 참여시켜 얻어지는 혜택을 이해할 수 없었다는 것이다.

결국 마키아벨리가 『군주』 13장에서 다루는 사례들은 새로운 군주의 군대는 '인민' 또는 '다수'의 절대적 충성을 필요로 하는 '보병'을 주축으로 하는 것이어야 한다는 점을 강조한다. 그리고 마키아벨리의 사례들은 궁극적으로 '신'이든 '인간'이든 다른 무엇을 믿기보다 '자기 자신만의 군대를 믿는' 새로운 군주를 그리고 있다. 이 과정에서 우리는 마키아벨리의 복잡한 수사적 기술들 속에 전달되는 기독교에 대한 비난을 발견하게 된다. 다윗이 말하는 '여호와의 이름'조차도 동맹군으로 묘사하는 마키아벨리의 모습을 보게 되는 것이다.

14장
군주는 군사와 관련해 무엇을 해야 하나
Quod principem deceat circa militiam

『군주』 14장으로 '군대'와 관련된 이야기가 끝난다. 12장의 '용병'에서부터 14장의 '군사'까지, 마키아벨리는 전쟁과 관련된 이야기를 다룬 것이다. 흥미로운 사실은 1장에서 11장까지 종종 언급되던 '제국의 건설'이나 '이탈리아의 해방'과 같은 큰 주제는 없다는 것이다. 자기를 지키기도 어려운 군주, 겨우 스스로를 방어해 낼 수 있는 군주정을 대상으로 충고가 쏟아진다. 가끔 위대한 인물들이 언급되기는 한다. 그러나 알렉산드로스 대왕보다는 필리포스 2세가, 로마공화국보다 로마교회가 제시되었다. 그나마 전자는 제국의 초석을 깐 인물이기에 본받을 만하다고 하겠지만, 후자는 이탈리아에 나약함을 초래한 원인 제공자에 불과하다.

언뜻 보면, 『군주』 14장은 큰 주제가 없어 보인다. '군주'와 '다수'의 관계에 대한 언술도 크게 눈에 들어오지 않고, 전통적인 '군주의 교본(speculum principis)'과 같은 느낌을 강하게 준다. 그러나 자세히 들여다보면, 마키아벨리가 14장에서 15장부터 시작될 이념적 싸움을 준비하고 있는 것을 발견하게 된다. 그 중심에 크세노폰의 키루스가 있고, 이를 통해 마키아벨리는 키케로부터 르네상스 지식인들을 사로잡았던 군주의 덕목들을 수정할 준비를 마친다.

질문 1: 사냥을 통해 무엇을 얻을 수 있을까?

『전술』에서 용병대장 파브리치오는 자신을 '용병대장(condottiere)'이 아니라 '전쟁과 통치'에 필요한 '기예(arte)'를 갖고 있는 사람으로 소개한다.[219] 즉 전쟁은 '용병'과 같이 보수를 받고 전쟁을 직업으로 하는 사람의 전유물이 아니라는 것이다.

> 따라서 군주는 전쟁과 [군대를] 지휘하고 훈련시키는 것 외에 어떤 다른 목적, 그 어떤 다른 생각, 그 밖에 어떤 것을 그의 '기예(arte)'라고 여겨서는 안 된다. 왜냐하면 그것이 통치하는 이가 고려해야 할 유일한 '기예'이기 때문이다. 그리고 이것이 군주로 태어난 사람들을 유지시켜 줄 뿐만 아니라 사사로운 운(privata fortuna)을 타고난 사람이 그러한 지위에 오르도록 해 주는, 바로 그러한 능력(virtù)이다.
>
> ─『군주』, 14장, (1).

위에서 보듯, 마키아벨리는 파브리치오와 똑같은 어투로 군주의 가장 중요한 덕목의 하나로 '전쟁을 수행할 수 있는 능력'을 꼽고 있다. 전쟁에 대한 '지식'과 그러한 지식을 활용할 수 있는 '능력'이 없으면, 군주의 지위를 유지할 수도 없을 뿐만 아니라 군주가 될 수도 없다는 것이다.

> 따라서 [군주]는 결코 그의 생각에서 전쟁 연습이 사라지도록 해서는 안 된다. 그리고 전쟁 때보다 평화로울 때에 더욱 전쟁 연습을 해야 한다. 그는 이것을 두 가지 방식으로 할 수 있다. 하나는 실습(le opere)이고, 다른 하나는 공부(la mente)다.
>
> ―『군주』, 14장, (7).

위의 분류를 따른다면, '사냥(le cacce)'은 '실습'에 해당한다. 마키아벨리가 사냥을 통해 한편으로는 자기의 "군대를 잘 정돈되고 훈련되어 있도록" 유지하고, 다른 한편으로는 자기의 "몸을 어려움에 익숙하도록" 만들 수 있다고 말한 것도 동일한 맥락이다.[220] 사실 사냥에 대한 마키아벨리의 말이 이 정도에서 끝났다면, '실습'과 '공부'는 확연하게 구분되었을 것이다. 그러나 그는 사냥을 통해 무언가 '배울 것'이 있다고 부언한다. 게다가 사냥을 통해 배우는 것이 '지식(cognizione)'이라고까지 말한다. 그래서인지 『군주』 14장에 나오는 '사냥'의 비유는 참으로 흥미롭다.

동서양을 막론하고 사냥은 군주의 교육에서 매우 중요한 위치를 차지했다. 담력을 키우고, 함께 목적을 달성하는 방식을 익히는

데 이만 한 것이 없었기 때문이다. 그런데 문제는 마키아벨리가 사냥을 통해 얻어지리라 기대하는 것은 인성 도야나 인격 수양이 아니라는 것이다.

> 그렇게 함과 동시에 현장의 본질(la natura de' siti)을 배운다. 산들은 어떻게 솟았는지, 계곡은 어떻게 열렸는지, 평지는 어떻게 펼쳐졌는지, 그리고 강과 습지의 특성을 이해하는 것이다. 그리고 이것에 큰 관심을 기울여야 한다.
>
> ─『군주』, 14장, (8).

그가 말하는 '현장'이 단순히 풍경이나 지리적 위치를 의미하는 것이 아니듯, 그가 말하는 사냥도 심신 수련이나 유희가 목적이 아니다. 앞으로 전투를 치를 구체적인 장소를 파악하고, 전쟁에 유리한 위치와 그에 맞는 진영을 머리에 미리 그려 보는 훈련이다.

이때 마키아벨리는 사냥을 통해 체득하는 것을 '기술'이라 부르지 않고 하나의 '지식'으로 규정한다. 그리고 '기술'과 관련해서 쓰는 '습득하다(acquisire)'라는 동사를 사용하지 않고, 언어나 지식에 사용하는 '배우다(imparare)'라는 동사를 사용한다. 즉 사냥을 통해 배우는 '지식'이 특수한 사례를 일반적 원칙으로 끌어올릴 수 있는 지적 활동을 요구한다는 점을 암시한 것이다. 실제로 그는 몇 문장 뒤에, 한 지방에 대한 지식을 갖고 있으면, 다른 지방에 대한 지식도 쉽게 얻을 수 있다고까지 말한다.[221] 다시 말하자면, 마키아벨리에게 사냥은 특수한 사례를 일반적 사례로 확대시킬 수 있는 능력, 즉 '지적 능력'을 배양한다고 본 것이다.

이런 맥락에서, 마키아벨리는 특수한 사례를 일반적 사례로 확대시킬 수 있는 능력이 바로 군주가 꼭 갖추어야 할 '장군의 자질'이라고 강조한다.

> 이러한 능력(perizia)을 결여하고 있는 군주는 장군(uno capitano)이 갖춰야 할 첫 번째 측면을 결여하고 있다. 왜냐하면 이것이 어떻게 적을 발견하고, 야영지를 어떻게 선택하고, 군대를 어떻게 이끌고, 전투 진영을 어떻게 준비하고, 당신에게 유리하도록 마을을 어떻게 포위할지를 가르쳐 주기 때문이다.
>
> ―『군주』, 14장, (10).

여기에서 마키아벨리가 '지식'이라는 말의 반복을 피하기 위해 사용하는 단어는 추상적인 '능력'이 아니라 '능숙함(competenza)' 또는 '전문 지식'을 뜻한다. 바로 앞 문장에서는 사냥을 통해 얻어지는 것을 일반적 '지식'으로까지 격상시켰다가, 여기에서는 다시 '전문적인 지식'으로 그 수준을 조금 낮춘 것이다. 그러나 그가 '자질(qualità)'을 뜻하는 '측면(parte)'이라는 단어를 사용함으로써 이것은 수준의 문제가 아니라는 암시가 이어진다. 『강의』의 헌정사에서 그러했듯이, 마키아벨리는 그가 어떤 특정 지위에 요구되는 자질 또는 특성을 말할 때 자주 쓰는 '부분' 또는 '측면'이라는 단어를 사용하는 것이다.²²² 즉 마키아벨리는 사냥을 통해 배우는 '지식'을 군주가 반드시 갖추어야 할 첫 번째 '기예(arte)'이자 '능력(virtù)'이라는 점을 강조하고 있는 것이다.

질문 2: 마키아벨리의 '기예'와 아리스토텔레스의 '탁월함'은 다른가?

12장에서 살펴본 바, 마키아벨리는 고전이 가르치는 '좋은 삶'에 대한 이야기를 반복할 생각이 없다. 그에게 정치와 전쟁은 분리될 수 없고, 이 두 가지가 '혼의 좋음'이 아니라 육체적이고 물리적인 '좋음'만을 충족시켜 주더라도 어쩔 수 없다고 생각한다. 오히려 그에게는 '군사적 덕성(arete)'과 '정치적 덕성(arete)'이 그리스 철학자들이 말하는 '훌륭함(agathon)'이나 '잘 사는 것(eu zen)'에 대한 지나친 관심으로 무뎌지는 것이 문제다. 그리스인들이나 기독교인들을 언급할 때에 그가 '능력(virtù)'이라는 말을 사용하지 않았던 것도 같은 맥락이다. 그렇다면 그가 말하는 사냥을 통해 배우는 '지식' 또는 '기예'는 당시 지식인들이 흠모했던 아리스토텔레스의 가르침을 완전히 거부한 것일까?

아리스토텔레스의 '덕'

아리스토텔레스의 '덕(arete)' 또는 '능력'에 대한 견해가 플라톤이 말하는 것과 동일한지 다른지에 대해서는 의견이 분분하다. 아리스토텔레스가 '육체적이고 물리적인 좋음'을 '혼의 좋음'의 전제조건으로 상정했는지, 아니면 플라톤과 같이 '도덕적 선'을 위해 그 외의 것들은 희생될 수 있다고 보았는지, 학자들도 합의에 이르지 못했다. 이런 이견에도 불구하고, 아리스토텔레스가 '척박한 삶의 현실'과 '혼의 좋음'의 상관관계에서 플라톤에 비해 다소 급진적인 생각을 가졌다는 것은 부정할 수 없다.[223]

> 그럼에도 불구하고 우리가 말했듯이 행복에는 명백하게 외적인 좋음 또한 더해질 필요가 있다. 왜냐하면 만약 우리가 적절한 자원이 없다면 고귀한 행동들을 할 수도, 아니 쉽게 할 수가 없기 때문이다.
> ―『니코마코스 윤리학』, 1099a32-33.

위에서 보다시피, 아리스토텔레스는 '육체적이고 외적 좋음'이 없이는 '혼의 좋음'도 없다고 말하고 있다. '인간답게 사는 것(anthropeuesthai)'이 가능하려면, 돈도 건강한 몸도 필요하다는 것이다.[224] 그래서인지 그는 덕(arete)을 플라톤이 정의한 '각각의 기능(ergon)에 맞는 최상의 능력'을 지칭하는 말로 즐겨 사용한다.[225] '덕'을 어떤 기능 또는 역할을 수행하는 데 가장 탁월한 상태를 의미하는 말로 쓴 것이다.[226] 이런 경우는 '덕(virtue)'이라고 번역하기보다 '탁월함(excellence)'이라고 하는 것이 더 적합하다.[227] 왜냐하면 정치가에게는 '혼의 좋음'을 요구하기 전에, 도시를 방어하고 도시를 운영하는 '능력'을 먼저 살펴봐야 한다는 생각이 내재되었기 때문이다.

따라서 플라톤으로부터 듣던 '탁월함을 가르치는 사람'에 대한 비난을 아리스토텔레스에게서는 듣지 못한다. '수사' 또는 '정치'를 가르치던 소피스트들에 대한 비판을 훨씬 적게 발견하게 되는 것이다. 플라톤의 『변론(Apologia)』의 한 부분이다.

> 내가 돌아다니며 젊은이든 늙은이든 당신들을 설득하려 한 것은, 당신의 첫 번째 주된 관심을 당신의 육체나 당신의 소유가 아니라 당신의 영혼이 최상의 상태에 이르도록 하라는 것이었습니다. "부는 덕을 가져오지 못하지만, 덕은 사적으로나 공적으로나 다른 모든 좋은 것을 가져온다."고 말하면서 말입니다.
>
> ─『변론』, 30b.

위에서 보듯, '그 특유의 훌륭한 상태(he oikeia arete)'는 플라톤에게는 '혼의 좋음'으로 수렴되어야 한다. 반면 아리스토텔레스에게는 정치적이고 군사적인 부분에서의 '훌륭함'이 '혼의 좋음'을 위한 전제 조건이다. 정치 공동체의 '생존(zen)'과 생존을 위한 '유용함(cherisimos)'은 '혼의 좋음'을 위해 희생되어야 하는 것이 아니라 우선 고려되어야 할 것이다. 물론 그도 '혼의 좋음'을 위해 활동하며 그것을 위해 노력하는 사람이 신으로부터 가장 많은 사랑을 받는다는 점을 알고 있다. 그는 이런 사람을 '지혜로운 사람(sophos)'이라고 부른다.²²⁸ 그렇지만, 그에게는 '진지한 사람(spoudaios)'이기 위해서는 우선 '자유인(eleutherios)'이어야 한다는 분명한 자각이 있었다. 자기의 의사를 자기가 판단할 수 있는 조건, 즉 '인간으로 기능할 수 있는 조건'이 매우 중요했던 것이다.²²⁹

아리스토텔레스의 기예(techne)

그러나 아리스토텔레스의 '덕(arete)'과 마키아벨리의 '기예(arte)'가 동일한 것이라고 보기는 힘들다. 특히 '기예(arte)'를 곧 '덕(virtù)'이라고 보았던 마키아벨리와는 달리, 아리스토텔레스는 '기예(techne)'를 곧 '덕(arete)'이라고 보지는 않았다는 점에 주목해야 한다.

『니코마코스 윤리학』에서 아리스토텔레스는 지식을 크게 '이론적 지식(episteme)', '생산적 지식(techne)', 그리고 '실천적 지식(phronesis)'으로 나눈다. 그리고 그는 필연적인 진리를 다루는 '이론적 지식' 또는 '학문적 인식'과는 달리 '생산적 지식'과 '실천적 지식'은 절대적이지 않은, 즉 경우에 따라서는 다르게 판단될 수도 있는 지식을 다룬다고 말한다. 아울러 '생산적 지식'인 '기예(techne)'와 '실천적 지식'인 '신중함(phronesis)'은 개연성을 인정한다는 측면에서는 유사하지만, 수단과 방법의 관계라는 측면에서는 전혀 다른 것으로 정의한다. 그의 말을 따르면, 생산(genesis)과 관련되는 전자에서는 산출된 결과와 사용한 수단이 분리되지만, 윤리적이고 정치적인 부분과 관련된 후자에서 일(praxis)은 그것을 '잘하는 것

(eupraxia)'과 목적이 구분되지 않는다는 것이다.[230]

따라서 아리스토텔레스에게 생산에 필요한 지식인 '기예'는 '잘 살아가는 것(eu zen)'과 관련된 '신중함'과는 거리가 있다. 물론 그가 말하는 '기예'에서도 '능숙함'을 찾아볼 수는 있다. 그러나 '기예'의 '능숙함'은 좋은 목적에든 나쁜 목적에든 사용될 수 있기에, '목적'과 상관없이는 결코 사용될 수 없는 '신중함'과 같을 수가 없다. 두 가지 모두 개연성의 세계에 존재하는 실제적인 것을 다루지만, '신중함'은 '기예'와는 다른 '탁월성'을 다루는 것이다.[231]

이렇게 본다면, 아리스토텔레스의 '탁월성'은 '다수'와의 관계를 통해 형성되는 '권력'과는 독립되어 존재한다. 그는 모든 사물에 그 본성이 실현되어야 할 목적이 내재하듯, 정치적 공동체는 그 구성원들의 본성을 가장 잘 발현할 수 있어야 한다는 '목적(telos)'을 갖고 있다고 본다. 따라서 그에게는 이러한 '목적'과 구별되어 결과를 산출하는 '능숙함'만으로는 '탁월함'을 얻을 길이 없다. 그러기에 '명예'와 '탁월함'도 구분된다.[232] '다수'의 판단에 의지하는 전자와는 달리, 후자는 그 고유한 목적에 충실해야 한다. 후자는 전자에게 요구되지 않는 '절제(sophrosune)'를 필요로 하고, 이것으로부터 물질적이고 육체적인 풍요가 곧 '탁월성'을 결정짓지 못한다는 논리가 성립된다.[233]

이런 맥락에서 볼 때, 마키아벨리는 아리스토텔레스의 '기예'와 '탁월함'의 경계를 무너뜨리려는 것처럼 보인다. 아리스토텔레스가 '신중함'의 모델로 삼고 있는 페리클레스는 '다수'의 의사에 반대되는 비전을 설득하려고 노력했지만, 마키아벨리의 체사레는 '다수'의 욕구를 충족시킴과 동시에 모두 겁에 질리도록 만들었다. '신중함'이라는 행위에 필요한 '좋은 행동'의 윤리적 기준도, '신중함'이 갖는 목적을 지속시키기 위한 '절제'도, '다수'의 '의견을 형성하는 방식(doxastikon)'도, 아리스토텔레스와 마키아벨리는 차이를 보이는 것이다.

이런 차이는 마키아벨리도 『강의』에서 '설득'의 중요성을 부각시키고 있다는 정도의 주장으로는 충분히 극복될 수 없다. 마키아벨리가 아리스토텔레스를 완전히 거부하지는 않았더라도, 최소한 다른 잣대를 갖고 있다는 것을 부정하기란 어렵기 때문이다. 마키아벨리가 아리스토텔레스가 만든 '기예'와 '덕'의 경계를 개의치 않았거나, 정치 공동체의 안위라는 이름으로 아리스토텔레스가 꺼려했던 '신중함'과 '기예'의 타협을 이끌어내려 했다는 표현이 보다 적절할 것이다.

질문 3: 군주는 역사를 통해 무엇을 공부해야할까?

마키아벨리의 '기예'에 대한 논의는 우리를 당황스럽게 만들 때가 있다. 왜냐하면, 그가 모방하라고 제시한 인물들이 사실과 허구를 넘나들기 때문이다. 예를 들면, 『군주』 14장에 등장하는 키루스 2세는 마사게타이의 여왕 토미리스(Tomyris)에게 붙잡혀 처참하게 죽은 것으로 알려져 있다.²³⁴ 그러나 크세노폰의 키루스 2세는 정복 가능한 모든 땅을 정복한 후에 평화롭게 눈을 감는다.²³⁵ 따라서 마키아벨리가 본받으라는 『군주』 6장의 키루스가 실존한 인물을 말하는 것인지 아니면 크세노폰에 의해 윤색된 것인지 당황스러울 때가 많다. 그 밖에 『군주』에 등장하는 인물의 이야기도 마찬가지다. 로물루스와 테세우스에 대한 역사적 서술들은 말할 것도 없고, 모세가 왜 수많은 사람들을 죽였어야 했는지를 알려면 성경도 '신중하게(sensatamente)' 읽어야 한다.²³⁶

'신중하게' 읽어야 할 것에는 역사서도 들어간다. 사실 마키아벨리는 신화적 인물들의 행적을 서술하면서 플루타르코스에게 많이 의존한다. 그러나 마키아벨리와 플루타르코스는 신화적 인물을 기술하는 태도가 상당히 다르다.

플루타르코스는 『테세우스』에서 영웅들의 일대기를 쓰는 일을 지리학자들의 작업과 비교한다. 지리학자들이 지도를 그리면서 자신들이 모르는 미지의 땅을 "물 없고 야수들로 가득 찬 모래사막, 보이지 않는 늪지, 스키타이인의 추위, 아니면 얼어붙은 바다"라고 묘사하듯, 자기도 추론이 가능한 시대 이전에 있었던 일들을 "경이롭고 비현실적인 것들로 가득 차 있는, 시인들과 이야기꾼들의 땅, 의구심과 모호함으로 가득 찬 세계"라고 말할 수밖에 없다고 전제한다. 그리고 그는 로물루스와 테세우스를 신화로부터 최대한 정화된 상태로 서술하겠지만, 그러지 못한 경우가 있더라도 너그럽게 용서해 달라고 부탁한다.²³⁷ 자신의 서술에 사실과 허구가 교차하고 있음을 염두에 두고 읽어달라는 것이다.

플루타르코스의 이런 서술 태도는 '탁월함'에 대한 과장이 젊은이들에게 좋지 않은 영향을 줄 수 있다는 판단에 따른 것이었다.

> 시인들이 경우에 따라 그 의미를 바꾸거나 변화시킬 때, 특별한 관심을 기울여야 할 또 다른 단어들이 있다. 예를 들어 탁월함(arete)이 그렇다. 탁월함이 행동이나 말에서 사람들을 분별이 있고, 정직하고, 강직하게 보이도록 할 뿐만 아니라 종종 그들에게 충분한 명성과 영향력을 가져다주는 만큼, 시인들은 이러한 생각을 따라 좋은 명성과 영향력만 있으면 탁월함으로 말하려 한다. 올리브와 밤의 열매가 곧 그것들을 만들어 낸 나무와 똑같은 올리브와 밤이라는 이름으로 불리듯 그들에게 이런 이름을 부여한다.
>
> ―『모랄리아』, 6.

위에서 보듯, 플루타르코스는 '좋은 평판'이 곧 '탁월함'으로 이해되는 것을 경계한다. '외적인 좋음'이나 '몸의 좋음'보다 '혼의 좋음'이 더 중요하고, 결과가 동일할지라도 '기예'가 '탁월함'이 될 수 없음을 밝힌다. 그의 말을 따른다면, 젊은이들은 '닮은 것'과 '좋은 것'의 차이를 알아야 하고, 그들이 영웅들을 모방할 때에도 이를 염두에 두어야 한다.[238]

반면 마키아벨리에게는 이런 수사적 전제를 찾을 수 없다. 역사서에 기록된 과거 위인들의 생애는 곧 모방의 대상이다. 물론 사실과 허구의 괴리를 염두에 두라는 전제도 찾아볼 수 없다.

지적 훈련을 위해서, 군주는 역사서들을 읽어야 하고 그 안에 있는 탁월한 사람들의 행동을 숙고해야 한다. 그리고 그들이 어떻게 전쟁 중에 행동했는지 살펴보고, 그들의 승리와 패배의 원인들을 검토해야 한다. 후자는 피하고 전자는 모방하기 위해서다.
―『군주』, 14장, (14).

언뜻 플루타르코스의 글을 옮겨놓은 듯 보이는 글이다. 그도 그리스의 탁월한 장군 필로포에멘(Philopoemen, BC253-183)의 삶을 기술할 때, 젊은이가 평화로울 때에 해야 할 두 가지 중요한 일과로 '사냥'과 '독서'를 꼽았다.[239] 그리고 그는 독서를 언급하면서, '철학자들의 가르침'에 귀를 기울여 '탁월함'에 이르라는 주문을 덧붙였다.[240] 그러나 위에서 보듯, 마키아벨리에게는 '좋은 것'을 찾으려는 노력이 필요하다는 말은 없다. '신중함'을 지키는 '절제'가 필요하다는 말도 없다. 마키아벨리에게는 전투에 이기고 지는 문제만 있다.

따라서 『군주』 14장의 말미에 등장하는 스키피오(Scipio Africanus, BC236-183)에 대한 이야기도 조금 다르게 해석된다. 마키아벨리는 스키피오가 크세노폰이 '기술한(scritta)' 키루스의 행동을 모방해서 '영광'을 얻었다고 말한다.[241] 그리고 스키피오가 모방한 행동들은 하나같이 고전이 전하는 '좋은 것'을 닮아 있다. 고전 철학자들뿐만 아니라 기독교인들도 '자비, 상냥함, 인간다움, 그리고 관대함(castità affabilità umanità liberalità)'을 나쁘다고 말하진 않을 것이다.[242] 그러나 주지하다시피 이러한 인성이 『군주』 18장에서는 마키아벨리에게 오히려 비난을 받는다. 게다가 『강의』 3권 20장과 21장에서는 한니발과 같이 스키피오와 정반대로 행동하고도 '위대한 명성과 위대한 승리(gran fama e gran vittorie)'와 '영광과 평판(gloria e riputazione)'을 얻을 수 있다는 말까지 듣는다.[243]

이렇듯 마키아벨리에게는 '평판'과 '영광'과 같은 '다수'의 평가가 철학자들의 '좋은 것'보다 더 중요하다. 그가 역사 속에 존재하는 키루스가 아니라 "크세노폰이 쓴 키루스의 삶(la vita di Ciro scritta da Xenofonte)"을 스키피오가 모방했다고 쓴 것도 동일한 맥락에서 이해할 수 있다. 크세노폰이 다른 정치철학자들보다 좀 더 실천적인 측면에 무게중심을 두고 있다는 점, 야망이 있고 재능이 있는 키루스와 같은 인물들이 어떻게 '영광'을 누릴 수 있는지를 서술했다는 점, 그리고 고전철학이 강조하는 덕성 이면에 존재하는 스파르타 모델이 갖는 문제점을 페르시아 모델을 통해 극복하고자 한 점이 마키아벨리에게는 매력적이었을 것이다.[244]

결론적으로 말하자면, 마키아벨리가 사실과 허구를 넘나드는 위대한 인물들에 대한 역사서로부터 군주가 배워야 한다고 당부한 것은 '좋은 삶'이 아니다. 바로 전투에서 이기는 방식과 '영광' 또는 '위대한 평판'을 얻는 방식이다. 물론 그에게는 '좋은 것'을 통해 '영광'과 '좋은 평판'을 얻는 것도 의미가 있다. 그러나 '좋은 것'을 사용하지 않고도 그러한 것들을 얻는 방식을 아는 것이 더 중요하다.

그리고 '좋은 것'을 통해 '영광'과 '좋은 평판'을 얻을 수 없다면, 그것을 과감하게 버릴 줄도 알아야 한다. 그가 이렇게 생각하지 않았다면, 『군주』 18장에서 크세노폰을 비난할 이유도 없었을 것이다.

3부
군주의 자질

15장
사람들과 특별히 군주들이
칭찬받거나 비난받는 것들에 대하여

De his rebus quibus homines et praesertim
principes laudantur aut vituperantur

『군주』 15장부터 19장은 군주가 '신민들'과 '우호적인 세력들'과의 관계를 어떻게 설정할 것인지를 다룬다. 표면적으로는 군주의 자질에 대한 이야기지만, 15장에서 보듯 소크라테스 이후 지속되어 온 고대 정치철학에 대해 정면으로 반박하고 있다. 그는 고전이 전하는 지혜를 하나의 '상상'일 뿐이라고 일축하고, 자기 자신이 제시하는 '실제적 진리(la verità effetuale)'로 대체해야 한다고 주장한다. 14장에서 맛본 '기예'와 '탁월함'에 대한 이야기는 서막에 불과했던 것이다.

내 의도는 그것을 이해하는 사람이면 누구든지 쓸모가 있는 것(cosa che sia utile a chi la intende)을 쓰려는 것이기에, 그것에 대한 상상보다 그것의 실질적 진리를 직접 다루는 것이 더 적절해 보인다. 많은 사람들이 결코 목도된 적이 없고 실제로 존재하는지 알 수 없는 공화정과 군주정을 상상해 왔다. 어떻게 사느냐와 어떻게 살아야 하느냐는 너무나 다르기 때문에, 해야 할 바를 하는 것에서 손을 놓은 사람은 [자기의] 보존보다 파멸을 배울 것이다.

—『군주』, 15장, (3)-(5).

'어떻게 사느냐'는 현실과 '어떻게 살아야 하느냐'는 당위의 세계 중, 마키아벨리는 현실의 세계를 선택했다고 말한다. 그리고 그 이유를 '생존' 때문이라고 밝힌다. 다시 말하자면, 고대 정치철학이 요구하는 것과는 새로운 형태의 당위, 즉 '잘 사는 것(eu zen)'이 아니라 '사는 것(zen)'이 그가 제공하는 '쓸모 있는' 지식의 목적이라는 것이다.

특별히 [어떻게 행동해야 하는지]를 논쟁함에 있어 나는 다른 사람들의 체계(ordini)와 동떨어졌기 때문에, [많은 사람들이 쓴 주제]를 다시 쓰면서 나는 내가 주제넘어 보일까 두렵다.

—『군주』, 15장, (2).

『강의』 I권의 서문을 연상시키는 대목이다. 그는 I권 서문에서 자신의 '새로운 방식과 체계(modi e ordini nuovi)'를 발견하는 작업을 '미지의 바다와 땅(acque e terre)'을 찾아 떠나는 모험과 비교했었다.[245] 위에서도, 마키아벨리는 자기가 다른 사람들과는 다른 새로운 사유 체계를 갖고 있다고 말한다. 그것을 '전인미답의 길'이라고 말하지는 않지만, 시기심으로 인해 다칠지도 모른다는 두려움은 글 속에 스며들어 있다.

질문 1 : 마키아벨리에게는 도덕적 잣대가 없었을까?

> 따라서 만약 스스로를 유지하기를 원한다면, 군주는 선하지 않을 수 있도록(a potere essere non buono), 그리고 필연성(la necessità)에 따라 [선] 을 사용할 수도 사용하지 않을 수도 있도록 배워야 한다.
> ―『군주』, 15장, (6).

위에서 보듯, 마키아벨리는 선이든 악이든 필요하다면 사용해야 한다고 충고하고 있다. 그리고 그의 필연성에 대한 이야기는 여기에서 그치지 않는다.

> 그러나 인간적 조건이 허용되지 않아 [좋은 평판을 가져오는 자질들]을 가질 수 없거나 진정 그것들을 준수할 수 없다면, 어떻게 그로부터 그의 국가를 빼앗아 갈 악덕들(vizi)이 [초래하는] 불명예를 피하고, 가능하다면 국가를 앗아가지는 않을 악덕들로부터도 스스로를 보호할 수 있는지를 신중하게 파악할 필요가 있다. 그러나 만약 그렇게 할 수 없다면, 크게 주저하지 말고 그냥 그렇게 되도록 놓아두어야 한다. 더욱이 악덕들 없이는 국가를 구하기가 어렵다면, 불명예가 초

래되는 것을 상관해서는 결코 안 될 것이다.

―『군주』, 15장, (11).

위에서 보다시피, 마키아벨리는 자신의 국가를 지키기 위해서라면 악덕이라도 주저하지 말고 사용할 것을 권하고 있다. 당시 르네상스를 지배했던 아리스토텔레스, 키케로, 그리고 토마스 아퀴나스(Thomas Aquinas, 1224-1274)의 도덕관에 비추어 본다면 매우 급진적인 사고방식일 뿐만 아니라, 전쟁과 정치를 심각하게 고민하던 당시 인문주의자들조차도 쉽게 받아들이기 힘든 생각이었음을 부인하기 힘든 대목이다.

왜냐하면 모든 것을 잘 고려한다면(se si considera bene tutto), 그는 추구하면 자신의 파멸[을 가져올] 미덕(virtù)으로 보이는 무언가를, 그리고 추구하면 자신의 안전과 행복(la sicurtà e il bene essere suo)을 가져다줄 악덕(vizio)으로 보이는 무언가를 알게 될 것이기 때문이다.

―『군주』, 15장, (12).

문제는 부도덕적인 수단을 사용하라고 했다는 것이 아니다. 진정 문제는 고대 정치철학자들의 눈에 '악덕'으로 보이지만 진정 '미덕'일 수밖에 없는 것, 그리고 '미덕'으로 보이지만 '악덕'인 것을 구분하는 잣대가 무엇이냐는 점이다. "참주를 위한 지식"이라거나 "아리스토텔레스를 타락시켰다."는 비난은 제쳐두고라도, 고대 정치철학자들에게는 '부도덕'인 것이 마키아벨리에게는 '도덕'이 될 수 있는 그 근거가 무엇이냐는 것이다.

정치와 도덕의 고전적 이해

아리스토텔레스로부터 아퀴나스에 이르기까지, 정치와 도덕에 대한 동일한 생각이 지속되었다고 보기는 어렵다. 정치사회적 배경과 그 시대를 지배한 정치적 이념과 종교적 신념이 달랐기 때문이다. 그러나 정치와 도덕의 상관관계에 있어, 아리스토텔레스의 전통을 따르는 사상가들 사이에 유사성조차 부정할 필요는 없다.

특히 정치와 도덕이 분리되지도, 전자의 후자에 대한 우위를 주장하지도 않았다는 공통점은 주목할 필요가 있다. 아리스토텔레스의 전통을 따르는 사상가들은 '혼의 좋음' 또는 '영혼의 탁월함'이 '육체의 좋음' 또는 '육체의 탁월함'에 우선된다고 보았고, 동일한 맥락에서 공공선을 위해 필연적으로 요구되는 행위라고 할지라도 궁극적으로는 '혼의 좋음' 또는 '영혼의 탁월함'을 위해 행사되어야 한다는 입장을 가지고 있었다.[246] 따라서 그들은 영혼 중에서도 '이성을 가진 부분(logon echon)'인 '지적 탁월함'이 다른 모든 탁월함보다 중요하다는 입장을 고수했고, 정치도 영혼에 대한 지식을 통해서만 완전해질 수 있다고 보았다.

물론 아리스토텔레스도 '감정(pathos)'과 '능력(dunamis)'이 행복을 추구하는 데 결정적으로 중요한 요소임을 부인하지 않았다. 그러나 그는 습관(ethos)과는 구분된 지적 상태(hexis)가 한 사람의 도덕적 탁월성(ethike arete)을 결정한다고 보고, '상상(phantasia)'을 통해 형성되는 지적 열망이 육체적 욕망을 대신해 행동(energeia)을 유발해야만 '혼의 좋음'을 달성할 수 있다고 믿었다.[247] 그러기에 아리스토텔레스는 좋은 목적을 달성하기 위한 신중함과 개인적 탐욕을 만족시키기 위한 기발함을 구별하고, '능력'과 '필연성'도 궁극적으로는 '영혼의 좋음'과 관련된 도덕의 잣대를 희생시킬 수 없다고 보았다. 좋은 것에 대한 '상상'을 배제하고자 했던 마키아벨리와는 전혀 다른 생각을 갖고 있었던 것이다.

이렇게 규정된 정치와 도덕의 관계는 아리스토텔레스를 따르는 다른 사상가들에게서도 발견된다. 특히 실천적 함의를 가진 '신중함'과 관련된 언술에서 눈에 띈다. 키케로의 경우, 공익을 위해서라면 참주를 살해하는 것도 옹호하지만,[248] 자연 이성이 부여한 신과 인간의 법(lex divina et humana)을 위반하면서까지 '국가의 생존'이라는 이유로 동맹을 일방적으로 파기하거나 잔인한 살육을 저지르는 행위를 용납하지는 않았다.[249] 아퀴나스도 마찬가지다. 시민법이 정치적 타협의 산물이라는 점을 부정하지는 않았지만,[250] 정치적 신중함(prudentia)도 최상의 도덕적 품성, 즉 신의 사랑을 매개로 하는 '자애로움(caritas)'이 없다면 존재할 수도 정당화될 수도 없다고 보았다.[251] 모두 '혼의 좋음'이 최선이라는 전제가 받아들여질 때에만, 공공선을 위한 정치적 신중함에 정당성을 부여했던 것이다.

종종 아리스토텔레스, 키케로, 그리고 아퀴나스로부터 도덕과 분리된 정치를 정당화할 근거를 찾는 학자들을 보게 된다.[252] 그러나 그들이 제시하는 자료들은 대부분 마키아벨리의 급진적 사고를 예견하고 있다고 보기가 쉽지 않은 것들이다. 또한 몇몇 학자들이 주장하듯,[253] 마키아벨리가 아리스토텔레스가 말하는 지적 '상상'을 완전히 배제했다고 보기도 어렵다. 왜냐하면 마키아벨리도 지적 '상상'을 통해 '행동'을 유발하려 했다는 것은 부정할 수 없는 사실이기 때문이다. 신화적 인물을 모방하라는 충고 속에서, 극적이고 시적인 과장과 현실을 넘나드는 서술 속에 등장하는 인물에게서 배우라는 말 속에서, 우리는 마키아벨리가 '상상'한 로마공화정과 그가 '상상'한 위대한 인물들을 만나기 때문이다.

아직까지도 마키아벨리의 정치사상을 '비도덕적'이지는 않아도 '몰도덕적'이라고 보는 편견이 지배적이다.[254] 그러나 위에서 보듯, 마키아벨리도 자기만의 도덕적 판단의 근거를 갖고 있었고, 급진적이기는 하지만 정치와 도덕이라는 상관관계를 여전히 고민하고 있다. 또한, 전술했듯이, 마키아벨리는 모든 도시의 '창건자(ordinatore)'에게 그 도시의 필연성을 반영하는 법을 만들 것을 요구하고 있다.[255] 그가 말하는 정치적 필연성은 육체적 강제뿐만 아니라 자신의 영혼까지 내어 놓아야 할 '의무(obligo)'를 수반하는 것이다. 따라서 아리스토텔레스의 전통과 구별된 마키아벨리만의 도덕적 잣대를 찾아야 한다. 그만의 도덕적 기준 또는 그만의 미덕과 악덕을 평가하는 근거를 찾아야 하는 것이다.

마키아벨리의 도덕적 잣대

사실 마키아벨리에게도 도덕적 판단의 근거가 있다. 바로 '정치 공동체의 존속'이다. 종종 『군주』에서 '국가를 유지(mantenere lo stato)'한다는 말로, 『강의』에서는 '보편적 안전(la sicurtà universale)'이라는 표현으로 등장하지만, 주체가 군주에서 시민으로 전환되었을 뿐 내용은 모두 '정치 공동체의 존속'을 의미한다.

아리스토텔레스의 영향을 받은 마키아벨리 시대의 정치철학자들은 모두 보다 상위의 목적, 즉 '사는 것'이 아니라 '잘 사는 것'에 '공공선'을 위치시켰다. 안팎으로 국가의 존속이 최대의 관심사였던 시기에도 전자를 위해 후자를 희생시킬 생각을 가진 아리스토텔레스의 후학들은 없었다. 시민적 자유와 정치적 참여를 누구보다 강조했던 살루타티(Coluccio Salutati, 1331-1406)도 여전히 철학적 관조가 이끄는 '좋은 삶'으로부터 동떨어진 '진정한 법'은 없다는 키케로의 도덕적 관점을 유지하고 있었고,[256] 군사적 관점에서 공화주의 전통을 새롭게 불러일으킨 브루니(Leonardo Bruni, 1370-1444)도 철학적 탐구와 정치적 헌신은 결코 분리될 수 없다는 키케로의 이상주의적 정치관을 거부하지 못했다.[257]

이런 맥락에서 본다면, 마키아벨리에게 있어 '정치 공동체의 존속'은 두 가지 의미를 갖는다. 하나는 시민적 자유와 정치적 참여를 강조하는 고전적 공화주의를 받아들였다는 것이다. 실제로 마키아벨리는 『군주』에서도 '공화정'과 관련된 '자유로운 삶(vivere libero)'의 중요성에 대해 거듭 이야기를 한다.[258] 따라서 당시 공화주의와 동의어로 사용되었던 '정치적(politico)'이라는 단어를 『군주』에서 사용하지 않았다는 이유로,[259] 이 책을 '군주의 교본'일 뿐이라고 일축하는 것은 무리가 있다. 다만 『강의』에서도 『군주』에서도 스파르타가 아닌 로마공화정이 이상적인 정치체제로 제시되는 것을 볼 때, 마키아벨리가 인문주의자들이 동경했던 '시민적 자유' 또는 '자유로운 삶'이라는 공화주의 이상을 공유했다는 것은 부인할 수 없는 사실이다.

다른 하나는 마키아벨리와 당시 인문주의자들이 한편으로는 매우 다른 판단의 근거를 갖고 있었다는 것을 반증한다. 마키아벨리가 이상적인 정치체제로 묘사하는 로마공화정은 인문주의자들이 꿈꾸던 '조화'와 '자치'의 공화정이 아니라 '갈등'을 통해 '제국'으로 팽창한 공화정이다. 비록 인문주의자들도 '진정한 철학'(vera philosophia)은 '공동체의 존속'과 무관하지 않다고 보았지만, 그들이 말한 '좋은 법' 또는 '좋은 체제'는 '조화'를 바탕으로 한 '시민적 연대'를 창출하거나 유지하는 것이었다. 반면 『군주』 3장에서 살펴본 바, 마키아벨리는 '자유로운 삶'을 강조한 이유도 '제국'의 건설이었고, '갈등'을 잘 조정하면 오히려 도움이 될 것으로 본 이유도 '제국'으로의 팽창의 필요성 때문이었다.

한편 마키아벨리가 '참주적 방식'까지도 '정치 공동체의 존속'이라는 이유로 정당화시켰는지에 대해서는 치열한 논쟁이 지속되고 있다. 『군주』 17장에서 다시 다루겠지만, 『강의』의 I권 25장도 I권 58장도 인문주의자들이 사용하던 용례만을 기준으로 마키아벨리가 '참주'적 방식을 거부했다고 보기는 힘들다. I권 25장의 '참주'처럼 모든 것을 바꾸는 방식이 I권 18장의 부패한 공화정에서는 오히려 요구되고, I권 58장의 '말하는(dicendo)' 정치가에게 설득되던 인민도 I권 37장과 I권 47장에서는 선동과 기만에 희생되고 만다. 즉 그가 공화주의자이기 때문에 '참주'적 방식을 배제하거나 설득을 통한 정치를 강조했다고 보기는 힘들다는 것이다.

또한 로마공화정을 이상적인 정치체제로 제시했다고 해서, 마키아벨리가 끝없는 팽창을 염두에 두었다고 보기도 힘들다. 주지하다시피 마키아벨리는 로마공화정의 몰락도 언급했었다. 『강의』 I권 37장과 3권 24장에서 보듯, 영토의 확장은 토지법을 둘러싼 갈등과 지휘관 임기의 연장이라는 두 가지 부작용을 갖고 왔다. 즉 마키아벨리는 영토의 확장이 가져올 위험도 염두에 두고 있었던 것이다. 따라서 '제국의 건설'이 목표가 아니라, '정치 공동체의 존속'이라는 이유 때문에 제국으로의 확장을 언급했다는 해석도 여전히 가능한 것이다.

어떤 입장에 서든, 마키아벨리가 '자유로운 삶'을 '좋은 삶'이라고 말한 것을 부인할 수는 없다. 그에게 둘의 관계는 철학적 문제가 아니라 '정치 공동체의 존속'과 관련된 정치가의 숙제다. 이런 이유에서 마키아벨리는 『강의』에서는 오랜 내란을 종식시킨 아우구스투스 황제(Imperator Caesar Augustus, BC63-AD14)에게 희망을 건 리비우스(Titus Livius Patavinus, BC59-AD17)를 앞세웠고, 『군주』에서는 독일인들로부터 로마인들이 망각해 버린 로마공화정의 위대함을 발견한 타키투스(Publius Cornelius Tacitus, 56-117)의 탄식을 공유했다. 그는 이들로부터 '잘 사는' 차원에서 '사는' 차원으로 악덕과 미덕을 평가하는 잣대가 내려와야 할 이유를 본 것이다.

질문 2: 마키아벨리의 미덕과 악덕은 무엇을 말하고 있는가?

마키아벨리는 『군주』 15장에서 미덕과 악덕의 구분을 제시하고 있다. 언뜻 보면, 매우 난삽하고 정리되지 않은 목록에 불과하다. 순서도 뒤죽박죽이고, 아리스토텔레스의 분류를 따른 것 같지만 모양만 그렇게 보일 뿐이다. 그러나 16장부터 전개되는 군주의 '자질(qualità)'에 대한 설명을 조금이라도 훑어보면, 뒤죽박죽이던 순서도 아리스토텔레스의 분류를 따르지 않은 것도 새로운 의미로 다가온다. 대충 써 놓은 것이 아니라, 그의 목록은 충분한 의도를 갖고 써 내려가다가 다시 수정하고 또 수정한 하나의 충고가 된다.

우선 아리스토텔레스의 분류부터 살펴보자. 아리스토텔레스는 『니코마쿠스 윤리학』 4권에서 '탁월함(arete)'에 대해 설명하고 있는데, 그가 설정한 탁월한 품성은 두 가지 극단적인 '경향(diathesis)'들 사이의 '중용(mesotes)' 또는 '중간을 취한(stochastike)' 것을 말한다. 즉 어떤 행동의 목적 또는 기능이 먼저 제시되고, 과잉과 결핍이라는 두 극단적인 형태를 통해 잘못된 행동의 유형들을 보여 준 후, 그 중간을 지향하는 것 자체를 탁월함으로 설명하는 것이다. 예를 들면, 돈을 주고받는 일과 관련해서는 너무 지나치게 돈을 쓰는 '낭비(asotia)'와 너무 모자라게 쓰는 '인색(aneleutheria)'이라는 두 극단이 있고, 이들 사이의 중간을 취하는 '자유인다움(eleutheriotes)' 또는 '후함(eleutherios)'이 탁월한 품성으로 제시된다.[260] 앞의 두 극단은 악덕이 되고, 그 중용인 마지막 경향이 미덕을 구성하는 것이다.

반면 마키아벨리의 분류는 아리스토텔레스가 '탁월함'으로 묘사한 품성을 '미덕'으로, 그에 반대되는 것으로 사람들이 말하는 바를 '악덕'으로 제시한다. 즉 아리스토텔레스처럼 세 가지 중에 중간을 취하는 것이 아니라, 아리스토텔레스의 것과 그 반대되는 것을 제시하고 이 둘 중 어떤 것이 결과적으로 미덕일지 악덕일지 모른다고 말하는 것이다.

> 그리고 이것이 어떤 사람은 후(liberale)하고, 어떤 사람은 인색하다(misero)고 여겨지는(tenuto) 이유다. (토스카나 용어를 사용하는 이유는 우리말에서 아바로(avaro, 탐욕적인)란 말은 여전히 무언가를 강탈해서(per rapina) 가지려는 사람을 [지칭하고], 미제로(misero, 인색한)는 자기의 것을 쓰는 것을 너무나 꺼리는 사람을 일컫기 때문이다.)
> ─『군주』, 15장, (8).

위에서 보듯, 아리스토텔레스가 제시한 탁월한 품성과 그가 결핍으로 인해 악덕이라고 부른 경향이 하나의 짝을 이룬다. 아리스토텔레스가 '여겨진다(dokein)' 또는 '보인다(phainesthai)'라는 표현을 통해 자신의 사유를 일반인들의 상식으로부터 시작하듯, 마키아벨리도 스스로의 분류를 상식에서 출발한 듯 보이려 한다.

그러나 마키아벨리의 이러한 표현은 아리스토텔레스가 제시한 탁월한 품성도 하나의 일반인들의 상식에 불과한 것처럼 보이게 만든다. 최소한 아리스토텔레스가 제시하는 탁월한 품성이 악덕과 짝을 이루어 하나의 극단적인 선택지처럼 보이게 만든다. 사실 이것 아니면 저것이라는 식으로 제시되기에, 아리스토텔레스가 가르쳐 주고자 했던 '중용'은 어디에서도 발견할 수 없다. 대신 우리는 이러한 극단적 선택지들과는 독립된 판단의 기준이 있고, 이러한 판단 기준에서 본다면 어떤 것이 결과적으로 '미덕'이고 어떤 것이 결과적으로 '악덕'인지 알 수 없다는 충고를 듣게 된다.

이런 방식으로 마키아벨리는 다음 열 개의 미덕과 악덕의 짝을 제시한다. 그런데 순서가 엉망이다. 미덕이 제시되고 그 반대인 악덕이 제시되는 순서를 지키지 않는다. 악덕이 먼저 제시되기도 하고, 미덕이 먼저 제시되기도 한다. 16장을 보기 전까지는, 어떤 좋은 행동이 어떤 나쁜 평판을 가져오는지를 인과적 관계 혹은 시간적 흐름 속에서 설명하고자 하는 의도를 갖고 있음을 파악할 수 없다. 그리고 아리스토텔레스가 "그 자체로 나쁘다."라고 말한 것들도 '악덕'인지 '미덕'인지 모를 열 개의 짝에 들어온다.[261]

어떤 이는 베푸는(donatore) 사람으로, 어떤 이는 탐욕스러운(rapace) 사람으로 간주된다; 어떤 이는 잔인한(crudele) 것으로, 어떤 이는 자애로운(piatoso) 것으로; 하나는 신의를 저버린(fedifrago) 것으로, 다른 하나는 신의 있는(fedele) 것으로; 하나는 여자같이 겁 많고(effeminato e pusillanime), 다른 하나는 사납고 기백이 넘치고(feroce e animoso); 하나는 인정 있고(umano), 다른 하나는 오만하고(superbo); 하나는 음탕하고(lascivo), 다른 하나는 순결하고(casto); 하나는 솔직하고(intero), 다른 하나는 약삭빠르고(astuto); 하나는 딱딱하고(duro), 다른 하나는 쉽고(facile); 하나는 의젓하고(grave), 다른 하나는 가볍고(leggieri); 하나는 종교적(religioso)이고, 다른 하나는 불신앙(incredulo)적인 것과 그와 같은 것이다.

─『군주』, 15장, (8)-(9).

아리스토텔레스의 분류를 따르는 것 같지만, 위에서 보듯 일치하는 것은 몇 개뿐이다. 일치하는 것도, 전술한 '후함'을 제외하고는 꼭 맞아떨어지는 것이 없다. 예를 들어, '통이 큰 것' 또는 '큰 규모에 적절한 것(megaloprepeia)'은 '속물적인 것'과 '통이 작은 것' 사이에 존재하는 '탁월함'인데, 위의 분류에서 어디에 속하는지 분명하지 않다. '통이 큰 것'을 '베푸는 것'과 일치시킨다면, 베푸는 것의 결핍 또는 반대되는 것이 '속물적인 것'인지 '통이 작은 것'인지 분명하지 않다.

마찬가지로, '포부가 큰 것'은 '인간미가 있는 것'으로 교체되어 '오만'과 짝을 이루었고, '꾸밈없음'은 '솔직함'으로 표현되었지만 '허풍(alazoneia)'도 '비굴함(eiron)'도 아닌 '약삭빠름'과 짝을 이루었다. '쉬운' 성격은 '온화함(praotes)'과 유사한 것으로 이해될 수도 있겠지만, '딱딱하다'는 표현은 분노와 관련되기보다 사회적 관계와 관련된 느낌을 지울 수 없다. 다른 항목에서도 이런 어려움은 반복된다. '용기(andreia)'는 '사나움'까지 포함해야 하기에 '무모함'과 구별되지 않고, '의젓한 것'도 '종교적인 것'도 아리스토텔레스의 항목으로부터 짝을 찾을 수 없다. 또한 날카로운 성격이나 야부하는 태도의 중용도, 불같은 성미와 침울한 태도 사이의 중간도 찾기 어렵다. 결정적으로 아리스토텔레스에게는 그 자체로 나쁜 것들, '잔인하고' '음탕한 것'이 미덕과 짝이 되어 그 결과에 따라 다르게 판단될 여지가 있는 것으로 격상되어 있다.

결국 마키아벨리는 아리스토텔레스의 탁월함을 '그렇게 보이는 것' 또는 '사람들이 그렇다고 믿는 것'으로 격하시켰다. 그리고 그는 '잘 사는 것'에 목적을 둔 미덕과 악덕의 구분 자체를 무의미하게 만들었다. 목적은 크게 두 가지였다. 한편으로는 '정치 공동체의 존속'이 미덕과 악덕을 구분하는 판단의 기준임을 부각시키기 위함이었고, 다른 한편으로는 그가 아리스토텔레스를 따르는 인문주의자들과 구별된 인식론적 체계를 갖고 있음을 보여 주기 위함이었다. 『군주』 16장에서 보듯, 뒤죽박죽된 순서도 이렇게 구별된 인식론적 체계가 있어야만 이해할 수 있는 인과적 연관성과 논리적 정합성을 가졌음은 두말할 나위도 없다.

16장
후함과 인색함
De liberalitate et parsimonia

『군주』 16장은 '후함(liberalità)'에 대해 다루고 있다. 마키아벨리가 말하는 '후함'은 아리스토텔레스가 말하는 '주는 행위'에 있어서 탁월함을 의미하는 '자유인다움' 또는 '관대함'을 의미한다.

아리스토텔레스에게 '자유인다움'은 '재산(ousia)'과 관련되고, '낭비'와 '인색'이라는 두 가지 극단의 중용을 의미한다. 그가 제시하는 두 극단의 중간을 판단하는 잣대는 바로 '고귀한 것' 또는 '올바른 것'의 기준이 되는 '잘 사는 것'이다.[262] 따라서 그가 말하는 '자유인다움'은 공화정에 사는 사람을 의미하거나 '시민적 자유'를 향유하는 사람을 말하는 것이 아니다. 마땅히 줄 것을 주고, 마땅히 받아야 할 것을 받을 줄 아는 사람을 말하는 것이다.

마키아벨리는 '후함'의 문제를 '잘 사는 것'에 두지 않았다. '후하다고 보이는 것'과 '비난을 감수하는 것'에 초점을 두었다. 그러기에 아리스토텔레스에게 '인색함(aneleutheria)'은 비난을 감수하면서까지 '탐욕스러움(aischrokerdeia)'을 만족시키려는 사람들의 특성이라면,[263] 마키아벨리에게 '인색함'은 '후하다는' 평판을 유지하려다 오히려 '탐욕스럽다'는 비난을 받게 되는 세간의 평가일 뿐이다. 오히려 최초부터 '인색하다'는 평판을 두려워하지 않고 '정치 공동체의 존속'이라는 목적에 전력을 다하게 되면, 다수에게 '후해 보일 수' 있다는 마키아벨리의 충고가 이어진다.[264]

> 위에서 언급한 자질들(qualità) 중 첫 번째 것으로 시작하자면, 나는 후하다고 여겨지는 것은 좋으리라 말하겠다.(dico come e' sarebbe bene essere tenuto liberale.) 그럼에도 불구하고, 당신이 후하다고 여겨지도록 사용하면, 그 후함은 당신을 다치게 할 것이다. 왜냐하면 만약 고귀하게(virtuosamente) 행사된다면, 그리고 사용되야 할 [방식대로] 쓰인다면, 인정받지 못할 것이고, 당신은 그와 정반대의 불명예를 피하지 못할 것이기 때문이다.
>
> ─『군주』, 16장, (1)-(2).

아리스토텔레스가 '여겨지는' 또는 '비쳐지는' 일반적 상식에서 출발해서 '본질적인 것' 또는 '고귀한 것'을 설명하고자 했다면, 위에서 보듯 마키아벨리는 '본질적인 것' 또는 '고귀한 것'도 '여겨지는 것'일 뿐이라는 전제에서 평판보다 중요한 그 무엇이 있다는 것을 암시한다. 특히 아리스토텔레스의 후학들이 말하는 '고귀한 목적'에 맞게 행동한다면, '후함'이라는 평판조차 얻지 못할 것이라고 충고하고 있다는 점에 주목해야 한다. '고귀한 목적'을 대체할 다른 무언가가 있다는 이야기다.

질문 1: 군주는 무엇을 위해 힘써야하는가?

『군주』 17장에서 '잔인함'과 '공포'에 대해 말하기 전, 마키아벨리는 다소 덜 부담스러운 주제를 선택했다. 아리스토텔레스의 순서를 따르는 것이기도 하지만, 군주에게는 '인색함'이 '후함'보다 낫다는 이야기가 '잔인함'이나 '공포'보다는 덜 자극적이라고 본 것이다. 비록 '정치 공동체의 존속'이라는 동일한 목적을 갖고 있다고 하더라도, '잔인함'과 '공포'는 그 자체가 도덕적 장벽에 부딪힐 수 있는 주제들일 수 있기 때문이다. 따라서 『군주』 16장에서 전개되는 마키아벨리의 미덕과 악덕에 대한 이야기를 따라가는 것은 큰 불편이 없다. 특히 두 가지 측면에서 그렇다.

인색함이 가져다주는 행복

첫째, '후하다'는 평판을 얻기 위해 국고를 낭비하지 말라는 것은 지극히 정상적인 충고다. 이미 『군주』 10장에서 살펴본 바와 같이, 작은 군주정이라 할지라도 '포위를 당해도 최소한 1년은 버틸 수 있는 물자'는 확보해야 하고, 로마공화정이나 독일 도시국가들처럼 시민들을 안팎으로 자유롭고 전쟁에서는 용맹스럽게 만들려면 '사적으로는 가난하지만 공적으로는 부유한' 나라를 만들어야 한다. 동일한 맥락에서, 마키아벨리는 이렇게 충고한다.

> 그래서 만약 누군가 사람들 사이에서 후하다는 평판(nome)을 유지하려고 한다면, 값비싼 과시조차(alcuna qualità di suntuosità) 감수해야 하기에, 이렇게 하는 군주는 항상 그 같은 행동을 하면서 그의 재원들을 모두 소비하게 될 것이다. 결국 그가 후하다는 평판을 유지하려 한다면, 인민들에게 과도한(estraordinariamente) 부담을 지우고, 혹독한 세금을 부과하고, 돈(danari)을 얻기 위한 것이라면 모든 것들을 해야 할 필요가 있을 것이다.
>
> ─『군주』, 16장, (2)-(3).

위에서 보듯, 후하다는 평판을 유지하고자 개인적인 부를 사용해서 인민을 배불리면, 재원이 바닥이 나서 비정상적으로 세금을 인민들에게 부과하게 되고, 결국 신민들로부터 미움을 받게 된다. 그리고 뒤늦게 깨닫고 고치려고 해도 즉각적으로 돌아오는 것은 '인색함이라는 불명예(infamia del misero)'일 뿐이다.[265] 뒤죽박죽으로 섞인 것 같던 『군주』 15장의 항목들이 일련의 논리적 순서로 배치되었음을 깨닫게 되는 순간이다. '후하다'는 평판을 위해 '베푼 사람'이 '탐욕스러운' 사람으로 인민에게 각인되고, 결국 '인색하다'는 평판을 갖게 된다는 것이다.

둘째, "다수와의 관계를 고려하라."는 말은 마키아벨리가 군주에게 지속적이고 반복적으로 해주던 말이다. 『군주』 16장에서 마키아벨리는 '비정상적'으로 부과된 세금은 다수를 적으로 만든다는 전제에서, "현명하다면, 인색하다는 평판은 개의치 말라."고 충고한다.[266] 인색함을 판단하는 기준의 하나로 '다수'와의 관계를 다시 부각시킨 것이다.

> 왜냐하면 인색함으로 인해 그의 수입이 그에게 충분해지면, 그래서 누구든지 그에게 전쟁을 걸어 오는 사람으로부터 스스로를 지킬 수 있고, 인민에게 부담을 지우지 않고 군사 행동을 수행할 수 있다면, 시간이 지나면서 그는 항상 조금씩 더 후하게 여겨질 것이기 때문이다. 그래서 그는 그가 아무것도 빼앗아가지 않은 무한정한(infiniti) 사람들에게는 후하게, 그가 주지 않은 소수의(pochi) 사람들에게는 야박하게 굴게 될 것이다.
>
> ─『군주』, 16장, (5)-(6).

금전적인 부분으로 전환되었지만, 마키아벨리는 『군주』 9장에서 언급된 집단심리학을 다시 사용한다. 즉 '지배받지 않고자 하는' 심리적 경향을 갖는 '인민'은 세금을 내지 않으면 만족하고, '지배하고자 하는' 기질을 갖고 있는 소수는 아무런 혜택을 받지 못해 불만에 가득 차게 된다는 것이다. 그가 추천하는 정책은 바로 다수인 인민에게 '후하게 보이는' 정책이다. 인색함으로 충분한 재원을 확보한 군주는 비정상적이거나 부정기적으로 세금을 부과하지 않아도 스스로를 방어할 수 있다는 것이다.

탐욕스러움이 가져다주는 불행

두 가지 충고를 결합하면 인색하다는 평가를 받더라도 군주는 자신의 재원을 우선적으로 확보해야 하고, 공화정은 공적 자산을 무엇보다 먼저 확충해야 한다는 것이다. 여기에서 주의해야 할 것은 '탐욕스러움'과 '인색함'을 구별했다는 것이다.

> 그러므로 그의 신민들을 수탈하지 않아도 되도록, 그 스스로를 방어할 수 있도록, 가난해서 경멸받지 않게 되도록, 어쩔 수 없이 탐욕스럽게 되지 않도록, 군주는 인색하다는 평판이 초래되는 것을 개의치 말아야 할 것이다. 왜냐하면 이것이 그가 다스릴 수 있도록 해주는 악덕들 중의 하나이기 때문이다.
>
> ―『군주』, 16장, (11).

위에서 보듯, '탐욕스러움'은 '인색함'과 다른 악덕이다. 후자와는 달리 전자는 군주의 선택이 아니라 '후함'에 집착하다가 '어쩔 수 없이' 당면한 악덕이라고 말할 수도 있을 것이다. 그러나 두 악덕의 보다 근본적인 차이는 '다수'의 평판이다.

'다수'든 '소수'든 자기의 것을 빼앗아가는 군주에게는 적대적 감정을 갖게 되고, 이러한 적대적 감정은 '탐욕스럽다'는 평판으로 나타난다. 그러나 '지배하려는' 기질을 가진 소수에게 받는 '탐욕스럽다'는 평판은 군주에게 큰 문제가 아닐 수도 있다. 소수는 원래 군주와 경쟁하는 세력이고, 이들이 반기를 들면 짓밟아 버리면 된다. 반면 『군주』 3장에서 보듯, '지배받지 않으려는' 다수가 군주에게 등을 돌리면 군주는 즉각적으로 큰 위험에 빠진다. 따라서 비정상적인 세금이나 부담을 통해 다수가 군주를 '탐욕스럽다'는 느낌을 갖지 않도록 노력해야 한다. 이런 맥락에서 '다수'를 자기의 편으로 만드는 '인색함'과 '다수'와 적대적인 관계를 형성하는 '탐욕스러움'은 전혀 다른 악덕으로 간주되는 것이다.

잠재적 군주의 탐욕

여기에서 끝났다면, 큰 혼란은 없었을 것이다. 그러나 마키아벨리가 '탐욕스럽다'는 평판을 가져다줄 수 있는 '후함'도 때로는 필요하다고 말하면서 문제가 발생한다. 비록 자기의 의견에 대한 반론을 예상하면서 쓴 말이기는 하지만, "당신이 이미 군주인지, 아니면 당신이 [군주정]을 획득하려는 도중에 있는지"가 관건이라고 밝히면서 지금까지 '탐욕스러움'과 관련된 이야기와 동떨어진 논의를 전개하기 시작했기 때문이다.[267] 사실 '잠재적 군주'에게 인민에게 '후하게 보이는 것'이 중요하다고 가르친 것만이 문제가 아니라, 구태여 『강의』 I권 10장에서 스스로가 '로마 최초의 참주'라고 불렀던 카이사르를 통해 '후함'에 대해 설명하고 있다는 것도 문제다.[268]

> 마땅하지 않은 근거로부터 마땅하지 않은 것을 큰 규모로 취하는 사람들, 즉 [정치 공동체]들을 공략하고 신전들을 약탈하는 참주들은 야박한 사람이 아니라 사악하고, 불경스럽고, 부정의한 사람이라 말한다.
>
> ─『니코마코스 윤리학』, 1122a2.

위에서 보듯, 아리스토텔레스는 참주를 '탐욕'에 사로잡힌 것은 동일하지만 '인색함'이라는 악덕으로 설명할 수 없는 부류의 인간들로 분류하고 있다. 부적절하게 자신들의 이익을 취하려 한다는 점에서는 고리대금업자들과 같은 부류에 속하지만, '탐욕'에 사로잡혀 시민들의 자유를 앗아간 '참주'는 이들보다 못한 부류의 인간들이라고 비난하고 있는 것이다. 반면 마키아벨리는 이런 부류의 하나를, 그것도 자기가 참주라고 명명한 사람 중 하나를 잠재적 군주가 본 받아야 할 인물로 내세운다.

> [당신이 군주인] 첫 번째 경우, 이러한 후함은 해롭지만, [군주가 되려는] 두 번째 경우에는 실제로 후할 필요도 후하다고 여겨질 필요도 있다.(è bene necessario essere ed essere tenuto liberale.) 그리고 카이사르는 로마의 군주정(al principato di Roma)을 이루길 원했던 사람들 중의 하나다. 그러나 그것을 획득한 후, 만약 그가 살아서도 자기의 지출을 자제하지 않았다면, 그가 그 제국을 파멸시켰을 것이다.
>
> ─『군주』, 16장, (13).

우선 마키아벨리는 카이사르가 로마공화정의 자유를 앗아간 '참주'였음을 확인시킨다. 또한 그의 목적이 '고귀한 것'도 '정치 공동체의 존속'도 아니었음을 환기시킨다. 즉 카이사르가 로마 군주정을 세우려 했던 것은 '탐욕'에서 비롯된 것으로 기술하는 것이다. 그러나 마키아벨리는 카이사르가 사용한 '후함'을 무조건 비난할 생각은 없다. 제국을 유지할 수는 없었겠지만 군주정을 획득할 수는 있었음을 강조하고 싶었기 때문이다. 그래서 그는 잠재적 군주에게 군주가 되려면 "실제로 후할 필요가 있고, 후하다고 여겨질 필요가 있다."고 말한다. 군주가 된 뒤에 인색해지기가 곤란하다면, 키루스와 알렉산드로스 대왕, 그리고 카이사르가 했던 것같이 전쟁에서 취한 '다른 사람의 것(quel d'altri)'을 베풀면 된다고까지 충고한다.[269]

종종 마키아벨리의 '인색함'과 관련된 논의를 키케로의 것과 유사하게 취급하는 해석들을 보게 된다. 그러나 둘의 생각을 유사한 것으로 보기에는 무리가 있다. 마키아벨리가 잠재적 군주의 '탐욕(avero)'이 제국의 건설이라는 목적을 지향하도록 유도하고 있다면, 키케로는 아리스토텔레스와 같이 잠재적 군주가 '탐욕'을 억제해 '고귀한 것'을 지향하도록 설득하고 있기 때문이다.

> [개인적 도움을 주거나 돈을 주는 것 모두] 다른 사람들을 만족시키려는 관대한 의도가 있지만, 하나는 금고에서 나오고, 다른 하나는 자신의 덕에서 나오는 것이다. 개인의 부를 나누어주는 것은 후함의 바로 그 원천을 고갈시킨다. 후함이 후함에 의해 파괴되는(Ita benignitate

benignitas tollitur) 것이다.

— 『의무론』, 2.15.52.

위에서 보듯, 키케로는 '후하게 베푸는' 자원을 '자기의 것'과 '타인의 것'으로 나누지 않았다. 하나는 '금전' 또는 '개인의 부'이고, 다른 하나는 '고귀한 품성' 또는 '자기의 노력'으로 나누었다. 핵심은 개인의 부가 고갈되는 것뿐이 아니다. 후함의 원천인 '고귀한 것'이 소멸된다는 것이다. 반면 마키아벨리는 '자기의 것'이거나 '신민의 것'만 아니면 된다고 말한다.[270] 이 말은 마키아벨리가 염두에 두었던 '잠재적 군주'는 충분히 귀가 솔깃할 이야기이지만, 키케로가 말하던 '고귀하고 용감한 인물들(boni viri)'은 기피할 충고인 것이다.

전체적으로 볼 때, 마키아벨리의 '인색함'과 관련된 기술은 군주에게 다른 무엇보다 '정치 공동체의 존속'을 위해 노력해야 한다는 충고를 전달하고 있다. 그리고 소수가 아니라 다수에게 혜택이 돌아가는 통치를 하라는 충고도 전달되기에, 시민들의 자유를 돌려주는 것이 최선이라는 암시도 느껴진다. 그러나 마키아벨리에게서는 '탐욕적인 품성'을 '고귀한 것'으로 제어해야 한다는 생각을 찾아볼 수 없다. '지배하려는 욕망'과 '빼앗아서라도 가지려는 탐욕'을 가진 잠재적 군주에게 고귀한 것을 지향하라고 말하는 것 자체를 가능하지 않다고 보았거나, 이러한 욕망을 가진 사람이 아니라 '고귀한' 가치로 무장한 사람에게서 제국을 건설할 수 있는 역량을 찾을 수 없다고 본 것은 아닐지 궁금해지는 대목이다.

17장
잔인함과 자애로움, 그리고 두려움을
느끼게 하는 것이 사랑을 받는 것보다 나은지,
아니면 그 반대인지에 대하여

De crudelitate et pietate; et an sit melius amari quam timeri, vel e contra

『군주』 16장에서 언급된 잠재적 군주의 '탐욕'에 대한 마키아벨리의 수사적 접근은 서막에 불과했다. 『군주』 17장에서 마키아벨리는 '잔인함'과 '자애로움'의 짝을 가지고 전자가 후자보다 낫다고 충고하고, 군주에게 신민들로부터 '사랑'을 받기보다 '두려움'의 대상이 되어야 한다고 가르친다. '잔인함'과 '자애로움'은 『군주』 15장의 미덕과 악덕의 세 번째 짝이기에 아리스토텔레스를 따르는 인문주의자들이 비판의 도마 위에 오른 셈이고, '사랑'과 '두려움'의 짝은 15장에서 언급된 비난받거나 칭찬받는 자질들 중에 없는 것들이기에 또 다른 집단 또는 관점이 겨냥되었다고 볼 수 있다. 한마디로 말하자면, 본격적인 이념적 논쟁이 시작된 것이다.

우선 그가 제목에서 사용한 라틴어의 '경건함(pietas)'이나 『군주』 전반에서 사용하는 이탈리아어의 '자애로움(pietà)' 또는 '온정적인(pietoso)'이란 표현은 모두 종교적 함의를 갖고 있는 것이기에,

당시 기독교 윤리관을 공격의 대상으로 두었다는 것을 쉽게 짐작할 수 있다. 아우구스티누스(Aurelius Augustinus Hipponensis, 354-430) 이래 기독교인들은 신의 '사랑(agape)'을 매개한 공동체 구성원들 사이의 '온정(caritas)'을 연대의 주요한 기반이자 동력이라고 믿었다.[271] 그러나 마키아벨리는 이런 '애정'을 통해 형성되는 연대나 신의를 믿지 않는다. 대신 그는 '잔인함(crudeltà)'을 통한 '결속(unità)'을 대안으로 제시한다.

또 하나의 대립각이 발견된다. 바로 크세노폰의 키루스를 모방했던 스키피오를 군주의 귀감으로 삼으려는 사람들이다. 『군주』 14장에서 마키아벨리는 역사적으로 실존한 키루스가 아니라 크세노폰이 기술한 키루스를 모방한 스키피오에게 큰 찬사를 보낸다.

> 크세노폰이 기술한 키루스의 생애를 읽은 사람이라면 스키피오의 삶에서 그러한 모방이 그에게 얼마나 영광(gloria)을 가져다주었는지, 그리고 순결, 상냥함, 인간다움, 후함에 있어 크세노폰이 키루스에 대해 쓴 바를 스키피오가 얼마나 따랐는지 알게 될 것이다.
> ─『군주』, 14장, (15).

그러나 『군주』 17장에서 스키피오는 비난의 대상으로 전락한다. 원로원이 없었다면 로마공화정에 큰 타격을 주었을 사람으로 바뀌어 있는 것이다. 생각이 갑자기 바뀐 것은 아니다. 왜냐하면 『강의』 3권 21장에서도 동일한 비판을 발견할 수 있기 때문이다.

결국 소크라테스 전통을 따르는 사람들 중에서는 가장 현실 정치를 강조했다고 여겨졌던 크세노폰, 그럼에도 불구하고 '절제'와 같은 소크라테스의 교훈을 여전히 고수하는 크세노폰과 그를 따르는 사람들에게 비난의 화살이 조준된 것이다.

질문 1 : '잔인함'은 새로운 군주에게 필수적인 덕성인가?

『군주』 17장에서는 6장 이후 처음으로 '새로운 군주'에 대한 이야기가 다시 나온다. 그리고 『군주』 8장에서 '잘 사용된 잔인함(crudeltà bene usate)'이라는 표현 이후, '잔인함'이 당시 기독교 정치윤리의 기초인 '온정(caritas)'과 짝을 이루어 새로운 군주가 반드시 알아야 할 악덕으로 소개된다.

자애로움과 기독교

이탈리아어로 '피에타(pietà)'는 한편으로는 '경건'이라는 종교적 의미를 갖고 다른 한편으로는 그것이 체화된 '온정'이라는 윤리적 의미를 갖고 있다. 마키아벨리가 굳이 '피에타'라는 단어를 사용한 것은 여러 의미가 있을 수 있다.

우선 메디치 가문의 수장인 레오 10세를 염두에 두었다고 볼 수 있다. 젊은 로렌초도 '경건'이든 '자비'든 기독교 용어를 앞세우면 더 큰 관심을 보였을 것이다. 그러나 만약 진정 메디치 가문의 호감을 사려 했다면, '잔인함'보다 '자애로움'이 더 좋은 방식이라고 말했어야 옳았다. 잔인함이 미덕이 될 수 있는 경우를 이야기하기에, 로마교회의 행태를 비웃거나 기독교 질서에 도전하는 것처럼 보였을 것 같기 때문이다.

한편 『강의』 1권 11장과 2권 2장에서 보듯, 로마의 시민 종교를 염두에 두었다고 볼 수도 있다. 그렇다면 키케로가 '경건'을 신과 자연의 법에서 나온 것으로 보듯, 시민 종교가 좋은 법을 가져왔다는 이야기를 하든지, 아니면 당시 기독교의 교육이 잘못되었다는 이야기를 했어야 했다. 그러나 『군주』 17장에서 마키아벨리는 로마의 '경건함'이 갖는 정치적 의미까지 부정하고 있다. '경건함'이 아니라 '잔인함'이 사회적 통합과 정치적 안정을 가져왔다고 주장하고 있기 때문이다.

사실 라틴어의 '경건(pietas)'을 기독교의 '온정(caritas)'과 일치시키기도 어렵다. 로마공화정 시기에는 '경건'이라는 말이 '온정' 또는 '연민'으로 사용되지 않았기 때문이다. 게다가 타인의 불행에 대해 느끼는 '측은함(misericordia)'이 '경건함'과 동일한 의미를 갖지도 않았다. '온정'이 시민적 유대의 근간으로 제시되기 시작한 시점은 "신의 피조물로서 동일한 존엄성을 향유하는 인간들은 신에 대한 사랑을 매개로 이웃을 사랑해야"한다는 아우구스티누스의 사랑(agape)에 대한 해석이 널리 받아들여진 이후라고 할 수 있다.

따라서 어떤 각도에서 보든 『군주』 17장의 '자애로움'에 대한 기술은 기독교를 염두에 둔 것이라고 볼 수밖에 없다. 그것도 레오

10세나 젊은 로렌초가 싫어하거나 기피할 이야기를 거침없이 꺼내고 있다고 할 수 있다. 물론 정치적 판단이 일상이 되어 버린 당시 로마교회의 족적을 살펴보면, '잔인함'이라는 주제가 그리 낯을 붉힐 이야기도 아니었다고 반문할 수 있다. 그러나 16장에서 아리스토텔레스를 따르는 당시 인문주의자들을 비난한 것처럼, 17장이 기독교 윤리를 설파하는 로마교회의 사제들이 대상이라면 문제는 다르다. 특히 전자가 소수의 학자들이 믿는 신념과 관련된 것이라면, 후자는 '다수' 또는 '모든' 사람들의 삶과 관련된 도덕적 주제를 언급하기 때문에 더욱 그러하다.

잔인함과 사회적 통합

마키아벨리는 '잔인함'과 관련된 이야기를 할 때에도 16장의 '인색함'과 동일한 설득 방식을 선택한다. 우선 "모든 군주는 자애롭고 잔인하지 않다고 여겨지길 원해야 한다.(ciascuno principe debbe desiderare di essere tenuto piatoso e non crudele.)"고 말한다.[272] '여겨지다'는 말 속에서 알 수 있듯이, 현명한 군주는 할 수 있다면 신중하게 '자애로움'을 사용하고, 다수에게 자애롭다는 평가를 받는 것은 좋은 일이라고 말한다. 즉 다수의 평판은 중요하다는 것이다. 그런 연후에 "그럼에도 불구하고 이 자애로움을 잘못 사용하지 않도록 주의를 기울여야 한다.(nondimanco debbe avvertire di non usare male questa pietà)"고 충고한다.[273] 잘못 사용한다면, '정치 공동체의 존속' 또는 '자기의 국가를 유지'할 수 없을 것이라는 경고도 덧붙인다. '인색함'에서와 마찬가지로, '다수와의 관계'와 '정치 공동체의 존속' 또는 '유지'를 판단의 근거로 내세운 것이다.

그리고 우리는 마키아벨리가 주제를 갑자기 '새로운 군주'로 전환시키는 것을 발견한다. 그는 먼저 '잔인함'과 '공포'를 한 묶음으로 만들고, '자애로움'과 '사랑'을 한 묶음으로 엮는다. 그후 두 개의 사례를 제시한다. 하나는 『군주』 7장에서 소개되었던 체사레다. 그는 체사레가 라미로를 어떻게 죽였는지를 환기시키고, 체사레의 '잔인함'이 결과적으로는 '다수'에게 '자애롭다'는 평가를 받을 수 있도록 도왔다고 강조한다.

> 체사레 보르자는 잔인하다고 여겨졌다(era tenuto). 그럼에도 불구하고 그의 잔인함은 로마냐 지방을 회복시켰고, 통합시켰으며, 평화롭고 충성스럽게 만들었다. 만약 이것을 잘 생각해 보면, 잔인하다는 평판을 피하기 위해 피스토이아가 붕괴되도록 허용한 피렌체 사람들보다 그가 더 자애롭다는 것을 알게 될 것이다.
>
> ─『군주』, 17장, (2)-(3).

마키아벨리는 '여겨졌다(tenuto)'는 표현을 사용함으로써 체사레가 실제로는 '잔인하지 않았던 것처럼' 말한다. 그리고 피스토이아의 내분을 방관했던 피렌체는 '자애로운 것' 같지만 결과적으로는 '잔인했다'고 평한다. '목적이 수단을 정당화한다'는 말은 아니지만, 『군주』 18장에 등장하는 "사람은 결과를 본다.(si guarda al fine)"

는 말의 의미를 되새기도록 만드는 대목이다. 그는 여기에서 그치지 않는다.

> 따라서 군주는 그의 신민들을 통합되고 충성스럽게 유지하기 위해 잔인하다는 불명예를 개의치 말아야 한다. 왜냐하면 매우 자애롭다는 [평판을] 얻기 위해 무질서가 지속되도록 허용해서 이런 무질서로부터 살인과 약탈이 자행되도록 한 사람들보다, 매우 적은 본보기(pochissimi esempli)를 가지고 더 자애[로워 보일] 것이기 때문이다.
> ―『군주』, 17장, (4).

위에서 보듯, 마키아벨리는 분열된 도시를 통합하기 위해 사용되는 잔인함이 결과적으로는 '더 자애롭다'는 말을 하고 있다. 『군주』 7장에서 설명했듯이, 분열을 일으킨 '소수'에게는 잔인하게, 대신 지배받지 않고 안전하게 살기를 원하는 '다수'를 만족시키라는 충고다. 그러지 않으면, "전체 시민들(una universalità)"에게 해를 끼칠 것이라는 경고다. 여기에서 그는 잔인함이 행사되어야할 목적이 '정치 공동체의 존속'이라는 점을 다시 확인시켜 준 셈이다.

분열된 도시의 통합

'분열된 도시의 통합(ad unire una città divisa)'은 『군주』 17장보다 『강의』 3권 26장부터 29장까지 자세히 다루어진다. 우선 마키아벨리는 로마 근방의 아르데아에서 일어난 귀족과 평민의 분쟁이 어떻게 종식되었는지 상세하게 다룬다.[274] 내부의 분열이 외세들을 끌어들였고, 귀족의 요청을 받은 로마인들이 평민들을 도우러 온 볼스키인들을 물리쳐서 분열을 종식시키는 이야기다. 그는 로마공화정이 귀족들 편에 섰다는 것에 주목하지 않는다. 로마공화정은 아르데아와 동맹관계에 있었고, 볼스키인들은 로마인들의 적이었기에 큰 의미를 두지 않은 것으로 보인다. 대신 그는 로마공화정의 집정관인 마르쿠스 게가니우스(Marcus Geganius Marcernius)가 소동을 일으킨 우두머리들을 처형하고 그들의 재산을 몰수한 사례를 부각시킨다.[275]

연후에 마키아벨리는 3권 27장에서 피렌체의 실패를 상술한다. 분열된 도시를 통합하는 데 세 가지 방법이 있는데, 피렌체는 그중 최악을 선택했다는 것이다.

> 세 가지 방식 중에 한 가지를 할 필요가 있다. [로마] 집정관들이 한 것처럼 [선동의 우두머리들]을 죽이거나, 그 도시에서 그들을 제거하거나, 서로 해치지 않겠다는 서약 아래 화해하도록 만드는 것이다.
> ―『강의』, 3권, 27장, (3).

세 번째 방식이 "가장 해롭고, 가장 덜 확실하고, 가장 무익 (ultimo è più dannoso, meno certo e più inutile)"함에도 불구하고,[276] 피렌체가 세 번째를 선택했다가 더 큰 분쟁에 휘말려 결국 두 번째를 선택할 수밖에 없었다고 한탄한다. 그리고 그는 자기 시대의 군주들은

'분열된 도시'를 통합하는 방식을 모른다고 말한다. "그들의 빈약한 교육(la debole educazione loro)과 그 일들에 대한 얄팍한 정보(la poca notizia delle cose)" 때문에, 자기 시대의 군주들이 잔인하지 않은 것까지 비인간적이라고 기피한다는 것이다.[277]

이때 마키아벨리는 마치 '혼합 군주정'의 정복 군주가 해야 할 바를 다루던 것 같은 내용을 '분열된 도시'의 통치라는 일반적인 주제로 전환시킨다. "그가 [파벌들을] 군주로서 다스리든 공화정의 [지도자]로서 다스리든(o principe o republica che le governi)", 모든 분열된 도시는 이런 '잔인함'이 필요하다고 말하는 것이다.[278] 그 이유는 무엇일까?

> (1) 그래서 그들이 평판을 얻은 방식들을 검토해야 하는데, 사실상 두 가지가 있다. 공적인 것과 사적인 것이다. 공적인 방식은 어떤 개인이 공적인 이익(beneficio comune)에 있어 잘 조언하고 더 잘 일했을 때 평판을 얻는 것이다.
> ―『강의』, 3권, 28장, (8)-(9).

> (2) 그러나 [평판들이] 사적인 방법을 통해, 언급된 또 다른 방식으로 획득되었을 때, 그것들은 매우 위험하고 전적으로 해롭다.
> ―『강의』, 3권, 28장, (11).

두 가지 방식을 말하기 전에, 그는 개인이 '자애로움'으로 큰 명성을 누리면, 그 시민의 평판이 공화정에서 참주가 등장하는 '원인 (cagione)'이 될 수 있다고 경고한다.²⁷⁹ 그런 다음에 (1)에서 보듯 그 반대의 것을 '공적인 것' 또는 '공적인 이익'을 위한 행위의 결과라고 규정하고, (2)에서 보듯 '참주'의 평판은 '사적인 것' 또는 '사적인 이익'을 위한 행동에서 얻어진다고 말한다. '사적인 자애로움'은 곧 공화정이 참주정으로 전락하는 계기를 형성할지도 모른다는 것을 강조한 것이다.

이런 위험을 막기 위해 마키아벨리는 로마공화정의 고발제도를 추천한다.²⁸⁰ 고발제도는『강의』I권 8장에서 보듯 '중상 (calunnia)' 같은 '사적인 방법'을 통한 분쟁을 제도화된 '법적 절차'를 통해 해소할 수 있는 장점이 있다. 여기에다가, 이것으로 부족하다면『강의』I권 34장에서 설명된 독재관 제도를 사용해야 한다고 충고한다. 6개월 한시적이지만, 절대적 권력의 행사를 통해서라도 분쟁을 일시에 해결할 수 있는 방식이 필요하다는 것이다.

반면 이러한 제도적 장치가 없는 군주정에서는 군주의 판단이 더없이 중요하다.『군주』18장에서 마키아벨리가 말하듯, "특별히 호소할 판관이 없는(dove non e iudizio a chi reclamare)" 군주에게는 무엇보다 '정치 공동체의 존속'이라는 결과가 군주의 '공적인 방식'을 증명할 유일한 잣대다.²⁸¹ 그래서 군주는 분쟁 중인 분파(parte) 중 어느 곳으로부터도 우호적 관계를 형성할 수 없다는 것을 알아야 하고,²⁸² "그들이 다스려야 할 인민들이 저지른 어떤 잘못도 불평해서는 안 된다."²⁸³ 군주란 자신의 의도를 증명할 필요도 없고 증명할 곳도 없기에, 오직 정치 공동체의 존속만으로 평가받으라는 말이다.

질문 2: 애정이냐 공포냐?

베르길리우스의 디도

새로운 군주와 관련된 또 다른 사례는 베르길리우스(Publius Vergilius Maro, BC70-19)의 『아이네이스(Aeneidos)』에 등장하는 카르타고의 여왕 디도(Dido)의 말을 인용하는 것이다. 마키아벨리는 이 시인의 글을 통해 '새로운 군주정'에서 무엇을 가장 우선적으로 처리해야 하는지를 설명하는데, 체사레의 사례가 '잔인함'이 가져온 행복을 과장한다면, 디도의 사례는 '자애로움'이 가져온 불행을 암시한다. 즉 주제가 '잔인함'과 '자애로움'에서 '사랑'과 '두려움'으로 극적인 전환을 이룬 것이다. 이를 위해 그는 베르길리우스의 말을 라틴어 그대로 인용하고 있다.

> "어려운 일들(res dura)과 왕국의 새로움(regni novitas)이 내게 그러한 조치들을 취하도록 만들었고, 드넓은 국경을 지키도록 했다."
> ─『군주』, 17장, (6).

위의 구절은 디도가 아테네인들에게 패해 도주해온 트로이 사람들에게 '자애로움'을 베풀면서 자기가 취한 가혹한 조치들을 너그럽게 봐달라고 부탁하는 장면이다.²⁸⁴ 즉 카르타고를 세운 여왕 디도가 처음에는 '새로운 군주'로서 무엇을 해야 하는지 분명하게 알고 있었지만, 일차적으로 트로이의 일리오네우스(Ilioneus)에게 속고,²⁸⁵ 다음으로는 아이네이스(Aeneis)에게 실연당해 자살했다는 것을 암시하는 것이다.²⁸⁶

사실 베르길리우스의 디도는 기독교인들에게 큰 환영을 받지 못한 인물이다.²⁸⁷ 허구임에도 불구하고, 사랑 때문에 신이 준 목숨을 끊었기 때문이었다. 로마공화정이 설립되는 계기를 준 루크레티아(Lucretia)에 대해 기독교인들이 보여 준 태도와 매우 상반된 태도였던 것이었다. 폭군에게 겁탈당해 순결을 잃고 자신의 명예를 지키기 위해 자살한 루크레티아에게는 찬사가 쏟아졌지만, 베르길리우스의 디도는 누구도 칭찬하거나 언급하려 하지 않았다.

그래서 르네상스 학자들은 필요한 경우 베르길리우스의 디도 대신 유스티누스(Marcus Justinus)가 기록한 디도를 언급했다.²⁸⁸ 디도가 아이네이스와는 전혀 다른 시대에 살았고, 그녀의 죽음도 죽은 남편에 대한 순결과 신의를 지키기 위한 것이었다는 기록을 사용한 것이다.²⁸⁹ 이런 정치사회적 맥락에도 불구하고, 마키아벨리는 굳이 '베르길리우스가 묘사한 디도'를 고집하고 있다. 그것도 "베르길리우스가 디도의 입을 빌려 말한(Vergilio nella bocca di Didone dice)" 바를 인용했다고 밝히면서까지 말이다.²⁹⁰ 왜 그랬을까?

마키아벨리는 베르길리우스의 디도에 대한 기독교인들의 비난에 큰 관심이 없다는 것을 드러낸 것이다. 보다 면밀하게 말하자면, 기독교인들과는 전혀 다른 관점에서 '베르길리우스의 디도'를 비판하고 있다. 그러기에 그는 '자살'과 관련된 디도의 노래가 아니라 '베르길리우스의 디도'가 스스로의 '자애로움'을 과시하기 위해 던졌던 말을 인용하고 있다. '순결'이나 '자살'이 문제가 아니라 새로운 국가를 건설한 군주가 무엇을 해야 하는지를 화두로 삼고 싶었던 것이다.

사랑(amore)과 공포(timore)

일면 베르길리우스의 디도에 대한 총평인 것 같지만, 아래의 문단은 새로운 형태의 논쟁을 유도하기 위한 도입이다. 이렇게 해석하는 근거는 텍스트에 있다. 바로 다음 문장에서 마키아벨리는 '이것으로부터(da questo)' 두려움을 느끼게 하는 것이 좋은지 사랑을 받는 것이 좋은지에 대한 논쟁이 시작되었다고 말하기 때문이다.[291]

> 그럼에도 불구하고, [군주는] 천천히 믿어야 하고, 움직여야 하며, 스스로를 두렵게 만들어서도 안 된다. 신중과 인간미를 갖고 절제된 방식으로 진행해, 지나친 확신(la troppa confidenzia)이 그를 부주의하게 만들거나 지나친 불신(la troppa diffidenzia)이 그를 견딜 수 없도록 만들지 않아야 한다.
>
> ─『군주』, 17장, (7).

가장 이상적인 군주의 태도가 기술되고 있다. 신중하고 인간미 넘치는 군주, 그리고 절제를 통해 지나침을 조율할 줄 아는 군주가 묘사되고 있다. 마치 아리스토텔레스의 '중용'으로 돌아간 것 같다.

그러나 우리가 놓치지 않아야 할 것이 있다. 바로 마키아벨리가 이런 의견을 논쟁적인 것으로 보았다는 점이다. 즉 이미 확정된 진리가 아니라, 충분히 논의되어야 할 사안으로 상정했다는 것이다. 그러기에 '인색함'에서와 동일한 화법으로 실제 군주가 당면하게 될 어려움을 기술한다.

> 누군가는 이것도 저것도 원해야 한다고 말하기도 하겠다. 그러나 둘을 합하는 것이 어렵기 때문에, 만약 둘 중에서 어느 하나가 결여될 수밖에 없다면, 사랑을 받기보다 두려움을 느끼게 하는 것이 더 안전하다.
>
> ―『군주』, 17장, (9).

우선 둘 중 하나만 가질 수 있는 상황을 설정한다. 그리고 '안전(sicurtà)'을 우선적으로 선택하라고 주문한다. 즉 군주에게는 '자기 국가의 유지', 공화정에는 '정치 공동체의 존속'에 판단의 기준을 두라는 것이다. 그 결과 그는 두려움을 느끼게 하는 것이 사랑을 받는 것보다 더 안전하다고 말한다. 도입 부분에 기술된 '이상적인 군주'의 모습을 받아들일 수 없음을 분명히 한 것이다.

이렇듯 '공포'가 '사랑'보다 더 안전할 것이라고 판단하는 근거는 인간의 본성에 있다. 앞서 언급한 것같이, 마키아벨리는 '정치가'와 '입법자'에게 "인간은 기회가 주어지면 언제든지 그들의 사악한 정신을 사용한다는 것"을 전제하라고 가르친 바 있다.[292] 동일한 맥락에서 그는 이렇게 말한다.

> 왜냐하면 일반적으로 인간들이란 배은망덕하고, 변덕스럽고, 가식적인 위선자들이며, 위험은 빠져나가려 하고, 이익에는 열정적이기 때문이다.
> ─『군주』, 17장, (10).

홉스(Thomas Hobbes)의 『리바이어선(Leviathan)』의 한 구절을 연상시키는 말이다. 이기적인 인간, '사는 것'에 집착하는 인간, 그래서 끝없는 투쟁 가운데 있는 인간을 상정하고 있다. 그러나 마키아벨리는 여전히 홉스보다 관계적 인간을 강조한다. 사랑이든 공포든 다른 사람들과의 관계가 완전히 소실된 고립된 인간을 염두에 두지도 상정하지도 않는다.

> 인간은 두려워하는 사람보다 사랑하는 사람을 공격하는 것을 덜 주저한다. 왜냐하면 사랑은 인간들이 사악하기에 그들에게 유리한 매 기회마다 깨질 수 있는 의무라는 사슬(uno vinculo di obligo)에 의해 지탱되지만, 공포(il timore)는 당신을 결코 저버릴 수 없는 처벌의 두려움(una paura di pena)에 의해 유지되기 때문이다.

— 『군주』, 17장, (11).

어쩌면 현대 사회를 살아가는 우리에게는 덜 부담스러운 내용일지 모른다. '이기적' 인간이 지극히 자연스러운 것처럼 이해되고, 이러한 이기적 본성이 사회경제적 관계를 설명하는 틀이 된지 오래되었기 때문이다. '필요'에 의해 관계가 형성된다는 계약적 사고에 익숙한 현대인들에게는 위와 같은 비관적 인간관이 곧 현실이라는 생각이 들지도 모른다.

그러나 마키아벨리의 설명은 이런 비관적인 현실주의나 경제학적 사고가 필요하다는 것이 아니다. 정치적 권위와 법적 권위를 통한 공존의 토대를 쌓을 수 있는 정치학적 통찰력을 요구하고 있다. 그래서 한편으로는 '사랑'을 받는 것이 가능하지도 바람직하지도 않다는 판단을 제시하고, 다른 한편으로는 격변기일수록 '다수'가 간과하는 '공동선'을 위해 노력해야 한다고 주문하는 것이다.

사랑받는 것(diligi) 이상 영향력을 지키고 유지하는 데 적합한 것은 없다. 그리고 두려움의 대상이 되는 것(timeri)보다 덜 적합한 것은 없다. 에니우스가 훌륭하게 말한 것처럼, "그들은 그들이 두려워하는 사람들은 미워하고, 누군가를 미워하면 사람이 죽기를 원하기" 때문이다.

— 『의무론』, 2.7.23.

이런 관점에서 볼 때, 키케로와 같이 '사랑'을 '정치적 권위'의 토대로 삼자는 충고는 매우 위험한 발상처럼 보였을 것이다. 키케로도 공포의 효과에 대해 모르는 바는 아니었지만, '공포'는 참주가 선호하는 통치 방식이기에 기피해야 하며, 궁극적으로는 '사랑'만이 정치적 권위를 안전하게 유지시켜 주는 방편이라고 믿었다. 그러나 마키아벨리는 키케로의 '사랑'에 기초한 통치가 오히려 참주가 선호하는 방식이며, 궁극적으로는 전체를 위험에 빠뜨릴 것이라고 충고하는 것이다.

특이한 사실은 마키아벨리가 공포와 증오의 상관관계에 대한 보다 세분화된 분석을 수행하고 있다는 점이다. 우선 마키아벨리는 '공포'와 '두려움'을 구분한다. 전자가 집단적 습관을 포함한 제도화된 권위를 이야기한다면, 후자는 어떤 행동을 유발하는 직접적이고 감각적인 느낌이다. 예를 들면, 용병들이 '신에 대한 공포(timore)'가 없다고 말할 때와 같이,[293] 공포는 직접적인 위협 또는 고통 때문에 복종하게끔 만드는 힘과 차이가 있는 것이다. 즉 '두려움의 대상'이 된다는 것은 보다 제도화된 힘을 갖는 상태나 지위를 의미한다고 볼 수 있다. 그러나 '공포'를 유발하는 군주의 존재론적 근거는 두려움의 대상이 되더라도 큰 차이가 없다.

그런 다음, 마키아벨리는 '공포'가 곧 '증오'를 수반한다는 키케로의 견해를 비판하고 있다. 『군주』 19장에서 살펴보겠지만, 그도 '증오(odio)'를 군주가 기피해야 할 악덕으로 본다. 그러나 그는 키케로와는 달리 '공포'의 대상이 되어도 증오의 대상이 되지 않을 수 있다고 본다.

그럼에도 불구하고 군주는 만약 사랑을 획득할 수 없다면, 증오를 피할 수 있는 방식으로 스스로를 두렵게 만들어야 한다.(Debbe nondimanco el principe farsi temere in modo che, se non acquista lo amore, che fugga l'odio.) 왜냐하면 두려움의 대상이 되는 것과 증오의 대상이 되지 않는 것은 매우 순조로이 함께 있을 수 있기 때문이다.

—『군주』, 17장, (12).

아리스토텔레스가 참주에게 해 준 훈계처럼,[294] 마키아벨리도 '재산'과 '부녀자'를 손대지 않으면 증오를 유발하지 않는다고 말한다. 처벌을 할 때에는 법적 근거를 제시하고, 다수의 증오를 유발할 약탈이나 가혹한 세금보다 몇몇 소수를 본보기로 처벌해서 권위를 세워야 한다고 덧붙인다.[295] '참주'가 권력을 유지하기 위해 '왕'처럼 보이려고 노력하듯, '참주'와 같이 잔인한 방식도 '다수'의 증오를 피하면서도 공포를 통해 신민들을 결속시킬 수 있다고 말하는 것이다.

크세노폰을 넘어

마키아벨리는 『강의』 3권 19장에서 21장까지 '잔인함'과 '형벌'에 대해 다룰 때에도 동일한 입장을 견지한다. '인간미'와 '자애로움'이 더 좋은 결과를 낳을지, '형벌'과 '잔인함'이 더 좋은 결과를 낳는지는 상황과 인물에 따라 다르다는 중립적 견해가 먼저 제시된다.[296] 그리고 크세노폰의 키루스와 이를 모방한 스키피오와 같이 고전 정치철학이 강조하는 미덕을 가지고 좋은 평판을 유지했던 사람들의 이야기가 뒤를 잇는다.[297] 그런 연후에 그는 새로운 사고를 요구한다. 스키피오와 같이 '사랑을 받고자 자애로움에 치중한 지도자'는 잔인함을 사용할 수밖에 없는 상황에 봉착한다는 점을 상기시키고, '잔인함'을 통해 '영광'을 누릴 수 있는 방식을 배우라고 충고하는 것이다.[298]

아마도 마키아벨리를 크세노폰이나 키케로와 비교할 때, 우리가 놓쳐서는 안 될 것이 하나 있다. 바로 마키아벨리가 모든 이야기를 '획득하고자 하는 욕구'로 설명했다는 것이다. 그에게는 '애정(amore)'도 상대에 대한 좋은 느낌에서 나오는 것이 아니다. 조국에 대한 애정도 자기가 획득했거나 향유했던 자유 또는 동료 시민들과의 관계에 대한 애착이다. 마찬가지로 군주의 자애로움도 도덕적 신념이 아니라 '사랑받고자 하는 욕구' 또는 '증오의 대상이 되고 싶지 않은 욕구'를 통해 나타난다. 그리고 지배받지 않으려는 인민도 '가지고자 하는 욕구만큼'은 군주에게 뒤지지 않는다.

> 인간들은 아버지의 죽음을 상속 재산의 손실(la perdita del patrimonio) 보다 더 빨리 잊어버린다.
>
> ―『군주』, 17장, (14).

단순히 비아냥거리는 말이 아니다. 마키아벨리는 이런 심리가 '필요'와 '욕구'의 절묘한 결합이 빚어내는 하나의 행동 양식이라고 믿고 있다. 즉 사람들은 "죽은 사람은 다시 살아나지 않지만, 잃어버린 재산은 다시 찾을 수 있다."고 믿는다는 것이다.[299] 따라서 그에게는 이런 욕구를 도덕으로 억제하려 한다는 것 자체가 '잘못된 상상'이다.

동일한 맥락에서 마키아벨리는 『군주』 14장에서 그토록 칭찬했던 스키피오를 비판하고 나선다. 그것도 한니발의 '비인간적 잔인함(inumana crudeltà)'이 분열될 수 있었던 군대를 일사분란하게 이끌었다고 칭찬한 다음에 말이다.[300] 그는 스키피오가 스페인에서 부하들의 반란에 직면한 것을 '극도의 자애로움(la sua troppa pietà)' 때문이었다고 말한다.[301] 14장에서 그의 인간미 넘치는 성격을 칭송했던 것과는 딴판이다. 크세노폰이 기술한 키루스를 모방했던 스키피오, 그리고 키케로의 영웅이었던 스키피오에게 비난의 화살을 조준한 것이다. 크게 두 가지 측면에서 그렇다.

첫째, 마키아벨리는 스키피오의 명성과 영광이 자기 자신이 아니라 로마공화정의 원로원이 대신 행사한 '비인간적 잔인함' 때문에 가능했다고 말한다. 원로원이 없었다면, 스키피오의 인간미 넘치는 성격은 그러한 평판을 가져다주지는 못했을 것이라는 것이다.

> 만약 그가 지속적으로 지휘권을 행사했다면, 그러한 본성이 스키피오의 명성과 영광을 훼손시켰을 것이다. 그러나 그는 원로원의 통

치 아래 살았기에, 그의 이렇듯 해로운 자질(qualità dannosa)이 감추어졌을 뿐만 아니라 그에게 영광(gloria)을 가져다주었던 것이다.

—『군주』, 17장, (22).

위에서 마키아벨리는 스키피오의 명성이 로마공화정의 제도적 장치가 빚어낸 결과라고 말한다. 그리고 스키피오가 누린 영광은 로마공화정에서 중추적 역할을 담당했던 로마 원로원이 만들어 낸 것이지 그의 인간미가 빚어낸 것은 아니라는 것이다. 즉 칭찬의 대상이 스키피오의 자질로부터 '로마 원로원'의 리더십으로 전환되었다. 그리고 이 과정에서 '비인간적 잔인함'이 다시 정당화되고, '엄격한 법적용'의 필연성이 '자애로움'을 대치한 것이다.

둘째, 마키아벨리는 '다수'의 평판보다 '다수'의 욕구를 충족시켜 주는 것이 무엇보다 중요한 군주의 덕목임을 거듭 강조한다. 이제 첫 도입 부분에 언급되었던 '사랑'도 받고 '두려움'의 대상도 될 수 있는 이상적인 선택지는 없다.

사람들은 자기의 편의에 따라 사랑하고, 군주가 원해야만 [그를] 두려워한다. 그렇기 때문에, 현명한 군주는 타인의 것이 아니라 자신의 것에 기초해야 한다. 앞서 말했듯이, 그는 다만 어떻게든 증오는 피하려고 노력해야 한다.

—『군주』, 17장, (23).

위에서 보듯, 신중하고 인간미 넘치는 이상적인 군주의 모습이 사라졌다. 군주는 '자기의 것'에 기초해야 하고, 타인의 평판이나 애정에 의지해서는 안 된다. 다만 '다수'가 원하는 것, 즉 '지배받지 않으려는 욕구'와 '정치 공동체의 존속'을 충족시켜 주는 것은 매우 중요하다. 왜냐하면 이것들만이 '군주의 것'으로서 자신의 국가를 유지할 수 있도록 해 주기 때문이다.

결국 마키아벨리의 스키피오는 크세노폰의 소크라테스적 가르침을 비판하고 있다. 특히 두 가지 측면에서 '절제'나 '자애로움'이 바람직하지도 않고, 가능하지도 않다고 말한다. 첫째는 '획득하려는 욕구'다. 마키아벨리의 충고에서는 '군주'도 '다수'도 절제를 요구받지 않는다. 다만 획득하고자 하는 욕구의 대상을 바꾸도록 유도될 뿐이다. 둘째는 '정치 공동체의 존속'이다. 스키피오의 '자애로움'은 공화정을 무너뜨린 '참주'의 것과 일치된다. 즉 그의 자애로움은 정치 공동체의 존속을 해칠 수 있는 잘못된 품성으로 간주되는 것이다.

18장
어떤 방식으로 군주는 신의를 지켜야 할까
Quomodo fides a principibus sit servanda

　주지하다시피 키케로에게 '신의(fides)'는 매우 중요한 덕목 중 하나다. 『의무론』에서 밝히듯, 그는 '신의'를 한편으로는 '정의의 기초(fundamentum iustitiae)'로,[302] 다른 한편으로는 참된 정의를 실현하려는 '신중함(prudentium)'만이 가져다줄 수 있는 타인들의 호의로 정의한다.[303] 따라서 '신의'는 진정한 '영광'의 조건이자, 도덕적으로 악한 것에 유익함이란 없다는 것을 가르쳐주는 잣대 중의 하나다.[304] 그러기에 전쟁 중이라고 할지라도 약속을 했다면 지켜야 하고,[305] 기만적이거나 교활한 언행은 용납되지 않는다.[306] 왜냐하면 모든 법의 원천인 '신'과 '자연'의 뜻을 현실이란 명목으로 거부할 수는 없기 때문이다.[307]

　반면 『군주』 18장은 제목부터 이런 키케로적 전통에 반기를 들고 있다. 마치 군주에게 신의를 지킬 수도, 지키지 않을 수도 있는 어떤 선택지가 존재하는 것처럼 말하기 때문이다.

군주는, 특별히 새로운 군주(uno principe nuovo)는 사람들이 선하다는 [평판]을 갖는 그러한 모든 것들을 준수할 수 없다는 점을 반드시 이해해야 한다. 왜냐하면 국가를 유지하기 위해(per mantenere lo stato), 그는 종종 신의를 저버리고, 자비롭지 않고, 인간적이지 않고, 반종교적으로 행동할 수밖에 없는 처지에 놓이기 때문이다.

—『군주』, 18장, (14).

위에서 보듯, 실제로 마키아벨리는 군주에게 상황에 따라 선과 악을 선택할 수 있어야 한다고 말한다. 그리고 무엇이 유용하고, 무엇이 필요한지를 판단하는 근거로 '국가의 유지'라는 목적을 제시한다. '정치 공동체의 존속'이 군주가 지향해야 할 목적이고 그의 통치를 판단할 근거라는 점을 각인시키는 것이다. 그리고 마키아벨리는 이것을 이해하지 못한다면 그 누구도 군주가 될 '자질(qualità)'이 없다고 부언한다. 나쁜 행동을 할 수밖에 없는 경우가 있다는 것, 그리고 상황에 따라 어떤 선택이 적절한지를 '아는 것'이 군주에게 필수적이라고 충고하는 것이다.

이런 맥락에서 많은 학자들은 『군주』 18장을 마키아벨리의 키케로에 대한 정면 도전으로 해석한다. '유용함(utile)'을 '도덕적 선(honestum)'보다 우선시했다는 해석이나, '사자'와 '여우'의 이야기를 뒤집어놓았다는 해석도 동일한 맥락에서 나온 것이다. 물론 키케로도 정치적 현실과 폭력의 경제적 사용을 고민했다는 지적,[308] 키케로에게서도 '선'과 '유용함'의 확연한 구분을 발견할 수 없다는 주장,[309] 그리고 키케로도 정치가에게는 상황에 따라 유연한 행동이 필요하다고 보았다는 입장이 제기되고 있다.[310] 그러나 대부분의 학자들은 마키아벨리의 충고에서 '유용함'과 '선'의 균형 이상의 것을 발견하게 된다. '선한 것'이 없는 '유용한 것,' 또는 키케로가 말하는 '선한 것'을 대체하는 새로운 잣대를 발견하게 되는 것이다.

여기에 우리가 놓쳐서는 안 되는 것이 하나 있다. 바로 마키아벨리가 미덕과 악덕을 선택할 수 있는 능력을 가르칠 수 있다고 믿었다는 것이다. '이해하다(intendere)'라는 단어의 선택에서 알 수 있듯이, 그는 『군주』 18장에서 그러한 군주의 '자질'을 가르치고자 한다. 마치 아리스토텔레스가 '신중함'을 가르치고자 했듯이, 그도 자기가 생각하는 군주의 '신중함'을 가르치고자 하는 것이다. 그리고 그러한 자질이 '사람들이 그렇다고 믿는 것'의 상위에 존재하는 판단 기준에 입각해서야 이해될 수 있다는 점을 강조한다. 마치 아리스토텔레스가 '탁월함'을 판단하는 기준을 제시하듯이 말이다.

따라서 마키아벨리가 '유용함'이 '선'보다 우선되어야 한다는 입장을 갖고 있었다거나, 마키아벨리는 목적이 수단을 정당화한다는 결과론적 신념을 갖고 있었다는 해석만으로는 『군주』 18장의 핵심을 잡아낼 수 없다. 만약 그가 '유용함'에 집착했다면 '악'이다 '선'이다 구분해서 말할 필요가 없었을 것이고, '결과'가 모든 것을 좌우한다고 생각했다면 군주에게 어떤 방식을 취해야 하는지를 가르칠 필요가 없었을 것이기 때문이다. 다시 말하면, 우리는 마키아벨리가 제시하는 판단의 기준, 그리고 이러한 기준에서 군주 또는 잠재적 군주가 받아들여야 하는 행동의 준칙을 찾아내야 한다는 것이다.

질문 1: 마키아벨리는 키케로를 어떻게 반박하고 있는가?

당시 피렌체의 지식인들은 키케로의 영향력 아래에 살고 있었다. 특히 인문주의자들과 공화주의자들에게 키케로와 그의 저작은 큰 사랑을 받았다. 당대 최고의 지식인들이 그를 정치적으로나 수사학적으로나 본받아야 할 문장가로 추켜세웠고, 그의 저술은 바람직한 정치인이 갖추어야 할 자질이 무엇인지를 판단하는 기준으로 사용되었다.[311] 그의 저술 중에서도 『의무론』의 영향력은 단연 돋보였다. 라틴어로 인쇄된 첫 번째 책이라는 사실에서 알 수 있듯이, 중세부터 르네상스에 이르기까지 『의무론』은 널리 읽혔고, 당시 유력 가문과 지식인들에게는 도덕적 지침을 제공하는 교재로 광범위하게 활용되었다.

따라서 마키아벨리가 이름을 언급하지 않았다고 하더라도, 『의무론』에 나온 구절이나 표현을 사용한다는 것은 곧 그가 키케로를 염두에 두고 있다는 사실을 드러낸다. 모든 구절과 표현에 어떤 의도가 내재되어 있다고 해석하는 것이 다소 지나치다고 생각할 수도 있겠다. 그러나 『의무론』에서 중요한 덕성의 하나로 제시되는 '신의'를 주제로 삼았고, 키케로가 사용한 '사자'와 '여우'의 비유까지 빌려서 자기의 생각을 설명했기에, 『군주』 18장의 해석에 있어 키케로의 『의무론』을 배제하는 것은 텍스트에 숨겨진 뜻을 지나치게 부각시키는 것보다 오히려 더 부적절하다.

사자와 여우

> 부정의가 행해지는 데에는 두 가지 방식이 있는데, 힘(vi)이나 속임수(fraude)를 쓰는 것이다. 속임수는 작은 여우에게 속하는 것처럼 보이고, 힘은 사자에게 속하는 것처럼 보인다. 두 가지 모두 인간과는 동떨어진 것처럼 보이지만, 기만은 더 큰 경멸을 받아 마땅하다. 그리고 모든 부정의 중에 신뢰를 배반하면서도 마치 선한 사람처럼 보이도록 행동하는 사람들보다 더 처벌을 받아 마땅한 이들은 없다.
>
> ─『의무론』, I.13.41.

위에서 보듯, 키케로는 '힘'과 '기만'을 모두 비인간적인 것으로 상정하고, 둘 중에서도 후자를 더욱 경멸스러운 행동으로 간주한다. 그리고 그는 기만적인 행동을 그 어떤 것보다 부정의하고 처벌받아 마땅한 것으로 규정한다. '힘'의 사용에 대해서는 어느 정도 타협할 의사가 있음을 내비친 반면, '기만'에 대해서는 확고하게 반대 의사를 표명한 것이다.

따라서 군주는 어떻게 야수의 [방식]을 사용해야 하는지를 잘 알아야(sapere) 할 필요가 있기에, 그는 여우와 사자를 선택해야(pigliare) 한다. 왜냐하면 사자는 함정으로부터 스스로를 방어할 수 없고, 여우는 늑대들로부터 스스로를 방어할 수 없기 때문이다. 따라서 누군가는 함정을 알아보기 위해 여우가 될 필요가 있고, 늑대를 겁먹게 만들기 위해 사자가 될 필요가 있다. 단순히 사자에 머무는 사람들은 이것을 이해하지 못한다.

—『군주』, 18장, (7).

키케로와 달리, 마키아벨리는 둘 모두를 사용해야 하고, 특히 '기만'을 사용할 줄 알아야 한다고 충고한다. 참으로 흥미로운 반전이다. 『의무론』 3권에서 보듯, 키케로에게도 '도덕적 선'과 '유용한 것'이 타협해야 할 정치적 필요에 대한 자각이 있다. 그러나 키케로의 독자들은 둘 모두를 고려해야 한다는 충고는 받지만, '선한 것'과 '유용한 것' 사이에서 하나를 선택해야 하는 상황을 강요받지는 않는다.[312] 반면 마키아벨리의 독자들은 둘 모두를 고려해야 할 뿐만 아니라 '선한 것'과 '유용한 것' 사이에서 하나를 선택해야 하는 상황에 강제된다. 그리고 '사자'만큼이나 '여우'가 되는 것에 관심을 기울여야 한다.

영악함과 인간 본성

그럼 군주가 '기만' 또는 '여우'에 관심을 보여야 하는 이유는 무엇일까? 마키아벨리는 그 이유를 『군주』 18장의 첫 문단부터 설명하려고 애쓴다. 그러나 첫 문단만 보면, 그의 주장은 당시 인문주의자들의 것과 큰 차이가 없다. 신의를 지키고 정직하게 사는 것은 칭찬받을 일이지만, 때로는 상황에 맞게 적절한 수단을 사용해야 한다는 말은 키케로를 따르는 사람들도 자주 하는 말이었기 때문이다. 따라서 위대한 업적을 성취한 군주들이 신의가 아니라 "영악함(astuzia)으로 사람들의 두뇌를 농락해(aggirare)" 성공했다는 말이나, '진지함(realtà)'만으로는 행복한 결과를 가져올 수 없다는 말 정도는 누구라도 어렵지 않게 받아들일 수 있었을 것이다.[313]

'여우'와 관련된 이야기를 꺼낸 문단에서 제시하는 인간 본성도 마키아벨리만의 독특한 주장이라고 볼 수 없다. 사실 기독교적 세계관에서 볼 때, 인간의 본성이 '사악(tristi)'하다는 견해는 당연히 받아들여야 할 사실에 불과하다.[314] 비록 그에게서 '신'에 대한 이야기를 들을 수는 없지만, 그의 인간 본성에 대한 견해가 인간의 본성은 원래 악하다고 믿는 기독교인들에게 버겁게 들리지는 않았을 것이다. 그리고 인문주의자들에게도 "모든 사람들이 선하지 않다."는 정도의 주장은 납득할 만한 견해였을 것이다. 비록 인간의 본성이 지혜를 추구한다는 입장을 갖고 있었지만,[315] 키케로조차도 인간이 욕망에 사로잡혀 잘못을 저지를 수 있다는 것을 인정하지 않았는가 말이다.[316]

다시 말하자면, 영악함을 두둔했다거나 인간의 본성에 대해 비관적 견해를 가졌다는 것만으로 마키아벨리가 독창적인 생각을 가졌다거나 키케로에게 정면으로 도전하고 있다고 말하기는 어렵다.

실제로 키케로도 '좋은 것'과 '효과적인 것'의 긴장을 직시하고 있었고,[317] 어떤 면에서는 마키아벨리보다 먼저 정치와 도덕의 긴장을 고민했다고 볼 수 있다.[318] 또한 키케로의 생각을 계승한 아우구스티누스도 인간의 본성 때문에 사회 정의가 종종 강제와 처벌을 통해 달성될 수밖에 없다고 말했고,[319] 동일한 맥락에서 그는 '정의로운 전쟁'의 정당성을 찾고자 노력했다.[320] 즉 '영악함'과 '본성'만으로는 마키아벨리의 독창성을 증명하기가 힘들다는 것이다.

말과 법

그러나 마키아벨리가 키케로나 아우구스티누스의 생각을 그대로 따르고 있다고 보기는 어렵다.[321] 왜냐하면 그가 '영악함'이나 '기만'을 두둔하는 근거가 예외적인 상황에서 '폭력'의 행사를 용인한 키케로의 것과 매우 다르기 때문이다.

> 싸움에는 두 가지 종류가 있는데, 하나는 토론(disceptationem)을 통한 것이고, 다른 하나는 힘(vim)을 통한 것이다. 전자는 전적으로 인간에게 속한 것이고, 후자는 짐승에게 속하는 것이다. 만약 전자를 활용할 기회가 없다면 후자에 호소해야 한다.
> ―『의무론』, I.11.34.

위에서 키케로는 전쟁에 대해 언급하고 있다. '회담'을 통해 분쟁이 해결되지 않을 경우, '폭력'에 호소할 수밖에 없다는 내용이다. 문맥상으로 볼 때 '정치 공동체의 존속'이라는 목적이 분명하게 드러나고, 전쟁이 끝나면 인간적인 방식으로 돌아가야 한다는 충고가 뒤따른다.[322] 즉 전쟁이라는 예외적인 경우에 국한된 폭력을 이야기한 것이다.

> 전투(combattere)에는 두 가지 종류가 있다는 것을 반드시 알아야 한다. 하나는 법(le leggi)으로, 다른 하나는 힘(la forza)으로 하는 것이다. 첫 번째는 인간에게 적합하고, 두 번째는 짐승에게 적절하다. 그러나 첫 번째가 종종 충분하지 않기 때문에, 두 번째에 호소해야 한다.
> ——『군주』, 18장, (2)-(3).

위에서 보듯, 마키아벨리는 키케로의 이야기를 부분적으로 각색했다. '전투'로 시작한 문장의 처음은 전쟁과 관련되는 듯 보이려 한 흔적을 보여 준다. 그러나 내용은 전쟁이라는 예외적인 경우에 국한되지 않는다. 국내외적 상황에서 군주가 어떤 행동방식을 취해야 하는지를 설명하고 있다. 또한 '토론'을 '법'으로 바꾸었고, '힘'에 호소하는 것이 '예외적인 상황'이 아니라 '일반적인 상황'에서 직면하게 되는 선택인 것처럼 서술했다. 키케로의 이야기를 인용한 것이 아니라, 전혀 새로운 내용의 주장을 전달하고 있는 것이다.

첫째, '토론'이 '법'으로 바뀐 부분부터 다시 살펴보자. '토론'은 수평적 관계에서 서로를 존중하며 행해지는 일종의 '심의'다. 반면 법은 어떤 권위의 행사를 요구하기에 일종의 위로부터 아래로의

'강제'가 수반되는 '힘'이라고 할 수 있다. 설사 마키아벨리가 키케로의 '자연법' 또는 '진정한 법(vera lex)'을 뜻하려 했다 주장하더라도,[323] 단수가 아니라 복수가 사용되고 있는 데다가 '자연'이나 '이성'이라는 용어를 사용하지 않았다는 점을 간과할 수 없다. 즉 그가 말하는 '법'은 '힘'과 구별이 어렵고, 최소한 제도화된 '힘'을 의미한다고 보아야 한다.

그렇다면 마키아벨리는 키케로의 의도와는 매우 동떨어진 주장을 하고 있는 셈이다. 『군주』 12장에서 설명했듯이, 그는 '법'을 평화로울 때에도 '필연성'을 각인시키는 하나의 방편으로 이해하고 있고, 상반된 이익을 추구하는 집단들이 공존할 수밖에 없는 이유를 확인시키는 강제로 설명하고 있다. 따라서 '인간에게 적합한 것'으로서 법은 어떤 행동을 강제할 수 있는 상황을 전제하고, 동일한 맥락에서 법이 이성적 토론이나 자유로운 논의를 암시한다고 보기 어렵다. 이런 측면에서 본다면, 키케로의 '올바른 이성(recta ratio)'에 기초한 이성적인 토론이 필연성에 강제된 제도화된 폭력으로 전환된 것이다.

둘째, 폭력을 통한 분쟁의 해결을 일상적인 것처럼 말한 것도 주목할 필요가 있다. 한마디로 말하면, 마키아벨리는 키케로가 주장한 바의 본말을 전도시켰다고 할 수 있다. 예외적 상황에서 사용되어야 할 폭력이 아니라, 또 하나의 자연적 속성 또는 정치의 본질로 '폭력'을 부각시킨 것이다. 한편으로는 '전쟁과 관련된 기술'이 곧 군주의 중요한 자질 중의 하나라는 신념이 내재되어 있고, 다른 한편으로는 이러한 자질이 국내적 상황에서도 적용될 수밖에 없다는 판단이 깔려 있다.

그래서 마키아벨리는 "군주는 짐승의 것과 인간의 것을 어떻게 사용하는지를 잘 알아야 할 필요가 있다."고 말하고,[324] "반은 짐승이고 반은 인간"인 켄타우로스의 예를 통해 반드시 '두 속성 모두(l'una e l'altra natura)'를 군주는 알고 있어야 한다고 주문한다.[325] 폭력의 행사는 예외적인 상황에서 필요한 것이 아니라 일상적인 상황에서 갖추어야 할 군주의 속성이라는 것이다. 게다가 그는 둘 중 어느 하나라도 결여하면 나라를 유지할 수 없을 것이라는 충고까지 곁들인다.[326]

이렇듯 마키아벨리가 언급한 '짐승'의 방식은 키케로에게 있어 예외적인 상황에서 요구되는 '폭력'의 행사와는 다르다. 만약 전쟁 상황에 국한된다면 키케로를 따르는 사람들의 입장에서도 고려해 볼 여지가 있었겠다. 그러나 국내 상황에도 이러한 폭력의 필요를 적용시켜야 한다면 키케로를 따르는 사람들에게는 선뜻 받아들이기 어려웠을 것이다. 전쟁 상황에서도 '기만(insidiarum)이 없는 평화'를 꿈꾸어야 한다고 말하고, 그러지 못했기에 로마공화정이 내란으로 붕괴하기에 이르렀다고 한탄했던 키케로를 기억한다면 말이다.[327]

기만과 눈가림

마키아벨리가 키케로와 결별하는 보다 결정적인 부분은 '기만'

일 것이다. 앞서 설명한 바, 키케로에게 '기만'은 매우 정의롭지 못한 행위다. 그러나 마키아벨리에게 '기만'은 군주에게 필수적인 수단이다. 그는 필요하다면 '기만'하라고 권하는데 그치지 않는다. '눈가림'하는 방법을 반드시 익혀야 한다고까지 충고한다.

> 이러한 본성을 어떻게 눈가림하는(colorire)지를 잘 알고 있어야 하고, 지극히 가식적인 사람이자 위선자가 될 필요가 있다. 그리고 인간은 너무나 단순하고 너무나 현재의 필요에 복종적이기에 기만하는 자는 항상 스스로를 기만당하도록 내버려두는 누군가를 만날 것이다.
> ─『군주』, 18장, (11).

위에서 보듯 마키아벨리에게 '기만'은 매우 중요하다. 단순히 속이는 것에 그치는 것이 아니라 나쁜 것을 좋은 것으로 위장할 수 있는 능력까지 요구한다. 이런 충고는 『강의』에서도 발견할 수 있다. 그는 2권 13장에서 크세노폰의 이름을 빌려 "위대한 것을 성취하기를 원하는 군주는 반드시 속이는 것을 배워야 한다."고 말하고,[328] 로마인들도 그들이 패권국가가 되기까지 '기만(la fraude)'을 통해 많은 것을 '감추었다(coperta)'고 말한다.[329]

아마도 마키아벨리처럼 '기만'에 대해 개방적인 생각을 가진 사상가는 오늘날에도 만나기가 쉽지 않다. 『만드라골라(Mandragola)』의 칼리마코가 리구리오의 계책을 따라 루크레치아를 속임수로 손에 넣는 것처럼, 기만은 그가 즐겨 사용하는 희극적 소재였다. 그리고 로마공화정을 세운 브루투스가 "적당한 때에 미친 척(simulare in tempo la pazzia)"한 것을 매우 현명하다고 칭찬했던 것처럼, 기만은 공화정의 정치 지도자들도 배워야 할 교육적 소재이기도 했다.[330]

이런 마키아벨리에게 키케로의 '기만'에 대한 거부감은 지나치게 진지한 지식인들의 실패를 예견해 주는 표적이었을 것이다. 왜냐하면 그에게 '기만'은 힘이 없을 때 가장 효과적으로 나라를 차지하는 수단이었기 때문이다. 그리고 자기의 나라를 유지하기 위해서 군주가 당연히 갖추어야 할 필수적인 자질들 중의 하나였기 때문이다.

> 어떤 것을 그리도 효과적으로 강하게 주장하고 그토록 많은 서약을 통해 단언하고도, 그렇게 적게 지킨 사람은 결코 없을 것이다. 그럼에도 불구하고, [알렉산데르 6세]의 기만은 그가 원하는 대로 성공했다. 왜냐하면 그는 세상의 이러한 측면(questa parte del mondo)을 잘 알고 있었기 때문이다.
> ―『군주』, 18장, (12).

위에서 보듯, 신의 권위를 대변하는 교황도 자기가 원하는 바를 이루기 위해 기만을 사용했다. 그것도 매우 성공적이었다. 그가 거듭 속이는데도 많은 사람들이 당하고만 있었던 것이다. 『군주』 11장에서 보듯, 이런 기만으로 알렉산데르 6세는 무기력했던 교황의 권위를 이탈리아 반도를 좌우하는 정치세력으로 탈바꿈시켰고, 자신의 아들을 앞세워 강력한 군주정을 세웠다.

그리고 그 악마보다도 더 많이 알았던 잔마테오는 행복함에 가득 차서 집으로 돌아갔다.(E Gianmatteo, che ne seppe più che il diavolo, se ne ritornò tutto lieto a casa.)[331]

—『벨파고르』, 224.

신의 대리인인 교황도 '기만'을 잘 사용했다면, 새로운 군주는 '악마보다도 더 많이' 기만에 대해 알아야 할지도 모른다. 체사레의 성공과 실패에서 보듯, '운명(sorte)'에 자기 자신을 맡기지 않으려면, 그리고 아무것도 가지지 못한 순간에도 자기가 원하는 행복한 결말을 가져오려면, 새로운 군주에게는 그 무엇보다 기만이 필요하기 때문이다. 이것을 모른다면, 마키아벨리에게는 그 누구도 무식한 농부, 악마를 속여 스스로를 위기로부터 구해낸 잔마테오보다 못한 인물에 불과했을 것이다.

질문 2: '보이는 것'은 군주에게 어떤 의미를 갖는가?

수사학적으로 마키아벨리는 매우 정교한 방식으로 독자를 설득하고 있다.[332] 앞서 살펴본 바, 마키아벨리는 키케로의 구절과 표현을 인용해서 자기 자신의 주장을 전개하고 있다. 당시 지식인 사회에서 널리 이용되고 있던 퀸틸리아누스(Marcus Fabius Quintilianus, 35-95/100)의 수사학적 기법이 사용되었고,[333] 아리스토텔레스가

『수사학』에서 말했던 '설득의 방식'을 비교적 충실하게 따르고 있다.[334] 가장 대중적인 주제를 선택한 후, 대부분의 사람들이 격에 맞지 않다고 비난하는 악덕과 대비시킨 후, 일반적으로 받아들여지는 바를 조목조목 반박함으로써 자기의 주장을 납득하도록 하려 했던 것이다.

그럼 마키아벨리는 이런 수사적 방식을 '기만'이 군주가 갖추어야 할 '자질'의 하나라는 것만을 설득하기 위해 차용한 것일까? 만약 그렇다면, 그의 의도는 결코 성공하지 못했었던 것 같다. 신의 대리인인 알렉산데르 6세도 공공연히 사용했던 지식, 크세노폰의 저작들을 숙독했던 사람들이 공공연히 말하지는 못했지만 잘 알고 있던 상식을 구태여 이렇게 어려운 방식으로 군주에게 가르치려고 했을까 말이다. 그래서인지 그는 알렉산데르 6세의 이야기가 끝난 바로 다음 문장부터 키케로가 아닌 자기 목소리를 내기 시작한다.

> 따라서 군주는 실제로 위에서 언급한 모든 자질들을 갖출 필요는 없다. 그러나 정말 그것들을 가진 것처럼 보일 필요가 있다.(ma è bene necessario parere di averle.) 역으로 나는 감히 이렇게 말하겠다. 그것들을 갖추고 항상 지키면 그것들은 해로운 반면, 그것들을 가진 것처럼 보이면, 즉 자비로운 척, 신의를 지키는 척, 인간적인 척, 정직한 척, 그리고 종교적인 척 등등으로 보이면, 그것들은 매우 유용할 것이다. 그러나 정신을 가다듬어 만약 당신이 그렇게 할 필요가 없다면, 정반대로 바꿀 수 있어야 하고 [바꾸는 방법을] 알고 있도록 해야 한다.

―『군주』, 18장, (13).

위에서 보듯, 마키아벨리는 키케로나 당시 지식인들이 규정한 악덕과 미덕에 대해 논쟁할 의사가 없다. 먼저 그는 '보이는 것(parere)'은 '가진 것'과는 다르다는 점을 분명히 한다. 그리고 세상 사람들이 선호하는 '좋은 자질'들을 유지하려고 애쓰는 것은 군주에게 해롭다고 충고한다. 가진 것처럼 '보이는 것'은 중요하지만, 세상 사람들에게 좋은 평판을 받는 자질들에 집착하면 곤란하다고 말한다. 언제든지 정 반대로 행동할 줄 알아야 하고, 또 정반대로 행동할 수 있어야 한다고 말한다. 한마디로 말하자면, 그는 '보이는 것'이 '가진 것'보다 중요하다는 이야기를 하고 있는 것이다.

여기에서 마키아벨리는 『군주』 15장부터 17장까지 설명한 악덕에 대해 다시 이야기하려는 것이 아니다. 그는 18장에서 '악덕을 사용하는 것처럼 보이지 않는 것', 즉 대중들이 선호하는 자질을 갖고 있는 것처럼 '보이는 것'이 매우 중요하다는 말을 하고 있는 것이다.

군주는 위에 언급한 다섯 가지 자질로 가득 차 있지 않은 말이 그의 입으로부터 새어나가는 것을 주의해야 한다. 그를 보고 듣게 되면, 그는 완전히 자비롭고(pietà), 완전히 신의가 있으며(fede), 완전히 고결하고(integrità), 완전히 인간적이며(umanità), 완전히 종교적인(religione) 것처럼 보여야 한다. 그리고 무엇보다 마지막 자질을 가진 것처럼 보일 필요가 있다.

—『군주』, 18장, (16).

위에서 보듯, '미덕을 가졌다고 보이는 것'이 군주의 자질로 제시된다. 다시 말하자면, '가졌다고 믿게 만드는 것'이 군주에게 매우 중요하다는 것이다. 앞서 언급한 바, 키케로에게는 '없는 것을 있는 것처럼 보이는 것'이나 '악을 선으로 위장하는 것'은 기만에 불과하다. 반면 마키아벨리는 '기만'에 대한 도덕적 논의는 제쳐두고, '기만'을 군주가 갖추어야 할 자질로 재구성한다. 즉 군주가 '다수'에게 스스로를 어떻게 드러내는지, 그리고 군주가 어떻게 '다수'의 의사를 형성시키는지를 말하고자 하는 것이다.

불확실성의 세계
마키아벨리의 '보이는 것'에 대한 생각을 본격적으로 분석하기 전에 우리가 살펴보아야 할 것이 하나 있다. 바로 그의 정치적 현실주의가 직면하게 될 '불확실성'의 문제다. 그는 정치철학이 제시한 행위의 준칙이 행복한 결말을 가져오지 못한 경우가 더 많았다고 보고 있다. 위에서 살펴보았듯이, 그는 키케로가 제시한 자질을 갖추면 오히려 불행한 결말을 맞이하게 되는 것이 자기 시대의 경험이라고 한탄하는 것이다. 그러기에 그는 정치적 결과와 무관하게 악덕과 미덕을 가르치는 것은 무책임할 뿐만 아니라 잘못된 상상이라는 태도를 버리지 않는다.

그럼 마키아벨리 스스로는 어떤 행동이 어떤 결과를 갖고 올지를 미리 예측할 수 있다고 믿었을까? 아니다. 오히려 소크라테스로부터 르네상스 인문주의자들에게까지 이르는 철학의 잣대가 마키아벨리의 정치적 잣대보다 더 확정적이다. 전자는 결과와 무관하게 옳고 그름을 이야기하기에, 결과를 통해 판단을 받아야 하는 후자의 경우보다 더욱 자명한 답을 미리 제시한다. 정치적 실패가 있더라도, 나라를 잃어버리거나 공동체가 붕괴되어도, 자연이 부여한 이성 또는 올바른 이성을 따르는 '옳음'은 변할 필요도 없고 비난받을 이유도 없다. 과거든 미래든 어떤 행동에 대해 일관된 잣대를 들이댈 수 있다.

반면 마키아벨리의 잣대는 매우 혼돈스럽다. 언제 어떻게 무엇을 결정해야 할지 알 수 없다. 어떤 행동이 어떤 결과를 가져올 지에 대한 불확실성의 정도가 매우 크고, 어떤 행동이 언제 필요한지를 판단하기도 쉽지 않다. 동일한 행동도 어떤 경우에는 실패로 귀결되고, 좋은 의도도 결과에 따라 부질없거나 무모한 행동으로 비판을 받는다. 그가 그토록 경멸했던 '우리 시대의 현자들'처럼, 정치적 결과와 무관하게 항구적이고 영원한 '좋음'을 가르치는 것이 훨씬 더 쉽고 안전해 보인다. 그러나 그는 이러한 불확실성의 문제를 '자명한 진리'로 해소할 의사가 전혀 없다.

『군주』 20장에서 보다 상세한 설명이 전개되겠지만, 여기서는 '보이는 것'에 국한해서 마키아벨리의 인식론을 한번 살펴보도록 하자. 사실 불확실성에 대한 고민이 마키아벨리에게서만 발견되는 것은 아니다. 크세노폰도, 아리스토텔레스도, 그리고 키케로도 이런 '불확실성'의 문제를 고민했다. 비록 그들이 궁극적으로는 자명하고 영원한 것에 대한 '지혜(sophia)'를 '실천적 지혜'보다 우선시했지만, 정치적 현실에서 부딪히는 불확실성을 해결하기 위해 '신중함(phronesis)'이라는 또 다른 형태의 인식론적 근거를 강조했었다는 것은 부인할 수 없다.

특히 아리스토텔레스는 '신중함'을 적극적으로 옹호한 정치철학자 중의 한 사람이다. 분명 그에게도 인간적 좋음과 관련된 '실천적 지혜'는 영원한 좋음과 관련된 '지혜'보다 하위의 지식 체계다.[335] 그러나 그에게서 우리는 '지혜'에 대한 추구를 빙자해서 인간사의 불확실성을 외면하려는 태도는 찾아볼 수 없다. 그는 인간사의 불확실성을 적극적으로 인정했고, 그러기에 다양한 의견들의 '교환(synesis)'을 통해 구체적인 상황에서 구체적인 문제를 풀어 나가는 것도 나쁘지 않다고 믿었다.[336]

물론, 『군주』 15장에서 설명했듯이, 무엇이 '탁월함'인가에 대해 아리스토텔레스와 마키아벨리는 매우 다른 생각을 갖고 있다. 아리스토텔레스에게 '탁월함'은 '도덕적 탁월성' 또는 극단들 속에서 '중용'을 찾는 것을 의미한다. 반면 마키아벨리에게는 '정치 공동체의 존속'이 그 무엇보다 군주의 탁월함을 결정짓는 요소이고, 이를 위해서 그는 젊은이의 열정과 끝없는 욕구도 인정한다. 그러기에 아리스토텔레스의 '신중함'이 영원한 좋음과 단절될 수 없는 인간적 좋음이라면, 마키아벨리의 '신중함'은 '자연'과 '신'이 부여한 도덕적 요구로부터 비교적 자유롭다.

그럼에도 불구하고, 마키아벨리도 아리스토텔레스의 '신중함'에 대한 고민을 일정 부분 공유하고 있다. 그러기에 그가 말하는 '신중함'도 목적을 달성하는 데 적합한 수단을 찾아내는 정도의 기술을 의미하지는 않는다.[337] 아리스토텔레스가 '신중함'을 곧 '탁월함'이라고 말했듯이,[338] 마키아벨리에게도 '신중함'은 곧 군주의 탁월한 '자질'을 구성하는 요소다. 그리고 아리스토텔레스가 '신중함'을 목적 그 자체를 결정짓는 행위로 보았듯이,[339] 마키아벨리도 '신중함'을 상황에 맞는 처신만이 아니라 그러한 처신의 목적을 결정하는 판단으로 보았다.

신중함(phronesis)과 구성력(poiesis)

그렇다면 다음 질문은 '보이는 것'과 대중을 기만하는 기술이 어떻게 다른가로 자연스럽게 넘어간다. 실제로 이 질문은 매우 중요함에도 불구하고 오랫동안 간과되어 왔다. 『군주』 18장에서 등장하는 '보이는 것'과 관련된 논의가 군주의 '기만술'로, 때로는 무장하지 않은 예언가의 '선동'과 유사한 것으로 이해되어 왔기 때문이다. 아울러 '불확실성' 또는 '정치적 개연성'에 대한 마키아벨리의 논의도 '공포'와 '폭력'에 대한 극(劇)적인 묘사로 귀착되었다. 한마디로 말하자면, 불확실성의 세계를 '폭력'과 '공포'로 극복하고자 했다는 것이다.

모두 마키아벨리가 갖고 있는 모습들이다. 그러나 그가 새로운 군주가 기초해야 할 힘의 토대를 '다수'와의 관계에서 찾는다는 점에서 볼 때, '기만'으로 다수의 환심을 사려고 했다거나, '폭력' 또는 '공포'로 불확실성을 최소화했다는 주장이 과연 충분한지 반문해 볼 필요가 있다. 만약 불충분하다면, '다수'가 싫어할 정책을 수행하면서도 좋은 평판을 유지하는 방법, '다수'의 불신을 초래하지 않으면서도 '다수'를 설득하는 방법, 그리고 '다수'에게 스스로의 안전을 맡기면서도 '다수'에게 의지하지 않는 방법을 마키아벨리의 서술로부터 찾아내야 한다.

우선 『군주』 18장 후반부에서 전개되는 '보이는 것'과 관련된 논의를 아리스토텔레스의 '정치적 개연성'에 대한 논의와 관련시켜 보자. 주지하다시피, 아리스토텔레스는 '다수'에 대한 입장에서 플라톤의 철학적 관조와 소피스트의 정치적 선동을 모두 거부했다. '대중 설득'에 대해 비판적 전망을 갖고 있던 플라톤의 입장도, 궤변이든 논증이든 대중을 설득만하면 된다고 보는 소피스트의 견해도, 그는 만족스럽지 못했던 것이다. 그래서 그는 대중의 의견이 만들어 내는 정치적 불확정성 속에서 가장 적절한 수단을 찾고자 했고, 그것을 '신중함'이라는 인식론적 기반을 통해 제시하고자 했다.[340]

그래서 아리스토텔레스의 '신중함'은 대중의 입맛에 아부하는 기만적 선동과 분리되며, 절대성을 추구하는 과학적 논증과도 구분되는, 이른바 정치적 실천에서 필요한 '가능성의 미학'을 지향한다.[341] 그러나 그 어느 곳에서도 그의 '신중함'은 '제작(poiesis)' 또는 '구성'과 동일한 차원, 즉 실천 또는 행위와 동일시되지 않는다.

신중함(phronesis)은 이성을 가지고 진리를 파악하는 상태이기에 인간에게 좋거나 나쁜 것에 관련된다. 제작(poiesis)은 그것 이외의 목적을 갖지만, 행위(praxis)는 그렇지 않다. 왜냐하면 그것의 목적이 그 자체로 잘 행동하는 것(eupraxis)이기 때문이다. 그래서 페리클레스와 그와 같은 사람들을 우리는 신중하다고 여긴다. 왜냐하면 그들은 그들 스스로나 사람들에게 무엇이 좋은지를 분별할 수 있기 때문이다.
― 『니코마코스 윤리학』, 1140b4-9.

위에서 보듯, 아리스토텔레스는 '신중함'은 그 자체로 '잘 사는 것'을 목적으로 한다. 그러기에 '신중함'이라는 '행위'는 '탁월함'을 구현해야 하고, '절제(sophrosune)'를 통해 보존된다. 따라서 신중한 지도자가 대중의 의사를 마냥 따라다녀서는 안 되는 이유도,[342] 대중의 의견에서 출발하더라도 결국 대중의 의견을 초월해야 하는 이유도,[343] 의도적으로 잘못을 저질러 목적을 달성해서는 안 되는 이유도,[344] '잘 사는 것'이라는 궁극적인 목적과 관련된다.

반면 마키아벨리는 '제작' 또는 '구성'을 '신중함'의 핵심적인 요소로 격상시킨다. 그럼으로써 그는 군주를 시인과 일치시키고, 자기의 글을 읽는 잠재적 군주에게 시적 '구성'을 고민하게 만든다. 그리고 그는 군주에게 건축가(architekton)와 같은 능력을 요구한다.

차이는 [역사는] 일어난 일에 관련되고, [시]는 일어날 법한 일과 관련된다. 이런 이유에서 시는 역사보다 더 철학적이고 더 진지하다.

> 시는 보편적인 것들에 대해 말하고, 역사는 개별적인 것들에 대해 말한다. 보편이란 어떤 사람이 개연성 또는 필연성에 따라 잘 말할 수 있거나 할 수 있는 것으로, 이것이 시가 목적하는 바이다.
>
> ―『시학』, 1451b4-10.

위에서 보듯, 아리스토텔레스에게도 시인은 '보편'을 찾아주는 역할을 한다. 시인은 영원한 것에 기초한 철학과 경험한 것을 서술한 역사를 중재함으로써 보편적인 것을 찾고, 불확실성으로부터 가능성을 만들어 내는 역할을 한다. 이로써 플라톤에게는 자기도 모르는 바를 말하는 사람으로 비난받았던 시인들이 가능성의 미학을 완성하는 사람으로 격상되고,[345] 플라톤에게 '기술'과 동일시되던 '제작'이 한편으로는 '생각(noein)', 다른 한편으로는 '행위(praxis)'와도 동일시되는 차원으로까지 올라간다.

마키아벨리는 아리스토텔레스의 '시적 개연성'을 적극적으로 받아들였다.[346] 스키피오가 헤로도투스의 키루스보다 크세노폰의 키루스를 모방했다고 말하고, 공식적인 보고서에서는 거만하고 잔인한 인간으로 묘사했던 체사레를『군주』에서는 새로운 군주의 상징적 모델로 전환시킨 것에서도 알 수 있듯이, 그는 시적 개연성이 만들어 내는 가능성의 미학에 이미 흠뻑 빠져 있었다. 그러기에 그에게 '신중함'은 숙련된 기술이 아니라 구체적인 상황에서 표출된 가능성의 미학, 즉 시적 '구성'으로 재탄생된다.

운명의 바람과 사태의 변화가 그에게 지시하는 바에 따라, 그는 정신(animo)을 바꿀 필요가 있다. 그리고 앞서 말했듯이, 가능하면 선한 것으로부터 떠나지 않아야 하겠지만, 필요한 경우 어떻게 악해질 수 있는지도 알아야 한다.

—『군주』, 18장, (15).

'알다(sapere)'라는 단어에서 보듯, 마키아벨리의 군주는 결과를 '구성'하는 방법을 배워야 한다. 사태의 추이를 살펴보며 면밀하게 어떤 판단을 내려야 할지를 고민해야 하고, 좋은 결과를 얻기 위해 어떤 방식이 필요한지를 결정해야 한다. 결과만 좋으면 모든 것이 정당화된다는 기대는 없다. 요행히 좋은 결과로 귀결되었다고 하더라도, 잘못된 판단은 반드시 비판을 받아야 한다.

다시 말하자면, 마키아벨리에게 '신중함'이란 '결과를 구성하는 지적 능력'이다. 물론 아리스토텔레스에게도 이러한 주장을 발견할 수 있다. 그러나 마키아벨리가 '신중함'을 '기술'이 아니라 '지적 행위'를 수반하는 정치적 '구성'이라고 했을 때, 이 행위의 타당성을 부여하는 것이 아리스토텔레스가 말하는 '탁월함'과 다른 차원이라는 점을 간과해서는 안 된다. 두 사람 모두가 '신중함'이 가르칠 수 있는 '지혜'라고 생각했지만, 마키아벨리에게는 '탁월함'보다 '정치 공동체의 존속'이 더 중요한 가치를 갖고 있었다는 점을 망각해서는 안 된다는 말이다.

결과를 본다(si guarda al fine)

아울러 마키아벨리가 불확실성의 세계를 극복하는 방법으로 '폭력'에만 호소했다고 치부하는 것은 너무나 안일한 생각이다. 물론 그가 개연성을 극복하는 방법의 하나로 '폭력'을 제시했다는 것은 부인할 수 없는 사실이다. 그러나 그가 말하는 '폭력'은 '다수'가 아니라 '소수'를 대상으로 한 것이었고, '공포'도 정치적 권위의 공정함을 각인시키고 경외심을 확보하기 위해 제한적으로 사용되어야 하는 방편 중의 하나다. 즉 '폭력'도 신중하게 판단해야 할 수단의 하나이지 무조건 사용될 수 있는 만병통치약은 아니라는 것이다.

특히 '다수'의 평판을 중시하는 군주에게 '폭력'과 '공포'는 너무 자주 사용하면 곤란한 통치 방식이다. 왜냐하면 참주와는 달리 군주는 '다수'를 무능력하게 만들거나 자기에게 적대감을 갖게 해서는 안 되기 때문이다. 따라서 무엇보다 다수의 판단이 존중되면서도 다수에게 의지하지 않는 방법을 알아야 한다. 마키아벨리는 이를 위해 형식적으로는 '기만'이지만, '시적 구성'이 요구되는 통치를 하나의 대안으로 제시한다.

> 인간들은 일반적으로 그들의 손(mani)보다 눈(occhi)으로 판단한다. 왜냐하면 보는 것은 모두에게 허용되지만, 느끼는 것은 소수에게만 [허용되기] 때문이다. 모두가 당신이 어떻게 나타나는지를 보는 반면, 소수만이 당신이 누군지를 느낀다.
>
> ─『군주』, 18장, (17).

위에서 보듯, 마키아벨리는 '보이는 것'에 주목하라고 말하고 있다. 일면 '다수'는 외양으로 판단하니 자기의 속내를 보이지 말고 평판과 명분을 중시하라는 말처럼 들린다. 그러나 핵심은 '다수'를 자기편으로 만들어야 한다는 것이다.

> 이 소수들은 그 국가의 [군주](la maestà dello stato)가 옹호하는 다수의 의견(opinione)에 감히 반대하지 않는다. 그리고 모든 인간의 행동에서, 그리고 특별히 호소할 법정이 없는 군주의 [행동]에 있어, 사람은 그 결과를 본다.(si guarda al fine.)
>
> ─『군주』, 18장, (17).

즉 '다수'가 겉모습으로 판단한다는 것이 아니라, 군주가 '다수'에게 어떤 모습으로 보이느냐가 중요하다는 것이다. 같은 말처럼 보이지만, 둘은 다른 말이다. 다시 말하자면, 다수의 '눈'으로 판단된 바가 군주의 특성을 결정하고, 그러기에 군주는 다수에게 '보이는 것'을 잘 구성해야 한다는 것이다. 결코 다수의 평판에 의지하라는 말이 아니다. 군주는 그 누구의 판단도 받을 필요가 없다. 그럼에도 불구하고, 군주는 다수의 '평판'을 잘 구성해야 한다는 것이다.

이 말을 풀어쓰면, 군주는 '나에게 그렇게 보이는 것'이 아니라 다수에게 '드러난' 자기 자신의 모습에 주목해야 한다. 스스로가 어떻게 생각하느냐가 중요한 것이 아니라, 스스로가 생각한 것을 다수가 어떻게 받아들이느냐가 중요한 것이다. 따라서 마키아벨리의 군주는 다수의 판단이 빚어내는 '개연성'에 적극적으로 대처해야 한다. 마치 예술가가 '눈'으로 본 바를 작품으로 옮기듯,[347] '다수'의 눈에 비친 스스로를 통해 '다수'의 의견을 구성해야 한다. 군주가 '다수'의 평판에 종속된 것이 아니라, '다수'의 평판이 군주의 '제작' 또는 '구성'의 대상이 된 것이다.

따라서 '결과를 본다'는 것은 결과가 모든 것을 정당화해 준다는 말이 아니다. 그리고 목적이 수단을 정당화해 준다는 말도 아니다. 앞서 읽은 바대로, 어떤 '결과'가 있어서 '다수'의 평판이 형성되는 것이 아니라, '다수'가 그 결과를 '어떻게 보느냐'가 중요하다는 것이다.

> 그래서 군주가 국가를 획득하고 유지하면, 그 수단은 항상 훌륭하다고 판단되고, 모든 사람에게 찬양을 받을 것이다. 왜냐하면 평범한 사람들은 외양과 일의 결과를 받아들이기 때문이고, 세상에는 평범한 사람들밖에 없기 때문이다. 다수가 어딘가에 의지하게 될 때, 소수는 발붙일 수 없다.
>
> ─『군주』, 18장, (18).

사실 '정치 공동체의 존속'은 군주가 기만으로 위장할 수 있는 사안이 아니다. '다수'에게는 너무나도 확실하게 '보이는 것'이고, '다수'와 좋은 관계를 구성하는 데 전심전력을 다하는 군주라면 무엇보다 먼저 성취해야 할 목적이다. 또한 '다수'에게 늘 좋은 평판을 받을 수 있는 '결과'지만, '정치 공동체의 존속'과 같은 목적은 쉽게 획득되지 않는다. 특히 다수가 원하는 '자유'와 '안전'을 확보하는 길은 더욱더 쉽지 않다.

어쩌면 마키아벨리의 '기만'은 군주와 '다수'의 관계에서는 '구성적'인 리더십을 의미한다고 볼 수 있다. 구성적 리더십이란 군주가 당면하는 상황을 객관적인 범주로 일반화할 수 없기에, 당면한 사태의 변화를 해석하고 스스로에 대한 다수의 공감을 형성하는 통치 방식을 의미한다.[348] 그러나 이러한 구성적 리더십에서도 우선적으로 고민해야 할 것이 있다. 바로 정치 공동체의 존속이다. 이것이 좋은 평판을 구성하는 첫 번째 열쇠이고, 군주가 제일 먼저 신경 써야 할 바다. 결국 문제는 '정치 공동체의 존속'을 위해서는 어떤 내용의 의사를 어떻게 구성하는지로 귀결된다고 하겠다.

19장
경멸과 증오를 피하는 것에 대하여
De contemptu et odio fugiendo

『군주』19장은 군주의 자질과 관련된 마지막 장이다. 이 장에서 마키아벨리는 악덕과 관련된 나머지 항목들을 다루는데, 그중에서도 '경멸(disprezzo)'과 '증오(odio)'에 대해 비교적 구체적으로 다루고 있다. 그는 "그의 행동에서 위대함, 기백, 무게감, 그리고 강함을 인정받도록 노력(ingegnarsi che nelle azioni sua si riconosca grandezza, animosità, gravità, fortezza.)"하라고 주문하고,[349] "변덕스럽고, 가볍고, 여성적이고, 겁 많고, 우유부단(vario, leggieri, effeminato, pusillanime, irresoluto)"한 행동은 경멸을 초래하기 쉬우니 특히 조심하라고 충고한다.[350]

형식적으로는 18장과 유사하다. '보이는 것'과 관련해서 미덕이 이야기되고, 좋은 평판을 '구성'하도록 '노력하라'는 보다 적극적인 표현이 사용된다. 여기에 몇 가지 구체적인 주문이 부과된다. 군주는 "그를 증오스럽거나 경멸할 만하게 만드는 것들을 어떻게 피하는지를 생각해야 하고,"³⁵¹ 증오와 경멸을 받는 일을 피하면 "다른 불명예 속에서도 위험에 직면하지 않을 것"이며,³⁵² 그 중에서도 미움을 받는 일은 반드시 '삼가야(astenere)' 하고,³⁵³ 스스로를 경멸스럽게 만드는 일은 "암초로부터 스스로를 지키듯 해야" 하며,³⁵⁴ 그러기 위해서는 신민들이 인지할 수 있는 일들은 결코 "번복되지 않는다는 것을" 확인시켜야 한다고 주문한다.³⁵⁵ 최소한 19장의 도입 부분은 '경멸'과 '증오'가 핵심적인 주제다.

그러나 『군주』 19장의 전체 내용은 '경멸'과 '증오'가 아니다. 자세히 보면, 경멸과 증오는 군주가 '음모(congiura)'를 피하는 방법을 가르쳐 주기 위해 언급되었을 뿐이다. 마키아벨리는 경멸과 증오를 피하면 "그 누구도 그를 기만하거나 속일 생각을 못하며",³⁵⁶ 군주에 대해서 "음모를 꾸미기가 어렵고, 공격하기가 어렵다."고 말한다.³⁵⁷ 반면 그는 군주가 경멸과 증오를 피하지 못하면 음모로부터 스스로를 방어할 수 없을 것이라고 충고한다. 이렇듯 19장은 '음모'에 대한 이야기를 주로 담고 있는 것이다. 흥미롭게도 19장은 『군주』에서 가장 긴 장(章)이고, 『강의』에서 가장 긴 3권 6장과 동일한 주제를 다루고 있다. 우연이라고 말하기는 사실상 어려운 부분이다.

질문 1 : 군주는 스스로를 어떻게 방어해야 하는가?

이 질문은 아리스토텔레스가 『정치학』의 5권 11장에서 던진 것이다. 여기에서 그는 참주정을 유지하는 방법으로 두 가지 방법을 소개하는데, 하나는 신민을 억압하는 것이고, 다른 하나는 왕정(basileia)처럼 통치하는 것이다.

전자의 방식에서 참주는 전형적인 '참주'의 모습을 보이는데, 신민들을 고분고분하게 만들고, 신민들을 서로 불신하게 만들고, 정치적으로나 군사적으로 '무기력하게(adynamia ton pragmaton)' 만들어야 한다.[358] 반면 후자의 방식에서 참주는 자애로운 왕의 모습을 보이는데, 공익의 수호자처럼 행동해서 왕정같이 보이도록 하고, 쾌락과 경멸을 피하며, 다른 무엇보다 '군사적(polemike)' 탁월함을 통해 신민들이 그에게 경외심을 갖도록 하고, 신을 두려워하는 듯 행동하며, 명예는 자기가 주되 처벌은 다른 공직자나 법정에 맡겨 신민들을 화나게 하지 말아야 하고, 부자와 빈민들이 서로 상처를 주지 않게 보호함으로써 두 집단 모두 그에게 의지하도록 만들어야 한다.[359]

후자의 방식을 따른다면 참주는 단지 그가 신민의 동의가 없이 다스린다는 것을 제외하고는 왕정과 거의 다를 바가 없다.[360] 잦은 폭력의 행사로 공포의 대상이 되기보다 '군사적' 탁월함으로 경외의 대상이 되고, 신민으로부터 경멸을 받을 수 있는 행위는 철저하게 피하기에 그의 목숨을 노릴 정도로 분노한 사람들이 주변에 없다. 오히려 그는 왕처럼 '고귀한 것'을 추구하는 사람으로 신민에게 인지되고, 그의 신민은 무기력하기보다 국내적으로는 활기 차고 국외적으로는 드세며, 그의 나라는 주변으로부터 부러움의 대상이 된다.[361]

참주와 증오

이 정도만 보아도, 마키아벨리의 『군주』 18장이 누구의 생각을 원용하여 자기의 생각을 피력했는지 쉽게 파악할 수 있다. 물론 그와 아리스토텔레스 사이에는 부인할 수 없는 차이가 존재한다. 마키아벨리에게서 우리는 '절제'를 해야 한다는 주문이나,[362] 후술하겠지만 '소수'와 '다수'를 모두 보호하라는 충고를 듣지 못하기 때문이다. 그러나 참주든 군주든 어떻게 '보여야 하는지'에 대해서, 특히 '증오'의 대상이 되어서는 안 된다는 충고를 한다는 점에서, 두 사람이 매우 유사한 입장을 견지하고 있다고 말할 수 있다.

> 모든 종류의 거만함을 삼가되, 다른 모든 것 중에서 두 가지를 삼가야 한다. 육체적 학대와 관련된 것과 젊은이들을 [겁탈하는 것]이다. 이런 조치는 특별히 야심 있는 사람들 사이에서 취해져야 한다. 탐욕스러운 사람들은 그들의 것에 조금만 악영향을 끼쳐도 심각하게 받아들이고, 인간들 중에 야심 차고 존경할 만한 사람들은 조금만 불명예와 얽혀도 심각하게 받아들인다.
>
> ―『정치학』, 1315a14-19.

위에서 보듯, 아리스토텔레스는 '재산의 탈취'와 '성적인 능욕'이 증오를 불러일으킨다고 경고하고 있다. 물질을 중시하는 사람들에게서 소유한 것을 강탈하는 행동이 분노를 불러일으키듯, 단순히 육체적 욕망을 만족시키기 위해 권력을 이용해서 젊은이들의 겁탈하면 증오를 불러일으킬 것이라는 것이다.

> 앞서 이야기했듯이, 그 무엇보다 그를 증오하게 만드는 것은 탐욕스러워져 신민의 소유와 여인네를 강탈하는 사람이 되는 것이다. 그는 이러한 것을 반드시 삼가야 한다. 그리고 그가 대다수의 사람들로부터 재산(roba)이나 명예(onore)를 빼앗지 않는 한, 그들은 만족하며 살아간다. 그래서 그는 단지 소수의 야망과 싸워야 하는데, 많은 방식을 통해 쉽게 견제될 것이다.
>
> ——『군주』, 19장, (2)-(3).

위에서 보듯, 마키아벨리도 아리스토텔레스와 마찬가지로 '재산의 탈취'와 '성적인 능욕'에 초점을 맞추고 있다. 젊은 미소년과의 관계가 당시에 허용되지 않았기에, 젊은이가 여성으로 바뀐 것은 큰 차이점이라고 볼 수 없다. 그러나 '재산'과 '명예'를 야심 있는 소수의 전유물이 아니라 '대다수 사람들(le universalità delli uomini)'이 중시하는 삶의 목적이라고 말한 점, 그리고 '명예'와 '야망'을 애써 분리해 후자를 '소수'에게 국한시킨 점이 눈에 띈다.

군주와 다수

아리스토텔레스의 말을 인용한 것 같지만, 마키아벨리는 그 내용을 180도로 바꾸었다. 아리스토텔레스와는 달리, 마키아벨리는 '소수' 또는 '야심 있는 사람'이 아니라 '대다수의 사람들'이 군주가 조심해야 할 대상으로 바뀌어 있다.『군주』9장에서 언급된 심리적 경향을 적용하면, 마키아벨리는 '명령받거나 지배당하지 않기를 원하는' 다수에게 더욱 조심해야 한다. 만약 군주가 다수에게 경멸받지 않는다면, '명령하고 지배하기를 원하는' 소수로부터 스스로를 지킬 수 있다고 말하는 것이다.

(1) 증오의 대상이 되거나 경멸받는 것을 피하고 인민이 그에게 만족하도록 한다면, 그 군주는 스스로를 충분히 안전하게 지킬(assicura assai) 수 있다.

—『군주』, 19장, (9).

(2) 군주가 음모에 대처할 수 있는 가장 강력한 수단들 중 하나는 대다수(lo universale)에게 증오를 받지 않는 것이다.

—『군주』, 19장, (10).

(3) 그래서 나는 만약 인민이 그에게 호의를 보인다면 군주는 음모에 대해 다소 덜 걱정해야겠지만, 만약 그들이 적대적이고 그에게 증오심을 갖고 있다면, 그는 모든 것과 모든 사람을 두려워해야 한다

고 결론을 내리겠다.

— 『군주』, 19장, (18).

위에서 보다시피, 마키아벨리의 '다수'에 대한 강조는 점차 고조된다. 처음에는 '잠재적 군주'의 두려움을 자극한다. (1)에서 보듯, '무엇이 옳은가'를 말하는 것이 아니라 '무엇이 스스로를 안전하게 지킬 수 있는가'를 말한다. 아리스토텔레스나 키케로와는 달리, '탁월함'이나 '덕'이 아니라 '안전'을 앞세운 것이다. 그런 연후에 그는 (2)에서 '음모'를 언급한다. 군주가 음모로부터 스스로를 방어하려면, 다수로부터 좋은 평판을 받아야 한다고 말하는 것이다. 결론적으로 그는 인민을 적대시하면 군주는 스스로를 지킬 수 없다고까지 단언한다. (3)에서 보듯, 그는 누구도 믿지 못하는 상태에 빠지게 된다는 것이다.

참주와 군주

이렇듯 마키아벨리에게 '다수' 또는 '인민'은 군주의 보호막이자 버팀목이다. 그리고 이런 표현이나 충고는 수사적 과장이 아니다. 『군주』 20장에서 보듯, 그의 충고는 매우 진지하고 진정성이 묻어 있다. 현명한 군주라면 '다수'가 원하는 바를 반드시 만족시켜야 한다고 거듭 말한다.

> 잘 정돈된 국가와 현명한 군주는 모든 수고를 다해 어떻게 하면

귀족이 필사적이 되지 않는지(non disperare e' grandi), 그리고 어떻게 하면 인민을 만족시키고 만족한 상태로 계속 있게 하는지(satisfare al populo e tenerlo contento)를 숙고해 왔다. 왜냐하면 이것이 군주와 관련된 가장 중요한 일들 중에 하나이기 때문이다.

— 『군주』, 19장, (19).

아리스토텔레스가 말하듯 귀족과 인민이 서로 해를 끼치지 못하도록 중재하라는 말이 아니다. 마키아벨리는 귀족이 목숨을 걸고 군주를 해치려 하지 않도록, 그리고 인민들로부터 미움을 받지 않도록 하라는 이야기를 하고 있다. 마키아벨리가 군주에게 하는 충고의 초점은 '균형'이 아니라, '인민'을 우선시하고 '귀족'을 견제하라는 것이다.

왕정은 인민에 대항해 더 존경받는 사람들에게 도움을 주려는 입장과 함께 등장한다. 왕들은 존경받는 부류로부터, 탁월함이나 그러한 탁월함으로부터 나온 행동의 걸출함, 아니면 이런 종류의 가문의 명망[이라는 잣대]에서 선택된다. 그러나 참주는 귀족들에게 대항해 인민들 또는 다수 가운데서 등장하는데, 인민들이 그들로부터 부당함을 당하지 않을 목적에서 [그렇게 일어난다.] 이는 사건들을 통해 명백히 드러난다. 대부분의 참주들은 귀족을 비방해 [인민들로부터] 신임을 얻은 대중적 지도자들로부터 등장했다.

— 『정치학』, 1310b8-14.

아리스토텔레스의 기준으로 본다면, 마키아벨리는 군주에게 최초에 인민의 지지를 얻어 '참주'가 될 때와 똑같이 행동하라고 주문한 것이다. 인민들의 '지배받지 않으려는 욕구'를 우선적으로 만족시키고, 그들과 힘을 합해 귀족의 야망을 견제하라는 것이다. 아리스토텔레스의 『정치학』 5권 10장의 참주에 대한 이야기가 '군주'와 '다수'의 관계를 중심으로 각색된 것이다.

마키아벨리는 공화정과 관련해서도 이와 유사한 이야기를 한다. 일반적으로 공화정은 시민들 중에서 평판이 좋고 야망을 가진 인물들이 '참주'가 될 수 있다는 점을 유의해야 한다. "시민들의 평판은 공화정에서 참주가 [출현]하는 이유(cagione)"가 될 수 있다는 것이다.[363] 그러나 이런 대중적인 인물들이 없으면, 공화정은 귀족들의 행패와 권력의 남용으로 부패하게 되고, 전쟁에서 걸출한 업적을 세울 인물이 없기에 무기력해지게 된다. 따라서 불가피하게도 공화정은 '대중적 지도자들(uomini popolari)'을 필요로 한다.[364]

(1) 로마 귀족들은 평민들에게 예외적인 추문을 일으키지 않고 명예를 양보했다. 그러나 소유에 관해서는 그것을 지키려는 고집이 너무나 커서 평민들은 예외적인 수단에 호소해서 앞서 언급한 바대로 그들의 욕구를 분출시켜야 했다

—『강의』, I권, 37장, (25).

(2) 그래서 자유를 지키려는 욕망이 각각을 너무나 이기는 데 매

진하도록 만들기에, 한쪽이 다른 쪽을 짓누르게 된다. 이러한 사건들의 순서는 인간들이 두렵지 않고자 할 때 다른 사람들을 두렵게 만들기 시작한다는 것이다.

— 『강의』, I권, 46장, (6)-(7).

(1)에서 보듯, 마키아벨리에게는 '귀족'도 소유에 대한 강한 욕구를 갖고 있다. 비록 로마공화정의 붕괴 직전과 관련된 논의이긴 하지만, 그에게 명예와 소유는 "인간이 가장 추구하는 것(come cosa stimata più dagli uomini)"이다.[365] 게다가 리비우스의 말을 빌린 (2)에서 보듯, 그는 귀족이든 인민이든 '자유의 상실에 대한 두려움'이 상대 집단을 지배하려는 동기를 조성한다고 말한다. 귀족이든 인민이든 '가진 것을 빼앗기는 것'과 '지배를 받는 처지에 놓이는 것'을 두려워한다고 본 것이다.

(3) 내가 앞서 말했듯이, 공화정에서 야심차게 살아가는 시민들은 무엇보다 개인이나 행정 관료로부터 공격받지 않을 수 있게 되기를 원한다. 그들은 이렇게 되기 위해 친분을 추구하고, 그들은 정직하게 보임으로써 [친분들]을 획득한다. 즉 돈을 빌려준다든지, 아니면 권력자들로부터 [친구들을] 지켜 준다든지 하면서 말이다. 이러한 모습은 덕스럽게 보이기에, 모두를 쉽게 기만한다.

— 『강의』, I권, 46장, (9).

이런 맥락에서 볼 때, (3)에 등장하는 '대중적 지도자들'은 매우 흥미로운 부류다. 특히 위의 글은 그들의 '야망'이 어떻게 인간적 '두려움'과 동의어가 되는지를 가장 잘 설명해 주고 있다.[366] '공격받지 않기 위해' 인적 관계를 넓히고, 인민들을 귀족들로부터 지켜 줌으로써 자기의 힘을 증대시킨다. 그리고 자기가 두려움을 피하기 위해, 다른 사람들을 두렵게 만든다. 이 과정에서 그들은 인민들을 자기의 편으로 끌어들이고, 그들을 대변하는 사람들처럼 행동하며, 그 누구도 두려워하지 않는 위치에 오른다. 아리스토텔레스의 기준에서 본다면 마키아벨리의 '대중적 지도자들'은 결국 참주다.

군주가 된 참주

그러나 마키아벨리는 참주와 같은 군주에게 '인민'을 위약하게 만들지 말고 지속적으로 그들을 지켜 주라고 말한다. 아리스토텔레스가 참주에게 '왕'처럼 행동해야 한다고 충고하듯, 그도 군주에게 신민을 분열시키거나 인민을 위약하게 만들기보다 그들을 만족시키고 지켜 주어야 한다고 말한다. 보답은 '음모'로부터 스스로를 방어할 수 있다는 것만이 아니다. 그는 군주에게 음모로 목숨을 빼앗겼을 때조차 인민이 그의 권력을 회복시켜 줄 것이라고 말한다. 이보다 군주에게 확실한 '안전'을 보장하는 것은 없는 셈이다.

보다 설득력을 높이기 위해, 마키아벨리는 벤티볼리오 가문의 이야기를 꺼낸다. 메디치 가문이 피렌체에서 그러했던 것같이, 벤티볼리오 가문도 1443년부터 율리우스 2세가 이들을 축출하기까지 볼

로냐를 사실상 지배했다. 아래에서 언급되는 사건은 『군주』 7장에 언급된 조반니 벤티볼리오의 아버지로 알려진 안니발레 I세(Annibale I Bentivoglio, 1415-1445)의 암살 이후의 일을 묘사한 것이다.[367]

그 살인 이후 즉각적으로 인민들은 들고 일어났고, 카네톨리 가문의 모두를 죽였다. 이것은 벤티볼리오 가문이 당시 누렸던 대중적 호의(la benivolenzia populare)로부터 비롯되었다.

— 『군주』, 19장, (16)-(17).

그가 경쟁 가문이었던 카네톨리 가문의 바티스타(Battista Canetoli, 1390-1445)에게 살해당하자, 인민들이 들고 일어나 카네톨리 일족을 볼로냐에서 축출하고, 안니발레 I세의 사촌인 에르콜레(Ercole Bentivoglio)의 서자로 알려진 산테 I세(Sante I Bentivoglio, 1426-1462)에게 권력을 맡기는 이야기다.

어떻게 보면 '인민'의 호의를 가진 군주의 행복한 결말이다. 왜냐하면 사건 당시 너무나 어려 권좌에 앉을 수 없었던 안니발레 I세의 아들 조반니가 나중에 권력을 계승하기 때문이다. 흥미롭게도, 마키아벨리는 『피렌체사』에서 여섯 살이라고 말해 놓고서는, 여기에서는 '강포에 싸여(in fasce)' 있었다고 표현하고 있다. 실제 나이가 두 살이었다고 하더라도, 그가 무엇을 강조하려 했는지 쉽게 알 수 있다. '인민'은 호의를 가진 군주에게는 그가 죽은 이후 무기력한 아이까지 지켜 준다는 이야기를 하고자 했던 것이다.

그러나 우리는 또 다른 예에서 의아함을 느끼게 된다. 바로 스파르타의 마지막 왕이었던 나비스의 경우다. 마키아벨리가 『군주』 9장에서 '군주'라고 불렀던 참주이고, 그리스와 로마의 공격에 맞서 성공적으로 영토를 지켜냈던 인물이다.

> 심지어 대외적 일들이 변화무쌍하더라도, 내가 말한 바대로 조치하고 산다면, 그가 스스로를 버리지 않는 한 모든 위협을 항상 견딜 수 있을 것이다. 전술했듯이, 스파르타인 나비스가 그러했던 것처럼 말이다.
>
> ―『군주』, 19장, (8).

『군주』 9장에서와 마찬가지로, 마키아벨리는 인민의 지지를 받고 있던 나비스가 로마의 포위 공격에도 '소수'만 견제하면서 잘 버틴 일화를 소개하고 있다. 그러나 이번에는 참주의 결말이 그렇게 행복해 보이지는 않는다. 그가 『강의』 3권 6장에서 밝히고 있듯이, 안니발레 I세와 마찬가지로 나비스도 음모에 의해 살해되었기 때문이다.[368] 전자가 국내 경쟁자에게 암살되었다면, 후자는 자기가 원군을 요청한 아이톨리아에서 온 사람들에게 암살된 것이다.

군주는 항상 두 가지 두려움(paure)을 가져야 한다. 하나는 내부적인 것으로, 그의 신민들에 대한 것이다. 다른 하나는 외부적인 것으로, 외세에 대한 것이다. 좋은 군대와 좋은 동맹들을 가지고 후자로부터

[스스로를] 지켜낼 수 있다. 그리고 만약 좋은 군대를 가지고 있다면, 좋은 동맹들을 항상 가질 수 있다.

—『군주』, 19장, (6)-(7).

위의 원칙을 적용하면, 나비스는 '좋은 친구'를 갖지 못했다. 아이톨리아에 도움을 청했지만, 돌아온 것은 음모였다. 아이톨리아인 알렉사메누스(Alexamenus)의 암살로부터 나비스는 스스로를 방어할 수 없었던 것이다. 비록 그가 죽은 이후 인민들은 아이톨리아가 스파르타를 집어삼키도록 허용하지는 않았지만, 그가 외세가 꾸민 음모에 의해 목숨을 잃었다는 것은 바꿀 수 없는 사실이다. 다시 말하자면, 좋은 군대가 있더라도, 신민의 호의를 갖고 있더라도, 참주는 음모로부터 스스로를 방어할 수 없다. 국내적으로는 안니발레 I세처럼, 국외적으로는 나비스처럼, 인민의 호의에도 불구하고 음모에 의해 죽을 수 있다는 것이다.

지배냐 비지배냐

결국 모든 참주는 음모에 의해 살해되었다. 다시 말하자면, 마키아벨리는 참주에게 신민의 증오를 피할 수는 있어도 음모로부터 스스로를 방어할 수는 없다고 말하는 것이다. 음모를 꾸미는 사람들은 폭로의 위험에 시달리고,[369] 성공해도 인민에 의해 불행한 결말을 맞을 수 있다.[370] 그러나 음모가 항상 실패하는 것은 아니다. 군주와 '다수'의 관계가 좋으면 좋을수록, 군주가 스스로를 음모로부터 방어할 수 있는 가능성이 높아진다는 이야기이지, 인민의 지지를 받고 있으면 스스로를 완벽하게 방어할 수 있다는 이야기가 아닌 것이다.

따라서 군주가 반드시 갖추어야 할 덕목 중 하나는 역설적이게도 '두려움'이다. '다수'와의 관계가 좋다고 하더라도 군주는 '모든 사람'을 두려워해야 한다. 그렇게 살고 싶지 않으면, 프랑스 왕처럼 제3의 기관을 만들어야 한다.

> 권력자들(potenti)의 야망과 그들의 무례함을 알고, 그들의 입에 재갈을 물릴 필요가 있다고 판단했고, 다른 한편으로는 그들의 두려움 속에 있는 귀족(grandi)에 대한 대다수 인민의 증오를 알고, 그들을 안전하게 지키길 원했기에, 그 왕정(regno)을 조직한 그 사람은 이것을 왕의 특별한 관심사(cura)가 안 되도록 의도했다. 그가 인민의 편을 들 때 귀족으로부터 받을 책임(carico)을 피하고, 그가 귀족의 편을 들 때 인민으로부터 받을 [책임]을 피하기 위해서였다. 그래서 그는 귀족은 두들겨 패고, 왕에게 귀착된 책임 없이도 약한 편을 편드는 제3의 판관(uno iudice terzo)을 설립한 것이다.
>
> ―『군주』, 19장, (21)-(22).

얼핏 보기에는 중립적인 기관을 설립한 것처럼 보이는 부분이다. 그러나 문장 어디에도 '중립'이라는 말은 없다. 『군주』 7장에서 기술된 체사레의 경우를 기억한다면, 라미로와 같은 소수를 처벌하고 인민으로부터 호의를 획득하기 위해 '제3의 대리인'을 둔 것에 불과하다. 체사레가 라미노를 잔인하게 처형할 때 사용했던 '시민 법정'과 마찬가지로, 프랑스 왕정은 '고등법원(parliamento)'을 세워 귀족은 견제하고 인민은 보호했다고 서술하고 있는 것이다.

> 군주는 반드시 귀족을 중시해야 하지만, 스스로가 인민으로부터 증오의 대상이 되지 않도록 해야 한다고 결론을 짓겠다.
> ─『군주』, 19장, (24).

이런 맥락에서 본다면, 위의 문장은 다소 핵심을 벗어난 결론처럼 보인다. 그러나 귀족들이 개인적인 이유에서 처벌 받았다는 인상을 받지 않음으로써, 불명예스럽다거나 절박하게 군주를 죽이려고 덤빌 이유를 주지 말라는 이야기일 뿐이다.[371] 바로 다음 문장부터 시작되는 열 명의 로마 황제에 대한 논의에서 보듯, 그가 주시한 선택은 '병사들'과 '인민들' 사이에서의 고민이지, 귀족이냐 인민이냐가 아니다.[372] 즉 귀족의 가치를 존중해야 하지만, 무엇보다 인민을 적으로 만들어서는 곤란하다는 것이다.

게다가 '지배하고자 하는 욕구'를 가진 집단을 지칭하는 '위대한 집단(grandi)'이라는 단어가 반복해서 사용되고 있는 것을 유념할 필요가 있다. 즉 마키아벨리는 사회경제적 계층으로서 '부유한 집단(ricchezza)'이나 '귀족(nobilità)'을 염두에 둔 것이 아니다. 그가 염두에 둔 것은 '권력집단' 또는 '야심찬 집단'과 '인민'들 사이에서의 선택이다. 이런 선택에서 그의 충고는 전자를 공정한 제3의 기관을 통해 견제하되, 그렇게 함으로써 아래와 같은 결과를 가져와야 한다고 말할 뿐이다.

> 군주는 다른 사람들로 하여금 부담 질 모든 일을, 스스로는 감사를 받을 일을 처리해야 한다.
> ―『군주』, 19장, (23).

마키아벨리의 군주는 체사레가 보여 주었듯이 '인민'이 만족하면서도 그를 두려워하게 하도록 해야 한다. 소수에게는 법의 준엄함을 통해 견제하고, 다수는 만족하되 그를 경외하도록 만들어야 하는 것이다. 공정하게 보여야 하고, '신뢰할 만한 사람'으로 보이도록 늘 신경을 써야 한다. 그럼에도 불구하고, 정치적 권위의 주체는 오직 자신이라는 것을 분명히 각인시켜야 한다. 마치『강의』I권 46장의 '대중적 지도자'같이, "시민들은 두려워하고 행정관들은 존경하게 되는" 잠재적 참주가 되어야 하는 것이다.[373]

결국 마키아벨리의 군주가 '음모'로부터 스스로를 지키는 가장 효과적 방법은 인민을 '지배'하는 것이 아니라 인민의 '지배받지 않으려는' 욕구를 충분히 만족시켜 주는 것이다.

이 과정은 필수적이다. 왜냐하면 군주는 누군가로부터 증오의 대상이 될 수밖에 없기에, 그들은 우선 대다수로부터 증오를 받지 않도록 강요당한다. 그리고 지속적으로 이렇게 할 수 없다면, 그들은 반드시 모든 힘을 다해 가장 강력한 결사체(l'odio di quelle università che sono più potenti)의 증오를 피해야 한다.

—『군주』, 19장, (32).

군주가 모두에게 지지를 받는 것은 사실상 불가능하다. 이때 마키아벨리의 충고는 '인민' 또는 '다수'를 선택하라는 것이다. 만약 이것이 어렵다면, 그중에서도 가장 강력한 집단으로부터 증오를 받지 말아야 한다는 것이다. 위의 글은 '병사들'이냐 아니면 '인민들'이냐의 선택과 관련된 논의지만, 그의 핵심적 주장을 다시 확인시켜 준다. 인민들에게는 경외심을, 군인들에게는 존경을 받아야 한다는 것이다. 그 방법은 『강의』 I권 46장에서 더 상세히 설명된다. '인민'의 '지배받지 않으려는 욕구'를 충분히 충족시킴으로써, '소수' 또는 '군인들'이 그를 존경할 수밖에 없도록 만들어야 한다는 것이다.

질문 2: 마키아벨리는 로마 황제들에 대한 이야기로 무엇을 말하는가?

『군주』 19장에서 마키아벨리는 열 명의 로마 황제들을 다루고 있다. 마치 대화를 하듯, 자기의 주장이 틀리지 않았음을 로마 황제들의 자질을 분석해서 증명해 보이겠다고 말한다.[374] 여기에서 그의 주장이란 군주가 '다수'를 방어함으로써 스스로를 지킬 수 있다는 것이다. 그러나 그가 다룬 내용은 이런 입장을 충실하게 설명하고 있다고 보기 힘들다. 예를 들면, 그가 집중적으로 다룬 세베루스(Septimius Severus, 145-211)는 『강의』 I권 10장에서는 '사악한' 인물로 분류되었을 뿐만 아니라,[375] 군인들과는 좋은 관계를 유지한 반면 인민들을 혹사시킨 인물이었기에 더욱 그러하다.

아울러 『군주』를 통틀어 새로운 형태의 긴장을 보여 주는 곳이기도 하다. 바로 '군인'과 '인민'들 사이의 긴장이다. 실제로 마키아벨리는 로마 황제들에 대한 이야기를 시작하면서부터 '귀족'과 '인민'의 긴장 대신 '군인'과 '인민'의 집단적 경향으로 우리의 시선을 유도한다. 그러고도 그는 그 이유를 어디에도 명확하게 설명하지 않는다. 대신 로마 황제들은 귀족의 야망과 인민의 무례함 이외에 "군인들의 잔인함과 탐욕을 견뎌냈어야만(avere a sopportare la crudeltà e avarizia de' soldati)" 했다고 말한다.[376]

흥미로운 것 중의 하나는 이 모든 표현들이 마키아벨리가 일반적으로 사용하는 것들이 아니라는 점이다. 사실 그에게 '무례함'은 귀족의 전유물이다.[377] 그리고 군인들에 대한 부정적인 표현들은 시민들의 자유를 운운하는 인문주의자들이 가지고 있던 견해와 일치되고, 이러한 견해는 마키아벨리 본인에게는 '해로운 의견들(sinistre opinioni)' 중의 하나다.[378] 그렇다면 왜 스스로에게 이율배반적인 주장을 전개하고 있는 것일까? 그 이유는 명확하다. 그는 여기에서도 인문주의자들 또는 일반적인 의견을 통해 자기만의 독특한 주장을 제시하는, 이른바 수사학적으로 매우 정교한 설득을 시도하고 있는 것이다. 따라서 문제는 '그가 독자에게 설득하고자 했던 주장'을 찾는 것이다.

인민의 무례함

우선 인민의 '무례함'이 의미하는 바를 살펴볼 필요가 있다. 실제로 마키아벨리는 군주를 포함한 모든 인간이 무례해질 수 있다고 본다.[379] 왜냐하면 그에게 '무례함'이란 '승리(la vittoria)'했거나 '승리에 대한 잘못된 희망(la falsa speranza della vittoria)'으로부터 비롯되기 때문이다.[380] 따라서 일방적인 승리를 자만하거나 상대에 대한 '공포'가 사라지면, 군주도, 공화정의 지도자들도, 귀족도, 인민도, 군인도 무례해질 수 있다. 그러기에 그는 일정 정도의 권력을 누리면서 책임도 없고 다른 집단으로부터 견제도 받지 않는 귀족, 특히 귀족 자제들의 '무례함'을 자주 다루었다.[381]

마키아벨리에게 귀족들의 무례함은 항상 위험천만한 요소다. 귀족들의 무례함을 다스리지 못하면 군주는 몰락의 길을 걷게 된다.[382] 공화정도 귀족들의 무례함을 방치하면 견디다 못한 인민들이 폭동을 일으키거나 아니면 인민들마저 부패해서 자멸할 위기에 처하게 된다. 이런 경우에 공화정은 헤라클레이아의 참주 클레아르코스(Clearchus, BC401-353)처럼 단번에 귀족들을 제거하고 인민의 요구를 만족시켜야 한다.[383]

이 일이 논쟁이 되자 평민들은 원로원에 너무나 격분해서, 만약 원로원이 어떤 나이 많고 존경받는 시민들을 방패로 삼지 않았다면, 그들은 무기를 들고 유혈 사태를 일으켰을 것이다. 그들에 대한 존경으로 평민들은 저지되었고, 무례함으로 더 나아가지 않았다.

— 『강의』, I권, 53장, (4).

반면 인민의 무례함은 상대적으로 덜 위험하다. 새로 점령한 베이로 이주하면 모두가 부자가 될 수 있다는 의견에 현혹되어, 로마 공화정의 평민들은 이를 반대하는 원로원에 크게 반발했다.[384] 그러나 위에서 보듯, 로마의 평민들은 그들이 존경하는 시민들의 설득만으로도 더 이상 무례해지지 않았다. 이 사건을 두고 마키아벨리는 이렇게 충고한다.

(1) 첫째는 많은 경우 좋음의 잘못된 인상(una falsa immagine di bene)에 기만되어 인민들은 스스로의 파멸(la rovina sua)을 원하기도 한다는 것, 그리고 만약 그들이 신뢰하는 누군가에 의해 그것이 잘못되었고 무엇이 좋은 것인지를 깨닫게 되지 않으면 무한한 위험과 해악(infiniti pericoli e danni)이 공화정에 초래될 것이다

— 『강의』, I권, 53장, (6).

(2) 그들 행동의 차이는 다른 속성(natura diversa)에서 비롯되는 것이 아니다. 왜냐하면 모두가 [배은망덕할] 수 있지만, 그나마 선한 것

의 이로움이 있다면 인민에게 있다는 것이기 때문이다. [그 차이는] 그 아래에서 각각이 삶을 영위하는 법(leggi)을 조금이라도 더 존중(rispetto)하는가에서 비롯된다.

——『강의』, I권, 58장, (19).

(1)에서 보듯, 마키아벨리는 인민의 무례함이 그 자체의 속성이라기보다 누군가의 선동에 의해서 발생한다고 보았다. 그리고 그는 인민의 무례함은 설득만으로도 치유될 수 있다고 보았다. 그러나 (2)에서 보듯, 그 이유를 인민의 지배받지 않고자 하는 집단적 경향에서 찾지 않는다. 대신 인민이 설득되거나 덜 무례한 이유는 군주나 귀족들보다 좀 더 겁이 많고 고분고분하기 때문이라고 말한다. 즉 인민이 덜 무례하거나 무례했더라도 설득을 통해 제어될 수 있는 이유는 욕구가 없어서가 아니라 겁이 더 많아서라는 것이다.[385]

따라서 누군가 잘못된 사람이 인민을 이끌거나, 인민들이 공포에서 벗어나 승리를 확신하거나 헛된 희망에 사로잡힌다면, 군주정이든 공화정이든 결코 극복할 수 없는 큰 위험에 빠지게 된다. 이러한 상태를 마키아벨리는 인민의 '방종(licenza)'이라고 부르고, 이러한 경우는 공화정에서는 참주가 출현하거나, 군주정에서는 무질서가 초래된다.[386] 그럼 '참주'가 아닌 '군주'는 어떻게 이런 사태를 극복해야 하는가?

위에서 기술한 모든 것들로부터 부패한 도시에서는 공화정을 유지하거나 그것을 새롭게 만드는 데 있어 어려움이나 불가능성이 초래된다. 만약 정말 그곳에서 [공화정]을 만들거나 유지해야 한다면, 민중적인 국가(lo stato popolare)보다 제왕적 국가(lo stato regio)로 방향을 잡아야 할 필요가 있을 것이다. 그래서 그들의 교만(insolenzia) 때문에 법으로 바로잡을 수 없는 사람들이 거의 제왕적인 권력(una podestà quasi regia)에 의한 방식으로 제어되어야만 할 것이다.

— 『강의』, I권, 18장, (28)-(29).

위에서 보듯, 인민까지 부패해 버린 상황이라면 공화정도 '제왕적 권력'을 통해 그 질서를 유지할 수밖에 없는 지경에 이른다. 그렇다면 군주는 어떠할까? 일차적으로는 체사레가 그러했던 것처럼 인민들이 그의 "잔인함으로 만족을 느끼면서도 멍해지도록" 만들 수 있을 것이다.[387] 잔인함을 통해 자신의 권위를 과시함으로써 인민들을 만족시키면서 동시에 그를 경외하게 만드는 방식을 쓸 수 있다는 것이다. 그러나 '다수를 믿을 수' 없는 지경에 이르렀다면, 새로운 군주는 소수를 잔인하게 처벌함으로써 사태를 해결할 수도, 모두를 잔인하게 처벌할 수도, 그리고 나라를 세울 수도 없다.

새로운 군주

세베루스는 바로 이 지점에서 또 다른 새로운 군주의 전형으로 등장한다. 그도 "새로운(novità) [군주]였기에 예외적인 지지가 필요했던 황제들"처럼 인민보다 군인에게 의지할 수밖에 없었고,[388]

'[군인]'들에게 좋은 평판을 유지하는 것이 무엇보다 '유익한' 조치일 수밖에 없는 처지에 있었다.[389] 그러기에 군인들이 좋아하는 '무례하고, 잔인하고, 탐욕스러운' 군주처럼 보여야 했고,[390] 인민들을 혹독하게 다루어 군인들의 '탐욕과 잔인함'을 분출시키도록 했던 군주가 되어야 했다.[391] 그럼에도 불구하고 그는 '나쁜 결말(tristo fine)'을 맞지 않았다.[392]

> 세베루스에게는 그만큼의 탁월함(virtù)이 있었고, 그가 비록 인민들을 혹사시켰지만 군인들을 그의 친구로 유지함으로써 그는 항상 행복하게 다스릴 수 있었다. 그의 탁월함은 군인들과 인민들의 눈에는 너무나 존경할 만한 것이었고, 후자는 어떤 면에서는 멍하고 놀랐지만(quodammodo stupidi e attoniti) 전자는 존경했고 만족했다.
>
> ─『군주』, 19장, (41).

체사레의 행동과는 달리, 세베루스의 행동은 군인만 만족시켰다. 다시 말하자면, 세베루스는 "매우 잔인하고, 매우 탐욕스러웠으며", "군인들을 만족시키기 위해" 인민들에게 가혹한 짓도 주저하지 않았다는 것이다.[393] 그런데 인민들은 혹사를 당하면서도, 그에게 대항할 엄두조차 못 냈다는 것이다. 그저 그의 탁월함에 놀라 '멍해' 있었다는 것이다.

마키아벨리는 세베루스가 인민의 증오로부터 스스로를 방어할 수 있었던 것은 다름이 아니라 전쟁에서 보여 준 탁월함 때문이었다고 말한다. 군인들을 동원해 율리아누스(Didius Julianus, 137-193) 황제를 몰아내고, 자신을 황제라고 선포한 니게르(Pescennius Niger, 140-194)를 생포해서 죽이고, 또 다른 경쟁자 알비누스(Clodius Albinus, 150-197)를 기만으로 잠시 잠재웠다가 끝내 물리쳤다. 한마디로 말하자면 기만과 전쟁으로 스스로의 권좌를 지켜낸 것이다.

  따라서 이 사람의 행동을 자세히 검토한 사람이라면 누구나 그로부터 매우 사나운 사자(uno ferocissimo lione)와 매우 영악한 여우(una astutissima golpe)를 발견하게 될 것이고, 그를 모두가 두려워하고 존경했다는 것, 그리고 군대가 미워하지 않았다는 것을 알게 될 것이다. 그리고 새로운 사람(uomo nuovo)인 그가 그렇게 대단한 제국(tanto imperio)을 가질 수 있었음에 놀라지 않을 것이다. 왜냐하면 그의 너무나도 대단한 평판(la sua grandissima reputazione)이 그의 약탈 때문에 인민이 품었음직한 증오로부터 그를 방어했기 때문이다.

—『군주』, 19장, (49).

  그렇다면 세베루스는 왜 이토록 탁월한 능력에도 불구하고 '다수' 또는 '인민'의 보호자가 되지 못했을까? 왜 그는 '사악한' 방법으로 인민이 아니라 군인을 만족시켜야 했을까? 그의 답은 코모두스(Lucius Aelius Aurelius Commodus, 161-192) 황제를 암살하고 즉위한 페르티낙스(Publius Helvius Pertinax, 126-193) 황제가 왜 몰락했는지에 대한 설명에 잘 나와 있다.

그러나 페르티낙스는 군인들의 의지에 반해서 황제가 되었는데, 군인들은 코모두스 치하에서 마음대로 사는 데 익숙해져서 페르티낙스가 회복시키려 한 품위 있는 삶을 견딜 수 없었다. 그래서 [군인들이] 그에 대한 증오심을 갖게 되었고, 이러한 증오심에 그가 늙었다는 이유로 업신여기기까지 해서, 그는 그의 통치가 시작되자마자 몰락하고 말았다. 여기에서 증오는 악한 행동만큼이나 선한 행동을 통해서 얻어지게 된다는 것을 주목해야 한다.

—『군주』, 19장, (36)-(37).

위의 글의 핵심은 좋은 군주가 되겠다는 생각에 사로잡혔던 페르티낙스가 자신이 '새로운 군주'라는 사실을 망각했다는 것이다. 게다가 황제의 근위병들과 공모해서 권력을 차지했기에, 그들의 오만함을 신중하게 다스려야 할 이유를 갖고 있었다. 그럼에도 불구하고, 그는 포상을 요구하는 근위병들의 오만 방자한 행동을 마르쿠스 아우렐리우스(Marcus Aurelius) 황제처럼 다스리려고 했다는 것이다.

마키아벨리는 여기에서 『군주』 15장의 주제로 다시 돌아간다. 세습 군주였던 마르쿠스 아우렐리우스는 탁월한 덕성만으로도 경멸과 증오를 피하면서 행복한 결말을 맞을 수 있었지만,[394] 새로운 군주였던 페르티낙스는 그와 같은 방식으로는 86일밖에 버틸 수 없었다는 점을 부각시키는 것이다.

그래서 내가 앞서 말했듯이 그의 국가를 유지하기를 원하는 군주는 종종 어쩔 수 없이 선하지 않도록 강요받는다. 왜냐하면 당신이 판단하기에 스스로를 유지하는 데 필요한 집단(università)이 부패했을 때, 그것이 인민이든 군인이든 귀족이든 간에, 당신은 그들의 경향을 따라 그들을 만족시켜야 하고, 그때 선한 행동(le buone opere)은 당신의 적이다.

—『군주』, 19장, (37)-(38).

즉 마키아벨리의 판단에 따르면, 세베루스는 '새로운 군주'로서 매우 탁월한 선택을 했다는 것이다. 모두를 만족시킬 수 없었기에 무엇보다 군인을 만족시켰고, 그 군인들이 부패했기에 그들의 방식을 따라 인민을 탄압할 수밖에 없었다는 것이다. 그럼에도 불구하고, 그는 착하기만 했던 페르티낙스와는 달리 좋은 결말을 맞았고, 탁월함으로 볼 때에는 그가 인민에게 받은 존경도 마르쿠스 아우렐리우스에 버금간다는 것이다. 한마디로 그의 권좌는 확고했고, 그의 영토는 확장되었다는 것이다. 실로 체사레와는 또 다른 새로운 군주의 전형이 소개되고 있다.

무장한 인민

그럼에도 불구하고, 우리는 마키아벨리로부터 '인민'을 탄압하고 '군인'에게 사랑받는 새로운 군주가 늘 행복한 결말을 맞이할 것이라는 이야기를 듣지 못한다. 오히려 세베루스의 아들 안토니우스

(Severus Antonius, 188-217)처럼 세습 군주라도, 그것도 '인민들의 눈 (conspetto de' populi)'에 경이롭고 군인들에게는 위대해 보인 군주라도, 세상 모두로부터 증오를 받으면 자기의 목숨조차 부지할 수 없다는 이야기를 듣게 된다.[395] 즉 군주로서의 품위, 그리고 '다수'와의 관계가 무엇보다도 중요하다는 충고가 계속되고 있는 것이다.

그렇다면 문제는 군주가 인민과 군인들 사이에서 어느 한쪽을 선택해야 할 때, 어떤 선택을 하는 것이 보다 더 적절하다는 것을 어떻게 알 수 있느냐는 것이다. 한편으로는 스스로를 지키기 위해서 무엇보다 '다수'와의 관계를 중시해야 하고, 다른 한편으로는 세베루스의 경우에서 보듯 어쩔 수 없이 '군인'에게 의지할 수밖에 없는 상황도 있다. 즉 새로운 군주에게는 군인들의 횡포가 인민들의 증오를 불러일으키더라도, 달리 선택할 방법이 없는 것처럼 보이는 것이다.

우리는 곧 해답을 알게 된다. 마키아벨리에게 있어 '정치 공동체의 존속' 또는 '자신의 국가의 유지'가 '보이는 것'보다 중요한 것이라면, 이탈리아의 군주는 '군인'과 '인민' 사이의 선택이 아니라 '인민을 무장시키는 선택'을 해야 한다는 것을 알게 되는 것이다.

우리 시대의 군주들은 그들이 통치함에 있어 이렇게 예외적 수단을 통해 군인들을 만족시켜야 할 어려움이 적다. 왜냐하면 비록 그들에게도 관심을 보여야겠지만, 어떤 군주들도 로마제국의 군대가 그러했던 것처럼 군대를 지방의 통치와 행정에까지 깊숙이 관여시키지 않기에 [이런 어려움이] 손쉽게 해결되기 때문이다.

—『군주』, 19장, (61).

　　표면적인 이유는 로마제국과 같이 군대가 정치에 관여하지 않기 때문이다. 광활한 영토를 관리하기 위해 특정 지역에 군대를 오랫동안 주둔시킬 필요도 없고, 그럴 만한 세력을 형성한 군주도 딱히 없기에 당연한 것처럼 보인다. 그러나 보다 실질적인 이유는 그 다음에 설명된다.

　　만약 그 당시에는 인민보다 군인들을 만족시키는 것이 필수적이었다면, 그것은 군인들이 인민보다 더 많은 것을 할 수 있었기 때문이다. 지금은 투르크와 술탄을 제외한 모든 군주들이 군인들보다 인민들을 만족시켜야 할 필요가 있다. 왜냐하면 인민이 장병들보다 더 많은 것을 할 수 있기 때문이다.

—『군주』, 19장, (62).

　　위에서 보듯, 그 이유는 시대가 바뀌었다는 것이다. 마키아벨리는 '군인들'보다 '인민'이 더 많은 것을 할 수 있는 시대가 도래했다고 말한다. 실제로 인민들이 무엇을 더 많이 할 수 있는지는 알 수 없다. 그러나 잠재적 군주는 '인민'으로 '군인들'을 대체할 수 있고, 그렇게 된다면 술탄이 군인들에게 의지하듯 인민들에게 의지할 수 있다. 그렇게 해야 한다면, 잠재적 군주는 '인민'의 속성과 '군인'의 속성을 모두 잘 이해하고 있어야 한다. '인민'이 '군인'과 같은 속성을 갖고 있었을 때조차 '경멸'과 '증오'를 받지 않으려거든 말이다.

이미 마키아벨리는 『군주』 12장에서 시민을 무장시키는 것을 두려워하지 말하는 충고를 한 바 있다. 따라서 그는 조심스럽게 『군주』 19장을 마무리한다. 마르쿠스 아우렐리우스 황제를 모방하라는 이야기도, 세베루스 황제를 모방할 필요가 있다는 표현도 피한다. 대신 국가를 세우고 싶을 때에는 세베루스 황제로부터 '그러한 요소들(quelle parti)'을 가져오고, 마르쿠스 아우렐리우스 황제로부터는 "국가를 유지하기에 적합하고 영광스러운 것들(quelle che sono convenienti e gloriose a conservare uno stato)"을 가져오라고 충고한다.[396] 둘 중에 필요한 것을 상황에 따라 잘 선택하라는 것이다. 우리는 그 방법을 『군주』 20장부터 전개되는 군주의 처신과 관련된 충고들 속에서 찾아야 한다.

프랑스의 왕 샤를 8세
    마키아벨리는 이탈리아의 재앙은 '신'이 아니라 '교황'으로부터 비롯되었다고 한탄한다. 프랑스 역사가 코민에 따르면, 알렉산데르 6세는 샤를 8세에게 프랑스인들이 필요한 것은 단지 어디에서 묵을지를 표시할 백묵과 말을 몰 때 필요한 나무로 된 박차뿐이라고 했다고 한다.

도소 도시, 「어느 남자의 초상화(체사레 보르자)」(1518-1520)
체사레는 마키아벨리에게 '새로운 군주'의 전형이다. 그러나 다른 한편으로 체사레는 교황 율리우스 2세가 선출되도록 허용함으로써 결정적 실수를 범한 실패한 군주다. 신민을 다루는 면에서는 그 누구보다 명석했지만, 군주들을 어떻게 다루어야 하는지에 대해서는 잘 알지 못했다고 판단한 것이다. 체사레와 같이 탁월한 군주도 '군주의 본질'을 잘 모른다는 마키아벨리만의 역설이 다시 고개를 든다.

라파엘로, 「율리우스 2세」(1511-1512)
　마키아벨리는 체사레가 율리우스 2세에게 속은 것을 일단 '실수'라고 기록한다. 그러나 체사레의 실수는 그 어떤 '새로운 군주'도 저질러서는 안 되는 행동이었다. 마키아벨리는 실수의 원인을 '타인의 운'에 기대어 살았던 체사레의 '본성'과 '습성'으로부터 찾고 있다.

파올로 우첼로, 「산로마노 전투」(1436-1440)
    피렌체의 화가 우첼로가 그린 이 작품은 1432년 피렌체와 시에나 사이에 발발했던 산로마노 전투를 묘사하고 있다. 피렌체 군의 지휘관이었던 니콜로 다 톨렌티노는 피렌체의 지원군이 도착할 때까지 겨우 이십여 명의 기병을 이끌고 시에나 대군과 맞서 싸워 결국 피렌체의 승리를 이끌어냈다.

파올로 우첼로, 「숲 속의 사냥」(1460)
　사냥은 앞으로 전투를 치를 구체적인 장소를 파악하고, 전쟁에 유리한 위치와 그에 맞는 진영을 머리에 미리 그려 보는 훈련이다. 마키아벨리는 사냥을 통해 한편으로는 자기의 "군대를 잘 정돈되고 훈련되어 있도록" 유지하고, 다른 한편으로는 자기의 "몸을 어려움에 익숙하도록" 만들 수 있다고 말한다. 게다가 사냥을 통해 배우는 것을 '기술'이 아니라 '지식'이라고까지 말한다. 그래서인지 『군주』 14장에 나오는 '사냥'의 비유는 참으로 흥미롭다.

보티첼리, 「프리마베라」(1476)
마키아벨리를 비롯해서 많은 르네상스 시대 사람들이 루크레티우스가 쓴 『사물의 본질』에 영향을 받았다. 포조 브라촐리니에 의해 발굴된 『사물의 본질』은 『군주』 20장에서 보듯 마키아벨리의 '무신론'과 '감각론'에 큰 영향을 끼쳤다. 보티첼리의 이 그림도 그 정신을 고스란히 보여 주는 작품이다.

4부
리더십

20장
요새와 일상에서 군주들이
만들거나 행하는 그 밖의 많은 것들이 유용한지
아니면 유용하지 않은지

An arces et multa alia, quae quottidie a principibus fiunt,
utilia an inutilia sint

『군주』 20장부터 우리는 군주는 어떻게 행동해야 하고 생각해야 하는지를 읽게 된다. 여기서는 지금까지 이야기되던 '다수'와의 관계, '신중함'에 대한 논의, '운'에 대한 이야기, 그리고 '이탈리아의 해방'과 관련된 주장들이 일반적 준칙으로 승화된다. 특히 『군주』 20장과 21장은 새로운 군주가 매일같이 하는 일들을 어떻게 판단해야 하며 처신해야 하는지 조목조목 나열한다.

그러나 마키아벨리의 충고들을 읽다 보면 한 가지 이해하기 어려운 부분에 봉착하게 된다. 일반적인 준칙을 줄 수 없다고 전제하면서도, 군주에게 어떻게 해야 하는지를 일반적 수준에서 말하고 있다는 것이다.

> 그러나 이러한 것을 일반적으로(largamente) 말할 수는 없다. 왜냐하면 그것이 사안(il subietto)에 따라 변하기 때문이다.

—『군주』, 20장, (19).

구체적인 상황을 모르기에, 구체적인 충고는 할 수 없다는 말이다. 그렇다면, 왜 그가 대부분의 충고를 일반적인 준칙으로 제공하고 있냐는 질문이 생긴다. 인민을 무장시키라든지, 요새를 믿지 말라든지, 인민의 증오를 받지 말라든지 말이다.

여기에 마키아벨리가 "세상 모든 것은 변한다."는 견해를 갖고 있었기에 문제는 더 꼬인다. 즉 어떤 것도 확정적일 것이 없는데, 행위의 일반적 준칙이 필요하기는 한가 말이다. 게다가 그러한 것들이 이성으로 파악할 수 있는 것도 아니라는데 말이다.

그러나 인간의 모든 것들은 움직이고, 변함없이 고정되어 있을 수 없기 때문에, 그것들은 흥하거나 몰락하거나 한다. 그리고 이성(la ragione)이 아니라 필연성(la necessità)이 당신에게 많은 것들을 가져온다.
—『강의』, I권 6장, (34).

위의 문장은 '제국'이 되고 싶지 않더라도 '공화정'의 창건자는 영토가 확장될 수밖에 없다는 필연성을 예측해야 한다는 취지의 글이다. 즉 '인간 만사'가 변화무쌍하다는 이야기로 끝나는 것이 아니라는 것이다.[397] 변화하는 인간사를 꿰뚫는 무엇인가가 있다는 것, 그리고 이러한 것들은 반드시 알아 두어야 한다는 것이 충고의 핵심인 것이다.

누군가 이런 결론을 낼 수 있을 것이다. 질료(la materia)가 부패하지 않은 곳에서는 소요와 다른 풍문들이 해를 끼치지 않지만, 부패한 곳에서는 잘 조직된 법들도 도움이 되지 못한다. 그것들이 극도의 힘(una estrema forza)으로 그들의 복종을 확보해서 질료가 좋아지도록 할, 한 사람(uno)에 의해 변화되지(mosse) 않고서는 말이다.

—『강의』, I권, 17장, (13).

앞에서 서술된 것들과 위의 구절을 통합하면, 마키아벨리의 서술은 세 가지 순서를 갖는다. 하나는 '만사'가 변한다는 것이다. 세상에 영원한 것은 없기에 안주할 수 없다는 것이다. 다음은 그러기에 '필연성'이 가져오는 무엇인가를 예측해야 한다는 것이다. '보이지 않는 초인간적인 것에 대한 지식'과 '보이는 것'의 이면에 존재하는 무엇인가를 찾아야 한다는 것이다. 끝으로 '인간'은 변화를 추동하고 변화에 개입할 수 있다는 것이다. '운명의 여신(fortuna)'처럼 '한 사람(uno solo)'도 변화를 이끌어 낼 수 있고, 이끌어 내야 한다는 것이다.

특히 세 번째가『군주』20장부터 우리를 사로잡는다. 사실 그가 말하는 '한 사람'은 시대와 상황의 변화에 가장 잘 적응하는 '공화정'에서도 요구될 때가 있다.[398] 위의 인용 구절에서 보듯, 만약 '질료'인 '인민'까지 부패했다면, 그 한 사람이 새로운 '형상(forma)'을 부여함으로써 공화정을 다시 회복시키거나 새롭게 만들 수 있다고 말하는 것이다. 그렇다면, '판관'이 없는 군주에게는 '한 사람'과 같

은 역할이 더 절실하다고 할 것이다.[399]

따라서 『군주』 20장은 대체로 두 가지 방향으로 읽혀 왔다. 하나는 '필연성'을 가져오는 무엇인가를 찾고자 하는 것이다. 마키아벨리의 인식론적 잣대에 초점을 맞추고, 구체적인 것과 일반적인 것의 차이를 극복할 수 있는 판단의 근거를 찾으려는 것이다. 또 하나는 그의 충고를 충실하게 따른 군주가 자신의 국가를 유지할 수 있는가에 대한 해답을 찾고자 하는 것이다. 그의 수사학적 기법에 초점을 맞추고, '인민의 무장'과 같은 충고를 따랐을 때 군주에게 초래될 결과에 대해 추정해 보는 것이다. 두 가지 방향 모두 흥미롭고 의미 있는 해석이다. 전자가 없으면 후자도 없고, 후자가 없으면 전자는 무익하기 때문이다.

질문 1 : 필연성은 무엇으로부터 나오는가?

인식론이 '어떤 것을 알아 가는 데 있어 그 근거를 따져 보는 것'을 일컫는다면, 마키아벨리는 '변화'에 대해서만큼은 루크레티우스(Lucretius Carus, BC96-55)의 인식론을 많이 수용한 것으로 보인다.[400] 루크레티우스가 남긴 『사물의 본질(De rerum natura)』은 키케로를 비롯한 많은 정치철학자들에게 탐독되었으며, 당시 지식인들에게도 광범위하게 읽혔던 서적 중 하나였기에 놀랄 일도 아니다.[401] 게다가 평소 시를 즐겨 썼던 마키아벨리가 직접 손으로 옮겨 보관

할 만큼 애착을 보였던 저작이기도 해서 더욱 그렇다.[402] 비록 루크레티우스의 '관조적 삶'에 대한 찬양을 받아들일 수는 없었겠지만, 마키아벨리는 그의 무신론과 감각론은 적지 않게 수용한 것으로 보인다.

'보이는 것'과 '느끼는 것'

『군주』 18장에서 우리는 '보이는 것'과 관련된 마키아벨리의 생각을 살펴보았다. 그에게 있어 '보이는 것'과 '가진 것'은 다르다는 점, '다수'와의 관계에서 '보이는 것'은 '기만'적 수단 이상의 의미를 가지고 있다는 점, 그리고 이런 맥락에서 '보이는 것' 또는 '다수의 의견을 형성하는 행위'는 불확실한 현실에서 정치적 개연성을 극대화하는 '구성적 리더십'의 핵심적 요소가 된다는 점을 짚어 보았다.

아울러 '다수'와의 관계에서 '보이는 것'이 아무리 중요하다고 하더라도 실제로 군주가 '가지고 있는 것'을 대체할 정도는 아니라는 점도 지적했다. 그리고 이런 맥락에서 '결과를 본다(si guarda al fine)'는 말은 결과가 모든 것을 정당화해 준다는 뜻이 아니며, '정치 공동체의 존속'과 같은 사안은 군주가 '기만'으로 위장할 수 있는 사안이 아니기에, 군주는 다른 무엇보다 이 목적을 달성하기 위해 노력해야 한다는 말도 덧붙였다.

이제 우리는 아래의 문장에서 군주가 '다수'에게 '보이는 것'만큼이나 중시해야 하는 것이 무엇인지를 파악해야 한다. 마키아벨리는 '만지다(toccare)'라는 동사를 사용했지만, 일반적인 해석을 따라 '허용된(è concesso)'이라고 바꾸었다.⁴⁰³ '만지다'는 '다수'와 '소수'에게 동시에 해당되지만, '느끼는 것'은 '소수'만이 가능하다는 점을 강조하기 위해서다.

> 인간들은 일반적으로 그들의 손(mani)보다 눈(occhi)으로 판단한다. 왜냐하면 보는 것은 모두에게 허용되지만(tocca a vedere a ognuno), 느끼는 것은 소수에게만(a sentire a pochi) [허용되기] 때문이다.
> ─『군주』, 18장, (17).

그리고 나니 '다수'는 '보이는 것'에 집착하고, '소수'는 '느끼는 것'에 초점을 맞춘다는 사실이 부각된다. 그리고 '느끼는 것'은 실제 군주가 '가진 것'과 밀접한 관련이 있다는 것도 알 수 있다. '보이는 것'이 다른 사람들 눈에 비치는 모습이라면, '느끼는 것'은 군주의 실체인 것이다.

전술했다시피, 마키아벨리에게는 '보이는 것'과 '느끼는 것'의 괴리가 도덕적 부담을 주지 않는다. '보이는 것'도 군주에게 있어 통치의 중요한 요소다. 다만 '보이는 것'은 궁극적으로 좋은 결과가 있을 때에만 빛을 발하는 것이고, '정치 공동체의 존속' 또는 '자기 국가의 유지'에 실패하는 순간 무너질 군주의 모습이다. 따라서 군주는 '소수'만이 접할 수 있는 스스로의 실체가 궁극적인 목적을 달성할 수 있도록 준비하고 유지해야 한다. 이런 측면에서 볼 때, '느끼는 것'도 '보이는 것'만큼이나 중요하다.

감각의 세계

소수만이 접할 수 있는 군주의 실체는 군주가 직면하는 실제 현실과 맞닿아 있다. 다수는 결과를 보지만, 이러한 결과를 창출하는 과정에서 부딪히는 많은 일들은 군주의 실제 역량과 불가분의 관계에 있기 때문이다. 특히 불확정성과 개연성이 강한 정치적 환경에서, 군주가 판단해야 하는 정치적 현실들은 소수만이 접할 수 있는 것들로 가득 차 있다.

이 이미지(eikom) 전체를 내가 언급한 바에 적용시켜야 한다. 눈으로 드러나는 영역을 감옥이라는 거처에 비유하고, 그 안의 불빛을 태양의 힘에 비유하자. 그리고 올라가는 것(anabasis)과 그 위에 있는 것을 보는 것(thea)을 지적인 영역에 이르는 영혼의 여행에 적용한다면, 너는 내 기대를 저버리지 않는 것이다.

—『국가』, 7권, 517a-c.

위에서 보다시피, 소크라테스의 전통에서 '보는 것'은 지성으로 알 수 있는 영역으로 가는 하나의 통로다. 비록 '눈에 보이는 것(ta horata)'은 '지성으로 이해하는 것'들(ta noeta)과는 달리 그 자체로 지식을 구성할 수는 없다. 즉 옳을 수도 있고 틀릴 수도 있는 것은 영원한 진리가 될 수 없는 것이다. 다만 '보는 것'은 소크라테스에게 지적인 영역(tou noetou)으로 가는 하나의 길이다.[404] 부단히 노력해서 '좋음의 이데아' 또는 '전형(eidos)'을 볼 수 있다면, 인간은 '보는 것'을 통해 지성으로 알 수 있는 영역에 도달하게 되는 것이다.

흥미롭게도, 마키아벨리는 '보는 것'을 대중의 의견으로, '느끼는 것'을 마치 '지성으로 도달할 수 있는 지식'처럼 묘사하고 있다.[405] 즉 감각에 기초한 지식으로 자기 이전의 정치철학자들이 말하던 '영구적인 것'에 대한 지식을 대체하고자 하는 것이다.

> 누구든지 현재와 과거의 것들을 숙고해 본 사람이라면 모든 도시들과 모든 사람들에게 동일한 열망들(desideri)과 동일한 경향들(omori)이 있다는 것, 그리고 항상 그러했다는 것을 쉽게 알 것이다. 그래서 누구든 과거의 것들을 면밀하게 검토한 사람에게는 모든 공화정에서의 미래의 일들을 예측하고 과거에 사용된 처방들(rimedi)을 취하기가 쉬운 일일 것이다. 만약 사용된 바 없는 것이라고 할지라도, 사건의 유사성(la similitudine)으로부터 새로운 것(nuovi)을 생각해 내기가 쉬울 것이다.
>
> ―『강의』, I권, 39장, (2)-(3).

소크라테스가 '감각적인 것'을 지식이 아니라 '의견'을 구성하는 것이라고 했다면, 마키아벨리는 '열망'과 '경향'을 '안다는 것'이 곧 일반적이고 항구적인 '지식(la cognizione)'을 갖는 것이라고 말하고 있다. 전자가 '가시적인 것'과 '느끼는 것'을 모두 지적 영역에

도달하는 것을 방해할 수 있는 것으로 보았다면,[406] 후자는 다수와의 관계에서 '가시적인 것'과 '느끼는 것'을 군주가 갖추어야 할 '지식'과 관련시켜 설명하고 있는 것이다.

필연성과 가능성

마키아벨리가 점성술에 얼마나 심취했는지는 논쟁적이지만,[407] 실제로 그는 '보는 것'과 '느끼는 것' 이상의 무언가를 고민하는 것을 주저했던 것으로 보인다. 신비한 현상들에 대해 언급하는 『강의』 I권 56장에서조차, 그는 "그것이 어디로부터 비롯되는 것인지 모른다.(donde ei si nasca io non so.)"고 말하고,[408] 자기는 다른 사람과 마찬가지로 "자연적이고 초자연적인 것에 대한 지식(notazia)"을 갖고 있지 않다고까지 말한다.[409] 그러한 점성술에 심취했든 안 했든, 그는 경험적으로 알 수 있는 감각적인 세계를 강조하고 있는 것이다.

현명한 사람들은 이렇게 말하고는 하는데, 우연하게 그러는 것도 아니고 취할 점이 없는 것도 아니다. 즉 누구든 무엇을 해야 하는지를 알기 원하는 사람은 어떠했는지를 고려해야 한다는 것이다. 왜냐하면 모든 시대 모든 세상일은 고대에 그것에 상응하는 것이 있기 때문이다. 이러한 것들은 인간의 일이기에 초래되는데, 인간들이 동일한 열정을 가졌고 항상 가졌었기에, 그러한 것들은 필연적으로 동일한 결과를 가져온다.

—『강의』, 3권, 43장, (3)-(4).

위에서 보듯, 마키아벨리는 인간사에는 반복되는 일정한 행동 양태가 발견되고, 이러한 행동 양식은 인간들이 가지고 있는 '동일한 열정' 때문에 나타난다고 믿고 있다. 루크레티우스와 마찬가지로 그 무엇보다 '감각'적인 것을 강조하고, 초자연적인 것 또는 영원한 것에 대한 지식에 지극히 무신론적이고 냉소적인 태도를 보이는 것이다.[410] 그리고 루크레티우스가 주장하듯, 아무것도 없는 미신이나 초자연적인 것을 벗어나 감각적 세계에 눈을 떠야 한다고 말하는 것이다.

물론 마키아벨리가 인지과학적 지식의 체계를 세웠다고 말하는 것은 아니다. 마키아벨리에게 '보이는 것'이 갖고 있는 정치적 개연성이 매우 중요한 만큼, 그의 정치철학에서 '확정적'인 것이나 '과학적'인 것을 찾으려는 노력은 무의미하다. 그러나 그가 지식의 구성요소로서 '느끼는 것'을 강조함으로써, 소크라테스 이래로 지속된 지적 전통에 대한 거부감을 드러냈다는 것은 부인할 수 없는 사실이다. 감정이 이성을 보조할 수 있다고 보더라도, 소크라테스를 따르는 철학자들에게 감각의 세계는 지식에 이르기보다 '방종'으로 귀결되기 쉽다고 보았다.[411] 반면 마키아벨리에게는 감각의 세계가 오히려 '자유인다운' 세계이고, 군주가 반드시 알아야 할 지식을 구성하는 터전이었던 것이다.

결국 마키아벨리의 '필연성'은 감각의 세계에 자리를 잡는다. 그는 '운명'이나 '초자연적' 힘에 대해서는 언급은 하되 모른다는 태도로 일괄하고, 감각의 세계에 대한 지식을 통해 알게 되는 필연성이 그 무엇보다 군주에게 필요한 지식의 구성요소로 제시한다. 일차적으로는 인간의 '열정'과 '경향'에 대한 이해를 요구한다. 그러기에 그는 인간은 가지려고 하고, 필연성에 의해 강요되지 않는다면 나빠질 수 있으며, 그리고 만족할 줄 모른다는 점을 부각시킨다. 그리고 인간은 우월한 지위에 있다면 지배하려 하고, 열등한 위치에 있다면 지배를 피하려는 경향성을 가진다는 점도 강조한다.

아울러 이러한 인간의 '열정'과 '경향'이 빚어내는 힘의 상관관계는 시간과 장소에 따라 부단히 바뀐다는 점을 각인시킨다. 그리고 마키아벨리는 항상 인간사가 변화한다는 말과 모든 것에는 부침이 있다는 이야기를 덧붙인다.[412] '가능성'의 정치, 즉 어떤 상황에서 좋은 결과를 산출하기 위해 어떻게 행동해야 하는지를 설명하고자 하는 것이다.

> 의심할 바 없이, 군주들은 그들에게 주어진 어려움과 그들이 직면한 반대를 극복할 때 위대해진다. 그러기에, 운명의 여신은 특별히 새로운 군주를 위대하게 만들고 싶을 때(왜냐하면 그는 세습 군주보다 평판을 획득해야 할 더 큰 필요가 있기 때문에), 적들을 일으키고 그에게 맞서 과업을 추진하도록 한다. 그 결과 그는 그것들을 극복해서 그의 적들이 가져온 사다리에서 더 높은 곳에 오를 이유를 갖게 된다.
> ─『군주』, 20장, (15).

위에서 보듯, 마키아벨리의 군주는 '초인간적인 동인'보다 '소수'에게 열려져 있는 '감각'의 세계를 통해 어떻게 좋은 결과를 가져올 것인지를 고민해야 한다. 이들에게 '운명'은 인간의 손이 닿지 않는 그 무엇이 아니라 단지 '기회(occasione)'일 뿐이다. 만약 '감각'의 세계에 대해 정확한 판단을 할 수 있는 능력이 있다면, 군주는 때때로 '보이는 것'을 이용해서 스스로를 더 위대하게 만들 수도 있다.

그래서 많은 사람들은 현명한 군주는 그가 기회를 가졌을 때 영민하게 반감을 일으켜 그가 그것을 박살 내었을 때 그것으로부터 더 위대하게 드러나도록 [만든]다고 판단한다.
—『군주』, 20장, (16).

앞서 그는 군주에게 '소수가 접할 수 있는' 감각의 세계에 집중하라고 말하고, 판단의 오류가 생기는 것은 인간의 '열정'과 '경향'을 잘못 해석했기 때문이라고 지적했다. 그러나 위에서 우리는 이런 충고가 '보이는 것'을 무시하라는 이야기가 아님을 알 수 있다. 여기에서는 만약 군주가 이러한 지식을 통해 확실한 기회를 잡았다고 판단하면, '보이는 것'을 통해 더 큰 평판을 얻을 수 있을 것이라고 부추기고 있는 것이다.

이런 방식으로 마키아벨리는 '필연성'과 '가능성'을 결합시킨다. 우선 그는 '신'이나 '자연'과 같은 보이지 않는 것에 빠져 체념하지 말고 감각적인 세계에 대한 지식을 통해 행복을 얻기 위해 부단히 노력해야 한다고 충고한다. 그리고 그는 군주에게 스스로가 노력한다면 그 가능성을 더 크고 더 위대하게 만들 수 있다고 독려하고 있다. 그 근거는 세상은 가변적이고, 특히 힘의 역학 관계가 늘 바뀌기 때문이라고 밝힌다. 여기에서 그가 말한 '보이는 것'으로서의 '다수'의 의견은 그가 가르쳐 주려 했던 '가능성'의 정치의 중요한 요소가 된다. '소수'가 접할 수 있는 실체가 군주가 갖추어야 할 지식의 근거가 되듯, '보이는 것'과 '느끼는 것'에 대한 지식을 갖고 있는 사람에게만 '가능성'의 영역은 그만큼 더 넓어지는 것이다.

질문 2: 왜 군주는 인민을 무장시켜야 하는가?

이런 맥락에서 볼 때, 당시 마키아벨리의 글을 읽은 군주들은 인민을 무장시켜야 한다는 그의 충고를 말 그대로 받아들여야 할지 고민했을 것이다. 당시 이탈리아 참주들이나 군주들에게는 신민들을 약하게 만들거나 분열시키는 것이 가장 안전한 통치 방식이라는 견해를 일반적으로 받아들이고 있었기 때문이기도 하겠다.[413] 그러나 다른 무엇보다 새로운 군주들이 "항상 신민들을 무장시켰는지(sempre gli ha armati)"를 증명해 줄 성공적 사례가 없어서 더욱 그러했을 것이다.[414] 실제로 그는 『군주』에서 신민을 무장시킨 새로운 군주의 사례를 전혀 제시하지 않았고, 『강의』에서도 인민을 무장시켜 성공한 사례로 제시되는 경우는 로마공화정 정도에 불과하다.

민주주의 사회에 살아가는 지금 우리에게는 아무런 문제가 안 되겠지만, 당시 이 글을 읽은 군주에게는 매우 어려운 선택이 아닐 수 없었을 것이다.

그래서 '수사학적' 측면을 강조하는 입장에서는 『군주』 20장에 마키아벨리의 '계략'이 담겨 있다고 본다. 마키아벨리를 '시민' 또는 '인민'의 입장에서 읽으려는 학자들 중에는, 군주가 인민을 무장시킴으로써 스스로를 파멸로 이끌도록 그가 기획했다고 보는 경우까지 있다.[415] 그러나 이러한 수사학적 전략을 추측하기에 앞서, 그가 '인민'을 무장시켜야 한다고 주장한 이유가 비단 '참주'를 궁지로 내몰기 위한 것인지 되물어 볼 필요가 있다.

> 그러나 당신이 그들을 무장 해제시킬 때, 당신은 그들을 불쾌하게 만들기 시작한다. 당신은 당신이 겁먹었든지 아니면 신의가 없어서든지 그들을 불신한다는 것을 드러내고, 이런 의견들은 모두 당신을 증오하게 만든다. 그리고 당신은 비무장인 채로 있을 수 없기에, 용병 군대에 의지해야만 하고, 이것의 특성에 대해서는 앞서 기술했다. 그리고 비록 그것이 좋다고 하더라도 그것이 강력한 적들로부터 당신을 지키고 신민들을 [불신하도록] 할 만큼 좋지는 않다.
> ―『군주』, 20장, (7).

『군주』 3장에서 설명했듯이, 마키아벨리에게 '획득'과 '팽창' 또는 '종속'과 '파멸'로 귀결되는 대외관계에서 인민의 무장은 필수적이다. 그리고 모든 것이 변하기에 '흥하고 망하는' 것은 불가피한 현실이고, 그러기에 이러한 획득과 팽창의 '필연성'은 군주가 다른 무엇보다 먼저 채득해야 할 지식이다.[416] 만약 이러한 지식이 없다고 하더라도, 군주는 '다수'의 증오를 받지 않으려면 적극적으로 인민을 무장시킬 수밖에 없다. 그들을 신뢰하고 있다는 것을 보여 주어야 하고, 그들과의 관계가 튼튼하다는 것을 '소수'에게 과시해야 한다. 즉 팽창의 필연성에 대한 지식이 있든 없든, 자신의 권력 기반을 공고하게 만들고 싶든 아니면 강력한 국가를 세우고 싶든, 인민을 무장시킬 수밖에 없다는 것이다.

『군주』에서 마키아벨리는 현명한 군주라면, 아니 이기적인 군주라도 '인민을 무장'시킴으로써 짊어져야 할 부담과 위험을 감수해야만 한다고 말한다. 그러나 '공화정'에 대한 이야기를 할 때, 그의 목소리는 더욱 강한 어조로 변하게 된다. '인민의 무장'은 공화정의 자유와 불가분의 관계에 있다는 것을 여러 경로를 통해 설명하고자 하는 것이다.

> 왜냐하면 스스로의 권력(la potenza propria)을 공공의 효용(l'utile publico)보다 더 생각했기에, 처음에는 옥타비아누스, 그리고 다음으로는 티베리우스가 더 쉽게 통솔하기 위해 로마 인민들을 무장해제 시켰고, 그 군대를 지속적으로 제국의 국경에 주둔시켰다.
>
> ―『전술』, I권, (87).

위에서 보듯, 그는 '시민을 무장해제하는 것'을 공화정의 붕괴 또는 자유의 상실로 이해한다.[417] 로마 초대 황제인 옥타비아누스가 최초로 한 일이 메디치 가문의 위대한 로렌초나 볼로냐의 벤티볼리와 다를 바 없었고, 이들은 모두 고전적 의미에서 참주와 마찬가지로 인민을 허약하게 만들고자 했다고 비난하는 것이다.

마키아벨리가 스파르타나 베네치아가 아니라 로마공화정을 선호했다는 것은 부언할 필요가 없을 것이다. 그러나 '인민을 무장시키라'는 충고가 반군주적 색채를 강하게 갖고 있다는 것은 매우 특기할 만한 사실이다. 비록 마키아벨리를 '민중주의' 또는 '민주주의'의 전도사처럼 해석하는 것은 무리지만, 그가 '인민'에 대해 기존의 정치철학자나 당시 인문주의자들과는 매우 다른 생각을 가졌다는 것을 부인할 수는 없다는 것이다.[418]

특히 마키아벨리는 인민을 정치로부터 배제하려는 입장에 단호하게 반발한다. 급기야 그는 설득이 아니라 경고를 한다. "외세보다 인민이 더 두렵다면 요새를 만들어야 하고, 그 반대면 요새가 필요가 없을 것"이라는 말은 아래와 같은 경고로 빈말이 되고 만다.

그러므로 그곳에서 최선의 요새는 인민들에게 증오를 받지 않는 것이다. 왜냐하면 비록 당신이 요새를 가지고 있다 하더라도, 만약 인민이 당신에게 증오심을 갖고 있다면 요새는 당신을 구제할 수 없을 것이기 때문이다. 무력 봉기를 한 인민들을 도우러 올 외국인들은 결코 부족하지 않을 것이기 때문이다.

—『군주』, 20장, (29).

즉 어떤 경우에도 인민에게 증오를 받지 말아야 하고, 그러기 위해서 군주는 인민을 무장시켜야 한다. 한편으로는 '정치 공동체의 존속' 또는 '자기 국가의 유지'라는 목적으로, 다른 한편으로는 '군주'가 스스로를 가장 효과적으로 방어하는 방식이라는 설득이 먼저 전개된다. 그러나 결국에는 인민을 무장시키는 것 이외에는 방법이 없을 것이라는 경고로 끝이 난다. 인민을 무장시키지 않으면 스스로를 구제할 수도 없고, 인민 스스로가 무장한다면 군주는 더 이상 설 자리가 없다는 것이다. 그러기에 그는 비록 "요새를 만드는 사람이든 안 만드는 사람이든" 경우에 따라 칭찬과 비난을 달리 받겠지만, "요새를 믿고 인민에게 증오를 받는 것을 대수롭지 않게 생각하는 사람은 누구든" 비난을 받아 마땅하다고 단언한다.[419] 한마디로 군주는 인민을 무장시켜야 한다는 것이다.

마키아벨리의 군주는 인민을 무장시킴으로써 스스로가 감당할 수 없는 지경에 이르게 될 수도 있을 것이다. 그러나 이것은 그가 의도한 것이라기보다 대내외적으로 강력한 국가를 세우기 위해 군주가 극복해야 할 하나의 난관으로 이해하는 것이 보다 적절하다. 특히 그가 군주에게 가장 설득하기 쉬운 세력으로 "군주정 초기에는 적이었지만 그들 스스로를 유지하기 위해서는 어딘가 기댈 곳이 필요한 특성을 가진 사람"을 지적했던 사실을 기억할 필요가 있다.[420] 다수의 눈에는 군주가 기댈 곳을 찾는 사람으로 보이고, 군주에게는 다수가 기댈 곳이 필요한 사람일 수밖에 없다는 것을 확인하게 되는 것이다. 즉 그가 말하는 인민의 무장은 곧 인민과 군주의 실질적인 정치적 연대인 것이다.

21장
존경을 받으려면 군주는 무엇을 해야 하는가
Quod principem deceat ut egregius habeatur

『군주』21장은 크게 세 가지 주제로 나뉜다. 첫째, 예외적인 행동으로 신민들을 '긴장감'과 '존경심'에 사로잡히게 만든 '경건한 잔인함(una pietosa crudeltà)'에 대한 이야기다. 체사레와 세베루스의 '잔인함'에 신민들이 넋을 잃었듯이,[421] '신성한 잔인함'도 신민들이 대항할 엄두조차 못 내게 만들었다는 이야기가 전개된다. 둘째, 로마공화정의 예를 통해 '중립을 지키는 것(che stare neutrale)'이 좋은 정책인지가 검토되고 있다. 그의 충고는 '중립'은 무용할 뿐만 아니라 위험하다는 것이다. 셋째, 인민들에게 안전과 행복을 가져다주어야 한다는 충고다. 그의 충고는 한편으로는 『강의』 2권 2장의 '자유로운 삶'을 연상시키고, 다른 한편으로는 크세노폰의 『히에론』에 묘사된 참주가 연상된다.

마치 시간적 순서가 있는 듯 보이는 주제의 흐름이다. 예외적 행동으로 안정적 통치의 기반을 조성해야 하고, 대외관계에서 닥칠 위험을 적극적으로 타개해야 하며, 그런 연후에 인민들에게 자유로운 삶을 제공해야 한다는 흐름처럼 보이는 것이다. 그러나 내용 면으로 보면 그렇지 않다. 오히려 첫 번째와 세 번째는 유사한 주제를 다루고 있다고 볼 수 있다. 특히 인민을 무장시켜야 할 뿐만 아니라 다수와의 관계가 무엇보다 중요한 새로운 군주에게는 두 가지 주제가 긴밀하게 연관되어 있다. 따라서 첫 번째와 세 번째 주제를 하나로 묶고, 두 번째 주제를 따로 분리해서 읽는 것이 올바른 독법이다.

마키아벨리는 『군주』에서 '우리 시대'에는 더 이상 통용되지 않는 것들이 있다고 말한다. 하나는 복속된 주변 도시의 시민들을 분열시켜 지배하는 것이고,[422] 다른 하나는 인민이 아니라 군인을 더 만족시키는 것이다.[423] 아마도 이 두 가지 당시 상식에 대한 반론들이 결합된 것이 『군주』 21장이 아닐까 생각된다. 왜냐하면 21장에서 마키아벨리는 자기 시대의 인물로만 존경받을 만한 군주의 예를 제시하고, 인민들을 만족시키기 위해 군주가 해야 할 바에 대한 이야기로 결론을 장식하기 때문이다. 게다가 '신성한 잔인함'이라는 주제를 통해 기독교 세계에서 볼 수 있는 군주의 '잔인함'이 인민과의 관계에서 갖는 특성이 부각되기에 더욱 그러하다.

질문 1: '경건한 잔인함'은 '잔인함'과 무엇이 다른가?

마키아벨리는 나라든 사람이든 '위대함(grandezza)'에 이르기 위해서는 '군사적 업적'이 그 무엇보다 중요하다고 생각한다. 그가 소란스러운 로마공화정이 더 매력적이라고 말했던 이유도 전쟁에서 보여 준 로마인들의 용맹스러움 때문이었고,[424] 그가 위대한 인물들이 저지른 비도덕적이고 비인간적인 행동들을 용납한 이유도 전투에서 이기는 것이 정치 공동체의 존속에 있어 가장 유일한 길이라는 것을 강조하기 위해서였다.[425] 동일한 맥락에서 마키아벨리는 군주가 인민으로부터 존경받기 위해 성취해야 할 것들을 설명하고 있다.

> 위대한 업적(le grande imprese)을 성취하거나 스스로가 드문 본보기(rari esempli)가 되는 것만큼 군주를 존경받게 만드는 것은 없다.
> ―『군주』, 21장, (1).

위에서 말한 '위대한 업적'과 '드문 본보기'는 다름이 아니라 국가의 건설과 전쟁에서의 승리를 의미한다. 『군주』 6장에서 보듯, 국가를 창건하거나 제국을 건설한 인물들의 행동들만큼 확실하게 인민으로부터 존경을 받을 행동은 없기 때문이다. 그러나 '위대한 업적'이나 '드문 본보기'는 그가 들고 있는 예들을 통해 웃음거리로 전락한다. 왜냐하면 그들이 보여 주는 행동은 한마디로 '가장 위대한 선례들(grandissimi esempli)'이라고 보기 힘들기 때문이고, 특히 밀라노의 베르나보(Bernabo Visconti, 1323-1385)의 경우는 체사레와 세베루스에 비추기에도 격이 떨어지는 사례이기 때문이다.

페르난도 2세

마키아벨리는 '위대한 업적'의 예로 아라곤의 페르난도 2세 (Fernando II, 1452-1516)를 제시한다. 그는 카스티야의 이사벨 I세 (Isabel I, 1451-1504)와 결혼해서 스페인 통합의 기틀을 닦았으며, 그라나다를 공략해서 이슬람 세력을 이베리아 반도에서 완전히 몰아냈고, '국토 회복(Reconquista)' 운동의 공로와 이탈리아 전쟁에서의 협력을 인정받아 교황 알렉산데르 6세로부터 '가톨릭 왕(Reyes Católicos)'이라는 칭호를 수여받았다. 그가 아라곤의 왕으로 시작해서 통합 스페인 왕국의 토대를 쌓기까지 과정은 '복합 군주정'의 전형으로서 손색이 없는 것이었다.

그러기에 마키아벨리는 페르난도 2세를 "약한 왕(uno re debole)에서 명성과 영광으로 기독교인들 중의 첫 번째 왕이 되었다."고 칭찬하고, 그의 행동은 그를 "거의 새로운 군주(quasi principe nuovo)"라고 불러도 손색이 없을 정도였다고 말한다.[426] 실제로 그가 통합 군주로서 아무런 문제 없이 통치했던 것은 아니지만, 발목을 잡고 있던 귀족들과 농민들의 문제를 능란하게 처리했던 것도 사실이다. 그래서인지 마키아벨리는 그가 '소수'는 전쟁으로 내몰아 바쁘게 만들고, '교회'와 '인민'으로부터 돈을 받아 군대를 유지했으며, '다수'를 '경건한 잔인함'으로 고분고분하게 만들었다고 말한다.[427]

그러나 마키아벨리가 정작 그의 행동 중에 예외적인 업적으로 주목한 것은 당시 이베리아 반도에 살고 있던 유대인들을 축출한 사건이었다. 1491년에 무하마드 12세(Abu Abdallah Muhammad XII,

1460-1533)와 체결한 그라나다 조약을 뒤엎고 공격을 재개했고, 그라나다를 점령한 후 칙령(Alhambra Decree)을 통해 이베리아 반도에 살던 유대인들과 무슬림들을 강제로 개종시킨 것으로도 부족해, 결국 개종한 유대인들과 무슬림들마저도 내쫓은 일을 '드문' 사건으로 규정한 것이다.

> 더 위대한 업적을 수행하기 위해, 그는 항상 종교를 이용했고(servendosi sempre della religione), 경건한 잔인함에 의지했다. 마라노들을 왕국에서 내쫓고, 그들의 것을 빼앗았던 것이다. 이것보다 더 비참하고 드문(piùmiserabile népiùraro) 예는 없었을 것이다.
>
> ―『군주』, 21장, (5).

아마 『군주』에서 이 부분만큼 '종교'가 특정한 목적에 이용될 수 있다는 것을 분명하게 기술한 곳은 없을 것이다. 비록 마키아벨리는 알렉산데르 6세의 기만에 대한 기술을 통해 기독교 세계에서 '종교'가 어떻게 이용되었는지를 거듭 암시했지만,[428] 여기에서처럼 분명하게 '종교를 이용'했다는 표현을 쓰지는 않았다. 반면 그는 21장에서 '기독교 첫 번째 왕'의 '경건한 잔인함'도 체사레나 세베루스와 별반 다를 바 없었다고 쓰고 있다. 그에 따르면 페르난도 2세는 '종교를 이용'해서 개종해서라도 살아 보려고 했던 사람들마저 쫓아냈고, 그들의 삶의 터전과 소유를 빼앗았다는 것이다.

『강의』에서 마키아벨리는 종교가 정치적 목적을 위해 이용될 수 있다는 이야기를 로마공화정의 예를 통해 종종 언급한다. 그리고 앞서 살펴본 바와 같이, 『군주』에서도 교황들의 기만적이고 비도덕적인 계략들이 언급된다. 아울러 페르난도 2세가 종교를 앞세워 전쟁을 수행했고, 금융권을 장악하고 있던 마라노인들을 몰아내서 인민들의 불만을 해소시켰다는 이야기는 당시 지식인들 사이에서는 특별할 것도 없는 이야기다.

> 어떤 사람이 가질 수 있는 가장 좋은 운 중의 하나는 그가 자기 이익을 위해서 한 무엇인가를 공공선을 위해 한 것처럼 보일 수 있는 기회를 갖는 것이다. 이것이 기독교 왕의 업적(le imprese del re Catolico)을 그리도 영광스럽게 만든 것이다. 그것들은 항상 그의 안전(sicurtà) 또는 위대함(grandezza)을 위해 수행되었지만, 종종 기독교 신앙을 강화하거나 교회를 방어하기 위한 것으로 비쳤다.
>
> ─『회상록』(Ricordi), C.142.

위에서 보듯, 귀치아르디니도 비슷한 생각을 갖고 있다. 페르난도 2세가 개인적 욕망을 실현하기 위해 한 행동들이 공공선을 위한 것처럼 보였다고 말하고 있는 것이다. 그러나 그는 차마 '종교를 이용'했다는 표현은 쓰지 못했다. '운'이 좋았다고 말하는 정도에 그치는 것이다. 반면 마키아벨리는 페르난도 2세의 다른 군사적인 업적들도 '종교를 빌미'로 이루어졌다는 것, 그리고 그 명분을 가지고 그가 훨씬 쉽게 로마교회와 인민의 전폭적이고 지속적인 지지를 획득할 수 있었다고 말하는 것이다.

　　그는 아프리카를 이것과 똑같은 구실(mantello) 아래 공격했고, 이탈리아에서 군사 활동을 벌였고, 최근에는 프랑스를 공격했다. 그렇게 그는 위대한 것들을 항상 수행했고 추진했다. 이것들은 항상 그의 신민들이 긴장감과 존경심(sospesi e ammirati)을 갖게 만들었고, 그 결과에 사로잡히게 했다.

―『군주』, 21장, (6)-(7).

　　다시 말하자면, 군사적 업적도 잔인한 축출도 모두 '종교적 구실' 아래에서 수행되었고, 그러기에 페르난도 2세는 더 손쉽게 위대함을 성취했다는 것이다. 단순히 '잔인함'만 사용한 것보다 '종교를 앞세운 잔인함'이 더 효과적이었을 뿐만 아니라, 인민들의 지지를 확보하기가 더 용이했다고 지적하고 있는 것이다. 그리고 이것이 '경건함'의 실체였다고 말하는 것이다.

베르나보 비스콘티

　　이런 맥락에서, 마키아벨리가 바로 다음 문장에서 페르난도 2세의 '드문 행동'을 밀라노의 참주와 동급인 것처럼 전락시켜도 우리는 큰 충격을 받지 않는다. 사실 페르난도 2세는 많은 사람들로부터 존경을 한 몸에 받았던 인물이니 하나의 사례로 다루는 것이 이해가 되지만, 베르나보를 과연 '존경'이나 '명성'과 관련해서 이야기해도 좋은 인물로 볼 수 있는지는 매우 의문스럽다. 이런 형편없는 밀라노의 참주에 대해 그는 이렇게 말한다.

> 군주가 대내적 통치에 있어 스스로가 드문 본보기가 되는 것도 매우 도움이 된다. 밀라노의 베르나보처럼, 좋은 것이든 나쁜 것이든 시민적 삶(vita civile)에서 예외적인 무엇인가를 할 기회가 누군가에게 생길 때, 그에게 상을 주든지 벌을 주든지 간에 [자신의 행동이] 많이 회자될 방식을 선택해야 한다. 결국 군주는 스스로가 위대한 인물의 명성과 그의 모든 행동에서 탁월한 재주(ingegno eccellente)를 보여 주도록 노력해야 한다.
>
> ―『군주』, 21장, (9)-(10).

당시 사람들은 마키아벨리의 말에 폭소를 금하지 못했을 것이다. 교황과 끊임없이 대결한 것을 제외하고는 눈에 띄는 일이 아무것도 없는 인물이었기 때문이다. 그래서 결국 자기가 위대한 인물이 아니면, 위대한 인물을 선별해서 씀으로써 스스로가 대다수의 사람들에게 더 대단한 인물로 보여야 한다는 충고 정도로 받아들여지는 부분이다.

실제로 베르나보가 다스린 밀라노에서 '시민적 삶'을 운운할 수 있는지 의문스럽다. '비군사적' 삶이라고 이해해야 한다지만, 『강의』에서 비시민적 삶의 대명사로 묘사한 밀라노에 대한 이야기에서 왜 이런 단어를 선택했는지 고민해 보아야 할 문제다.[429] 게다가 베르나보가 실제로 위대한 인물들을 중용했는지 아니면 제거했는지도 알 수 없는 노릇이기에 더욱 그러하다.

어쨌든 페르난도 2세의 종교를 앞세운 경건한 잔인함과 베르나보의 다른 사람의 명성을 이용하는 것은 동일한 차원의 이야기가 된다. 그리고 마키아벨리는 두 사람의 사례를 『강의』 2권 2장의 '자유로운 삶'과 관련시킨다. '정치 공동체의 존속'이나 '정치적 삶(vivere politico)'의 보장과 같은 '공화정'의 주제와 연관시키는 것이다.

> 다음 그는 그의 시민들(sua cittadini)이 그들이 추구하는 바들을 평화롭게 수행하도록 고무시켜야(animare) 한다. 상업, 농업, 그리고 다른 모든 인간이 추구하는 바에서 말이다.
> ―『군주』, 21장, (26).

눈에 띄는 것 중에 하나는 '신민'이라는 말 대신에 '시민'이라는 말을 사용했다는 것이다. 즉 그가 말하는 바대로 행하는 군주는 '공화정의 지도자'와 다를 바 없다는 것이다. 사실 신민들의 능력을 존중하고, 출중한 사람들을 발탁하며, 탁월한 사람들에게 합당한 지위를 부여하는 군주는 '공화정'에서도 쉽게 찾을 수 없는 지도자다.[430] 그리고 무리한 세금을 징수해서 인민에게 부담을 지우지 않고, 시민들이 생업과 양육에 부담을 느끼지 않도록 만들어야 한다는 충고는 공화정의 지도자들에게 한 것과 너무나도 일치한다.[431]

따라서 만약 참주의 통치를 연상시키는 "연중 적당한 때에 인민들이 축제와 볼 만한 것들에 사로잡히도록 해야 한다."는 말만 없었다면, 주저함 없이 '공화정'의 지도자에 대한 이야기라고 말했을 것이다.[432] 게다가 모든 도시가 길드 또는 족벌로 나뉘어 있기 때문에, 그 집단들을 직접 만나서 인간미와 후함을 보여 주라고 충고할 때, 그에게서 아리스토텔레스의 '관후함'을 가진 자애로운 군주의 설명을 듣는 착각에 빠지게 된다.[433]

결론적으로 본다면, '경건한 잔인함'의 이야기도 '결과를 본다(si guarda al fine)'라는 주제로 다시 수렴된 것이다. 거의 모든 이탈리아의 군주들이 베르나보와 같은 인물들이었다면, 마키아벨리는 그들이 무엇을 해야 하는지에 대한 이야기를 '공화정'에서나 누릴 수 있는 '자유로운 삶'에 빗대어 설명하고 있는 것이다. '정치 공동체의 존속'을 위해서는 어떻게든 국가를 부강하게 만들어야 하고, 인민을 착취하지 않고 군사행동을 수행해야 하며, 그러기 위해서는 공화정에서나 볼 수 있는 '자유로운 삶'을 보장해야 한다고 말하고 있는 것이다. 페르난도 2세의 '경건한 잔인함'을 모방해서라도 말이다.

질문 2: 중립은 항상 위험스러운 선택인가?

'중립'은 왜 위험하냐는 까다로운 질문이 하나 남았다. 마키아벨리는 자기보다 강한 국가들 사이의 문제든, 자기보다 약한 국가들 사이의 문제든, 중립은 곤란하다는 입장을 피력한다. 앞서 이야기한 '드문 본보기'의 사례들이 당시 군주들이었다면, 이번 이야기의 사례는 로마공화정이다. 사실 로마인들이 선택의 기로에 선 것이 아니라, 로마인들이 아카이아인들에게 하는 경고를 옮겨 놓았다. 리비우스의 말을 빌려, 적극적으로 개입하지 않으면 승자의 제물이 될 것이라는 충고를 전달하고 있는 것이다.

마키아벨리의 충고는 크게 두 가지 경우로 나뉜다. 첫 번째는 자기보다 강한 나라들이 다투고 있는 경우고, 두 번째는 자기보다 약한 나라들이 대치를 하는 경우다. 전자의 경우에 중립은 승자에게는 분노를, 패자에게는 서운함을 주기에 파멸로 귀결된다는 충고가 뒤따르고,[434] 후자의 경우에 중립은 개입을 통해 얻을 수 있는 실질적인 이득을 팽개치는 오류를 범하는 꼴이 된다는 지적이 뒤따른다.[435]

그러나 두 가지 경우 모두 진정 마키아벨리가 고민하는 문제는 아닌 것 같다. 실제로 그의 진지한 충고는 두 가지 경우 중 첫 번째의 또 다른 경우에 초점이 맞추어져 있기 때문이다. 그의 충고는 한마디로 '중립'이 아니라 '동맹'을 피하라는 것이다.

> 앞서 언급한 바와 같이 필연성이 짓누르지 않는 한, 군주는 반드시 다른 [군주를] 공격하기 위해 스스로보다 더 강력한 누군가와 연합해서는 안 된다.
>
> ─『군주』, 21장, (21).

엄격하게 말하자면, 마키아벨리는 '중립을 피하라'고 주문한 적은 있지만 다른 군주를 공격하려는 목적에서 '동맹을 맺지 말라'고 한 적은 없다. 즉 '중립'과 '동맹을 피하라는 말'은 일단 같은 경우는 아닌 것이다. 강력한 두 나라가 맞서 있고, 그중 한 나라가 동맹을 요청해 온 상황에서 '중립'이라는 선택은 위험하다. 다만 다른 군주를 공격하기 위해 자기가 먼저 나서서 보다 강한 군주 또는 국가와 동맹을 맺는 것을 피하라는 것이다.

그렇다면 마키아벨리는 왜 구태여 이런 표현을 써 가면서 두 가지 경우에서 '중립'과 '동맹을 피하는 것'을 병치시킨 것일까? 그리고 그가 바로 다음 문장에서 언급하는 '차선'은 도대체 무엇을 의미하는 것일까?

> 모든 국가는 항상 안전한 경로를 선택할 수 있다고 믿어서는 안 된다. 반대로 그것들 모두에 대해 의문을 품어야 한다. 왜냐하면 일의 순리에서 또 다른 [불편함]에 직면하지 않고 하나의 불편을 피하려고 해서는 안 되기 때문이다. 그러나 신중함은 불편함의 특성들을 어떻게 파악하는지를 아는 것과 덜 나쁜 것을 좋은 것으로 선택하는 데 (pigliare el men tristo per buono) 있다.
>
> ─『군주』, 21장, (24).

조금의 불편을 감수함으로써 더 큰 불편을 감당할 처지에 스스로를 내던지지 말라는 충고다. 사실 '중립'이 위험한 선택이라는 점이 자명한 것처럼 이야기한 후에, 아직도 중립이 하나의 선택이 될 수 있는 것처럼 이야기하고 있는 것이다. 만약 '중립'을 취함으로써 겪게 될 '불편함'이 '개입'하는 것보다 더 크다면, 군주는 과감하게 중립을 선택해도 된다는 이야기처럼 들린다. 결국 '중립'과 관련된 이야기도 불확실성의 세계로 다시 돌아왔다. 즉 중립을 피하는 것도 항상 안전한 정책은 아니라는 것이다.

이런 맥락에서 보면, 21장의 결론 부분에 등장하는 '자유로운 삶'에 대한 이야기는 '중립'과 관련된 충고와 밀접한 관련을 갖게 된다. 다른 군주 또는 국가를 공격할 때, 자기보다 강한 군주 또는 국가의 힘을 빌려서는 안 된다. '강한 나라의 힘을 빌려' 전쟁을 치를 경우에 초래될 위험은 어느 정도 예측 가능하다고 할 수 있다. 이기더라도 그 승리는 자기의 것이 되지 못하고, 자기는 다른 사람의 '포로'가 되어 버리는 경우를 쉽게 상상할 수 있기 때문이다. 결국 '차선'은 체사레처럼 가능한 빨리 스스로를 무장시키는 것이다.[436] 그리고 그가 입버릇처럼 말하듯, 스스로가 무장하는 데 가장 좋은 방법 중 하나는 '인민'을 무장시키는 것이다. 소요의 우려가 있더라도 인민들을 무장시키고, 이를 위해서라도 그들에게 '자유로운 삶'을 보장해야 한다는 것이다. 로마공화정이 그러했듯이 말이다.

22장
군주가 고용할 신하들에 대하여

De his quos a secretis principes habent

『군주』 22장은 이른바 '두뇌'의 서열을 정한 것으로 유명하다. 어떤 측면에서는 자기가 탁월한 두뇌를 가졌으니 고용하라고 말하는 것 같기도 하고, 어떤 측면에서는 군주가 측근들을 어떻게 선택하고 관리해야 하는지를 설명하는 것 같기도 하다. 둘 중 어떤 측면이든, 수사학적으로는 그리 성공적인 서술 형태는 아니다. 마키아벨리의 글을 읽고 그의 탁월함을 알지 못할 경우에는 '쓸모없는(inutile)' 두뇌를 가진 군주가 되거나, 그의 탁월함을 인지하더라도 결국 '스스로가 이해하는 수준'의 두뇌는 갖지 못했다고 인정하는 결과를 낳기 때문이다.

그렇지만 마키아벨리가 말하는 '두뇌'의 서열은 단순히 수사적인 측면만을 갖고 있는 것은 아니다. 실제로 그는 두뇌의 서열과 인물의 위대함을 등치시키는 경우가 잦다. 『강의』 I권 10장에서 보듯, 그는 군대의 위계처럼 서열을 만들어 놓고, 가장 상위의 목적을 성취한 사람들이 가장 최고의 지능을 가졌다고 말한다.[437] 물론 그가 말하는 두뇌의 서열은 단순히 자신의 지적 능력을 과시하기 위해 서술한 것은 아니다. 그러나 '인사가 만사'라거나 '측근을 잘 관리하라'는 일반적인 이야기를 전달하려고 한 것은 더더군다나 아니다.

질문 1 : 군주는 어떻게 탁월한 인재를 데리고 있을 수 있는가?

세 가지 종류의 두뇌(cervelli)가 있다. 하나는 스스로 이해하는 것, 또 다른 하나는 다른 사람이 이해한 바를 파악하는 것, 세 번째는 스스로도 다른 사람을 통해서도 이해하지 못하는 것이다. 첫 번째는 가장 탁월하고, 두 번째는 탁월하고, 세 번째는 쓸모없다. 그러므로 필연적으로 다음과 같은 [결론이 도출된다.] 만약 판돌포가 첫 번째 급(grado)이 아니라면, 그는 두 번째였던 것이다.

—『군주』, 22장, (4).

위에서 보듯, 마키아벨리는 세 가지 종류의 두뇌를 말하고 있다. 참으로 난감한 수사적 태도다. 마키아벨리 스스로는 이러한 두뇌 모두를 판단할 수 있는 사람이거나, 아니면 첫 번째 종류인 셈이다. 반면 그의 탁월함을 알아보는 사람은 첫 번째거나 두 번째 종류의 두뇌를 가진 인물일 것인데, 첫 번째 종류의 두뇌를 가진 사람이 첫 번째 종류의 두뇌가 또 필요한지는 미지수다. 따라서 이 말을 듣는 사람이 누구든 기분 좋은 이야기는 아니다. 게다가 군대 용어인 '등급(grado)'이라는 말까지 써 가면서 하는 충고가 기분 좋을 리가 있었을까 말이다.

판돌포 페트루치

마키아벨리가 말하는 판돌포 페트루치는 시에나의 참주다. 그는 이 인물을 『군주』에서 지속적으로 '군주'라고 말하고 있는데, 이것도 따지고 보면 수사적 의미를 내포하고 있다. 그는 판돌포를 직접 대면한 적이 있다. 1502년 12월 31일 시니갈리아에서 체사레 보르자가 자신에게 반기를 들었던 용병대장들을 몰살시키고, 여세를 몰아 자기와 동맹관계에 소극적이었던 피렌체 공화정에 압박을 가했다. 그러자 피에로 소데리니는 1503년 4월에 그를 파견해서 체사레에게 반기를 들었다가 죽음을 겨우 면한 판돌포에게 이 문제를 함께 대처할 수 있을지를 타진하려고 했다.[438] 알렉산데르 6세의 죽음으로 이 문제는 없던 일이 되었지만, 피사 문제와 관련해서 7월에 판돌포를 다시 만난 이후 둘은 자주 보게 된다. 외교적이기는 했지만 여러 번 직접 대면한 인물인 것이다.

흥미로운 것 중의 하나는 마키아벨리가 판돌포를 좋게 생각하지 않았다는 것이다. 예를 들면, 『강의』 3권 6장에서 그는 판돌포를 '시에나의 참주(tiranno di Siena)'라고 부르면서 사적인 원한이 발단이 된 음모를 상세하게 소개하고 있다.[439] 그가 기술한 바에 따르면, 판돌포는 자신의 딸을 줄리오 벨란티(Giulio Belanti)라는 시민과 결혼시켰다가 딸을 빼앗아 와서 개인적인 원한을 산다. 게다가 그는 판돌포를 "조국에 대항해 음모를 꾸민(le congiure che si fanno contro alla patria)" 사람으로 소개한다.[440] 추방당했다가 돌아와서 광장을 경호하는 '대수롭지 않은' 업무를 받았지만, 단기간에 광장을 지키는 병사들을 이용해 혁혁한 공을 세우고, 이후 시에나의 참주가 되었다는 것이다.[441]

다시 말하자면, 마키아벨리는 판돌포를 그리 위대한 인물로 여기지 않았다. 특히 피사 공략과 관련해 여러 차례 접촉한 뒤에, 그는 판돌포를 진의를 알 수 없는 미꾸라지 같은 인물이라고 푸념하기까지 했다.[442] 그럼에도 불구하고 그는 『군주』에서 판돌포를 '군주'라고 부를 뿐만 아니라 탁월한 용인술을 가진 인물로 묘사하고 있다. '새로운 군주'가 눈여겨봐야 할 사람으로 소개하기까지 하는 것이다.

> 군주들은, 그리고 특별히 새로운 [군주들은] 처음부터 신뢰했었던 사람들보다 그들[이 국가를 세울 시점에] 의심을 했던 사람들이 더 믿을 만하고 더 유용하다는 것을 발견하게 된다. 판돌포 페트루치, 시에나의 군주(principe di Siena)는 다른 사람들보다 의심을 품었던 사람들과 함께 그의 국가를 통치했다.
> ─『군주』, 20장, (17)-(18).

위에서 보듯, 마키아벨리는 판돌포를 '새로운 군주'가 본받아야 할 인물로 묘사하고 있다. 물론 위대한 인물의 반열에 넣지는 않는다. 어디에도 '위대하다'거나 '탁월하다'는 이야기는 없다. 그러나 판돌포의 뛰어난 용인술이 단순히 훌륭한 인재들을 알아보는 자원을 넘어 군주로서의 '직관' 또는 '신중한 판단'에서 비롯되었다는 것을 분명히 하고 있다. 자기를 도왔던 집단보다 자기에게 적대적이었던 집단이 오히려 유용하다는 것을 알아차린 '신중한 군주'인 것이다.

어쩌면 마키아벨리는 판돌포가 음모를 극복한 사람일 뿐만 아니라 공화정을 상대로 음모를 꾸며 성공한 인물이라는 점을 전제하고 있었는지도 모른다. 암살자들이 매복하고 있는 거리에서 우연히 아는 사람을 만나 죽음을 면했지만, 판돌포는 자기를 뒤따르던 사람들이 무장을 하고 있다는 것을 금방 알아차릴 정도로 영민한 사람이었다. 게다가 자기의 힘이 한 나라를 차지하기에 형편없이 부족할 때, 외세의 도움을 받지 않고도 스스로의 힘으로 공화정의 참주가 된 인물이었다. 이런 판돌포를 그는 『군주』에서는 '군주'라고 부를 뿐만 아니라 새로운 군주의 또 하나의 모델로 묘사하고 있는 것이다.

만약 [군주가 뽑은 사람들이 무능하고 믿을 수 없는 인물들이라면], 그에게 형편 없는 평가를 내릴 것이다. 왜냐하면 그가 저지른 첫 번째 실수가 이러한 [신하를] 선택한 것이었기 때문이다. 시에나의 군주 판돌포 페트루치의 재상 안토니오 다 베나프로를 알고도 판돌포를 매우 능력 있는 사람이라고 판단하지 않은 사람은 없었다. 왜냐하면 그는 안토니오를 [자기의] 신하로 데리고 있었기 때문이다.

— 『군주』, 22장, (2)-(3).

위에서 마키아벨리는 판돌포가 안토니오 조르다노(Antonio Giordano, 1459-1530)를 재상으로 데리고 있었다는 사실을 그의 능력을 보여 준 하나의 사례로 지적하고 있다. 그것도 '군주의 신중함'은 훌륭한 신하를 선택하는 것에서 드러난다고 말한 바로 직후에 말이다.[443] 실제로 안토니오가 뛰어난 재상이었다는 점에 당시 지식인들과 정치인들은 모두 이의를 달지 않았다.[444]

결국 마키아벨리는 판돌포와 안토니오의 관계를 통해 스스로의 능력을 과시하고 있는 셈이다. 즉 피에로 소데리니에게 자기가 있었던 것처럼, 안토니오가 그의 뛰어난 역량으로 판돌포에게 많은 도움을 준 것을 상기시키고자 한 것이다. 특히 체사레와 관련된 일에서 보여 준 안토니오의 기지를 볼 때, 마키아벨리와 그는 많은 공통점을 갖고 있었던 것이다. 최소한 훌륭한 인재를 판단할 수 있는 두뇌라도 있다면, 자기를 써야 한다는 이야기를 던지고 있는 것이다. 한마디로 판돌포의 이야기는 누가 보더라도 마키아벨리 자신을 부각시키기 위한 수사적 표현이다.

첫 번째 두뇌의 마키아벨리

그러나 마키아벨리의 이야기를 들은 군주가 그를 고용할 의사를 가졌을지는 미지수다. 무엇보다 그 이후에 등장하는 말들이 군주에게 적절했는지가 모호하기 때문이다. 매우 탁월한 사람이 스스로가 군주가 되지 않고 뛰어나지 않은 군주와 함께 일하려고 할지, 군주가 아주 탁월한 사람을 죽이지 않고 지속적으로 신뢰할지가 미지수라는 것이다. 게다가『군주』19장에서 보듯, 무엇보다 '인민'을 만족시켜야 하는 새로운 군주가 소수의 탁월한 신하에게 그렇게 많은 명예를 주는 것이 좋은지도 불분명하다. 한마디로 마키아벨리는 군주에게 정말 어려운 선택지를 던져 준 것이다.

> 그러므로 필연적으로 만약 판돌포가 첫 번째 급(grado)이 아니라면, 그는 두 번째였던 것이다. 왜냐하면 매 순간 누군가 행동하거나 말한 것이 좋은지 나쁜지를 판단할 때, 스스로가 창의력을 갖지 못했더라도, 그는 잘못된 행동과 그의 신하의 좋은 점을 알아 어떤 이는 칭찬하고 다른 이는 바로잡아야 하기 때문이다.
> ─『군주』, 22장, (3)-(4).

여기에서 마키아벨리가 말하는 '창의력(invenzione)'은 위대한 인물이 가져야 할 필수적인 조건이다. 그는 창의력이 없으면 누구도 '위대한 인물'의 반열에 들 수 없다고 보았고,[445] '새로운 질서와 방식'을 만든 가장 탁월한 '창건자(fondatore)'와 '혁신가(innovatore)'에게 요구되는 자질도 '창의력'과 '기발함(ingegno)'이라고 말했다.[446] 즉 창의력은 젊은 로렌초와 같은 인물에게서는, 그리고 위대한 인

물을 모방할 엄두조차 못 내는 사람들에게서는 발견할 수 없는 자질인 것이다.[447]

앞에서 살펴보았듯이, 판돌포는 탁월한 인물을 알아볼 수는 있어도, 스스로가 위대한 인물은 아니었다. 그는 돈을 받고 관직을 주지 않았고, 상벌을 엄격하게 적용해서 신하가 자기를 기만할 수 없도록 만들었다. 그러나 그는 '위대한 인물'의 반열에 들 능력은 없다. 그렇다면, 우리는 자연스럽게 다음과 같은 질문을 갖게 된다. 이런 두뇌를 가진 군주가 어떻게 자기보다 탁월한 사람을 신하로 데리고 있을 수 있는가 말이다.

> 찬양받는 모든 사람들 중에, 가장 찬양받는 사람들은 종교의 우두머리들이고 창시자들이다. 그 다음은 공화정이나 왕정을 세운 사람들이다. 그들 뒤로 군대를 지휘해서 그들의 왕국이나 조국의 영토를 넓힌 사람들이다. 여기에 문인들이 첨가된다.
> ─『강의』, I권, 10장, (2)-(5).

위의 말을 따르자면, 판돌포와 같은 인물은 두 번째 부류이거나 세 번째 부류에 들어가는 인물일 것이다. 나라를 세우지는 않았지만, 공화정의 참주가 되었기 때문이다. 그럼 첫 번째 부류에는 어떤 사람들이 속하게 되는가 말이다. 명시적으로는 로마 종교의 창시자인 누마(Numa)나, 아니면 기독교의 예수 그리스도와 같은 존재여야 할 것이다.[448] 그렇다면, 우리의 질문은 자연스럽게 두 번째 또는 세 번째 부류에게 조언을 하는 마키아벨리는 어느 부류에 속하는지가 궁금해진다. 설마 스스로를 '문인들'의 범주에 넣고, 군주들을 가르치려 하지는 않았을 것이란 말이다.

결국 마키아벨리는 스스로를 신이라고 말한 바는 없지만, 스스로를 신의 반열 또는 종교의 창시자의 반열에 슬며시 올려놓은 것이다. '새의 눈'을 갖고 전체적 풍경을 조망할 수 있는 능력을 갖고 있다는 말로『군주』의 시작을 장식했고,[449] '잠재적 군주' 또는 '현재의 군주'에게 무엇을 해야 하는지를 가르치는 인물이거나 그와 비슷한 존재라고『강의』의 시작부터 밝히지 않았는가 말이다.[450] 비록 점잖고 평판이 좋았던 대학 교수이자 재상이었던 안토니오를 통해 자기도 그와 같이 성실한 군주의 종복인 것처럼 연상시키려고 노력했지만, 그는 안토니오가 비견할 수 없는 탁월한 인물로 스스로를 생각하고 있었던 것이다.

무능한 군주

부패한 공화정에서 탁월한 사람들은 질투나 아니면 다른 야망에 연루되어, 특히 평화로운 때에 적처럼 취급을 받기 때문에, 사람들은 공공연한 기만에 의해 선하다고 판단되거나 공공선(il bene dello universale)보다 [대중의] 호의(i favori)를 얻길 원하는 사람들에 의해 추천된 누군가를 추종한다.

─『강의』, 2권, 22장, (3).

바로 이 지점에서 우리는 마키아벨리의 인식론적 전제로 다시 돌아갈 필요가 있다. '보이는 것'과 '느끼는 것'의 차이를 다시 검토하는 것이다. 우선 세 번째 두뇌에 대해 다시 검토해 보자. 그는 『강의』 I권 44장에서 "우두머리가 없는 다수는 쓸모가 없다."고 말한다.[451] 이때 '쓸모가 없다'는 이야기는 '보이는 것'만으로 판단하는 '다수'가 자기 스스로를 지킬 수 없는 상태로 전락했을 때를 의미한다. 마치 부패한 공화정에서 탁월한 인물이 천대를 받는 것과 마찬가지로, 다수가 기만에 현혹된 경우를 말하는 것이다.[452] 바로 이런 상태의 두뇌가 세 번째 부류의 '쓸모없는' 두뇌인 것이다.

반면 첫 번째 두뇌와 두 번째 두뇌는 '느끼는 것'에 대해 충분히 이해하고 있는 '소수'다. 그들은 서로가 기만할 수 있다는 것을 알고, 서로가 무엇을 원하는지도 잘 알고 있다. 문제는 두 번째 두뇌를 가지고 있는 사람들도 기만당할 수 있다는 것이다. 그래서 레오 10세와 같이, 신하들의 어설픈 설득에 기만당해 프랑수아 1세(Francis I, 1494-1547)의 손에 자신의 운명을 맡기는 경우도 있다.[453]

(1) 이런 기만은 어려운 시기에 결국 들통이 나고, 필연적으로 평화 시에는 거의 잊어버린 사람에게 도움을 요청하게 된다.
    ─『강의』, 2권, 22장, (4).

(2) 위험한 전쟁을 수행해야 하자 다른 모든 시민들은 야망을 접었고, 책임자와 군대의 우두머리를 뽑는 데 있어 [안토니오 쟈코미니]

는 경쟁자가 없었다. 반면 불확실성이 없어 많은 명예와 지위가 부여되는 전쟁을 치러야 하자 그는 수많은 경쟁자들을 갖게 되었고, 그 결과 피사를 포위하기 위해 세 명의 책임자를 선임할 때에는 그가 빠지게 되었다.

─『강의』, 3권, 16장, (14).

(1)에서 보듯, 기만과 착각으로부터 모두를 벗어날 수 있도록 도와주는 것은 다름이 아니라 '필연성'이다. 정치 공동체의 존망이 달린 위기에 봉착할 때에야 비로소 사람들은 '능력'이 있는 인물을 찾게 된다. 그러나 '필연성'이 사라지면, (2)에서 보듯, 사람들은 자신들의 '야망'과 '욕심'을 따르게 된다. 특히 '소수'가 자기의 욕망을 충족시키기 위해 덤벼들고, '소수'가 '다수'를 기만해 자신들의 목적을 성취하려 한다. 이때 '군주'나 '다수'나 모두 기만당하고 만다.

사실 마키아벨리는 안토니오 자코미니(Antonio Giacomini Tebalducci, 1453-1517)를 잘 알고 있었다. 용병대장 안토니오는 자기와 마찬가지로 소데리니가 중용하는 인물이었고, 전쟁위원회의 일을 맡고 있던 그는 안토니오와 비밀스러운 편지를 주고받을 정도로 친밀한 관계를 유지했다. 그는 판돌포로부터 받은 정보를 안토니오에게 줘서 피사로 향하던 바르톨로메오 달비아노(Bartolomeo d'Alviano, 1455-1515)를 매복할 수 있도록 도왔고, 안토니오가 피사 공략에 실패한 후에는 다른 명령이 있을 때까지 그곳에 머물러야 희생양이 되는 것을 면할 수 있다는 충고를 비밀리에 전할 정도로 애정을 갖고 있

었다.[454]

이런 마키아벨리와 안토니오의 두터운 친분 뒤에는 소데리니라는 무능한 지도자가 있었다. 소데리니는 평화로운 시기는 물론 위기의 순간에도 잘못된 판단으로 일을 망치는 경우가 잦았다. 피사 공략의 경우도 마찬가지였다. 최초에 안토니오를 피사를 공격하기 위해 선택했을 때부터, 소데리니는 파벌의 기만과 다수의 변덕을 관리할 수 없었다. 특히 1504년 피사를 포위해서 승기를 잡았을 때, 피사인들이 진정 두려워하는 것은 피렌체인들이 아르노 강의 경로를 바꾸는 것이라는 거짓 정보에 현혹되어 결정적인 기회를 놓친 것도 소데리니였다. 마키아벨리는 잘못된 판단이라며 통탄했고, 안토니오도 질병을 이유로 책임을 피하려 했다.[455]

충성스러운 신하

이런 맥락에서 볼 때, 군주가 신하로부터 충성을 항상 확보할 수 있는 길은 '조국에 대한 사랑' 또는 '정치 공동체의 존속'이라는 목적을 전면에 내거는 것 외에는 없다. 그러나 안토니오가 보여 준 '인내심과 좋은 품성(bene paziente e buono)'을 모든 사람에게 기대하기는 어렵다.[456] 그리고 마키아벨리처럼 "내 조국을 내 영혼보다 사랑한다."고 고백할 수 있는 사람이 흔한 것도 아니다.[457] 따라서 우리는 다음 구절을 주의 깊게 읽을 수밖에 없다.

그를 명예롭게 함으로써, 그를 부유하게 함으로써, 스스로를 책임지게 함으로써, 명예와 부담을 함께 짊어짐으로써, [신하]가 군주 없이는 결코 존재할 수 없다는 것을 알도록, 그리고 많은 명예를 가져 그가 더 많은 명예를 원하지 않도록, 많은 부를 가져 그가 더 많은 부를 원하지 않도록, 그리고 많은 부담을 가져 그가 변화를 두려워하도록 만들어야 한다.

—『군주』, 22장, (7).

다른 모든 것을 도맡아 줌으로써, 오로지 '군주'의 일만 신경 쓰게 해야 한다는 것이다. 과연 군주가 신하를 이렇게 대우하면 스스로는 안전할까?

그러므로 음모를 꾸민 사람들은 모두 위대한 사람들, 또는 군주와 잘 알고 지낸 사람들이었다. 코모두스 황제에 대적한 페레니우스, 세베루스 황제에 대한 플라우티아누스, 티베리우스 황제에 대한 세야누스의 경우처럼, 많은 이들이 너무나 많은 피해만큼이나 너무나 많은 혜택에 의해 음모를 꾸미고 실행에 옮겼다. 그들의 황제들이 지나치게 많은 부, 명예, 그리고 지위를 그들에게 부여해서, 그들이 자신들의 권력을 완성함에 있어서 그 제국(imperio) 이외에는 부족한 것이 없는 것처럼 보이게 된 것이다.

—『강의』, 3권, 6장, (41)-(42).

위의 구절을 읽으면, 이제 군주에게는 더 이상 믿을 사람이 없게 된다. '소수'는 세 번째 두뇌를 가진 인물들이 아니다. 그들은 '느끼는 것'에 판단의 잣대를 둔 인물들이고, '지배하고자 하는 욕망'을 가진 인물들이다. 특히 군주는 탁월한 신하에게 지나친 명예와 부, 그리고 지위를 부여해서는 안 된다. 왜냐하면 탁월한 인물은 중용을 하든지 중용을 하지 않든지, 군주의 지위를 위협하는 가장 위험한 존재이기 때문이다.

따라서 군주에게 남은 마지막 카드는 '정치 공동체의 존속' 이외에는 없다. '다수'와의 관계를 설정하는 것과 마찬가지로, 군주는 탁월한 신하가 '정치 공동체의 존속'을 위해 일할 수 있도록 그 필연성을 부여해 주어야 한다. 이러한 필연성 앞에서 두 번째 두뇌를 갖고 있든지 첫 번째 두뇌를 갖고 있든지 신하는 군주를 기만할 수 없다. 군주의 일을 제쳐 놓고 자기의 이익을 신경 쓸 여유도 없다. 이런 필연성이 부여된 조건 아래에서, 신하는 군주를 위해서만 일할 수밖에 없다. 군주의 국가를 유지하는 것이 곧 스스로가 속한 정치 공동체의 존속을 위한 헌신이기 때문이다. 이렇게 될 때, 군주는 탁월한 인물을 선택하더라도 자기의 국가를 잃게 될 우려가 없다. 그리고 이렇게 될 때, 다수는 만족하고, 소수는 일하며, 군주는 안전하다.

23장
어떤 방식으로 아첨을 피해야 하는가
Quomodo adulatores sint fugiendi

아마도 『군주』의 모든 장을 통틀어서 23장만큼 당시 인문주의자들과 유사한 글쓰기는 없을 것이다. 마치 '군주의 교본(speculum principis)'이라는 장르의 한 단면을 보는 듯하고, 그 주제도 이 장르에서 빈번하게 논의되던 '아첨(adulatore)'이기 때문이다.

사실 몇몇 학자들은 마키아벨리의 『군주』를 '군주의 교본'이라는 장르의 대표적 작품이라고 주장하기도 한다. 1513년 전후에 '군주의 교본'으로 집필된 작품들과 비교해 볼 때, 그 형식과 주제가 매우 유사하다는 것이다.[458] 이런 견해는 당시 『군주』가 '군주의 교본'에 속하는 작품들과는 '도덕적 탁월함'에 대한 견해가 달랐다는 비판을 받고 있다. 다만 마키아벨리가 인문주의자들의 형식을 취해 자기만의 것을 주장하려고 했었다는 정도는 대부분의 학자들이 동의하는 바다.[459]

특히 인문주의자들이 당시 사회에서 갖고 있던 영향력을 강조하는 해석자들의 경우, 마키아벨리가 인문주의자들의 형식을 취했다는 말은 보다 더 큰 의미를 갖고 있다. 수사학적으로는 마키아벨리가 인문주의자들과 공유하고 있던 생각을 바탕으로 자기의 주장을 논쟁 또는 설득하려 했다고 볼 수 있고,[460] 정치철학적으로는 마키아벨리가 새로운 정치철학을 제시하고 있다기보다 로마공화정 이래 지속된 공화주의 전통을 복원시키려 했었다고 해석할 수 있기 때문이다.[461] 마키아벨리와 인문주의자들의 차이를 '정치적 삶에서 권력의 중요성'이 더 부각된 것일 뿐이라고 주장하거나, '도덕이 통치에 효과적 수단'이라는 후자의 주장을 전자가 거부한 것일 뿐이라는 견해도 이런 입장이 반영된 것이다.[462]

반면 마키아벨리의 고대 정치철학으로부터의 단절 또는 인문주의자들과의 차이를 강조하는 입장에서 『군주』는 '군주의 교본'이 아니다. 마키아벨리의 수사학적 측면은 과거와의 단절을 숨기는 기술에 불과하고, 정치철학적 측면은 고대 정치철학과의 인식론적 단절을 보여 주는 새로운 형태의 것으로 이해된다. 이런 입장에서는 마키아벨리의 공화주의도 더 이상 로마공화정의 전통을 반영하는 '고전적' 공화주의가 아니다. '정치적 삶'이나 '시민적 삶'이 아니라 '개인적 야망'이 용인된다는 점에서 자유주의적이고,[463] 고대 정치철학이 강조해 왔던 '탁월함'이나 '좋은 삶'이 진지하게 고려되지 않았다는 점에서 근대적인 것으로 이해되는 것이다.[464] 그러기에 어떤 학자는 그를 '계몽주의의 선구자'라는 입장에서 '악의 교사'라고 비난하고,[465] 어떤 학자는 그의 공화주의를 '다수를 위한 정치'라고

분류한다.[466]

비록 영미학계의 논쟁을 중심으로 서술했지만, 이탈리아를 비롯한 대륙학계도 크게 다르지 않다.[467] 다만 어떤 측면을 따르든지 간에, 마키아벨리의 『군주』가 '군주의 교본'이라는 장르로부터 벗어나 있다는 사실은 부인할 수 없다. 비단 『군주』 15장에서 19장까지 전개되는 고대 정치철학에 대한 비판에 국한되는 것은 아니다. 가장 이 장르에 가깝게 기술되었다는 23장에서도 '군주의 교본'이나 인문주의자에 대한 그의 불편함을 찾아볼 수 있다. 따라서 우리는 이러한 학자들 사이의 논쟁을 잠시 제쳐 두고, 마키아벨리가 무엇을 어떻게 이야기하려고 했는지를 좀 더 세밀하게 살펴볼 필요가 있겠다.

질문 1: 마키아벨리의 '아첨'에 대한 이야기는 독창적인가?

『군주』가 집필된 1513년으로부터 몇 년 뒤에 인문주의 전통에서 매우 중요한 두 개의 저작이 출판되었다. 하나는 1516년에 출판된 모어(Thomas More, 1478-1535)의 『유토피아(De optimo rei publicae statu deque nova insula Utopia)』이고, 다른 하나는 같은 해에 출판된 에라스무스(Desiderius Erasmus, 1466-1536)의 『기독교 군주의 교육(Institutio Principis Christiani)』이다. 수사학적으로 두 저작 모두 마키아벨리의 『군주』와 자주 비교되지만, 아무래도 '군주의 교본'이라는 측면에서는 에라스무스의 저작이 가장 많이 『군주』와 관련되어 언급된다.

마키아벨리와 에라스무스

『군주』와 『기독교 군주의 교육』은 '군주의 교본'이라는 형식을 제외하고는 인식론적 전제와 설득의 논리가 다를 뿐만 아니라 대조적이기까지 하다. 따라서 '아첨을 피하라'는 결론이 같다는 이유로 둘의 유사성을 강조하는 것은 부적절하다. 단순히 군주에게 동일한 조언을 했다고 해서 전혀 다른 두 저작을 유사하다고 볼 수는 없기 때문이다. 그리고 전자가 군주에게 구직을 하는 것이고, 후자가 이미 고용된 사람이 어린 군주의 훈육을 위해 썼다는 정도의 차이를 넘어서는 차이가 발견되기 때문이다.

첫째, 두 저작은 군주의 목적을 다르게 설정하고 있다. 『군주』에서 마키아벨리는 군주의 가장 중요한 목적을 '국가의 유지'라고 말하고 있다.[468] 반면 『교육』은 '정의롭고 자애롭게 신민을 다스리는 것'이 그 목적이라고 전제하고 있다.[469] 따라서 전자에서는 종종 신의를 저버리고, 자비롭지 않고, 인간적이지 않고, 반종교적으로 행동할 수밖에 없는 군주의 처지에 놓일 때, 군주의 선택은 '도덕적 지침'이나 '종교적 원칙'으로부터 벗어나도 용인될 수 있다. 그러나 후자는 플라톤이나 키케로로부터 보았던 '도덕적 지침'이나 아우구스티누스나 아퀴나스의 '종교적 원칙'을 양보할 의사도 이유도 없다.

둘째, 두 저작에서 군주가 담당해야 할 가장 중요한 업무가 다르다. 『군주』에서 군주의 가장 중요한 업무는 전쟁이지만, 『교육』에서 궁극적으로 군주가 성취해야 할 것은 평화다.[470] 따라서 전자에게는 군대를 통솔해서 전쟁에서 혁혁한 공을 세우는 것이 가장 중요한 기예이자 능력이지만, 후자에게는 군주는 전쟁을 위해 태어난 야수나 괴물과는 달리 평화와 좋은 일에 스스로를 헌신해야 한다. 물론 후자에게도 '정의로운 전쟁'에 대한 언급을 찾을 수 있다. 그러나 후자에게서는 영토의 확장이나 군주의 영광을 성취하기 위한 전쟁을 긍정적으로 바라보는 시각을 결코 찾을 수 없다.

셋째, 두 저작은 기독교 윤리에 대한 사고도 기본적으로 다르다. 마키아벨리는 성경도 고전도 '신중하게(sensatamente)' 읽어야 한다고 말한다.[471] 예를 들면 모세가 왜 수많은 사람들을 죽여야 했는지는 신앙이라는 관점이 아니라 정치라는 관점에서 고찰해야 한다고 주문한다. 반면 에라스무스는 이러한 견해를 매우 경계한다.[472] 에라스무스에게는 구약으로부터 폭력을 정당화하기 위한 내용들을 추출해 내는 것 자체가 위험스러운 발상이다. 왜냐하면 군주는 그의 신앙을 통해 예수의 사랑을 발현해야 하기 때문이다. 따라서 마키아벨리에게는 정치사회적 발전을 가져오는 '갈등'도 에라스무스에게는 궁극적으로는 '공공선'을 해치는 사회적 악으로 간주된다.

따라서 두 저작들이 갖는 형식만을 가지고 둘 사이의 유사성을 주장하는 것은 무리가 있다. 마키아벨리에게는 '정치 공동체의 존속'이라는 관점이 무엇보다 우위에 있는 반면, 에라스무스에게는 '덕스러운 군주'를 통한 '좋은 삶'이라는 전제가 무엇보다 앞서 있다. 실제로 전자는 후자가 거듭 언급하는 고대 정치철학자들에 대해 침묵한다. 후자가 입버릇처럼 언급하는 플라톤, 아리스토텔레스, 키케로, 그리고 세네카를 전자의 글에서는 실명으로 찾아볼 수 없다. 비록 이들 모두의 저작들이 전자의 비판 속에 여러 번 등장하지만, 전자는 후자처럼 '군주를 어릴 때부터 어떻게 교육시켜야 하느냐'는 목적에서 고전을 이야기할 생각이 없어 보인다. 이미 전자는 이러한 '군주의 교본'이 갖는 한계로부터 '국가 이성(la ragione dello stato)'이라는 근대적 요구에 더 가깝게 다가서고 있었던 것으로 보인다.

고전이 말하는 아첨

비록 에라스무스도『교육』의 두 번째 항목을 '아첨'으로 장식했지만, '아첨'의 문제는 비단 인문주의자들의 전유물은 아니다. 플라톤으로부터 홉스에 이르기까지, 아첨은 정치철학의 중요한 문제 중 하나였다.[473] 물론 아첨의 대상은 시대와 상황에 따라 다르다. 플라톤과 아리스토텔레스에게는 '아첨'의 대상이 '다수' 또는 '인민'이고, 키케로에게도 그 대상은 '다수' 또는 '인민'이다. 따라서 이들에게 '아첨'은 '선동'과 유사한 개념으로 취급된다. 반면 타키투스를 비롯한 군주의 통치 하에 살았던 사람들은 상황이 달랐다. 즉 그들에게 '아첨'의 대상은 다름 아닌 군주로 국한되게 된 것이다.

마키아벨리에게는 '군주'와 '인민' 모두가 '아첨'의 대상이 된다. 즉 '군주'와 '다수'는 모두가 아첨 또는 기만의 대상이 된다는 것이다. 보다 엄밀하게 말하자면, 전자에 대해서는 보다 혹독한 비난을 가한다는 것 외에, 그는 '군주'와 '다수' 모두를 '아첨'의 대상으로 언급한다. 이런 맥락에서 볼 때, 플라톤의 소크라테스가 『고르기아스(Gorgias)』에서 보여 준 '아첨(kolakeia)'에 대한 정의는 그를 이해하는 데도 여전히 중요하다.

여러 도시에서 자유로운 사람들을 대상으로 하는 것은 어떤가. 우리는 그 수사를 어떻게 생각할 수 있나. 자네는 연설가들이 최상의 것에 대한 견해를 갖고, 그들의 연설로 시민들을 가능한 훌륭하게 만들려는 것만을 목표로 연설한다고 생각하나. 아니면 그들이 시민들과 마찬가지로 시민들을 기쁘게 하려는 데 목적을 두고, 그들의 사적인 이익을 위해 공적인 것을 희생하면서 시민들을 아이를 대하듯이 즐겁게만 하려 하고, 결과적으로 무엇이 그들을 더 좋게 또는 더 나쁘게 만들 것인지는 신경 쓰지 않고 있는가.

―『고르기아스』, 502e.

소크라테스는 지금 '아첨'에 대해 이야기하고 있다.[474] 진정한 '연설가(rhetorike)'는 시민들이 가능하면 '좋은 것(eu zen)'을 지향하도록 하지만,[475] 아테네의 정치가들은 그렇게 하지 못했을 뿐만 아니라 그들의 대중적 수사는 기예(techne)도 아닌 천박한 아첨에 불과하다고 말하고 있는 것이다.[476]

비록 이러한 대중과 수사에 대한 부정적인 견해는 아리스토텔레스에게서 '진리와 정의가 대중적 수사를 통해 전달될 수 있다.'는 입장으로 전환되기는 했지만,[477] 소크라테스의 가르침을 따르는 정치철학에서는 결코 '좋은 것'을 '유용한 것'과 바꾸지 않는다. '대중'은 설득될 수 있으며, 대중을 대상으로 하는 정치적 수사가 플라톤의 견해와는 달리 중요한 기예라는 정도의 수정이 있을 뿐이다.

따라서 소크라테스의 전통을 따르는 정치철학에서 볼 때, '군주'에 대한 아첨도 '다수'에 대한 아첨과 동일한 문제점을 가진다.

> 따라서 아첨꾼이 스스로를 다른 사람에게 맞추려는 것에서, 그가 친구와 구별되는 차이가 발견된다. 그 차이는 즐거움이 그것의 목적인가에 달려 있다.
>
> ─『모랄리아』, 10.[478]

위에서 보듯, 군주정을 선호했다고 알려진 플루타르코스에게서도 유사한 태도가 발견된다.[479] 아첨꾼과 진정한 친구의 차이는 전자가 후자와는 달리 듣는 사람들에게 진정한 도움을 주기보다 즐거움만을 주려고 한다는 것이다. 마치 향수와 약이 모두 달콤한 향기를 낼 수 있지만, 즐거움을 목적으로 하는 전자와는 달리 약은 진정 상대의 '건강한' 상태를 목적으로 한다는 것이다.[480]

이렇듯 소크라테스적 전통에서 '아첨'에 대한 논의는 궁극적으로 '좋은 삶' 또는 '좋은 것'과 연관성을 갖고 있다. 그리고 '아첨'을 피하기 위해서, 군주는 다른 무엇보다 덕을 함양할 필요가 있다. 따라서 이 전통에서 정치철학자는 군주에게 우선 선인들의 글을 읽으며 지혜를 배우라고 가르쳤고, 동일한 이유에서 '아첨'으로 인한 정치적 실패는 군주의 도덕성 상실과 폭군적 태도에서 기인한다고 가르쳤다. 즉 '진정 도움이 되는 것'을 구별해 낼 수 있는 능력은 '좋은 것'에 대한 지혜이고, 이런 지혜가 없이는 '아첨'으로부터 스스로를 방어할 수 없다고 가르쳤던 것이다.

마키아벨리의 충고

반면 마키아벨리에게 충언과 아첨을 구별하는 능력은 바로 '보이는 것'과 '느끼는 것'의 결합이다. 즉 영원한 것에 대한 지식이나 좋은 것에 대한 추구가 아니라, 군주가 자신의 국가를 유지하기 위해 필요한 '신중함'이다.

> 왜냐하면 사람들이 당신에게 진실을 말해 당신을 불쾌하게 만들지 않는다는 것을 이해하지 않는 한 아첨(le adulazioni)으로부터 스스로를 지킬 수 있는 방법은 없기 때문이다. 그러나 모두가 당신에게 진실을 말할 수 있을 때, 그들은 당신을 존경하지 못할 것이다.
> ─『군주』, 23장, (3).

위에서 보듯, 마키아벨리의 충고는 '좋은 사람'이 되라는 것도 아니고, 아첨을 싫어하고 충언을 좋아한다는 인상을 주라는 것도 아니다. 주변 사람들에게 직언을 할 수 있는 분위기를 조성하되, 누구나 직언을 하도록 만들어서는 안 된다는 것이다.

사실 마키아벨리의 군주는 진퇴양난에 처하게 된다. 지나치게 스스로를 방어하면 아무도 믿지 않는다는 인상을 주기에 경멸을 받을 수도 있고, 누구나 마음대로 직언하도록 내버려두면 스스로의 권위가 추락하는 위험을 감수해야 한다. 마키아벨리의 해결책은 소위 '세 번째 방식'이다.

> 그러므로 신중한 군주는 반드시 세 번째 방식을 취한다. 그의 국가에서 현명한 사람들을 고르는 것이다. 오직 그들에게만 그에게 진실을 말할 수 있는 자유를 주어야 하고, 그것도 오직 그가 묻는 것에 대해서만 말이다.
>
> ―『군주』, 23장, (4).

언뜻 보기에 『군주』 22장의 신하를 고르는 이야기가 반복되는 듯 보인다. 그러나 이야기의 핵심은 신하가 아니라 군주다. 즉 의견은 듣지만, 결정은 군주가 해야 한다는 것이다.

> 그러나 그는 그들에게 모든 것을 물어보아야 하고 그들의 의견을 들어야 한다. 그런 연후 그는 자기 스스로의 방식에서 혼자 결정해야 한다.
>
> ―『군주』, 23장, (4).

군주는 자기에게 거침없이 이야기할수록 더 잘 대접해 준다는 인상을 유지해야 한다.[481] 그러나 이렇게 '보이는 것'과는 달리, 스스로는 항상 혼자 최종적으로 결정해야 한다. 그리고 한 번 결정한 일은 어떤 일이 있어도 고수해야 한다.[482] 그러지 않으면 아침에 휘둘리는 우유부단한 인물로 보여 신민과 신하로부터 존경을 받지 못하게 된다. 막시밀리안 I세(1459-1519)처럼 신하들에게 휘둘리는 '호락호락한(facile)' 인물로 인식된다는 것이다.[483]

결국 마키아벨리의 충고는 '현명하지 않은 군주는 조언을 잘 받을 수 없다'는 일반적 규칙으로 귀결된다.[484] 다행스럽게도 아주 탁월한 두뇌를 가진 인물을 채용해서 데리고 있을 수도 있겠지만, 그러한 인물에게 군주는 전적으로 의지할 수 없다. 왜냐하면 그렇게 탁월한 인물은 "짧은 시간에 그 국가를 가져갈(in breve tempo gli torrebbe lo stato)" 수도 있기 때문이다.[485]

> 자유로운 인민들의 열망은 드물게 자유에 해롭다. 왜냐하면 그 [열망들]은 지배받지 않으려 함이나 그들이 억압받을 것이라는 의심으로부터 비롯되기 때문이다. 만약 [이들의] 의견이 잘못되었다면, 그들에게는 의회라는 처방이 있다. 이곳에서는 그들이 그들 스스로를 어떻게 기만하고 있는지를 연설을 통해 증명할 어떤 좋은 인물이 나선다. 그리고 비록 키케로가 말하듯 인민은 무지하지만 어떤 믿을 만한 인물이 그들에게 진실을 말해 줄 때 그들은 진실을 알 수 있고 쉽게 양보한다.
>
> ―『강의』, I권, 4장, (9)-(10).

반면, 위에서 보듯, 아첨의 대상이 '다수'일 때, 마키아벨리는 '지배받지 않고자 하는 욕구'에 초점을 맞추는 한 '다수'는 스스로를 아첨으로부터 더 잘 지킬 수 있을 것이라고 말한다. 일반적인 것에는 기만당하지만 스스로가 직면하고 있는 구체적 삶에 대해서만큼은 누구보다 정확하게 이해하고 있기 때문이다.[486] 게다가 '다수'에게는 탁월한 인물이 상대적으로 덜 위험하다. 탁월한 인물이 '다수'를 억압할 참주로 등장할 가능성은 있지만, 인민은 군주만큼 자기기만에 빠지지 않기 때문이다.[487]

아첨과 관련된 마키아벨리의 충고는 이렇듯 '군주의 교본'이 보여 주는 전통적 가르침으로부터 크게 벗어나 있다. 군주에게는 소크라테스 이래 정치철학자들이 전했던 '좋은 것'이나 '영원한 것'에서 비롯된 준칙 대신 '정치 공동체의 존속'이라는 새로운 목표를 제시하고, 이를 위해 군주가 선택해야 할 '제삼의 길'로서 좋은 평판 뒤에 가려진 '신중한' 판단을 요구한다. 반면 다수에게는 지배받지 않으려는 자유에 더 충실할 것을 요구하고, 이들에 대해 부정적인 태도를 보여 왔던 철학적 전통으로부터 벗어나 '적법한 절차'와 '대중적 심의'로 규제될 수 있는 '다수'의 의사에 대한 이야기를 꺼내고 있다.

24장
왜 이탈리아의 군주들은 그들의 국가를 잃었을까
Cur Italiae principes regnum amiserunt

『군주』 24장의 제목에서 마키아벨리는 라틴어로 '왕정' 또는 '왕국'이라는 말을 쓰고 있다. 이탈리아어로 '국가(stato)'로 옮겼지만, 매우 특이한 용례다. 특히 '왕정'이라고 단수를 쓰고 있기에 더욱 그렇다. 다시 말하자면 이탈리아라는 왕국에 여러 군주들이 있는 것처럼 기술된 것이다.

실제로 카롤링거 제국(800-888)의 지배에 이어 신성로마제국의 한 부분으로 '이탈리아 왕국(Regnum Italicum)'이 실재한 이후, '이탈리아'라는 정체성은 지속적으로 그 지역 지식인들의 정치적 상상력을 자극했다. 그 이전에도 이탈리아를 로마의 부속 지역이 아니라 독립된 하나의 지역으로 기술한 저작들이 있었다. 그러나 대부분은 로마를 중심으로 하는 정치적 단위에 부속된 주변으로서 '이탈리아'를 지칭하는 경우가 대부분이었다. 따라서 르네상스 시기에 와서야 지식인들이 '이탈리아'를 조국으로 부르기를 주저하지 않았다고 보는 것이 적절하다.

그러기에 24장은 26장과 더불어 '이탈리아'를 조국으로 상정했을 때, 마키아벨리가 잠재적 군주에게 기대하는 바가 무엇인지를 잘 살펴볼 수 있는 부분이라고 할 수 있다. 여기에서는 '이탈리아'가 아니라 '왕정'이 의미하는 바가 무엇인지에 초점을 맞추고자 한다.

질문 1 : 이탈리아 군주들은 무엇을 잘못했는가?

마케도니아의 필리포스 5세

마키아벨리는 앞서 『군주』 6장에서도 '왕정'이라는 말을 쓴 바 있다. 그가 시라쿠사의 히에론과 관련해서 라틴어로 쓴 부분에서다. 이 인용구는 『강의』에서도 등장하는데, 그 내용은 "그는 왕국(regnum)을 제외하고는 왕이 되는 데 부족한 것이 없었다."는 것이다.[488] 사실 조금 다르기는 하지만, 이런 평가는 폴리비오스에게서도 찾아볼 수 있다. 폴리비오스는 히에론을 어려서부터 왕이 되기에 손색이 없는 '예외적 자질'을 갖추었던 인물로 묘사했던 것이다.[489] 즉 히에론은 누가 보기에도 '군주'로 손색이 없는 인물이었던 것이다.

그 반대의 인물은 마케도니아의 왕 페르세우스다. 히에론은 인민의 지지를 받아 군주가 된 '새로운 군주'의 전형이라면, 페르세우스는 무능한 세습 군주였다. 마키아벨리는 그를 전투에서 패배해 포로가 되고, 이후 자신의 왕국이 몰락하는 것을 지켜봐야 했던 불행하고 무능력한 인물로 묘사한다.[490] 흥미롭게도, 이 페르세우스는 『군주』 24장에서 탁월한 군주로 언급되는 필리포스 5세의 아들이다. 마키아벨리는 필리포스 5세를 로마공화정의 공격을 받았음에도 나라를 잃지 않고 지켜낸 탁월한 '군인(uomo militare)'이라고 평가했고, "어떻게 인민들을 상대하고, 귀족들로부터 스스로를 [어떻게] 지켜내는지를 알고 있었던" 현명한 군주로 묘사했던 것이다.[491]

여기에서 우리가 주목해야 할 것이 있다. 마키아벨리는 필리포스 5세의 전투적 용맹함이나 현명한 군주로서의 처세가 타고난 자질에서 비롯되었다고 말하지 않는다는 점이다. 『강의』 3권 10장에서 보듯, 필리포스 5세는 처음에는 전투를 기피했고, 시간을 끌기에 급급했다. 로마공화정이 공격을 해 오자 그는 요새에 진을 쳤고, 로마인들이 요새까지 공격하자 이리저리 도망만 다녔다.[492] 이때 그가 잘한 것이 있다면, 그나마 '대다수의 사람들(la maggiore parte delle genti)'을 데리고 도망 다닌 것뿐이다.[493]

결국 이런 방식으로 전쟁을 끌어 그의 처지가 더 나빠진다는 것과 그의 신민들이 때로는 자기에게 그리고 때로는 적들에게 짓밟히고 있다는 것을 깨닫고, 그는 전쟁에 운을 걸어 보기로 결심하고는 로마인들과의 일전에 나섰다.

—『강의』, 3권, 10장, (26).

위에서 보듯, 마키아벨리는 필리포스 5세의 판단이 그가 직면한 처지에 대한 자각으로부터 나왔다고 기술하고 있다. 그가 타고난 군인으로서의 기질이 있었다는 것은 부정하지 않지만,[494] 그가 최초에는 전쟁을 피하고자 노력했고, 로마인들이 전쟁을 피할 의사가 없다는 것을 알고 난 뒤에야 비로소 본격적인 전투에 임했다는 것을 강조하고 있는 것이다.

이탈리아 군주들

반면 이탈리아 군주들은 혹독한 시대적 환경에도 불구하고 무엇을 해야 할지를 모르는 '쓸모없는' 두뇌를 가진 인물들과 다름없는 존재로 묘사되고 있다. 『군주』 4장에서 설명한바, 이탈리아 군주들은 무엇보다 전쟁에 대비해야 했고, 그러기 위해서는 강력한 군사력을 유지하고, 다수를 만족시키면서 소수를 견제하는 정책을 썼어야 했다. 그러나 이탈리아 군주들은 거듭된 외세의 침략에도 불구하고 그들이 봉착한 현실을 이해하지 못했다는 것이다.

만약 나폴리의 왕, 밀라노 공작, 그리고 다른 경우 같이, 우리 시대에 그들의 국가를 잃어버린 이탈리아의 군주들을 고려한다면, 그들에게서 [다음을] 발견하게 될 것이다. 첫째는 무력에서의 공통된 취약함인데, 그 원인에 대해서는 앞서 길게 이야기했다. 그 다음은 그들 중 몇몇은 적대적인 인민을 갖고 있었는데, 우호적인 인민들을 갖고 있었다고 하더라도 어떻게 그들 스스로를 귀족으로부터 보호하는지를 몰랐다는 것이다.

—『군주』, 24장, (5).

위의 두 가지를 좀 더 알기 쉽게 풀면 다음과 같다. 첫째, 강력한 군사력이 필요함에도 불구하고, 이탈리아 군주들은『군주』13장에서 보듯 스스로를 무장시키기보다는 동맹군에 의지하거나 요행을 바랐다는 것이다. 둘째, '다수'와의 관계가 무엇보다 중요하다는 것을 자각하지 못했다는 것이다. 지금까지 설명해 왔듯이, '다수' 또는 '인민'은 '귀족'은 물론이고 '군인'보다도 더 중요하다는 사실을 이탈리아 군주들이 전혀 이해하지 못했다는 것이다.

그래서 마키아벨리가 언급하는 두 가지 예는 세습 군주든 새로운 군주든 이탈리아의 군주들이 반복적으로 저지르고 있는 잘못된 판단을 모두 아우르고 있다. 나폴리의 프리데릭 4세(Federico d' Aragona, 1452-1504)는 세습 군주의 경우로, 마키아벨리는 1501년 스페인의 페르난도 2세와 프랑스의 루이 12세의 압력에 의해 그가 폐위된 사건을 상기시키려고 한다. 자기 자신을 제대로 방어해 보지도 못하고, 외세에 굴복한 사례인 것이다. 한편『군주』3장에서 장황하게 설명이 되듯, 밀라노의 루도비코 스포르차는 새로운 군주로서 실패한 경우다. 공화정을 전복하고도, 어떻게 자기의 국가를 유지할지를 알지 못해 프랑스의 루이 12세에게 두 번에 걸쳐 영토를 빼앗긴 경우다. 이런 맥락에서 볼 때, 마키아벨리가 3장에서 하는 말을 읽은 사람들로 하여금 실소를 금하지 못하게 한다. 스포르차는 한 차례의 상실로부터 아무것도 배우지 못했지만, 루이 12세는 한 차례의 실패로부터 '다수'와 어떤 관계를 형성해야 하는지를 잘 알게 된 정복 군주로 묘사되고 있는 것이다.

새로운 군주

결국 마키아벨리에게 이탈리아 군주들은 세습 군주든 새로운 군주든 만족스럽지 못한 행동들을 보여 준 무능한 통치자들인 셈이다.

> 그러므로 오랜 세월 동안 그들의 군주정에 있었던 이런 우리[시대]의 군주들은 그것들을 잃었을 때 운명을 탓할 것이 아니라 그들 스스로의 게으름(la ignavia loro)을 [탓해야 할 것이다.]
> ─『군주』, 24장, (8).

위에서 보듯, 마키아벨리에게 이탈리아 군주들은 오랜 세월 동안 한 국가를 다스리면서 아무것도 하지 않은 게으른 통치자다. 그렇다면 우리는 자연스럽게 다음과 같은 질문을 갖게 된다. 그들이 무엇을 했어야 한다는 말인가? 군비를 확충하고, 다수와의 좋은 관계를 갖고자 했다면 무엇을 먼저 했어야 한다는 말인가?

그래서 [새로운 군주]는 이중의 영광을 갖게 된다. [즉] 새로운 군주정을 시작했다는 것, 그것을 꾸미고 좋은 법, 좋은 군대, 그리고 좋은 본보기로 그것을 강화했다는 것이다. 마치 군주로 태어나서 신중함의 결여로 [국가]를 상실한 사람이 이중의 수치심을 가지듯 말이다.

―『군주』, 24장, (4).

마키아벨리가 사용한 동사들을 주목할 필요가 있다. '장식하다(ornare)'는 동사가 특히 흥미롭다. 단순히 '새로운 군주'가 되는 것이 중요한 것이 아니라, 제도를 정비해서 자기가 소유한 국가를 강력하게 만들어 그 어떤 운명의 소용돌이에서도 견딜 수 있도록 만들어야 한다는 것이다.

마키아벨리는 '장식하다'라는 용례를 『군주』 21장에서도 쓰고 있는데, 이때 그는 신민들에게 '자유로운 삶'을 보장한 군주의 통치를 받는 신민들이 "자기 소유를 꾸미기(ornare la sua possessione)를 두려워 않는다."는 맥락에서 이 동사를 사용했다.[495] 만약 '국가'를 군주의 소유라고 본다면, 군주는 '자신의 국가'를 잃을까 두려워서 방치하기보다 '자신의 국가'를 꾸며야 한다는 것이다. 그리고 그 국가를 지키기 위해서라도 제도를 정비해야 한다는 것이다. 이때 '좋은 법'은 곧 '좋은 군대'를 의미하고,[496] 전쟁에서 승리하는 것보다 더 효과적으로 '좋은 본보기'가 되는 방법은 없다는 충고를 다시 떠올려야 한다.[497] 따라서 그의 주장은 이렇게 정리할 수 있을 것이다. 이탈리아에서 새로운 군주가 국가를 세우는 방식과 그 국가를 강하게 만드는 방식은 모두 군사력과 다수에 의해 결정된다는 것이다.

알브레히트 뒤러, 「에라스무스」(1526)

에라스무스의 『기독교 군주의 교육』(1516)이 '군주의 교본'이라는 측면에서는 『군주』와 비교되어 많이 언급된다. 그러나 『군주』와 『기독교 군주의 교육』은 '군주의 교본'이라는 형식을 제외하고는 인식론적 전제와 설득의 논리가 다를 뿐만 아니라 대조적이기까지 하다. 첫째, 두 저작은 군주의 목적을 다르게 설정하고 있다. 둘째, 두 저작에서 군주가 담당해야 할 가장 중요한 업무가 다르다. 셋째, 두 저작은 기독교 윤리에 대한 사고도 기본적으로 다르다.

25장
인간사에서 운명은 얼마나 작용하는가, 그리고 어떤 방식으로 맞설 수 있는가

Quantum fortuna in rebus humanis possit et quomodo illi sit occurrendum

『군주』 25장은 마키아벨리의 정치사상을 대변해 온 초인간적 '운명'과 인간적 '능력'의 긴장을 가장 문학적으로 피력하고 있는 곳이다. 그래서인지 그의 수사학적 기법도 탄성을 지를 만큼 우리의 눈을 즐겁게 만든다. 대중의 의사로부터 시작한 후, 그 중간 지점에 설득의 가교를 설치하고, 궁극적으로는 대중의 의사를 넘어서는 탁월한 기교를 보여 준다. 또한 당시 기독교 사회에 만연해 있던 예언과 계시의 풍조를 발판으로 삼아, 그리스와 로마의 '운명의 여신'뿐만 아니라 기독교의 '신'마저 부정하려는 의도를 화려한 수사 속에 숨겨 둔다. 참으로 천재적 재기가 넘치면서도 무모하리만큼 진솔한 태도를 읽을 수 있는 부분이다.

아울러 마키아벨리의 화려한 수사에는 절망을 벗어나려는 인간의 절규가 담겨 있다. 미래의 절반을 좌우할 힘을 갖고 있다던 인간은 변화의 소용돌이에 스스로를 결국 조응시키지 못한다. 역경에 굴복해서 자멸하거나, 아니면 젊은이처럼 무모하고 격렬하게 운명에 저항하는 것 외에 다른 선택을 할 수 없는 처지에 놓이게 되는 것이다. 이런 시기에는 새로운 군주도 잠재적 군주도 극단적인 외로움에 시달리게 된다. 왜냐하면 '다수'의 '보이는 것'보다 '소수'가 '느끼는 것'이 더 중요한 '신중함'의 시간이 찾아왔기 때문이다. 어쩌면 마키아벨리 스스로의 인생에 대한 비관적 전망이 반영되었을 수도 있고, 이탈리아인들의 절망이 내재되었을 수도 있다.

질문 1 : 마키아벨리는 인문주의자들과 무엇이 다른가?

마키아벨리의 기독교 신앙에 대해서는 학자들 사이의 논쟁이 지금도 계속되고 있다. 그가 기독교를 거부한 것이 아니라 한편으로는 교황과 다른 한편으로는 사보나롤라주의자들을 거부했다든지,[498] 기독교에 반발한 것은 맞지만 로마공화정에서와 같이 종교가 시민적 연대를 창출할 수 있다는 정치적 식견을 유지했다든지,[499] 최소한 '신에 대한 두려움'이나 '신적 존재에 대한 경외심'은 가지고 있었다든지,[500] 모든 종교적이고 형이상학적인 인식론적 근거를 부정하고 보다 확실한 '공포'의 제도화에 골몰했다든지,[501] 아직 그의 기독교 신앙에 대한 논쟁은 진행 중이다.

마키아벨리가 기독교에 갖고 있던 반감이 당시 정치사회적 맥락에서부터 비롯되었다는 것은 부인할 수 없는 사실이다. 그는 이탈리아 전체보다 자기들의 이권이 걸려 있는 소도시의 이익에 전전 긍긍하는 귀족들에게 반감을 갖고 있었고, 이러한 귀족들이 내세우는 도덕적이고 종교적인 태도에 환멸을 느끼고 있었으며, 귀족들에게 대항하기 위해 기독교의 '회개(pentimento)'를 앞세운 사보나롤라주의자들의 횡포에 진저리를 쳤었다.[502]

그럼에도 불구하고, 마키아벨리가 직면했던 정치사회적 환경만을 갖고 그의 '신' 또는 '초인간적 힘'에 대한 입장을 일괄하는 것은 균형 잡힌 해석은 아니다. 그의 인간 본성에 대한 성찰, 당시 기독교를 포함한 모든 종교에 대한 태도, 그리고 그가 모색했던 정치철학적 고민에 대한 관심이 필요하다.

'신(Dio)'과 '운명의 여신(fortuna)'

기독교에 대한 마키아벨리의 반감은 사보나롤라주의자들에 대한 반발이나 로마교회에 대한 경멸에 국한되지 않는다. 비록 '잘못된 해석(false interpretazioni)'이라는 표현으로 기독교가 아니라 당시 로마교회만을 비판하는 것처럼 포장한 경우가 많지만,[503] 그는 궁극적으로 기독교 신앙 자체가 가져온 삶의 양식에 강한 거부감을 갖고 있다.

"야만인들로부터의 해방"을 호소하는 『군주』 26장도 마찬가지다. 첫째, 마키아벨리는 '조국에 대한 사랑'도 종교가 매개된 '보답을 기대하지 않는 애정' 또는 '이를 토대로 한 유대'와 연관시키지 않는다.[504] 비록 성경 구절과 하늘의 전조를 언급하지만, 신(Dio)의 선택은 운명의 여신(fortuna)의 변덕스러운 충동으로 그 수준이 한 단계 내려온다.

신(Dio)은 우리로부터 자유의지(libero arbitrio)와 우리 몫의 영광(gloria)을 앗아가지 않기 위해 스스로가 모든 것을 하기를 원하지 않는다.

—『군주』, 26장, (13).

위에서 보듯, 기독교의 신은 마치 '운명의 여신'처럼 절반을 인간에게 떼어 준다. '신'도 '운명의 여신'처럼 인간사에서 제한된 역할만 자임한다는 것이다. 그렇다면 '신'은 『군주』 25장에 등장하는 '운명의 여신'과 별반 다를 바가 없다.

그럼에도 불구하고 인간의 자유의지를 제거하지 않기 위해 나는 운명이 우리 행동의 절반의 결정자(arbitra)이며, 다른 절반은, 아니 그 정도는 우리가 좌우하도록 내버려 두었다는 것이 진실일 수 있다(potere essere vero)고 판단한다.

—『군주』, 25장, (4).

마치 신의 섭리인 것처럼 기술된 위의 문장에서, 우리는 마키아벨리가 기독교의 '신'과 '운명의 여신'을 본질적으로 일치시키고 있음을 알게 된다.[505] 단순히 수사학적 기교에서 '운명의 여신'

을 끌어들인 것은 아니다. 라틴어의 '행운(fors)'이라는 말이 '가져오다(ferre)'라는 말에서 비롯되었듯이, 여기에서 '운명의 여신'은 어떤 '숙명(sorte)'을 의미하기보다 '기회(occasione)' 또는 '우연(caso)'의 의미를 갖고 있다. 즉 마키아벨리는 인간에게 절반을 떼어 준 여신을 조력자로 묘사하고, 그 여신이 떼어 준 절반을 성공의 기회로 기술한 것이다.

『군주』 25장에서 절대적인 존재로서의 '신'을 찾기는 어렵다. 그러기에 마키아벨리가 '절반의 기회'를 자명한 진리처럼 말하지 않은 것조차 수사적 기교처럼 보인다. '영구적인 것' 또는 '절대적인 것'에 대한 지식을 거부해 왔기에, 절반의 기회를 진리라고 말하지 않고 그 '가능성'만 이야기하는 것이 훨씬 일관성을 갖는 것처럼 보일 수 있기 때문이다. 다시 말하자면, '진실일 수 있다'는 조심스러운 표현이 오히려 더 큰 '가능성', 즉 나머지 절반마저 인간의 의지로 관철시킬 수 있는 것처럼 보일 수 있기 때문이다. 그는 실제로 이런 수사적 전략을 사용했다.

중세의 그림자

마키아벨리가 기독교의 '절대적 신'과 '운명의 여신'을 동일시했다는 것만으로는 그의 반(反)기독교적 태도를 모두 설명할 수 없다. 왜냐하면 그의 '운명'에 대한 언술들이 당시 인문주의자들과는 차이를 보이지만, 중세 교부철학이나 스콜라 철학에서 기술된 것들과 매우 유사하기 때문이다. 특히 중세 신학자들이 '신의 섭리'를 유물론적 형이상학이나 점성학적 결정론의 대안으로 제시하고자 했을 때, 신이 주관하는 세계의 섭리를 '숙명'보다 '인간의 의지'와 관련시켜 이해했기에 더욱 그렇다.[506]

사실 중세 신학자들이 '인간의 의지'가 '신의 섭리'와 대립된 것이 아니라고 생각한 데에는 그들이 탐독했던 고대 정치철학자들의 저작들이 기여한 바가 매우 컸다. 주지하다시피 중세 이전에는 소크라테스의 전통을 따르는 철학자들이 아니면 대부분 일원론적이고 유물론적인 결정론에 빠져 있었다. 신의 '섭리'나 '우연'이 개입할 수 있는 가능성을 배제하고, 우주적 체계가 이미 정해진 결과를 향해 진행된다고 믿는 경향이 강했던 것이다. 이런 환경에서 교부 철학자들과 스콜라 철학자들은 이른바 '숙명'이라는 것을 거부하고, 인간이 기도와 이에 감동한 신의 사랑을 '자유의지'라는 개념을 통해 설명하려고 노력했던 것이다.[507]

문제는 중세 신학자들이 말했던 '자유의지'가 마키아벨리의 것과 얼마나 차이가 나느냐는 것이다. 후자가 '점성술'에 심취했다거나, 루크레티우스의 감각론을 수용했다거나, 아베로이즘(Avveroism)의 무신론적 이성론을 응용했다는 것만으로는 충분히 대답할 수 없다. "자연적이고 초자연적인 것에 대한 지식"을 갖고 있지 않다고 말한 사상가에게 점성술적 결정론으로부터 '자유의지'의 근거를 찾는다는 것은 큰 설득력이 없어 보이고,[508] '보이는 것'으로서의 다수의 의견과 '느끼는 것'으로서의 소수의 판단이 결합된 정치적 가능성에 대한 믿음을 감각에 기초하거나 이성에 호소한 어떤 결정론

으로 단순화할 수는 없기 때문이다.[509]

마키아벨리와 중세 신학자들의 보다 큰 차이는 '신의 섭리'와 '이성'에 대한 그의 태도에서 비롯된다고 보는 것이 적절하다. 중세 신학자들에게 신의 섭리는 인간의 기도를 통해 달라질 수 있더라도 '신의 계획'으로부터 결코 벗어날 수 없고, 그러한 신의 계획은 개개인에게 부여된 신성을 통해 파악되고 또 수용되어야 한다. 이러한 신앙적 태도에서 볼 때, 결정론으로부터 벗어나 인간의 자유의지를 찾고자 하는 인간의 노력은 허용되지만, '신의 의지'를 인간의 '자유의지'로 대체하려는 마키아벨리의 시도는 결코 용납될 수 없다.[510] 또한 이러한 신앙에 기초한 이성이라는 관점에서 볼 때, 이성을 통해 신의 뜻을 파악하는 것은 허용되지만, '좋은 삶'에 대한 목적을 신의 섭리와는 상이하게 또는 독립해서 설정한 자유의지까지 용인될 수는 없다.[511] 즉 이런 근본적인 차이를 무시하고, 마키아벨리로부터 중세의 그림자를 찾는 것이 적절한지 의문스럽다는 것이다.

인문주의를 넘어서

사실 '절반의 기회'에 대한 마키아벨리의 이야기는 종잡을 수가 없다. 너무나 비관적인 전망과 너무나 낙관적인 희망이 교차하기 때문이다. 일반적으로 이런 태도는 당시 인문주의자들에게서도 자주 발견된다. 단테(Alighieri Dante, 1264-1321), 페트라르카, 그리고 살루타티의 저작들도 인간의 자유의지에 대한 비관적 전망과 낙관적 희망을 동시에 담고 있다. 한편으로는 14세기에 흑사병의 재앙

이후 급속히 번진 점성술적 결정론으로부터 인간의 자유의지를 구제하고, 다른 한편으로는 무신론적 이성론으로부터 신앙과 도덕적 규율을 지키려고 했던 노력이 비관과 낙관의 교차를 산출해 낸 것이다.

그러나 마키아벨리가 14세기 인문주의자들의 이러한 노력을 받아들였는지는 미지수다. 중세 신학자들에게서와 마찬가지로, 그가 인문주의자들의 '신의 섭리'와 '이성'에 대한 해석을 전적으로 받아들였다고 보기 힘들기 때문이다. 비록 단테도 의인화된 '운명의 여신'을 인간의 자유의지와 관련시켜 이야기하길 즐겼지만, 그로부터 우리는 바로 그 운명의 여신이 절대적인 신으로부터 계시와 명령을 받는다는 전제를 받아들일 것을 강요받는다.[512] 페트라르카가 '운명의 여신'에 맞서는 인간의 의지를 칭찬했다고는 하지만, 그가 말하는 '덕'과 '이성'이 곧 마키아벨리의 것과 같은 성격의 것인지 의문이다.[513] 그리고 살루타티도 '절반의 기회'를 이야기하지만, 그가 전적으로 신의 섭리를 따르고 악을 떠나야 한다는 전제를 완전히 탈피했는지는 의문이다.[514]

물론 마키아벨리가 비판을 퍼붓는 주요 대상은 15세기 인문주의자들이다. 그들의 점성술적 결정론과 극단적인 이성론에 대한 반발이 『군주』 25장의 서두를 장식하는 것도 그런 이유다. '신의 의지'가 모든 것을 좌우한다고 믿는 사람들을 대상으로 했지만, 그 이면에는 점성술적 결정론과 극단적인 이성론에 대한 비판도 숨어 있는 것이다. '신의 섭리'가 곧 '필연성'이라든지, 초자연적인 것이 미래를 결정한다든지, 모두가 동일한 것처럼 보일 수 있기 때문이다. 따라서 그가 마치 피에트로 폼포나치(Pietro Pomponazzi, 1462-1525)와 같이 비관적 전망을 토로한 부분도 자세히 살펴볼 필요가 있다. 아울러 '신의 경로'는 거스를 수 없다는 살루타티와 같은 14세기 인문주의자들의 이야기도 함께 음미해 볼 필요가 있다.

> 내가 다시 확인하건데, 모든 역사가 보여 주듯, 인간은 운명의 여신에 순응할 수는 있어도 그녀와 겨룰 수는 없다는 점은 지극히 자명하다. 그들은 그녀의 날실들을 짤 수는 있어도, 그것들을 부서뜨릴 수는 없다.
>
> —『강의』, 2권, 29장, (24).

가능성과 정치적 개연성을 이야기하던 마키아벨리가 우리를 다시 절망의 늪으로 빠뜨리는 부분이다. 살루타티나 폼포나치가 역설했던 절대적 신의 섭리 안에서만 인간의 자유를 논의할 수 있다는 인문주의자들의 일반적인 운명관에서 마키아벨리는 한 발자국도 더 나가지 못했던 것이다. 절대적인 신이 부여한 '필연성'의 테두리 안에 머물러야 한다면, 신에게 간절히 호소하는 것 외에 특별히 인간에게 주어진 자유의지는 없기 때문이다.

> 결코 포기해서는 안 된다. 그녀의 목적을 알지 못하고, 그녀는 모호하고 알지 못할 길로 움직이기 때문에, 그들은 항상 소망해야 한다.

소망하면서(sperando) 어떤 운명에 처해도 어떤 고난에 직면해도 포기하지 말아야 한다.

―『강의』, 2권, 29장, (25).

그러나 위에서 보듯, 마키아벨리는 포기하지 말라고 권하고 있다. 신이 부여한 '이성'으로 그의 계획을 알 수 있다거나, 신의 섭리대로 착하게 살라거나, 신의 의지를 돌이키기 위해 기도하라고 권하지 않는다. 다만 포기하지 말고 열심을 다하라고 주문한다. 섭리든 운명이든, 그 힘에 굴복하지 말고 열심을 다하라고 충고하는 것이다.

결국 마키아벨리는 인문주의자들의 감상적인 운명관을 배태한 관조적이고 성찰적인 삶에 대한 찬양을 받아들일 수 없었다. 그리고 중세 신학자들과 같이 궁극적으로는 절대적 신의 의지에 모든 것이 걸려 있다는 자각적 신념도 수용할 수 없었다. 어쩌면 그는 인간의 한계를 받아들이고 싶지 않았을지도 모른다. 왜냐하면 그는 신이 아니라 인간의 의지에 더 큰 기대를 걸 수밖에 없는 상황에 자기와 이탈리아가 봉착했다고 판단했기 때문이다.

질문 2: 마키아벨리는 인간이 '운명'을 극복할 수 있다고 보았을까?

『군주』 25장은 수사학적으로 매우 탁월한 구도로 기획되어 있다. 첫 문장을 보면 쉽게 이해가 된다. 그는 일반적인 상식 또는 당시 지식인들의 주장을 먼저 서술한다. 마치 아리스토텔레스가 '대중의 상식' 또는 '대중의 여론'으로부터 수사적 설득을 시작한 것과 유사하다.

> 세상적인 일들이 운명의 여신(fortuna)과 신(Dio)에 의해 주관되기에 인간들은 그들의 신중함으로 그것들을 바로잡을 수 없고, 사실상 개선책이 전혀 없다는 의견들을 많은 사람들이 가져왔고, 갖고 있다는 것을 나는 안다. 그리고 이러한 생각에서 그들은 세상적인 일들을 위해 많은 땀을 흘릴 필요가 없고 운명(sorte)이 자기를 좌우하도록 내버려두자고 판단할 수도 있을 것이다.
>
> ─『군주』, 25장, (1).

위의 문장에서 마키아벨리는 당시 광범위하게 퍼져 있던 점성술적 결정론과 운명론적 세계관을 언급하고 있다. 사실 여기에서 그는 "나도 모르는 바 아니다.(non mi è incognito)"라는 표현을 쓰고 있다. 즉 그가 이러한 일반적인 의견에 동의하는지 동의하지 않는지는 확실하지 않다는 것이다. 따라서 두 번째 문장과 함께 고려하면, 마키아벨리는 '운명'에 모든 것을 맡기고 사는 것에 대한 일정 정도 유보적 태도를 보인 것으로 해석된다.

양비론(兩非論)

마키아벨리가 첫 문장에서 일반적 상식을 이야기하면서 보여 준 유보적 태도는 인문주의자들의 수사학적 설득에서 자주 사용하던 '양비론(utramque partem)'이라는 기법이다. 당시 대부분의 학자적 논증이 그러했듯이, 인문주의자들은 자기 주장의 설득력을 높이기 위해 '양비론'이라는 틀을 사용했다. 자기의 주장을 대립하는 견해들 사이에 위치시키고, 글을 읽는 사람으로 하여금 자신의 견해가 월등하다는 것을 보여 주는 것이다. 대체로 우선 여러 의견들을 언급하고, 그것의 문제점을 지적한 후, 자기의 주장을 제시하는 방식을 취한다.

이러한 설득의 기법은 아리스토텔레스가 무엇이 진리인지 불확실할 때 가장 그럴듯한 답을 찾기 위해 사용한 논증의 방식이다. 즉 불확정성이 큰 사안에 어떤 대안이 가장 실현 가능성이 큰지를 하나씩 논증함으로써 최적의 답을 찾는 것이다. 한편으로는 이미 익숙하게 받아들여진 의견에 대한 회의가 내재되어 있고, 다른 한편으로는 개연성이 매우 큰 영역에서 실현 가능성을 모색하는 신중함이 전제되어 있는 수사적 전략인 셈이다. 이 수사적 기법이 키케로를 거쳐 르네상스 인문주의자들에게 전수되었고,[515] 마키아벨리의 '자유의지'에 대한 논증에서도 발견되는 것이다.

그러나 마키아벨리가 '양비론'을 쓴다는 사실이 곧 그가 논리적 일관성도 없이 수사적 상황에 따라 다른 주장을 전개하고 있다는 점을 의미하는 것은 아니다. 그의 저작들이 당시 인문주의자들의 수사학적 방식을 사용해서 그들이 지배하고 있던 지식사회의 귀족적 지배 담론을 공격한 '수사적 정치'의 전형을 보여 주는 것은 부인할 수 없는 사실이다.[516] 그러기에 그의 수사적 기법으로부터 당시 지배 담론에 저항하는 대항 담론을 발견하는 학자도 있고, 그 대상을 소수의 지식층뿐만 아니라 다수 대중을 가르치고 변화시키려 했다는 주장도 있는 것이다.[517] 그럼에도 불구하고, 마키아벨리가 불확정성과 정치적 개연성을 염두에 두고 한 주장들을 논리적 일관성의 부재로 해석하는 것은 무리가 있다.

> 그럼에도 불구하고, 공화정을 설립하고, 국가를 유지하고, 왕국을 통치하고, 군대를 조직하고, 전쟁을 수행하고, 백성들을 재판하고, 그리고 제국을 확장하는 데 있어, 군주도 공화정도 결코 고대의 선례들을 참고하지 않는다. 내가 믿기로는, 이것은 지금의 종교가 이 세상을 위약하게 만들었기 때문이거나 많은 기독교 지방들과 도시들에 어떤 야심적인 게으름(uno ambizioso ozio)이 행한 사악함 때문이 아니라, 역사들에 대한 진정한 지식(vera cognizione delle storie)을 가지지 못했기 때문이다.
>
> ──『강의』, proemio, (6)-(7).

위에서 보다시피, 마키아벨리는 하나의 사실에 대한 여러 학설과 해석이 있을 수 있다는 것을 인정했다. 바로 '역사들(storie)'이라는 복수를 쓴 것이다. 그러나 이것이 곧 그가 말하고자 하는 주장들이 일관성이 없다는 점을 증명하는 것은 아니다. 비록 궁극적인 진리에 도달할 수 있다는 철학적 전제에 대한 회의를 갖고 있다 하더라도, 그는 자기 나름의 추론에 의해서 어떤 주장은 '진정한 지식'이 될 수 있다고 믿고 있다.[518] 즉 그의 언술 중에는 정치적 판단에 따라 결코 달라질 수 없는 성질의 것이 있으며, 이러한 종류의 언술은 정치적 조건과 제도적 구상으로 표현되더라도 그가 갖고 있는 '전제'와 분리해서 해석될 수는 없다는 것이다.

'절반의 기회'에 대한 논박

이런 맥락에서 본다면, 마키아벨리가 말하는 '절반의 기회'는 일반적 상식에 대한 반론일 가능성이 크다. 즉 점성술적 결정론과 운명론적 세계관을 하나의 주장, 그리고 '절반의 기회'를 또 하나의 주장으로 언급함으로써, 두 견해를 모두 비판하려고 했다는 말이다. 이런 해석이 가능한 것은 바로 '사나운 강'의 비유가 '결정론적 세계관'뿐만 아니라 '절반의 기회'도 받아들일 수 없다는 태도를 시사하고 있기 때문이다.

> 나는 [운명의 여신]을 이러한 사나운 강들 중 하나에 비유한다. 그들이 격분하면, 평야를 침수시키고, 나무들과 건물들을 파괴하고, 땅을 이 부분으로부터 들어 올려 다른 곳에 내려놓는다. 모든 사람이 그들이 닥치기 전에 도망가고, 어떤 경우든 그들을 저지하지 못한 채 그들의 힘(impeto)에 굴복한다.

—『군주』, 25장, (5).

위의 서술은 일반인들의 결정론적 태도와 상당히 닮아 있다. 물이 불어나 범람할 때 도망가는 사람들처럼, 결정론적 사고를 가진 사람들의 주장을 무기력하게 운명의 소용돌이에 자신을 내맡기는 태도와 동일한 것으로 묘사하고 있는 것이다. 그리고 마키아벨리는 '절반의 기회'를 주장하는 중세 철학자와 유사한 논증을 시작한다.

그리고 비록 그들이 이와 같더라도, 마치 평온한 시기에 인간들이 [사나운 강]에 도랑과 제방을 세워 그것들이 이후 솟아오를 때 수로를 통해 가든지 그것들의 힘이 제멋대로 휘젓거나 지나치게 훼손하지 못하도록 할 수 없다는 말은 아니다.

—『군주』, 25장, (6).

위에서 보듯, 마키아벨리는 성난 물결을 잠재울 방식을 묘사하고 있다. 마치 '절반의 기회'를 이야기하듯, 운명의 여신은 자기의 힘에 맞설 준비가 되어 있지 않은 경우에만 피해를 끼친다고 말하고 있는 것이다. 그의 직접적인 표현을 빌리면, "그녀를 억제하기 위해 제방과 도랑을 만들지 않은 곳에서"만 운명의 여신은 그 위력을 과시한다는 것이다.[519] 여기까지만 본다면, 소위 '역량(virtù)'과 '운명의 여신(fortuna)'의 상관관계에 대한 도식이 완성된 것처럼 보인다.

그런데 문제는 마키아벨리의 논증이 여기에서 끝나지 않는다는 것이다. 그는 『강의』 2권 29장에서처럼 어떤 처지에서도 포기하지 말라는 충고 정도로 이야기를 매듭 짓고자 하지 않는다. 대신 일반적인 논의보다 개별적인 사례를 이야기하자고 말하고,[520] 세상사가 마음대로 되지도 않을 뿐만 아니라 예측하기도 어려운 이유를 '절반의 기회'조차 살리기가 쉽지 않기 때문이라고 부언한다. 화제를 다시 '결정론적 견해'로 되돌린 것이다.

전적으로 그의 운명에 의존한 군주는 [운명]이 변할 때 몰락한다고 [믿는다]. 더 나아가 나는 일을 추진하는 방식을 시대의 특성(la qualitàde' tempi)에 맞추는 사람은 행복하고, 마찬가지로 그의 절차(il procedere suo)가 시대와 맞지 않는 사람은 불행하다고 믿는다.

―『군주』, 25장, (10)-(11).

절반의 기회가 있다고 하더라도, 상황에 스스로를 맞추지 못하면 전적으로 '운명의 여신'에게 의존하는 것과 다를 바 없다는 이야기다. 마키아벨리는 이 이야기를 단순히 내뱉는 정도로 그칠 생각이 전혀 없다. 왜냐하면 '시대의 특성'에 맞춰 스스로의 '본성(natura)' 또는 '모든 자질(qualità alcuna)'을 바꾸지 못하면, 오늘 행복한 사람이 내일은 몰락할 수 있다고까지 거듭 말하기 때문이다.[521] 즉 거의 대부분의 사람들이 절반의 기회를 사용할 수 없기에, 절반의 기회만 이야기하는 것은 무의미하다는 것이다.

율리우스 2세

여기에서 우리가 놓치지 말아야 할 것은 마키아벨리가 거의 대부분의 사람들이 자기의 본성과 자질을 시대의 특성에 맞게 바꿀 수 없다고 생각하고 있다는 점이다.[522] 인간은 운명에 맡겨 살 수밖에 없는 존재처럼 보이고, 절반의 기회도 대부분의 인간이 잡을 수 없다는 입장에 서 있는 것이다. 그래서인지 그는 기질과 습성이 시대적 상황에 부합되면 운명의 소용돌이로부터 스스로를 겨우 방어할 수 있는 정도만 인간에게 허용된 것처럼 이야기한다. 이를 증명하기 위해 그는 자기의 몰락을 가져왔던 사건의 주인공을 언급한다. 바로 교황 율리우스 2세다.

> 교황 율리우스 2세는 모든 일을 맹렬하게(impetuosamente) 수행했고, 그는 그의 일처리 방식이 시대와 일에 너무나 잘 부합되어 그가 늘 행복한 결과를 [성취할] 운명이라는 것을 알게 되었다.
>
> ─『군주』, 25장, (18).

여기에서 마키아벨리는 참으로 흥미로운 표현을 사용한다. 위에서 보듯, 교황이 '발견하게 된 것' 또는 '알게 된 것'은 어떤 방식이 어떤 상황에서 적합한지가 아니었다는 점이다. 실제로 그가 교황이 '알게 된 것'이라고 말한 바는 자기의 일처리 방식, 즉 자기의 본성과 자질이 상황에 잘 부합된다는 점이었다고 기술하고 있는 것이다.

마키아벨리에 따르면, 당시 교황이 볼로냐로 쳐들어가려고 할 때, 주변 열강들은 모두 반대하거나 주저하고 있었다. 베네치아는 성공을 확신하지 못했기에 반대했고, 프랑스의 루이 12세는 나폴리에 정신이 팔려 있었고, 스페인의 페르난도 2세는 그 계획 자체를 반대했다. 이때 다른 무엇보다 교황의 '맹렬함'이 주저하던 프랑스를 끌어들이고, 스스로가 원했던 바를 성취하도록 도와주었다는 것이다. 즉 시대와 상황에 자기를 맞춘 것이 아니라, 자기의 성격대로 행동함으로써 율리우스 2세는 좋은 결과를 얻게 되었다는 것이다.

마키아벨리는 베토리에게 보낸 편지에서 율리우스 2세의 성공이 '우리의 몰락과 노예 상태(la rovina et servitù nostra)'를 가져왔다고 토로한 바 있다.[523] 프랑스 이외에 달리 대안이 없었던 피렌체 공화정은 율리우스 2세가 주도한 신성동맹이 프랑스를 몰아낸 뒤 곧 붕괴하고 말았다. 즉 율리우스 2세의 성공이 피렌체 공화정과 그의 몰락을 가져왔던 것이다. 그러나 그가 사용하는 '우리의 몰락과 노예 상태'라는 표현은 비단 피렌체 공화정이나 자기의 몰락만을 의미하는 것이 아니다. "이것이 이탈리아가 교황 율리우스에게 빚진 것(l'Italia harà questo obbligo con papa Giulio)"이라는 표현에서 보듯, 그는 이탈리아를 노예 상태로 몰아넣은 장본인으로 율리우스 2세를 지목하고 있다. 베네치아의 쇠퇴와 프랑스의 퇴출이 가져온 균형의 붕괴가 이탈리아를 노예 상태로 빠지게 만들었다고 보는 것이다.

그럼에도 불구하고, 마키아벨리는 자신과 이탈리아를 노예 상태로 빠뜨렸다고 본 율리우스 2세의 성공을 폄하할 생각은 없어 보인다. 대신 율리우스 2세의 경우와 같이 결과적으로 모두를 도탄에 빠뜨린 계획도 '맹렬함' 하나만으로 만들어 낼 수 있다고 기술한다. 이를 위해 그는 율리우스 2세의 맹렬함을 표현할 때, '역량(virtù)'이나 '운명의 여신(fortuna)'과 같은 단어를 일체 사용하지 않는다. 간절한 기도나 운명의 여신의 호감과 같은 내용이 들어갈 여지를 제거한 것이다. 대신 그는 '맹렬함(impeto)'과 '시간(tempo)'이라는 단어만 지속적으로 사용한다.

그래서 마키아벨리의 율리우스 2세에 대한 기술로부터 우리는 운명의 횡포를 잘 막아냈다거나, 절반의 기회를 잘 활용했다는 식의 이야기를 발견할 수 없다. 대신 고집스럽게 율리우스 2세의 '맹렬함'만을 강조하는 그를 보게 된다.

> 짧은 생애 때문에 그는 정 반대[의 결과]를 느끼지 못했다. 왜냐하면 만약 그가 주의해서 처리해야 할 필요가 있었을 때가 도래했다면, 그는 몰락했을 것이기 때문이다. 그는 본성이 내키게 하는 그러한 방식들로부터 결코 벗어나지 못했을 것이다.
>
> ─『군주』, 25장, (24).

위에서 보듯, 율리우스 2세는 상황에 대한 주도면밀한 파악도 없고, 무모하리만큼 그의 본성이 요구하는 방식으로 행동했다고 기술하고 있다. 따라서 그는 다른 많은 사람들처럼 맹렬함이 불필요하거나 부적절한 상황에서는 몰락할 수밖에 없었을 것이라고 쓰고 있다. 그러나 시대의 특성에 스스로를 맞출 수 없다면, 그리고 어차피 미래가 불확실하다면, 그럼에도 불구하고 운명에 스스로를 내맡겨 두고 살고 싶지 않다면, 맹렬함이 신중함보다 더 나을 수 있다고 말하는 것이다. 아니 맹렬한 것이 곧 신중한 것이라고 말하고 있는 것이다.

마키아벨리의 결론

마키아벨리는 '양비론'이라는 수사적 틀을 이용해서 '결정론적 세계관'과 '절반의 기회'가 별반 다를 바 없다는 것을 성의를 다해 논증했다. 그리고 율리우스 2세의 경우를 통해, 무엇보다 그의 성공은 '운명의 여신'과 '시대의 특성'을 고려하지 않은 맹렬함이 가져다준 '행복한' 결과였다는 점을 각인시키려고 노력했다. 이때 율리우스 2세가 시대적 상황과 잘 맞아떨어졌다는 이야기인 것처럼 보이는 부분은 실제로는 자기의 대안을 제시하기 위한 설득적 환경을 조성하는 수단에 불과하다. 즉 '맹렬함'만이 결국 불확정적인 미래에 맞서 잠재적 참주가 활용할 수 있는 유일한 방식이라는 주장을 내세우기 위한 하나의 구실이었던 것이다.

이런 수사적 기법을 동원해 마키아벨리는 다음과 같이 결론을 도출한다. 최초 문장은 "운명은 변하고 인간은 그들의 방식에 고집스럽게 남아 있을 때"에 대해 말한다. 그의 결론은 "그들이 서로 맞으면 인간은 행복하고, 그들이 서로 맞지 않으면 불행하다."는 것이다.[524] 즉 율리우스 2세처럼, 상황에 자기의 방식이 맞으면 행복한 결론에 도달할 것이라고 말하고, 그 반대의 경우에는 몰락을 피할 수 없을 것이라고 말하는 것이다. '결정론적 세계관'과 '절반의 기회'는 인간의 고집 때문에 결국 동일한 결론에 도달한다는 것을 거듭 강조하는 것이다.

그리고 마키아벨리는 자기가 진정 하고 싶었던 이야기를 담는다. '포기하지 말라'는 이야기가 아니라, 무모하리만큼 맹렬함만이 대안이라고 말한다. 자기가 쓴 희극 『클리치아(Clizia)』에 나오는 클레안드로처럼 "오 운명의 신이시여, 당신은 여자이기에 늘 젊은이의 친구이지 않았던가.(O Fortuna, tu suòi pure, sendo donna, essere amica de' giovani.)"라고 한탄하기보다,[525] 율리우스 2세처럼 맹렬함으로 운명의 여신을 제압하라고 권한다.

> 나는 이것을 사실상 이렇게 판단한다. 맹렬한 것이 조심스러운 것보다 낫다는 것이다. 왜냐하면 운명의 신은 여자이기(la fortuna è donna) 때문이다. 그리고 만약 그녀를 제압하기를 원한다면, 그녀를 때려눕혀야 할 필요가 있다. 그리고 그녀가 냉정하게 처리하는 사람들보다 맹렬한 사람들에게 더 자기 스스로가 지도록 내버려두는 것을 보게 된다. 그리고 항상 그러하듯이, 여자처럼, 그녀는 젊은이들의 친구다. 왜냐하면 그들은 덜 공손하고, 더 격렬하고, 그리고 그녀를 더 대담성(audacia)을 갖고 다루기 때문이다.
>
> ─『군주』, 25장, (26)-(27).

위에서 보듯, 마키아벨리의 결론은 맹렬하게 운명의 소용돌이를 돌파하는 것만이 유일한 대안이라는 것이다. 비록 키케로가 말했던 "운명은 강한 자를 돕는다.(fortes fortuna adiuvat)"는 말과 비슷한 것처럼 보이지만,[526] 그가 사용하는 표현이나 내용은 달라도 너무 다르다. 단순히 강한 자를 운명의 여신이 선호한다는 이야기가 아니기 때문이다. 단순히 운명의 여신이 젊은이에게 호감을 갖고 있다는 이야기가 아니기 때문이다. 그의 결론은 '절반의 기회'가 아니라, '대담성'으로든 '맹렬함'으로든 운명에 맞서라는 것이다.

26장
이탈리아를 장악해서 야만인들로부터
자유롭게 해달라는 권고

Exhortatio ad capessendam Italiam in
libertatemque a barbaris vindicandam

　마키아벨리는 『군주』의 마지막 장의 제목에 '권고(exhortatio)'라는 수사학적 단어를 사용하고 있다. 이 단어는 그가 마지막 장에서 어떤 구체적인 행동을 요구하고 있다는 것을 암시한다. 즉 마지막 장은 과거에 일어난 일을 분석해서 논증을 하는 것도 아니고, 현재의 것을 칭찬하거나 비난하는 것도 아니고, 미래의 일과 관계된 자신의 권고가 얼마나 타당한지를 설득하려는 일종의 '심의적(symbouleutikon) 수사'를 사용했다는 것이다.[527]

　이렇게 하나의 연설처럼 꾸려진 마키아벨리의 권고는 크게 세 가지 부분으로 나뉜다. 첫 번째 부분은 구세주를 기다리는 이탈리아 상황을 묘사하고 있다. 여기에서 그는 이탈리아를 고통으로부터 구제해 줄 군주가 해야 할 일들을 기술하고 있다. 두 번째 부분은 군사적 기예에 대해 다시 언급하고 있다. 새로운 군주가 무엇보다 먼저 수행해야 할 것이 '좋은 군대'를 만드는 것이라는 점을 부각시키고, 주변 열강들에 맞설 수 있는 전략을 설명한다. 그리고 마지막 부분에서 그는 시적 감정까지 동원해 즉각적인 행동을 촉구한다.

질문 1 : 고전적 애국심인가 새로운 민족주의인가?

> 우리는 우리가 태어난 곳과 우리가 받아들여진 곳 모두를 조국으로 여긴다. 그러나 공화정이라는 이름이 도시 전체를 의미하는 곳을 우선적으로 사랑(caritate)해야 한다. 그 조국을 위해서라면 죽을 수도 있어야 하고, 우리의 전부를 바쳐야 하고, 그 제단에 우리의 모든 것을 헌신해야 한다.
>
> ─『법률론』, 2.2.5.[528]

위의 글은 키케로의 『법률론』에 나오는 한 부분으로, 이른바 '고전적 공화주의'의 애국심을 잘 대변하고 있다고 알려진 문단들 중 하나다. 이 문단에서 그는 마르쿠스의 입을 빌려 자유로운 시민들이 가지는 유대감이 종족적 동질성보다 더 중요하다는 말을 하고 있다. 자기가 태어난 도시보다 시민적 자유가 보장된 공화정에 충성을 다해야 하며, 이 공화정의 '안녕(salutem)'을 위해서는 목숨도 아끼지 않는 것이 시민적 품위(decorum)라고 충고하는 것이다.

마키아벨리의 『군주』 26장도 키케로의 '고전적 공화주의'와 여러 측면에서 유사한 점을 갖고 있다. 그가 말한 '정치적 삶'은 시민적 자유를 바탕으로 '다수'가 지배받지 않는 조건을 향유하는 것이었다. 즉 '공공의 안녕'으로 표현된 고전적 공화주의의 기본적 틀을 그대로 이어받은 것이다. 또한 외세의 위협으로부터 '조국'을 지키는 것은 시민적 의무이기도 하지만 결국 생존의 문제와 직결된다고 생각했다. 그러기에 그는 '공포'를 통한 '필연성'의 자각을 '법'의 핵심적인 기능이자 정신으로까지 묘사했다.

물론 도덕적 의무감에 대해 소극적 태도를 견지했다는 것만으로는 마키아벨리가 '고전적 공화주의'가 말하는 애국심의 핵심적인 내용을 거부했다고 말할 수 없다. 그러나 그가 고전적 공화주의의 애국심에 대한 입장을 계승했다 하더라도, 그만의 독특한 애국심에 대한 생각을 '고전적 공화주의'의 것과 동일하다고 말할 수도 없다. 만약 고전적 공화주의의 정치철학적 근거를 자기의 방식대로 수정 또는 폐기했을 때에는 더더욱 그렇다.

애국심과 민족주의

일반적으로 고전적 공화주의에서 애국심은 근대 민족주의와는 다음과 같은 차이를 갖고 있다고 이해된다.[529] 첫째, 전자에서 충성의 대상이 되는 '진정한 조국(una vera patria)'은 반드시 시민적 자유와 정치적 권리를 보장해야 하지만, 후자에서는 공동체 내부의 동질성이 강조될 뿐 정치체제의 성격은 강조되지 않는다. 시민적 자유를 경험한 사람만이 자기가 삶을 영위하는 정치 공동체에 애정을 갖게 된다고 보기에, 전자는 '신화'나 '맹목적인 충성'에 대해 매우 비판적 태도를 견지한다. 둘째, 전자는 애국심을 정치적으로 만들어지고 강화되는 인위적인 열정이라고 이해하는 반면, 후자는 민족적 감정을 문화적 혼합과 혈통적 동화로부터 보호해야 할 운명적이고 자연적인 유대로 간주한다. 따라서 전자의 경우는 특수한 문화와 특수한 역사적 경험을 강조하지만, 후자와는 달리 다양한 민족과 인종이 하나의 정치 공동체에서 공존하는 것을 당연시하고 또 보장하려 한다.

그래서 고전적 공화주의에서는 시민적 자유가 곧 동료 시민에 대한 온정을 보편 인류에게까지 확대해야 하는 도덕적 의무감의 근거가 된다. 예를 들면, 키케로의 경우 공동체의 생존이 걸린 전쟁이라 할지라도 잔인함과 야만성이 결코 용납될 수 없다.[530] 자국의 이익을 위해 다른 나라를 이유 없이 자의적으로 짓밟을 수 없고,[531] 불의한 일을 당하고 있는 사람을 지켜 주지 않거나 그러한 불의를 막는 데 무관심한 사람은 조국을 버린 사람과 같이 부도덕한 인간일 뿐이며,[532] 일방적인 이익을 위해 신뢰를 저버리면서까지 동맹을 파기하는 행위는 정당화될 수 없다.[533] 즉 조국을 위해서라면 죽음도 두려워하지 않아야 할 고귀한 시민적 의무도, 자연법(lege naturae)과 인간사회의 법(ius humanae societatis)으로서 타인의 자의적 의지에 종속되지 않는다는 시민적 자유의 원칙에 위반되면 거부되어야 한다.[534]

반면 민족주의는 이러한 '자연법'과 '인간 사회의 법'으로 조국에 대한 사랑을 규제하기를 주저한다. 보편적인 인류에 대한 사랑을 강조하는 사해동포주의와 특수한 민족의 순결을 고집하는 공격적인 민족주의를 모두 거부한 이탈리아의 마치니(Giuseppe Mazzini, 1805-1872)도 이러한 규제적인 원칙을 받아들이기가 쉽지 않았다.

> 조국에 대해 가르치지 않은 채 인간성이라는 이름으로 인민들을 일깨우려는 사람들이 있다. 다른 한편 인간성(umanità)의 법에 대한 아무런 언급이 없이 민족성을 이야기해 온 사람들이 있다. 첫 번째 경우, 그 운동은 지지를 받을 시점과 수단 모두를 결여했다. 반면 두 번째 경우, 그 운동은 궁극적인 목적을 결여했다.[535]
>
> ─ 주세페 마치니, 『인간성과 조국』, 53.

위에서 보듯, "국가가 없이는 권리도 정의도 없다."는 생각이 민족주의자들의 뇌리에 깊숙이 자리를 잡고 있다. 그리고 인간은 보편적 관심보다 편협한 이익에 애착을 갖고 있고, '인간성'의 회복과 실현이 궁극적인 목적이라고 하더라도 국가와 민족을 매개하지 못한 운동은 실패할 수밖에 없다고 믿고 있다. 그러기에 마치니는 "조국이 없이는 이름도 없고, 흔적도 없고, 목소리도 없고, 권리도 없으며, 인민들 사이에 형제적 결연"도 없다고 호소하는 것이다.[536]

민족주의적 호소가 특수한 정치 공동체의 경계를 넘어 인류 보편의 평화적 공존으로 전이되지 못한다는 말은 아니다. 키케로에게 있어 '자연법'과 마찬가지로, 인간에 대한 도덕적 의무를 부여할 수 있는 규제적 원칙이 내재한다면, 민족주의도 고전적 공화주의의 애국심과 마찬가지로 타민족 또는 타국가의 사람들에게도 도덕적 의무감을 갖도록 할 수 있다. 예를 든다면, 마치니에게는 '인간성을 지향할 의무(doveri verso l'umanità)'라는 것이 있다. 이 개념을 가지고, 그는 '인간성'은 궁극적인 목적이고, 이를 위해 노력하는 것 자체가 도덕적인 것이라고 주장한다. 그리고 이러한 '인간성'이 기초하고 있는 토대로 '신'을 제시한다. 신의 창조물로서 인간은 다른 사람에 대해 '동료애'를 가져야 하고, 애국심이든 민족주의든 인류에 대한 사랑으로 발전시켜야 할 의무를 갖고 있다고 주장하는 것이다.[537]

마키아벨리의 애국심

마키아벨리의 애국심은 고전적 공화주의의 애국심과도 다르고 마치니의 민족주의와도 다르다. 왜냐하면 전자와는 '인간성'에 대한 기본적 전제와 '제국의 건설'이라는 주제에서 차이를 보이고, 후자와는 '신'을 매개로 해서 형성되는 인간적 유대에 대한 상이한 의견을 보이기 때문이다. 고전적 공화주의의 애국심이 근대적 민족주의로 전환되기 이전의 모습을 보이고 있다고 말할 수도 있고, 자기만의 독특한 공화주의가 이전 형태의 애국심에 일정 정도 수정을 가하고 있다고 볼 수도 있다. 어쨌든 그의 애국심을 고전적 공화주의나 근대적 민족주의 중 어느 한쪽과 동일하게 다루기는 무리가 있다.

고전적 공화주의의 애국심과는 무엇보다 개인의 욕심이나 집단의 이기심을 교정할 도덕적 준칙을 제공하지 않는다는 점에서 일정 정도 거리를 두고 있다. 앞서 밝힌 바, 마키아벨리는 아리스토텔레스의 '좋은 삶'이나 키케로의 '자연법'의 준칙들이 인간이 '어떻게 사느냐'의 문제를 '어떻게 살아야 하느냐'의 문제로 전환시키는 것을 반대했다.[538] 대신 그가 제시한 것은 '법'을 엄격하게 적용함으로써, 처벌에 대한 '두려움'을 통해 '필연성'을 각인시키는 것이었다.[539] 사실 그에게는 도덕적 준칙으로 인간의 욕망을 억제하는 것이 좋은 일만은 아니었다. 왜냐하면 그가 구상한 공화정은 귀족의 야망을 견제하고 타국으로부터 정치 공동체를 방어하기 위해 무엇보다 시민들의 호전성을 필요로 했고, 도덕적 준칙이 시민들의 전투성을 훼손시키는 결과를 초래할 수도 있다고 보았기 때문이다.

마키아벨리가 시민들의 폭넓은 정치 참여가 보장된 로마 모델을 선호하고, 변화하는 국제 정세에 적응하면서 정치 공동체의 독립을 유지하기 위해서는 '팽창'이 가져올 부작용도 인내할 수밖에 없다고 주장한 것도, 고전적 공화주의에서는 심각한 문제가 될 수 있다.[540] 그는 팽창하지 않으면 스파르타처럼 일시에 붕괴할 수 있고,[541] 시민들의 호전성이 공화정의 갈등을 감당할 수 없는 지경으로 이끌 수도 있으며,[542] 공공의 안녕을 확실하게 보장하기 어려울 것이라고 주장했다.[543] 고전적 공화주의에서 볼 때, 이러한 전제에서 제시된 애국심은 '집단적 이기심'의 발현으로밖에 보이지 않는다. 왜냐하면 애국심을 자기에 대한 애정이 가족을 넘어 공동체로 전이된 것으로 생각할 때, '좋은 것'과 '탁월한 것'에 무관심한 애국심이 개인적 욕심이나 집단적 방종을 억제할 수 있다고 볼 수 없기

때문이다.⁵⁴⁴

그래서인지 많은 학자들은 마키아벨리의 종교관을 통해 그의 공격적인 애국심이 조금이라도 순화될 수 있는 내재적 원칙을 찾고자 한다. 그러나 이런 노력들이 얼마나 성공적인지는 여전히 의문스럽다. 그 이유는 무엇보다 마키아벨리는 '조국에 대한 사랑'과 종교를 연관시키지 않기 때문이다. 비록 그는 『군주』 26장에서 성경 구절과 하늘의 전조를 언급하지만, 신의 선택은 운명의 여신의 변덕으로 격하되고, 결국 이탈리아의 해방은 신의 의지가 아니라 인간의 의지에 달린 것으로 기술된다.

> 신(Dio)이 당신보다 그들[모세, 키루스, 테세우스]에게 더 호의적이지도 않았다. 여기에 보다 큰 정의(iusta)가 있다. "왜냐하면 전쟁은 그것이 필연적인 사람에게 정의롭고, 무력 외에 어디에도 희망이 없을 때 무력은 신성하다."
> ―『군주』, 26장, (9)-(10).

> 신은 우리로부터 자유의지와 우리 몫의 영광을 앗아가지 않기 위해 스스로가 모든 것을 하기를 원하지 않는다.
> ―『군주』, 26장, (13).

위의 문장에서 우리는 절대적 존재로서 신이 『군주』 25장에 기술된 '운명의 여신'과 똑같은 태도를 갖고 있다는 것을 알 수 있다.

그리고 리비우스의 말이 인용된 부분에서, 우리는 마키아벨리가 말하는 '정의'는 '힘'과 '능력'이라는 것을 알게 된다. 기원전 321년 로마공화정에 뼈아픈 패배를 안겨 주었던 삼니움의 폰티우스(Gius Pontius) 장군의 말을 인용한 부분에서, 그는 신도 동맹도 아닌 오직 무력만이 희망일 수 있다는 메시지를 뽑아냈기 때문이다.[545] 즉 이탈리아가 혹독한 운명으로부터 스스로를 구제할 수 있는 유일한 방법은 '맹렬함'뿐이라는 이야기다.

이런 맥락에서 살펴보면, 우리는 마키아벨리가 책의 마지막에서 인용한 페트라르카의 「나의 이탈리아(Mia Italia)」에서 애국심과 신앙의 연관성이 사라진 것이 우연이 아님을 알게 된다. 가장 애국적인 호소에서 신의 모습이 자취를 감춘 것이다. 주지하다시피 페트라르카는 '신'과 '신에 대한 사랑'이 애국심의 너무나도 중요한 동인임을 숨기지 않았다. "신을 통해 이러한 생각이 당신을 움직여 온정을 가지고 고통 받는 사람들의 눈물을 보게 하라."고 말하듯이,[546] 페트라르카는 신이 매개된 사랑이 이탈리아인들의 시민적 연대에서 가장 중요한 요소임을 부인하지 않았다. 그러나 우리는 페트라르카를 인용하고 있는 마키아벨리로부터 전혀 다른 이야기를 듣게 된다. '신'이 아니라 '공공의 안녕을 위해 잘 사용된 신에 대한 두려움'이 더 중요하고,[547] '자유에 대한 사랑'이 아니라 '자유를 상실할 것에 대한 두려움'이 애국심의 진정한 동인이라는 충고를 듣게 된다.[548] 신의 존재는 간 곳이 없고, 정치 공동체의 존속과 다수의 안위가 애국심의 목표이자 동인이라는 말만 거듭 듣게 되는 것이다.

이렇듯 프랑스혁명 이래 모든 이들의 가슴을 설레게 만들었던 마키아벨리의 애국심은 고전적 공화주의도 근대적 민족주의도 아니다. 잘 사용된 '탐욕'이 용인된다는 것은 동시에 동료애가 인류애로 전이될 수 있도록 유도할 내재적 원칙이 없다는 말과 같다. 그리고 공공의 안녕에 대한 열망이 제국의 건설을 불가피하게 만든다는 이야기는 다수의 안전이 확보되더라도 지속적인 평화를 기대할 수 없다는 이야기와 다를 바 없다. 어쩌면 피렌체가 중심이 된 이탈리아 도시국가의 연합이냐, 아니면 통일된 이탈리아냐는 큰 의미가 없을 수도 있다. 이탈리아의 불행을 종식시키기 위해서라면, 안으로는 '다수'의 자유가 보장된다 하더라도, 밖으로는 무분별한 제국이라도 복속보다는 훨씬 낫다고 생각했을지도 모르기 때문이다.

질문 2: 이탈리아 해방을 위한 기획은 무엇이었나?

따라서 오랜 시간 이후 이탈리아가 구세주(redentore)를 만날 이 기회를 놓쳐서는 안 된다. 외부[세력]의 범람으로부터 고통을 받아 온 모든 지방들로부터 그가 어떤 사랑을 받게 될지에 대해 표현할 수조차 없다. 복수에 대한 목마름, 고집스러운 믿음, 그리고 눈물과 함께 말이다. 어떤 문이 그에게 닫혀 있을 수 있다는 말인가? 어떤 인민들이 그에게 복종하기를 거부할 것인가? 어떤 질투가 그를 대적하겠는가? 어떤 이탈리아인이 그를 존경하지 않겠는가? 이 야만인[들]의 지배(barbaro dominio)가 모두를 역겹게 한다. 이제 당신의 영광스러운 가문이 정당한 과업들을 수행하는 데 따르는 정신(animo)과 희망(speranza)을 가지고 이 일을 맡아야 한다. 이 휘장 아래에서 이 조국(questa patria)은 품위를 갖게 될 것이며, 그 후견 아래 페트라르카의 말이 실현될 수 있을 것이다.

―『군주』, 26장, (26)-(29).

『군주』 26장의 마지막 부분이다. 바로 다음에 페트라르카의 「나의 이탈리아」의 한 구절이 뒤를 잇는다. "이탈리아인들의 가슴 속에 고대의 용맹스러움이 아직 죽지 않았기 때문이다.(che l'antico valore nelli italici cor non è ancor morto)"는 말 속에,[549] 마키아벨리는 이탈리아를 구제할 새로운 군주의 탄생에 대한 자신의 염원을 담아둔다. 외세에 유린된 이탈리아의 현실, 그리고 부패하고 무능한 귀족들의 횡포에 짓밟힌 시민적 자유를 회복시켜 달라고 호소하고 있는 것이다.

『군주』의 「헌정사(Dedica)」에 대한 설명에서 언급되었듯이, 마키아벨리가 말하는 '당신(voi)'이 명시적으로는 젊은 로렌초라는 점을 부인하기 힘들다. 특히 『군주』 26장은 구체적으로 메디치 가문을 지적하고 있을 뿐만 아니라, 그 수사적 형식도 '임박한' 행동을 요구하는 권고이기 때문이다. 따라서 그의 이탈리아 해방을 위한 기획을 파악하기 위해, 두 가지를 구분해서 사고할 필요가 있다. 하나는 구체적인 권고의 대상으로부터 이탈리아의 해방을 위해 어떤 기획이 가능한지를 가늠하는 것이고, 다른 하나는 이탈리아의 '구세주'가 해야 할 바로 기술된 내용을 통해 그가 이탈리아 해방을 위해 어떤 행동이 필요하다고 보았는지를 살펴보는 것이다.

레오 10세와 젊은 로렌초

앞서 언급했다시피, 젊은 로렌초는 그렇게 탁월한 인물이 아니었다. 대중의 평판도 좋았고 젊었기에 최초에 책을 헌정하려고 했던 줄리아노보다는 나을 수는 있었을 것이다. 그러나 판돌포의 두뇌 정도에 머물렀거나, 이후 그의 행적에서 보듯 『군주』를 통해 마키아벨리의 소망을 성취시켜 줄 인물로는 적합하지는 않았을 것이다.

구태여 메디치 가문에서 적합한 인물을 찾자면, 사실상 메디치 가문의 우두머리였던 레오 10세가 마키아벨리의 '구세주'가 될 수 있었으리라 짐작된다. 전술한 바, 레오 10세는 줄리아노와 젊은 로렌초를 앞세워 알렉산데르 6세가 체사레를 통해 이루려다 실패한 꿈을 실현하고자 했다. 줄리아노를 교황령의 정치군사 총책임자로 임명하고, 새로 국가를 만들어 통치하도록 했다. 그리고 줄리아노가 1516년에 매독으로 죽자 이젠 젊은 로렌초를 통해 그 꿈을 이어나가려 했다. 알렉산데르 6세의 후견이 없었다면 체사레가 성공할 수 있었을지 의문스러운 것과 마찬가지로,[550] 레오 10세를 염두에 두지 않고서는 메디치 가문을 통한 어떤 형태의 이탈리아 해방을 위한 기획도 불가능했을 것이다.

실제로 『군주』 26장에서 마키아벨리는 레오 10세를 중심으로 하는 이탈리아의 해방과 관련된 기획을 여러 번 암시한다. 그중 하나가 체사레를 묘사하고 있다고 알려진 한 문장이다.[551]

> 비록 지금까지 한 줄기 희미한 빛이 [이탈리아]의 구제(redenzione)를 위해 신(Dio)이 정해 놓았다고 판단될 누군가에게 비춰졌지만, 이후 그의 최고 절정기의 활약 중에 운명의 여신(la fortuna)에 의해 거절당하는 것을 목도했다.
>
> ─『군주』, 26장, (4).

당시 사람들에게 '신이 정해 놓은 사람을 운명의 여신이 거절했다는 말'이 어떻게 들렸을까 궁금증을 자아내는 문장이다. 그러나 '운명의 여신'으로부터 거절당한 사람을 체사레라고 생각하면, 그리고 그가 말하는 '신'이 기독교의 '절대적 신'이 아니라 신의 의사를 대변하는 '교황'이라고 해석하면, 우리는 인식론적인 혼돈으로부터 벗어나 마키아벨리의 수사적 표현에 담긴 놀라운 기지에 놀라게 된다. 즉 알렉산데르 6세의 기획 속에 있었던 체사레의 등장과 몰락을 의미했다고 이해할 수 있는 문장인 것이다.

이렇게 이해할 때, 다음 문장에 기술된 메디치 가문에 대한 찬사는 수사적 표현에 그치는 것이 아니라는 사실을 알게 된다. 알렉산데르 6세와 비교할 때, 교황 레오 10세는 조금 더 유리한 상황에 놓여 있었다. 알렉산데르 6세와 마찬가지로 교황령을 중심으로 이탈리아 중부를 장악하고 있었던 것은 물론이고, 피렌체마저 사실상 지배하고 있었기 때문이다.

얼마나 [이탈리아]가 이러한 야만적 잔인함과 모욕들로부터 자기를 구제할 누군가를 보내달라고 신께 기도하는지 알 것이다. 또한 [이탈리아]가 누군가 집어 들 깃발을 따르도록 준비되고 마음먹고 있는지 알 것이다. 지금 당신의 걸출한 가문(illustre Casa vostra)보다 [이탈리아]가 더 기대를 걸 그 누구도 없다. [당신의 가문은] 운과 능력을 가지고, 신(Dio)과 당신 가문이 지도자(principe)인 교회의 지지를 받아, 이 구원의 우두머리(capo)가 될 수 있다.

―『군주』, 26장, (6)-(8).

위에서 보다시피, 레오 10세와 마키아벨리의 이탈리아 해방을 위한 기획이 상당한 관련을 갖고 있다는 것을 어렵지 않게 알 수 있다. 알렉산데르 6세가 체사레를 앞세워 이탈리아의 중부를 장악했듯이, 레오 10세도 피렌체를 포함해 이탈리아 중부를 규합해서 막강한 국가를 구축한 상태에 있다. 마키아벨리는 이 '기회(occasione)'를 놓치지 말라고 부탁한다. "롬바르디아에서의 약탈, 나폴리 왕국과 토스카나에서의 수탈을 끝내고, 오랫동안 곪아 터진 [이탈리아]의 상처를 치료해" 달라고 메디치 가문에게 호소하고 있는 것이다.[552]

이탈리아 인민

메디치 가문이 마키아벨리의 소망을 실현시켜 줄 수 있었는지는 여전히 미지수다. 그럼에도 불구하고, 레오 10세를 중심으로 하는 메디치 가문이 실현 가능한 대안들 중의 하나라는 점은 부인할 수 없다. 당시 이탈리아 중부를 장악하고 있던 메디치 가문이 '소수'가 아니라 '다수'와의 관계를 친밀하게 구축하고, '용병'이 아니라 '다수'를 무장시킨다면, 피렌체와 더 나아가 이탈리아를 열강들의 약탈로부터 방어할 수 있는 강력한 국가를 구축할 수 있으리라는 것은 짐작하고도 남음이 있기 때문이다.

그래서인지 마키아벨리는 메디치 가문을 이탈리아가 기다리던 구세주라고 추켜세운 뒤, 이탈리아의 해방을 위해 무엇보다 우선적으로 해야 할 일로 '군대의 양성'을 언급한다. 『군주』 12장부터 14장까지 충분히 다룬 바같이, 그는 이탈리아 해방을 위해 '새로운' 군주가 해야 할 가장 긴급한 업무가 '군사'라는 점을 거듭 강조하는 것이다.

> 따라서 만약 당신의 걸출한 가문이 [자기들의] 지방(le provincie loro)을 구제한 [이런] 탁월한 인물들을 따르고자 한다면, 다른 모든 것들 전에, 모든 과업의 진정한 기초로서 스스로의 군대(arme proprie)를 갖추어야 할 필요가 있다. 왜냐하면 그보다 더 믿을 만하고, 더 확실하고, 더 나은 군인들을 갖지 못할 것이기 때문이다.
> ─『군주』, 26장, (20).

이탈리아의 해방을 위해 군주가 '자기 스스로의 군대'를 갖추는 것은 곧 새로운 군주가 '새로운 법과 새로운 질서'를 세우는 것과 동일한 업무다.553 그렇기에 마키아벨리는 잠재적 군주든 메디치 가문이든, 알려진 것과는 달리 이탈리아인들이 많은 사람들이 평가하듯 아직까지 그렇게 무기력하거나 부패하지 않았다는 사실을 각인시킨다.

> 이탈리아에서 질료(materia)는 모든 형상(forma)을 도입하는 데 부족함이 없다. 왜냐하면 우두머리들(capi)이 부족하지만, 사지(membra)에는 크나큰 능력들이 있기 때문이다. 결투나 소수가 교전을 벌이면 이탈리아인들이 힘, 기술, 그리고 재능에서 얼마나 우월한지를 보라. 그러나 군대(eserciti)의 경우에 그들은 비교할 수 없다. 모든 것이 우두머리가 약해서 비롯되었다.
> ―『군주』, 26장, (16)-(17).

'질료'와 '형상'이라는 용어는 마키아벨리가 자주 사용하는 은유적 기법이다. 한마디로 말하자면, 인민 또는 '다수'는 부패하지 않았고, 그들의 무능력함은 귀족 또는 이들을 지배하고자 했던 '소수'에게서 비롯되었다는 것이다. '수많은 혁명(tante revoluzioni)'과 '수많은 전쟁(tanti maneggi di guerra)'에서 이탈리아인들의 군사적 역량이 사라져 버린 이유도 '소수' 또는 '우두머리들' 때문이라는 것이다.554

실제로 마키아벨리의 이런 판단은 『강의』에서도 발견된다. 그는 우선 '질료' 또는 '다수'가 부패한 경우, 평범한 갈등도 정치체제를 몰락으로 이끌 수 있다고 경고한다.[555] 그러기에 '다수'가 부패한 곳에서는 '제왕적 권력'으로 모든 것을 새롭게 할 수밖에 없다.[556] 동시에 '다수'가 부패하지 않았다 하더라도, 우두머리가 부패하면 어떤 정치체제도 다수의 복리를 위해 운영될 수 없다고 경고한다.[557] 우두머리가 없는 다수는 쓸모가 없다는 말이다. 이런 두 가지 전제에서, 그는 최소한 토스카나는 아직 희망이 있다고 말하는 것이다. 유유자적하는 귀족이 적고, 비교적 평등해서 시민적 삶이 도입될 수 있는 곳이라고 말하는 것이다. 단지 그가 문제 삼은 것은 "지금까지 [시민적 삶(vivere civile)]을 도입할 수 있고 어떻게 해야 하는지를 아는" 인물을 만나지 못했다는 것이다.[558]

카스트루치오

이런 맥락에서 우리의 시선을 끄는 마키아벨리의 저작이 있다. 바로 『카스트루치오의 삶(Vita di Castruccio Castracani)』이다. 카스트루치오(Castruccio Castracani, 1281-1328)는 1316년 루카의 종신 집정관이 된 이후 피렌체를 집요하게 괴롭힌 적장이다. 그러나 1520년에 집필된 『카스트루치오의 삶』에 등장하는 카스트루치오는 토스카나를 통합하려 했으나 체사레처럼 운명이 허락하지 않아 실패한 인물로 묘사된다. 처음부터 끝까지 신화와 고전으로 윤색되고, 『피렌체사』에서 그리도 '무례한 인간'으로 묘사되었던 인물은 찾아볼 수

없다.[559]

마키아벨리가 카스트루치오의 삶을 어떻게 각색했는지는 여기에서 다룰 주제는 아니다. 우리가 관심을 가져야 할 부분은 그가 각색한 '전형적인 군주'가 갖추어야 할 자질과 그 군주가 제일 먼저 관심을 갖고 추진하는 일이다.

> 그는 그의 교회 책들(libri ecclesiastici)을 제쳐두고 무기에 몰입하기 시작했다. 무기들을 다루거나 달리고, 높이 뛰고, 씨름하고, 그리고 마음과 육체의 최고의 힘을 보여 줄 수 있고 또래 다른 이들을 능가하는 운동들 이외에는 즐거움이 없었다. 만약 그가 한 번이라도 읽었다면, 전쟁에 대한 것이거나 위대한 인물들의 행동을 제외하고 그를 기쁘게 한 공부는 전혀 없었다.
>
> ─『카스트루치오의 삶』, II.

위에서 보듯, 마키아벨리는 카스트루치오를 태어나면서부터 장군의 기질을 갖고 있는 인물로 기술하고 있다. 또한 교회가 가르쳐 주는 지식이나 덕성을 함양하기 위한 도덕과는 이미 거리를 둔 인물로 묘사하고 있다. 대신 유년기부터 육체적으로나 정신적으로나 군인으로 자라났다는 점이 강조되고 있다.

왜냐하면 그는 그가 살았을 때 알렉산드로스 대왕의 아버지인 마케도니아의 필리포스나 로마의 스키피오보다 열등하지 않았기에, 그는 둘과 같은 나이에 죽었다. 그리고 의심할 여지 없이 만약 루카 대신에 마케도니아나 로마를 그의 조국으로 가졌었다면 그들 모두를 능가했을 것이다.

―『카스트루치오의 삶』, 41.

그리고 이 저작의 말미에 마키아벨리는 카스트루치오를 위대한 군사 지도자의 반열에 올리기 위해 44세에 죽은 것까지 들고 나왔다. 이만큼 그가 한 인물의 묘사에 정성을 쏟은 적이 있을까 생각될 정도다. 태어나는 순간을 모세나 로물루스를 보듯이 기술하고, 운명을 한탄하며 죽은 모습은 체사레를 생각나게 만들며, '사자'의 힘과 '여우'의 간계를 모두 합쳐 놓은 인물로 역사적 사실까지 왜곡하는 것도 부족했던 것이다.

마키아벨리가 카스트루치오를 새로운 군주의 전형으로 묘사한 글들을 읽으면서, 『군주』에 묘사된 체사레가 지속적으로 연상되는 것은 결코 우연이 아니다. 그리고 과도할 정도로 윤색된 카스트루치오가 성취한 일의 내용이 토스카나 일대와 북부 이탈리아를 규합한 것이었다는 점도 우연일 수 없을 것이다. 동일한 맥락에서, 레오 10세의 메디치 가문에게 그가 기대한 것이 이탈리아 중북부를 통합한 강력한 국가를 형성해서 외세로부터 이탈리아를 막아달라는 주문이었다고 말해도 큰 무리는 없을 것이다. 비록 '다수' 또는 '인민'에게 '시민적 삶'을 가져다주는 공화정으로의 이전이 마키아벨리가 꿈꾸었던 궁극적인 목표였다고 하더라도 말이다.

15세기 피렌체 모습(1493년 목판화)

마키아벨리의 친구 카사베키아가 그를 '위대한 예언가'라고 추켜세웠듯이, 그의 이야기를 이해할 동시대인들은 많지 않았다. 그의 생각을 이해했다고 하더라도, 피렌체의 귀족들에게 그는 '다른 생각'을 하는 이방인일 뿐이었다.

마키아벨리의 무덤(피렌체 산타크로체 성당)

　베네데토 크로체가 '아마도 풀리지 않을 문제'라고 고백한 것처럼, 마키아벨리의 정치철학은 많은 수수께끼를 담고 있다. 기독교적 윤리를 들먹이며 마키아벨리를 악마라고 지칭한 프리드리히 대왕의 비난처럼 '악의 교사'라 불리기도 하고, 이탈리아의 민족적 열망에 사로잡힌 조각가 스피나치가 마키아벨리의 무덤에 새겨 놓았듯이 "어떤 찬사도 그의 이름에 걸맞지 않다."라는 평가를 받기도 한다. 무엇이 옳다고 섣부르게 단정할 수는 없다. 대신 마키아벨리의 수수께끼를 즐길 필요가 있다.

에필로그:
마키아벨리의 가려진 얼굴들

1 신(神)과 인간(人間)의 경계에서

마키아벨리의 『군주』를 둘러싸고 벌어지는 쟁점들은 크게 세 가지 측면으로 나뉜다. 첫째가 인식론적 측면이다. 이때 '인식론'이란 스스로의 판단과 이해가 옳다고 주장할 수 있는 근거를 말한다. 따라서 '인식론적 측면'이라고 하면, 마키아벨리의 정치사상에 내재된 '인간과 사회', '정치와 철학' 그리고 '정치와 종교'의 긴장이 송두리째 드러나는 부분을 말한다. 즉 철학적 절제를 통해 이기적 욕망을 순화시킬 수 있는 가능성을 거부한 최초의 근대인이라든지, '잘 사는 것' 또는 '좋은 삶'에 대한 도덕적 성찰보다 '사는 것 자체' 또는 '생존'을 정치적 목적으로 우선시했던 현실주의자였다든지, 종교가 정치적 목적에 이용될 수 있다고 보았지만 여전히 기독교 신앙의 테두리 안에 있었다든지, 이 모든 주장들이 마키아벨리의 정치사상에서 드러난 인식론적 측면과 관련된다.

　사실 마키아벨리의 부정적 측면에 대한 지나친 과장들은 대부분 인식론적 측면에서 시작된다. 예를 들면, 혹자는 마키아벨리의 악마와 같은 얼굴을 그가 가진 '인간 본성'에 대한 비관적 전망으로부터 찾아낸다. 그러나 마키아벨리는 '인간은 악하다.' 또는 '인간은 악하기가 쉽다.'라고 말한 첫 번째 정치철학자도 유일한 정치철학자도 아니다. 주지하다시피 소크라테스 전통에서도 인간의 이기심이 가져올 폐해에 대한 경각심을 갖고 있었고, 기독교 세계는 예나 지금이나 신의 도움이 없는 인간의 본성은 원래가 악하다는 입장을 고수한다. 따라서 인간 본성에 대한 비관적 태도로부터 마키아벨리만의 독특한 면모를 찾으려는 것은 무의미하다. 오히려 '잘못된 행동' 또는 '악덕'에 대해 고대 정치철학과 기독교 윤리가 가르치던 것과는 너무나도 다른 해석을 내렸다는 점에서 『군주』를 읽는 것이 보다 적절한 독서일 것이다.

　여기에서 '새로운 해석'이란 바로 '좋은 삶'이 '잘못된 행동' 또는 '악덕'을 통해 만들어질 수 있다는 견해를 말한다. 비록 '몰(沒)도덕'이니 '비(非)도덕'이라는 말이 정치와 도덕에 대한 마키아벨리의 입장을 대변하는 경우가 다반사지만, 실제로 그는 '선'과 '악'의 구분이 무의미하다거나 불필요하다고 보지 않았다. 마키아벨리에게도 '좋음'과 '나쁨'을 나누는 기준이 분명히 존재하고, 『군주』에서도 '도덕적 판단 근거'와 '공공선'에 대한 자기만의 분명한 입장이 피력된다. 다만 소크라테스로부터 전해져 내려오는 철학적 전통이 전하는 '잘못된 것'을 억제하는 방식, 또는 당시 기독교가 가르쳤던 '악덕'을 바로잡아야 하는 이유에 마키아벨리가 회의적이었음은 분명하다.『군주』15장에서부터 19장까지 살펴보았듯이, 마키아벨리는 '애정'이 아니라 '공포'가, '조화'가 아니라 '갈등'이, '정직'만큼이나 '기만'이 시민적 자유와 공공선의 실현을 위한 밑거름이 될 수 있다고 본 것이다.

마키아벨리의 종교관도 되짚어볼 필요가 있다. 최근 거의 언급되지 않지만, 마키아벨리가 탐독했던 루크레티우스의『사물의 본질』이 갖는 의미는 적지 않다. 모든 것을 신의 섭리로 이해하는 기독교 사회에서, "사물을 있는 그대로 보자."는 주장은 이른바 르네상스 시대의 인식론적 혁명이었다. 따라서 인간이 신의 영역에 다다를 수 있다는 말, 그리고 종교란 '죽음'의 공포를 이용해서 인간을 미혹시키는 허구일 뿐이라는 말에 박수를 친 사람들은 '반(反)종교'적이지는 않더라도 최소한 '반(反)기독교'적이라는 의심을 살 수밖에 없다.[560] 따라서 인간의 이성을 절대시한 것은 아니지만, 그리고 모든 것을 '객관성' 또는 '과학'이라는 굴레에 가두려고 의도한 적은 없지만, 마키아벨리도 루크레티우스의 '벗어남(declinare)'을 통해 기독교의 구속으로부터 벗어나고자 했음을 부인하기 힘들다.

마키아벨리는 루크레티우스가 말하는 '최소한의 움직임(nec plus quam minimum)'으로 모든 것이 뒤틀려 버리는 세계, 즉 모든 것이 신의 의지나 예정된 틀 속에서 결정되는 것이 아니라 개별 존재의 '자유의지'에 달린 세계를 염원했다. 그러기에『군주』25장에서 그는

'운명의 여신'까지 제압해 버리는 무모함을 칭찬하고, 『강의』의 2권 2장에서 그는 시민적 연대의 토대를 '신들을 향한 경건함'에서 찾던 키케로와 결별한다. 이런 맥락에서 볼 때, 시민 종교의 정치적 효용성을 강조하는 부분이나, 신앙심에 충만해서 고해성사를 하는 부분에서도, 마키아벨리의 인식론적 자유로움을 지나치게 축소해서는 곤란하다.[561] 아울러 레오 10세의 로마교회를 통해 이탈리아를 해방시키려 했다는 역설은 인정할 수는 있어도, 마키아벨리의 정치적 판단의 저변에 자리를 잡고 있는 '반기독교'적 단초를 간과할 수는 없다.

2 '다수(多數)'의 정치

두 번째로 살펴봐야 할 부분은 마키아벨리의 정치사상이 갖는 정치적 측면이다. 이때 '정치적'이란 말은 두 가지 함의를 갖는다. 우선 마키아벨리의 생각이 당시 지식인 사회에서 갖는 위치다. 어느 누구도 스스로가 살고 있는 사회의 지배적 담론으로부터 자유로울 수 없다. 그러기에 마키아벨리의 저술은 당시를 풍미하던 이념적 대립각으로부터 동떨어져서 다뤄질 수 없다. 15세기에서 16세기까지 르네상스 인문주의자들이 벌인 논쟁, 지식인 사회를 지배하던 베네치아의 신화, 이런 모든 것들이 마키아벨리의 저술이 갖는 정치적 위치를 발견할 수 있는 근거가 된다. 또한 '정치적'이라는 말은 마키아벨리가 당시 이탈리아 또는 피렌체의 정세에서 어떤 구상을 하고 있었느냐는 질문과도 관련된다. 사실 『군주』 26장이 많은 사람들로부터 사랑받는 것도, 『강의』에서 다루어진 시민적 자유가 『군주』에서 묘사된 잔인한 폭력과 함께 다루어질 수 있는 것도, '로마공화정'의 영광을 통해 자신의 미래적 전망을 공유하고자 했던 마키아벨리의 정치적 구상이 갖는 설득력 덕분이다.

15세기에 들어서자 14세기에 공화정과 관련된 논의에서 빠지지 않았던 '제국의 건설'이라는 화두가 꼬리를 감춘다.[562] 대신 독일 소도시에 대한 찬사와 베네치아의 찬란함에 대한 동경이 그 자리를 대신한다. 이런 상황에서 정치적 안정을 강조하는 정치적 입장은 시민의 자유를 훼손시키거나 시민을 정치로부터 배제하는 제도적 합의로 귀결될 가능성이 컸다. 아니 실제로 '작은 정부(governo stretto)'가 지배적 의견이 되었고, '시민적 자유'나 '정치적 참여'는 고전 속에 담겨진 보물처럼 실현하기 힘든 이야기처럼 들렸다. 특히 사보나롤라가 축출된 이후, '시민적 자유'와 '제국의 건설'을 연관시키는 입장은 논의의 가장자리로 밀려났다.[563] 사보나롤라를 몰아내는 데 성공한 귀족들과 유력 가문들이 자신들의 속내를 드러낸 것이다. '소수' 또는 귀족들은 베네치아와 독일 소도시를 모델로 삼은 '작은 정부'를 관철시키려고 노력했고, 지식인들도 사보나롤라의 민중적 정부가 가져온 정치적 실패를 비난하는 데 열중했다. 소데리니 정부가 들어서서 잠시 위축되었지만, 16세기 초의 피렌체는 시민의 정치적 참여가 배제된 '작은 정부'가 지배적 담론이었음을 부인하기 힘들다.

　마키아벨리의 역설은 바로 이 지점에서 시작한다. 그에게 있어 '작은 정부'가 지배적 담론이 된 현실은 '소수'의 정치적 야심이 '다수'의 생각을 왜곡시킨 결과일 뿐이다. 그래서 마키아벨리는 우선 안정적이지만 답답한 베네치아가 아니라, 소란하지만 강력했던 로마로 돌아가고자 노력한다. 그리고 정치에 참여해서 자기의 꿈을 실현시키려는 '소수'가 아니라, '타인의 자의적인 지배로부터 벗어나고자 하는 기질'을 가진 '다수'에 주목한다. 사실 정치사상사에서 '다수' 또는 '다수의 힘'에 주목한 사람은 마키아벨리가 처음이 아니다. 아리스토텔레스도 시민적 자유와 다양성이 보장된다면, 소수의 '탁월한' 사람들보다 상식의 '다수'가 보다 나은 결정을 내릴 수 있다고 보았다.[564] 그러나 마키아벨리 이전에 '다수'의 집단적 의사를 '공공선'이라고 보거나, '다수'를 다스려야 할 대상이 아니라 '정치권력'의 핵심으로 간주한 정치철학자는 찾아보기 힘들다. 특히 신민을 소유물로 여기고, 정치권력을 군주와의 개인적 관계를 통해 나누어 가지는 것 정도로 여기던 당시 지배 집단들에게는 무척 생소한 견해였다. '다수'가 갖는 소극적인 속성, 즉 '지배받지 않으려는 열망'으로부터 '공공선'의 근거를 찾아내고, 이러한 열망의 충족이 곧 강력한 나라를 만들어 낸다는 사고는 당시로서는 역설 그 자체였던 것이다.

　이런 역설의 근저에는 새로운 형태의 '국가' 또는 '정체'가 필요하다는 마키아벨리의 문제의식이 깔려 있었다. 그러기에 마키아벨리는 고전적 공화주의와 일정한 거리를 둔다. '공동체적 인간'이 아니라 '이기적 인간'이 만들어 낼 수 있는 연대의 기초를 찾았던 것이다. '시민적 덕성'만을 놓고 본다면, 마키아벨리의 정치적 구상은 아리스토텔레스의 것과도 키케로의 것과도 다를 바 없어 보일 수 있다. 그러나 '이기적 인간'에 주목한다면, 마키아벨리의 정치적 구상은 '타인의 자의적 지배로부터 벗어나고자 하는 자유'를 강조하는 이른바 근대적 의미의 '자유주의' 또는 '자유주의적' 공화주의와 밀접한 관련성을 갖는다. 만약 고전적 공화주의가 아니라 후자와의 관련성을 더 주목한다면, 오늘날 마키아벨리의 정치적 구상이 이기적 욕망과 공동선의 실현을 어떻게 조화시킬 수 있는지에 대한 새로운 혜안처럼 해석되는 것이 전혀 이상할 것도 없을 것이다. 인식론적 측면을 함께 고려한다면, 마키아벨리가 고전적 공화주의를 수정했다는 해석이 훨씬 일관되고 자연스럽기까지 할 것이다.

3 잠재적 참주

마지막으로 살펴볼 부분은 『군주』의 수사적 측면이다. 여기서 '수사적' 측면은 마키아벨리가 자신의 저술을 통해 '누구'를 '어떻게' 설득하려 했느냐는 구체적인 질문과 관련된다. 종종 수사적 측면과 정치적 측면은 혼동된다. 마키아벨리가 당시 지배적 담론을 어떻게 비판하고 수정하는가를 보려고 할 때 더욱 그렇다. 그러나 당시 이념적 논쟁의 한중간에 마키아벨리를 위치시키고, 시대적 맥락에서 그의 정치적 구상을 찾아내는 작업은 수사적 측면의 일부분을 훑어보는 것에 불과하다. 즉『군주』를 바친 사람이 누구이며, 마키아벨리는 누가 읽어야 한다고 생각했으며, 그 대상에게 구체적으로 어떤 행동을 요구했는지를 살필 수 없다는 것이다. 아울러 『군주』를 당시 인문주의 전통에서 발견되는 '군주의 교본(speculum principis)'의 하나로 볼 수 있는지에 대한 논쟁만으로는『군주』의 수사적 측면을 제대로 읽을 수 없다. 왜냐하면 이것만으로는 마키아벨리가 직면했던 구체적인 설득의 환경이 텍스트에 어떤 변화를 주었는지 가늠하기가 어렵기 때문이다.

 마키아벨리가 살아생전에『군주』를 출판하려고 했는지에 대한 증거는 아직까지 없다. 그렇다고『군주』가 실제로 헌정되었는지가 확실하게 밝혀진 것도 아니다. 따라서 1513년 탈고된 이후 마키아벨리에 의해 수정되었다고 하더라도,『군주』가 불특정 다수를 대상으로 기술되었다고 단정할 수는 없다. 반면『군주』15장에서 마키아벨리가 '이해하는 사람이면 누구에게나 쓸모가 있는 것'을 쓰려 했다고 밝히듯이, 설득의 대상으로서 '불특정 다수'를『군주』의 수사적 측면에서 완전히 배제할 수도 없다. 엄밀하게 보면, 마키아벨리 스스로도 여러 차원의 독자를 염두에 두고 있다. 때로는 수사학적 훈련을 받았거나 주제를 잘 알고 있는 사람을 대상으로 한 듯 속내를 숨기거나 학문적 논쟁을 벌이기도 하고, 때로는 실제 군주에게 조언을 하듯 동정을 사는 말을 하거나 자기가 아는 바를 과장하기도 하며, 때로는 일반 대중을 가르치듯 이성보다 감성에 호소하는 수사적 기법을 드러내기도 한다. 어쩌면 『군주』의 수사적 측면에 대한 이해는 이런 세 가지 차원 모두를 요구하고 있는지도 모른다.

이런 맥락에서 볼 때, 『군주』의 가장 중요한 설득 대상은 '잠재적 참주'다. 이때 '잠재적 참주'란 막스 베버(Max Weber)의 표현을 빌리면 '정치를 통해 권력을 추구하는 사람'을 일컫는다.[565] 즉 권력이 가져다주는 특권을 누리려는 사람일 수도 있고, 권력을 통해 스스로가 원하는 목적을 관철시키려는 사람일 수도 있다는 말이다. 동시에 '권력'과 '권위'의 구분이나 '지배'와 '통치'의 차이가 큰 의미를 가지지 못하는 위치에 있는 인물이라는 말도 된다. 아직 책임질 지위를 갖지 않았기에 자기의 힘을 정당화할 제도적 근거가 불필요하고, 공동체 구성원 모두를 위해 자신의 영향력을 행사해야 한다는 의무감도 강요받지 않는다는 말이다. 따라서 '잠재적 참주'는 권력을 통해 이기적이든 이상적이든 자기가 목적한 바를 이루려는 열정을 갖고 있는 존재이고, 이들이 목적한 바는 일차적으로 상대의 복종 또는 순응을 얻어내는 비대칭적이고 불평등한 힘의 우위라고 볼 수 있다. 이런 이유에서, 마키아벨리의 '잠재적 참주'를 대상으로 하는 설득은 권력의 쟁취부터 권력의 목적까지 모두 포괄할 수밖에 없다.

종종 참주라는 말은 '전제군주' 또는 '폭군'이라는 단어와 혼용되기도 하는데, 그 기원을 면밀히 살펴보면 다른 말이다. 한 사람이 절대적인 권력을 행사한다는 점에서는 동일하지만, '참주(tyrannos)'는 '폭군(despotes)'과 다른 한 가지 특징이 있기 때문이다. 바로 권력을 잡는 과정에서 후자에게는 필요하지 않은 '인민의 지지'다. 그래서 고대 정치철학에서는 '참주'를 시민의 자유를 지키겠다는 명목으로 권력을 잡은 후에 시민을 탄압한 '인민의 지도자'를 일컫는 말로 사용했다. 물론 마키아벨리도 이런 의미에서 '참주'라는 단어를 사용한다. 그러나 『군주』에서 마키아벨리는 소크라테스로부터 전해 내려오는 '잠재적 참주'를 대상으로 하는 설득을 재연하지 않는다. 고대 정치철학이 '절제'를 통해 '잠재적 참주'의 열정을 억제하거나 '좋은 삶'으로 계도할 목적의 교육을 시도했다면, 마키아벨리는 '잠재적 참주'의 열정을 부추기거나 확대시키려고 노력한다. '반은 짐승이고 반은 인간'인 켄타우로스의 예도 결국 '젊은이의 무모함'과 '사자'와 '여우'의 속성에 대한 이야기로 치환된다.

결국 마키아벨리의 잠재적 참주에 대한 설득은 '좋은 삶'에 대한 논의보다 '영광'과 '공포'에 초점을 둔 교육(paideia)으로 귀결된다. 『군주』 15장에서 19장까지 전개되는 군주의 자질에 대한 설명에서 보듯, 소크라테스 이후 지속된 '올바른 삶'의 기준들이 한꺼번에 허물어진다. 그리고 군주는 결코 귀족의 음모로부터 완전히 자유로울 수 없다는 경고, 그러기에 인민의 지지를 얻지 못하면 죽을 수 있다는 충고가 말미를 장식한다. 즉 마키아벨리는 잠재적 참주를 대상으로 한 수사적 기법으로 철학적 성찰이 아니라 '자연인'의 욕구를 이용했다는 것이다. 그러기에 『강론』 3권 6장에서 '시에나의 참주(tiranno)'라고 불렀던 판돌포 페트루치도 『군주』 20장에서는 엄연히 '군주(principe)'일 뿐만 아니라 탁월한 용인술을 가진 인물로 등장한다. 『군주』 6장과 13장에서 '새로운 군주'로 묘사되는 시라쿠사의 참주 히에론도 마찬가지다. 마키아벨리는 히에론의 잔인한 방법과 기만적 술수를 도덕적 잣대로 평가하지 않는다. '인민의 지지'를 통해 권력을 획득했다는 것, 자기만의 군대를 확보했다는 것, 그리고 외세로부터 '다수'를 보호했다는 것만 강조한다. 최소한 이 세 가지 점에서 마키아벨리는 참주와 군주는 전혀 구별하지 않는 것이다.

　민주주의가 보편화된 시대에 '권력정치(Machtpolitik)'라는 말은 대다수에게 불쾌한 인상을 줄지 모른다. 비록 '권력'과 '정치'라는 말이 어느 사회에서도 존재할 수밖에 없는 현상을 묘사하는 데 긴요하게 쓰이지만, 독재를 경험하지 않았더라도 '권력'과 '정치'를 부정적인 어감을 섞어 사용하는 경우가 허다하다. 그러나 민주주의 사회일수록 마키아벨리의 '잠재적 참주'에 대한 충고를 다시금 음미해 볼 필요가 있다. 비록 소크라테스로부터 전해 내려오는 도덕적 삶의 내용은 담지 않았지만, 마키아벨리는 '권력을 잡고자 한 사람들'의 권력욕을 시민적 자유를 회복하고 지켜 주는 방향으로 이끌려고 노력했고, '잠재적 참주'에게 시민적 자유가 보장된 제도의 설립과 유지만이 진정한 영광을 가져다줄 것이라고 설득했다. 그러기에 소크라테스적 전통에서는 천박할 수 있겠지만, 젊고 야심에 찬 청년들이 참주의 길을 선택하지 않고 시민의 자유를 위해 헌신하도록 만들려는 마키아벨리의 수사적 기법만큼은 높이 사야 할 것이다.

4 마키아벨리의 침묵

민주주의가 위기에 처할 때마다, 집단지성에 대한 회의와 새로운 리더에 대한 기대가 무르익는다. 전자는 반민주적이고 후자는 민주적이라고 말할지도 모른다. 그러나 두 현상은 동전의 양면과 같다. 집단지성에 대한 회의는 탁월한 집단 또는 개인의 판단에 미래를 맡기자는 입장과 맞물려 있고, 새로운 리더에 대한 기대도 그 정치 지도자가 무엇을 대표하고 대변하든 집단으로서 시민이 아니라 한 사람의 판단에 변화의 축을 두기 때문이다. 사실 민주주의의 유지와 개선이라는 측면에서 볼 때, 후자가 전자보다 더 위험하다. 아테네 민주주의도 추첨을 통해 시민들의 대표를 선출했듯이, 집단지성에 대한 회의는 '대표성'과 같은 집단지성의 효율적 산출 기제로 귀결될 수 있다. 반면 새로운 리더에 대한 지나친 기대는 민주적 심의를 통해 변화가 제도화될 수 있는 문을 닫아 버린다. '낙인찍기'와 '우상화'가 대상에 대해 갖는 감정은 정반대이지만 동일한 집단적 행동양식이듯, 시민들의 결집된 의견이라고 하더라도 '한 사람'에게 전체가 가야 할 미래가 걸려 있다는 입장에는 민주적 심의를 회피하거나 생략할 수 있다는 생각이 잠재되어 있기 때문이다.

이런 맥락에서 우리는 마키아벨리의 침묵을 유심히 들여다볼 필요가 있다. 특히 거침없이 참주의 행동을 본받아 권력을 쟁취하라고 말하던 마키아벨리, 그가 차분히 '선생'의 자세로 조언을 할 때가 중요하다. 바로 '혁명'에 대한 침묵이다. 흥미롭게도 그는 '혁명(revoluzione)'이라는 단어를 아낀다. 『군주』에서는 한 번, 『강의』에서는 전혀 사용하지 않는다. 『군주』 26장에 등장하는 '혁명'이라는 단어도 어떻게 보면 일종의 '경고'다. '수많은 혁명'이 이탈리아에 있었다는 말을 듣고, 당신에게 이탈리아의 운명이 달렸다는 호소를 기쁘게 받아들일 메디치 가문의 인사가 몇 명이나 되겠는가 말이다. 물론 마키아벨리는 정치적 격변에 대해 침묵하지 않는다. 그는 '소요(tumulto)'라는 단어를 대신 사용한다. 이때 '소요'는 어떤 미래적 전망이나 정치적 기획을 내포하지 않는다. 일상적인 귀족과 인민의 갈등이 우연한 사고나 누군가의 선동으로 제도 밖으로 돌출하는 것을 의미한다. 뜻밖에도 마키아벨리는 '소요'에 대해서는 매우 관대하다. 바로 이러한 갈등이 '시민적 자유'의 확대로 귀결될 수 있으며, 이런 결과를 만들어 내는 리더십이 필요하다는 생각에서다. 그러기에 그는 죽일 듯이 싸우더라도 '공존'의 필연성을 체감하는 태도, 그리고 이러한 필요를 각인시키는 '민주적 리더십'이 필요하다는 말을 수없이 반복하는 것이다.

동일한 맥락에서, 마키아벨리는 『강론』에서 공화정의 '다수'가 비(非)지배를 꿈꿀 때 시민적 자유와 시민적 품위가 함께 보장될 수 있다고 거듭 강조한다. 여기에는 개개인은 한 사회에서 특정 역할이 있다는 '유기체'론도, 자연은 몇몇 사람들이 무리 중에서 두각을 나타낼 수밖에 없도록 만들었다는 '자연 귀족'론도 없다. 다만 냉혹하리만큼 차분한 정치적 현실주의, 그리고 욕망과 실수가 버무려진 인간 사회에 대한 통찰력만이 번득일 뿐이다. 그리고 '다수'가 정치에 참여하는 궁극적인 목적은 '지배받지 않고자 하는 것'이어야 하고, '다수'가 지배를 꿈꿀 때에는 '다수'가 이미 '소수'의 선동과 야망에 사로잡혔을 가능성이 크다는 관찰이 내재되었을 뿐이다. 이런 맥락에서, 우리는 『군주』 9장에서 마키아벨리가 그라쿠스 형제에 대해 내린 평가를 『강론』 I권 37장의 것과 비교할 수밖에 없다. '인민에게 기만당한' 사람들이었다는 말은 곧 '의도는 좋았지만 신중하지 못했던' 사람이라는 평가와 동일한 판단 기준을 갖는다. 바로 대중 정치인들이 '인민들에게 심어 준 잘못된 신념'이 가져올 정치적 실패를 보게 되는 것이다. '지배'를 통해 '자유'를 획득하고 보전할 수 있다고 믿는 순간, 시민들이 더 '강한' 참주를 찾는다는 사실을 왜 몰랐냐는 마키아벨리의 통탄을 읽게 되는 것이다.

 정치는 생물이라는 말을 많이 듣는다. 고정된 것이 아니라 시간과 장소에 따라 변화무쌍하고, 한 개의 세포가 모든 것을 좌우하는 것이 아니라 수많은 세포들의 상관관계에 따라 전망이 달라지며, 전체적으로 건강해도 어느 한 세포가 지나치게 성장하거나 문제를 일으켜도 전체가 죽어 버릴 수 있는 불확실성의 세계라는 탄식을 많이 듣게 된다. 따라서 종종 민주주의 사회의 통치자도 '힘'을 통해 '불확실성'을 제거하려는 유혹을 받는 것은 지극히 당연하다. 민주적 심의는 무의미하고, 말을 많이 할수록 정치적 비용이 커진다는 '재갈의 법칙(gag rule)'이 자주 선호되는 것도 이상할 것 없다. 그러나 마키아벨리는 '혁명'은 침묵하면서도, '재갈의 법칙'을 선호하지 않는다. 그에게 정치는 '소수'만의 전쟁터가 아니기 때문이다. 그에게 정치는 이른바 시민들의 학습장이다. 모두가 정치에 참여하려는 의지를 가진 것은 아니라도, 시민들은 자신들의 자유와 공동체를 지키는 방법을 정치를 통해 배운다. 그러기에 마키아벨리는 미래의 지도자에게 갈등에 대한 부정적 편견을 버리라고 끊임없이 주문한다. 정치를 꿈꾸는 미래 지도자들에게 정치의 불확실성을 즐기고, '소수'와 '다수'가 공존의 필요성을 느낄 수 있는 제도와 방식을 공부하도록 충고하는 것이다.

마키아벨리의 시대가 그러했듯이, 새로운 제도에 대한 열망은 정치에 대한 총체적 불신과 맞물려 '정치적 신중함'이 작용할 작은 공간마저도 허락하지 않을 때가 있다. 그리고 페리클레스가 죽은 이후 아테네 민주주의가 그러했듯이, 시민들이 목도하는 것은 단지 무능력한 정치인들이 만들어 내는 절망적 대치일 수도 있다. 마키아벨리는 바로 이런 절망의 시대에 도전한다. 그러기에 우리는 그에게서 셰익스피어의 희극에 등장하는 티몬의 독백을 읽을 수 없다. 그의 글에는 정치에 대한 불신이나 인간에 대한 실망이 없다. 대신 인간의 흠결을 받아들이고, 다양한 의견과 인간적 욕망이 부딪쳐 만들어 내는 정치의 본질을 이해하며, 그럼에도 불구하고 '정치'를 통해 상황을 변화시키려는 한 명의 철학자가 있다. 악마의 굴레를 재치로 벗어난 『벨파고르』의 농부 잔마테오처럼, 행복한 미소를 머금은 마키아벨리의 얼굴을 마주하게 되는 것이다. 바로 여기에 마키아벨리의 침묵을 눈여겨봐야 할 이유가 있다.

5 비(非)지배 자유

한국 사회도 후기 산업사회의 폐해를 경험하고 있다. 지금까지 공적으로 관리되던 위험이 개인의 책임으로 치환되고, 어떤 형태의 외부적 간섭도 거부하는 개인주의적 태도가 고착되고 있는 것이다. 실제로 대학을 졸업한 무직자의 수가 10년 사이에 두 배 가까이 증가해도, 그리고 비정규직 비율이 전체 임금 노동자의 절반 이상을 차지해도, 이러한 문제의 해결을 위한 정치사회적 노력은 턱없이 부족하다. 미취업은 취업에 필요한 '스펙'을 쌓지 못한 자기 관리의 실패일 뿐이고, 대부분의 대학생들은 오늘도 스펙을 쌓는 작업에 몰입한다. 사회는 더 이상 불확실한 세계에 내던져진 이들에게 위로와 안도를 주는 곳이 되지 못한다. 그 결과 중압감을 주는 '어려운' 이야기보다 '쉬운' 이야기가 반갑고, 의식적이든 무의식적이든 '선호'와 '재미'가 일상의 정치적, 도덕적 판단의 잣대로 자리를 잡게 되었다. 일반 시민들의 일상도 크게 다르지 않을 것이다.

얼핏 서양의 자유주의 전통을 비판한 아리스토텔레스의 보수적 해석이 한국 사회의 대안처럼 보인다. 원자화된 개인들의 사회성을 복원시키고, 전체가 나아가야 할 바를 개인의 선호보다 앞세우자는 공동체주의 말이다. 그러나 공동체주의의 '감성주의'에 대한 비판은 적절하지만, 그들이 제시하는 전체 중심의 대안은 불편하다. 집단적 지향이 개인적 선호보다 우선된다는 원칙은 있지만, 집단적 목표가 전제적 지배와 대외적 팽창을 지향할 경우 이를 방지하거나 개선할 수 있는 내재적 원칙이 없기 때문이다. 특히 오랜 시간 동안 동일한 영토에서 형성된 문화적 동질성과, 근대국가의 성립과 탈식민화 과정이 동시에 전개될 수밖에 없었던 역사적 조건을 가지고 있는 한국 사회에서는 더욱 위험할 것 같다. 내면 깊숙이 자리를 잡은 민족주의가 순식간에 동질적인 집단적 선호를 형성하는 한국 사회에서, 공동체주의는 개인의 자율성을 침해할 가능성이 다른 어떤 사회보다 더 클 수 있기 때문이다. 다양성이라는 측면에서 볼 때, 결국 한국 사회의 민족주의와 서구 학계의 공동체주의를 접합하는 선택은 최악이라고 할 수 있다.

여기에 덧붙여, 한국 사회에서 목도되는 '도덕주의'도 집단지성을 위한 다양성 확보에 큰 장애 요인이 된다. 우선 한국 사회의 도덕주의는 객관적 도덕의 기준이 민주적 심의에 선재해야 한다는 '도덕적 완전주의(moral perfectionism)'와 구분된다는 점을 주목해야 한다. 오늘날의 후기 산업사회가 모두 그러하듯, 한국 사회도 객관적 '선(善)'의 실재에 점점 무관심해지고 '절대적 선'이나 '최상의 삶'에 대해 큰 기대가 없다. 그러나 일단 집단 선호가 형성되고 나면, 사안을 판단하는 데 있어 객관적 원칙을 요구하지 않던 태도는 '도덕적 완전주의'로 돌변한다. 따라서 동일한 사안도 대상에 따라 다르게 판단되고, 절차와 근거가 무시되는 경우가 다반사다. 또한 부정의에 대한 분노(anger)보다 '특정인' 또는 '특정 사안'에 대한 도덕적 혐오가 집단 의사로 표출된다. 여기에서는 도덕적 기대치가 클수록 시민적 관용이 줄어든다는 이야기도 설득력이 없다. 도덕적 완전주의는 객관적 기준 자체를 심의할 수 있다면 다양성을 확보할 수 있는 여지가 있지만, 한국 사회의 도덕주의는 집단적 여론몰이를 반복하며 개인의 자율성의 기반까지 위협하는 경향을 보이는 것이다.

한국 사회의 '도덕주의'는 '도덕적 완결주의(moral determinism)'와도 달라 보인다. 동서양을 막론하고 도덕적 완결주의는 다른 사람보다 스스로에게 엄격한 도덕적 잣대를 적용해 왔다. '신독(愼獨)'이든 '성찰(reflection)'이든, 개개인 스스로가 최상의 선을 실현하기 위해 도덕적 의무를 수행하는 것을 우선시했기 때문이다. 그러기에 인간의 나약함이 무결점보다 강조되고, 타인에게 도덕적 의무를 강제하는 행위도 자율성의 파괴라는 측면에서 억제되었다. 동일한 맥락에서, 고대 서양철학은 '수치심(aischune)'을 통해 한 사회가 지향하는 도덕을 주입하려는 태도를 경계했고, 공화주의는 '비지배'를 공공선의 오용을 막는 조정 원칙으로 제시했으며, 자유주의는 '상호 존중'이라는 가치를 통해 개개인의 도덕적 자율성을 지키고자 노력했다. 반면 한국 사회는 스스로가 아니라 타인에게 도덕적 완결을 요구하는 문화를 강화하고 있다. 아마 현대 사회의 문제점으로 '수치심의 상실'을 지적하는 공동체주의자들도 납득하기 힘들 정도다. 몰염치나 뻔뻔함에 대한 비난이 개인의 존엄을 파괴하는 수준에 이르는 경우가 다반사이고, '회복'과 '교정'보다 '응보'와 '배제'에 초점을 둔 처벌만이 대중에게 환영받는 분위기가 강화되고 있기 때문이다.

 잘못된 행위 또는 부정의에 대한 집단적 분노는 그 사회의 건강성을 유지하는 데 필수적이다. 도덕적 차원뿐만 아니라 정치사회적 차원에서도, 부당함과 부정의에 대한 시민적 공분은 한 사회가 얼마나 민주적이며 얼마나 정의로운지를 반영한다. 그러나 '수치심'이 인간의 존엄을 해치는 정치사회적 억압이 될 수 있는 경로는 차단해야 한다. '수치심'의 공적 사용은 대상에게 모멸과 좌절을 줄 수는 있어도 죄책감과 교정 의지를 제공할 수 없고, 시민들의 공적 분노를 가지고 인간의 존엄까지 파괴할 수 있는 집단적 행위를 정당화할 수는 없다. 그러기에 '수치심'이 힘없고 소외된 개인들에게 집중되는 것을 막아야 하고, 반대의 목소리를 경청할 수 있는 민주적 심의의 기반을 지켜야 하고, 낙인찍힌 개인들이 사회로 돌아올 수 있도록 제도를 보완해야 한다. 한마디로, 인간의 근원적 허약함을 감추는 공격에 시민적 정의감을 모두 소진시켜서는 안 된다는 것이다.

 이런 맥락에서, 우리는 마키아벨리의 『군주』를 다시 읽어야 할 필요가 있다. '지배'가 아니라 '비지배'가 시민들의 정치적 목표가 되어야 한다는 그의 이야기에 귀를 기울여야 할 필요가 있다. 만약 정치집단들이 자신들의 의사를 표현하고 동의를 획득하는 과정을 '지배'와 '피지배'의 이분법적 구조가 아니라 '비지배의 관철'이라는 관점에서 바라보게 된다면, '힘의 논리'에 기초한 '비관적 현실주의'가 아니라 '시민적 견제력'에 기초한 변화의 제도화가 가능하다고 믿기 때문이다.

천학비재(淺學非才)한 연구자의 해석이지만, 이 책이 이런 계기를 제공하는 데 기여할 수 있기를 소망한다. 그리고 어렵고 힘든 시기에 물심양면으로 도움을 주었던 많은 분들에게 이 책을 통해 부족하나마 감사의 뜻을 전하고 싶다. 이 책은 부끄러운 한 인간에게 하나님의 끝없는 은혜의 깊이를 가르쳐 주신 부모님께 바친다.

주(註)

프롤로그

1 Soren Kierkeggard, *Soren Kierkeggard's Journals and Papers*, vol. 2L F-K, ed. H.V. Hong & E. H. Hong (Bloomington: Indiana University Press, 1980), p. 278.
2 Casavecchia a Machiavelli, 17 Giugno 1509, 181-182 & 189-90.
3 Guicciardini a Machiavelli, 17 Maggio 1521, 335-342.
4 William Shakespeare, *Romeo and Juliet*, edited by Barbara Mowat & Paul Werstine (New York: Washington Square Press, 1992), Act 2 Section 2.
5 *Discorsi*, I. 25. 1-6.
6 *Principi*, 3.8.
7 *Principi*, 15; *Discorsi*, proemio (7).
8 Benedetto Croce, "Una questione che forse non si chiuderàai: la Questione del Machiavelli," *Quaderini della critica*, 5:14 (1949), 1-9.
9 Benito Mussolini, "Prelude to machiavelli," in *The Living Age*, November 22 (1924).

1장 얼마나 많은 종류의 군주정이 있고, 어떤 방식으로 군주정들은 획득될까?

10 Machiavelli a Vettori, Dicembre 10, 1513.
11 Baldassare Castiglione, *The Book of the Courtier*, trans. Hoby Thomas (Oxford: Benediction Classics, 2012), 318.
12 Machiavelli a Vettori, Dicembre 10, 1513.
13 Machiavelli a Vettori, Dicembre 10, 1513.
14 Vettori a Machiavelli, Dicembre 15, 1514.
15 Vettori a Machiavelli, Dicembre 30, 1514.
16 Roberto Ridolfi, *Life of Niccolòachiavelli*, trans. Cecil Grayson (Chicago: University of Chicago Press, 1963), 162.
17 Machiavelli a Vettori, Febbraio-Marzo 1514.
18 J. N. Stephens and H. C. Butters, "New Light on Machiavelli," *English Historical Review* 97 (1982), 67.
19 Machiavelli a Vettori, Febbraio-Marzo 1514.
20 Machiavelli a Vettori, Febbraio-Marzo 1514.
21 Roger Masters, *Machiavelli, Leonardo, and the Science of Power* (Notre Dame: The University of Notre Dame Press, 1996), 170
22 David Wootton, "Introduction," in *The Prince*, trans. by David Wootton (Indianapolis: Hackett Publishing Co. 1995), xxxiii.
23 Quentin Skinner, *The Foundations of Modern Political Thought I* (Cambridge: Cambridge University Press, 1978), 118; Cary Nederman, "Fortune, God, and Free Will in Machiavelli's Thoughts," *Journal of the History of Ideas*, 60:4(1999), 617-638; Anthony Parel, *The Machiavellian Cosmos* (New Haven: Yale University Press, 1992), 156-157.
24 Barbara Spackman, "Politics on the Warpath: Machiavelli's *Art of War*," in *Machiavelli and the Discourse of Literature*, edited by Victoria Kahn (Ithaca: Cornell University, 1993), 179-193.

25 Aristotle, *Politics*, trans. H. Rackham (Cambridge, MA: Harvard University Press, 1932), 1252a1.
26 Aristotle, ibid., 1252b29.
27 Aristotle, ibid., 1313a18-1316b30.

2장 세습 군주정

28 Andrea Sorrentino, *Storia dell' Antimachiavellismo Europeo* (Napoli: Luigi Loffredo, 1936).
29 Benedict de Spinoza, *Tractus Politicus, in A Theologico-Political Treatise and A Political Treatise*, trans. R. H. M. Elwes (Minola, NY: Dover Publication Inc., 2004), 5.7.
30 Charles de Secondat Montesquieu, *Consideration on the Causes of the Greatness of the Romans and Their Decline*, trans. David Lowenthal (Indianapolis: Hackett Publishing Co., 1999).
31 Jean Jacques Rousseau, *On the Social Contract*, trans. Judith Masters (New York: Saint Martin, 1978), 3.6.
32 Hannah Arendt, *On Revolution* (New York: Penguin Classics, 1990[1963]), 21-58.
33 Keith Michael Baker, *Inventing the French Revolution* (Cambridge: Cambridge University Press, 1990), 204-207.
34 Leon Trotsky, *History of the Russian Revolution* (New York: Pathfinder Press, 1999[1932]), 850.
35 Leo Strauss, *Thoughts on Machiavelli* (Chicago: University of Chicago Press, 1979[1958]), 173.
36 Leo Strauss, *Natural Right and History* (Chicago: University of Chicago Press, 1950), 166-202.
37 Benedetto Fontana, *Hegemony and Power: On the Relation between Gramsci and Machiavelli* (Minneapolis: University of Minnesota Press, 1993), 91-105.

38 곽준혁, "『로마사 논고』에 기술된 정치변동의 수사적 의미," 『한국정치학회보』, 38:3(2004), 29-53; 곽준혁, "열망의 정치: 마키아벨리와 고전적 공화주의," 『대한정치학회보』, 17:2(2009), 187-211.

39 곽준혁, "레오 스트라우스의 '참주'와 마키아벨리의 애국심," 『대한정치학회보』, 20:2(2012), 1-21.

40 Federico Chabod, *Machiavelli and the Renaissance* (Glasgow, Scotland: Robert MacLehose, 1969), 21; Hans Baron, *In Search of Florentine Civic Humanism, Essays on the Transition from Medieval to Modern Thought*, Vol. 2, (Princeton: Princeton University Press, 1989), 101-151.

41 Felix Gilbert, *Machiavelli and Guicciardini, Politics and History in Sixteenth Century Florence* (Princeton: Princeton University Press, 1965).

42 Nicolai Rubinstein, "The History of the Word *Politicus* in Early-Modern Europe," in *The Language of Political Theory in Early-Modern Europe* (Cambridge: Cambridge University Press, 1987), 41-56; Nicolai Rubinstein, "Machiavelli and Florentine republican experience," in *Machiavelli and Republicanism*, edited by Gisela Bock, Quentin Skinner, and Maurizio Viroli (Cambridge: Cambridge University Press, 1990), 3-16; Janet Coleman, *A History of Political Thought, from the Middle Ages to the Renaissance* (Malden, MA: Blackwell Publishers, 2000), 241-276.

43 Paul, Rahe, *Against Throne and Altar: Machiavelli and Political Theory Under the English Republic* (Cambridge: Cambridge University Press, 2009), 22-55; Harvey Mansfield and Nathan Tarcov, "Introduction," in *Discourses on Livy*, trans. Harvey Mansfield and Nathan Tarcov (Chicago: University of Chicago Press, 1996), xvii-xliv.

44 Nicola Matteuci, "Machiavelli Politologo," in *Studi di Machiavelli*, edited by Myron P. Gilmore (Firenze: G. C. Sasoni, 1972), 221.

45 Giovanni Boccaccio, *Il Corbaccio*. cura. Giulia Natali (Milano: Mursia, 1992), para. 363.

46 *Discorsi*, 3.3.

47 *Discorsi*, 2.2.(22).

48 Giorgio Inglese는 동어반복이라고 말한다. Giorgio Inglese, *Il Principe*, cura di Giorgio Inglese (Torino: Einaudi, 1995), 8 (nota [3], 8).
49 Machiavelli a Vettori, Febbraio-Marzo 1514.
50 *Principe* 19, *Discorsi* 3.5.
51 *Discorsi*, 1.25.

3장 혼합 군주정

52 Quentin Skinner, "A Genealogy of the Modern State," *Proceedings of the British Academy*, 162(2009), 325-370.
53 Harvey Mansfield, *Machiavelli's Virtue* (Chicago: University of Chicago Press, 1998), 281-294.
54 Maurizio Viroli, *For Love of Country* (New York: Oxford University Press, 1995), 18-40.
55 Leo Strauss, *Thoughts on Machiavelli*, (Chicago: University of Chicago Press, 1979[1958]), 11.
56 *Discorsi*, 1.6, 1.40, 1.45.
57 *Discorsi*, 1.6.4 & 2.3.4.
58 Mikael Hönqvist, *Machiavelli and Empire* (Cambridge: Cambridge University Press, 2004), 38-75.
59 *Discorsi* 1.16.
60 Elena Fascano Guarini, "Machiavelli and the crisis of the Italian republics," in *Machiavelli and Republicanism*, edited by Gisela Bock, Quentin Skinner, and Maurizio Viroli (Cambridge: Cambridge University Press, 1990), 17-40.
61 Gennaro Sasso, *Machiavelli e gli antichi e altri saggi*, tomo. I (Milano: R. Ricciardi, 1987), 67-118; Gennaro Sasso, *Studi su Machiavelli* (Napoli: Morano, 1967), 223-80.

62 Machiavelli a Dieci, Dicembre 6, 1503.
63 Mark Hulliung, *Citizen Machiavelli* (Princeton, Princeton University 1983).
64 *Discorsi*, 2.2.(32); 1.2.(31).
65 Leo Strauss, *Thoughts on Machiavelli*, (Chicago: University of Chicago Press, 1979[1958]), 77.
66 *Principe*, 18.

4장 알렉산드로스 대왕이 점령했던 다리우스 왕정은 왜 알렉산드로스가 죽은 이후에도 그의 계승자들에게 반란을 일으키지 않았을까?

67 Plutarch, *The Life of Pyrrhus*, in *Demetrius and Antony, Pyrrhus and Gaius Marius*, trans. Bernadotte Perrin (Cambridge: Harvard University Press, 1920), 8.1.
68 *Discorsi*, 1.58.
69 *Discorsi*, 2.27.
70 Giorgio Inglese, *Il Principe*, cura di Giorgio Inglese (Torino: Einaudi, 1995), 29 (nota [21], 2).
71 Arrianus, *Anabasis of Alexander* Vol. 2, trans. P. A. Brunt (Cambridge: Harvard University Press, 1966), 6.14; Homer, *The Iliad* Vol. 2, trans. A. T. Murray and William Wyatt (Cambridge: Harvard University Press, 1925), 23.141.

5장 점령되기 전에 그들 자신의 법에 따라 살아온 도시들이나 군주정들은 어떤 방식으로 통치해야 할까?

72 David Rosand, *Myths of Venice: The Figuration of a State* (Chapel Hill, NC: The University of North Carolina Press, 2005).
73 Lauro Martines, *Strong Words: Writing and Social Strain in the Italian Renaissance* (Baltimore:

Johns Hopkins University Press, 2001).

6장 자기 자신의 무력과 능력으로 획득한 새로운 군주정에 대하여

74　Polybius, *The Histories Vol. III*, trans. W. A. Paton (Cambridge, MA: Harvard University Press, 1922), 7.8.
75　Deuteronomy 18:18, *The Interlinear Bible: Hebrew-Greek-English*, edited by Jay Green (Peabody, MA: Hendrickson Publisher, 2005).
76　Donald Weinstein, *Savonarola and Florence* (Princeton: Princeton University Press, 1970); Donald Weinstein, *Savonarola: The Rise and Fall of a Renaissance Prophet* (New Haven: Yale University Press, 2011), 298-310.
77　*Principe*, 3 (16), 4 (4), 8 (14), 8 (last), 9 (4) 12 (2) 13 (1 & 3), 14 (1 & 3), 17 (3) 19 (12), 20 (2), 24 (last).
78　Exodus 2:1-25, *The Interlinear Bible: Hebrew-Greek-English*, edited by Jay Green (Peabody, MA: Hendrickson Publisher, 2005)
79　Exodus 4:1, ibid.
80　Numbers 20:10-13. ibid.
81　Exodus 32:27-29, ibid.
82　Machiavelli a Ricciardo Bechi, Marzo 9, 1498; Machiavelli a Francesco Vettori, Agosto 26, 1513; Machiavelli a Franesco Guicciardini, Maggio 17, 1521.
83　*Discorsi* 1.45.(1)-(7); 1.37.
84　Martin Luther, *Meditatio pia et erudita Hieronymi Savonarolae, a papa exusti, super psalmos miserere mei et in te domine speravi* (Wittembergae: Rhau-Grunenberg: 1523).
85　*Istorie Fiorentine* 3.16.
86　*Istorie Fiorentine* 3.17.
87　John Najemy, *A History of Florence: 1200-1575* (Malden: Blackwell Publishing Co., 2006), 158-160; John Najemy, "Audiant Omnes Artes: Corporate Origins of the

Ciompi Revolution," in *Il Tumulto dei Ciompi: Un Momento di Storia Fiorentina ed Europea*, Convengno Internazionale di Studie (Firenze: Leo S. Olschki Editore, 1981), 60-61.

88 Gino Scaramella, "Chroniche dei Tumulto di Ciompi di Alamanno Acciaioli," *in Raccolta degli Storici Italiani: dal Cinquecento di Millecinquecento* (Bologna: Nicola Zanichelli, 1934).
89 Polybius, *The Histories* Vol.III, trans. W. A. Paton (Cambridge, MA: Harvard Unviersity Press, 1922), 7. 8.
90 Polybius, *The Histories* Vol.I trans. W. A. Paton, revised by F. W. Walbank and Christian Habicht (Cambridge, MA: Harvard Unviersity Press, 2010), 1.9.6.
91 Aristotle, *Politics*, trans. H. Rackham (Cambridge, MA: Harvard University Press, 1932), 2.16.
92 Polybius, *The Histories* Vol.I trans. W. A. Paton, revised by F. W. Walbank and Christian Habicht (Cambridge, MA: Harvard Unviersity Press, 2010), 1.16.
93 Xenophon, *Hiero*, in *Scripta Minora*, trans. E. C. Marchant & G. W. Bowersock (Cambridge: Harvard University Press, 1989), 11.7.
94 Coluccio Salutati, *Tractatus de Tyranno* (Berlin: W. Rothschild, 1914),1.6.
95 Leonardo Bruni, *Panegyric on the City of Florence. in The Early Republic: Italian Humanists on Government and Society*, edited by Benjamin G. Kohl, Ronald G. Witt, Elizabeth Welles (Philadelphia: University of Pennsylvania Press, 1978), 149-151.
96 *Discorsi* 1.34.(2).
97 *Discorsi* 1.10.(30).
98 *Discorsi* 1.34.
99 *Discorsi*, 1,17.(13), 1.18.(29), 1.55.(27).
100 *Discorsi*, 1.25.(6).
101 Francesco Vettori, *Sammario della storia d'Italia, in Scritti storici e politici* (Bari: Laterza, 1972), 145-146.
102 *Discorsi* 1.40. & 3.6.(76).

103 *Discorsi* 3.6.(145)-(147).

7장 다른 사람의 무력과 운으로 획득한 새로운 군주정에 대하여

104 *Principe*, 3 (11).
105 Keith Baker, *Inventing the French Revolution* (Cambridge: Cambridge University Press, 1990), 204-207.
106 Charles de Secondat Montesquieu, *The Spirit of the Laws*, trans. Anne M. Cohler, Basia Carolyn Miller, and Harold S. Stone (Cambridge: Cambridge University Press, 1989), 29.19.
107 Jean Jacques Rousseau, *On the Social Contract*, trans. Judith Masters (New York: Saint Martin, 1978), 3.6.
108 *Istorie Fiorentine*, 1.9.
109 *Principe*, 11.(13).
110 John H. Whitfield, *Discourses on Machiavelli* (New York: Russell & Russell, 1965), 62-64.
111 *Principe*, 7. (9).
112 *Principe*. 7 (42).
113 *Principe*, 7. (43).
114 *Principe*, 7 (7).
115 *Discorsi*, 3.9.(5) & (13).
116 Sallust, Bellum Catilinae, in *Sallust: The War with Catiline, The War with Jugurtha*, edited by John T. Ramsey, trans. J. C. Rolfe (Cambridge: Harvard University Press, 2013), 1.1.4 & 1.5.7.
117 *Discorsi*, 3.9.(4).
118 Cicero, *Espitulae ad Quintum Fratrem*, in *Cicero: Letters to Quintus and Brutus, Letter Fragments, Letter to Octavian, Invectives, Handbook of Electioneering*, trans. D. R. Shackleton-

Bailey (Cambridge: Harvard University Press, 1972), I.(I).5.
119 Principe, 7.(29).
120 Gennaro Sasso, *Machiavelli e Cesare Borgia: Storia di un giudizio* (Rome: Ateneo, 1966), 147.
121 Principe, 7.(30).
122 Principe, 7.(20).
123 Principe, 7.(2): Victor A. Santi, *La gloria nel pensiero di Machiavelli* (Ravenna; Longo, 1979).
124 Principe, 18.(17).
125 Principe, 3.(37).
126 Discorsi, 3.34.(4).
127 Principe, 17.

8장 범죄로 군주정을 획득한 사람들에 대하여

128 Aristotle, *Politics*, trans. H. Rackham (Cambridge, MA: Harvard University Press, 1932), 1314b6-7.
129 Aristotle, ibid., 1315b10.
130 Antonio D'Andrea, "The Political and Ideological Context of Innocent Gentillet's Anti-Machiavel," *Renaissance Quarterly*, 23:4(Winter, 1970), 397-411.
131 Victoria Kahn, "Reading Machiavelli: Innocent Gentillet's Discourse on Method," *Political Theory*, 22:4(November, 1994), 539-560.
132 Peter S. Donaldson, *Machiavelli and Mystery of State* (Cambridge: Cambridge University Press, 1992).
133 Julia Briggs, "Marlowe's Massacre at Paris: A Reconsideration," *Review of English Studies*, 34:135 (1983), 257-278.
134 Russell Price, "The Theme of Gloria in Machiavelli," *Renaissance Quarterly*, No. 30 (1977), 588-631.

135 Victoria Kahn, "Virtùnd the Example of Agathocles in Machiavelli's Prince," *Representations*, No. 13 (Winter, 1986), 63-83.
136 John Roe. *Shakespeare and Machiavelli* (Rochester, NY: Boydell & Brewer, 2002), 74-76.
137 Livius, *Ab Urbe Condita*, in *Livy: History of Rome*, Vol. 5, trans. B. O. Foster (Cambridge: Harvard University Press, 1929), 21.4.9.
138 *Principe*, 17.
139 *Discorsi*, 1.10.

9장 시민 군주정에 대하여

140 *Principe*, 9.(1).
141 *Discorsi*, 1.46.(6).
142 Anthony Parel, *The Machiavellian Cosmos* (New Heaven: Yale University Press, 1992), 101-112.
143 Miguel Vatter, *Between Form and Event: Machiavelli's Theory of Political Freedom* (New York: Kluwer Academic Publishers, 2000).
144 Quentin Skinner, "Pre humanist origins of republican ideas," in *Machiavelli and Republicanism*, ed. Gisela Bock, Quentin Skinner, and Maurizio Viroli (New York: Cambridge University Press, 1990), p. 137; Philip Pettit, *Republicanism* (New York, Oxford University Press, 1997).
145 *Discorsi*, 2.2.
146 *Discorsi*, 1.37.
147 *Principe*, 9.(3).
148 *Discorsi*, 1.2.(14).
149 *Principe*, 9.(14).
150 *Discorsi*, 3.9.(11).

151 *Principe*, 9.(9).
152 *Discorsi*, 3.16.(9).
153 *Istorie Fiorentine*, 5.1.
154 *Discorsi*, 3.16.(8).
155 *Principe*, 9.(12).
156 *Istorie Fiorentine*, 3.18.
157 *Istorie Fiorentine*, 3.20.
158 *Principe*, 9.(22).
159 *Discorsi*, 1.37.(25).
160 Livius, *Ab Urbe Condita*, in Livy: *History of Rome*, Vol. I, trans. B. O. Foster (Cambridge: Harvard University Press, 1919), 2.41.
161 *Discorsi*, 1.37.(16).

10장 어떤 방식으로 모든 군주정의 힘이 측정되어야 하는가?

162 Petrarca, *Rerum Vulgarium Fragmenta*, in Petrarch: *Canzoniere*, trans. Mark Musa (Bloomington, IN: Indiana University Press, 1996), 128.
163 *Ritratto*, 526 & 697.
164 *Discorsi*, 1.55, 2.pro., 2.19; *Dell'arte della guerra*, 2.(29)-(52).
165 Gustavo Costa, *Le antichitàgermaniche nella cultura italiana da Machiavelli a Vico* (Napoli: Bibliopolis, 1977).
166 Gennaro Sasso, *Niccolò Machiavelli, Storia del suo pensiero politico* (Bolgona: Il Mulio, 1980), 267-270.
167 *Discorsi*, 1.5; 1.6.
168 *Dell'arte della guerra*, 2.(69).

11장 교회 군주정에 대하여

169 Settembre 13, 1506, in *Legazioni e commisari*, ed. Sergio Bertelli (Milan: Feltrinelli, 1964), 2.980; Harvey Mansfield, *Machiavelli's New Modes and Orders: A Study of the Discourses on Livy* (Chicago: University of Chicago Press, 2001), 101.
170 *Principe*, 11.(4).
171 *Principe*, 13.
172 *Principe*, 11.(18).

12장 얼마나 많은 종류의 군대가 있는지, 그리고 용병에 대하여

173 Aristotle, *Politics*, trans. H. Rackham (Cambridge, MA: Harvard University Press, 1932), 1280b23-1291a1.
174 Aristotle, ibid., 1252a26-31.
175 Aristotle, ibid., 1323b6-1323b20.
176 Aristotle, ibid., 1283b14-22.
177 Aristotle, ibid., 1324b5-7.
178 Istorie Fiorentine 3.1, Discorsi 1.4.
179 *Discorsi*, 2.3.(8).
180 Aristotle, *Politics*, trans. H. Rackham (Cambridge, MA: Harvard University Press, 1932), 1324b22-1324b40.
181 *Discorsi*, 2.2.
182 Mikael Hönvqvist, "Machiavelli's military project and the Art of War," in *the Cambridge Companion to Machiavelli*, edited by John M. Najemy (New York: Cambridge University, 2010), 112-127; Mikael Hönvqvist, *Machiavelli and Empire* (New York, 2004), 264-290.
183 Carlo Dionisotti, *Machiavellerie* (Torino: Einaudi, 1980), 13.

184 Federico Chabod, *Scritti su Machiavelli* (Torino: Giulio Einaudi, 1964), 75-78.

185 Maria Colish, "Machiavelli's Art of War: A Reconsideration," *Renaissance Quarterly*, 51:4 (Winter 1998), 1151-1168.

186 Hans Baron, *The Crisis of the Early Italian Renaissance Vol. 2* (Princeton: Princeton University, 1966); John G. A. Pocock, *The Machiavellian Moment: Florentine Political Thought and the Atlantic Republican Tradition* (Princeton: Princeton University Press, 1975); Quentin Skinner, *The Foundations of Modern Political Thought, Vol. 2* (Cambridge: Cambridge University Press, 1978).

187 Harvey Mansfield, "Bruni and Machiavelli on civic humanism," in *Renaissance Civic Humanism: Reappraisals and Reflections* (New York: Cambridge University Press, 2004), 223-246; Paul Rahe, "Situating Machiavelli," in *Renaissance Civic Humanism: Reappraisals and Reflections* (New York: Cambridge University Press, 2004), 270-308; Timothy Lukes, "Martialing Machiavelli: Reassessing the Military Reflections," *The Journal of Politics*, 66:4 (Nov. 2004), 1089-1108.

188 Christopher Lynch, "Introduction," in *Art of War*, translated by Christopher Lynch (Chicago: University of Chicago, 2005), xiii-xxxviii.

189 *Principe*, 12.(5).

190 Girolamo Savonarola, *Prediche sopra Aggeo*, cura. Luigi Firpo (Roma: A. Belardetti, 1965), Novembre I, 1494.

191 *Principe*, 12(9).

192 *Principe*, 12(9).

193 Philippe de Commynes, *Memoirs*, trans. Andrew R. Scobie (London: Henry G. Bohn, 1865), 2.14.

194 *Principe*, 12(10).

195 *Principe*, 12(23).

196 *Principe*, 12(34).

197 *Principe*, 26(23).

198 *Dell'arte della guerra*, 2(80)-(122).

199 *Dell'arte della guerra*, 7(43).
200 *Dell'arte della guerra*, 7(186).

13장 동맹군, 혼합군, 자기 군대에 대하여

201 Claude Nicolet, *The World of the Citizen in Republican Rome*, trans. P. S. Falla (Berkeley: University of California Press, 1988), 89-148.
202 Livius, *Ab Urbe Condita*, in *Livy: History of Rome*, Vol. 1, trans. B. O. Foster (Cambridge: Harvard University Press, 1919), 2.53; Livius, *Ab Urbe Condita*, in *Livy: History of Rome*, Vol. 12, trans. Evan T. Sage & Alfred C. Schlesinger (Cambridge: Harvard University Press, 1938), 40.31-40.
203 'Cagione dell'Ordinanza,' Septtembre 1506.
204 Roslyn Pesman, "Machiavelli, Piero Soderini, and the republic of 1494-1512," in the *Cambridge Companion to Machiavelli*, edited by John Najemy (New York, Cambridge University Press, 2010), 48- 63.
205 John A. Pocock, *The Machiavellian Moment* (Princeton, NJ: Princeton University Press, 1975), 201.
206 *Principe*, 13.(1).
207 *Principe*, 13.(7).
208 *Principe*, 13.(4).
209 *Principe*, 13.(8).
210 *Principe*, 13.(10).
211 Maurizio Viroli, *Machiavelli's God* (Princeton: Princeton University Press, 2010).
212 *Discorsi*, 2.2.(37).
213 *Discorsi* 1.26.(2); Luke 1:53, *The Interlinear Bible: Hebrew-Greek-English*, edited by Jay Green (Peabody, MA: Hendrickson Publisher, 2005)
214 Psalm, 20:17. *The Interlinear Bible: Hebrew-Greek-English*, edited by Jay Green (Peabody,

MA: Hendrickson Publisher, 2005);『개역개정성경』참조.
215 Exodus, 15:1-18. ibid.
216 *Discorsi*, 1.26.(3).
217 *Principe*, 13.(25).
218 *Principe*, 13.(18).

14장 군주는 군사와 관련해 무엇을 해야 하나?

219 *Dell'arte della guerra*, 1.47-62.
220 *Principe*, 14.(8).
221 *Principe*, 14.(9).
222 *Discorsi*, Dedica.(10).
223 Bernard Williams, *Shame and Necessity* (Berkeley: University of California Press, 1994), 103-167; Martha Nussbaum, *The Fragility of Goodness* (New York: Cambridge University Press, 2001), 318-342.
224 Aristotle, *The Nicomachiean Ethics*, trans. H. Rackham (Cambridge: Harvard University Press, 1926), 1178a28-b5.
225 Plato, *Republic*, in *The Republic Books I-V*, trans. Paul Shorey (Cambridge: Harvard University, 1930), 352d-353e.
226 Aristotle, *The Nicomachiean Ethics*, trans. H. Rackham (Cambridge: Harvard University Press, 1926), 1098a12, 1106b8, 1122b15, 1141a12.
227 Terence Ball, *Reappraising Political Theory* (New York: Clarendon Press), 1995, 74.
228 Aristotle, *The Nicomachean Ethics*, trans. H. Rackham (Cambridge: Harvard University Press, 1926), 1179a1-1179a30.
229 Aristotle, *Politics*, trans. H. Rackham (Cambridge, MA: Harvard University Press, 1932), 1281a41-1281b15.
230 Aristotle, *The Nicomachean Ethics*, trans. H. Rackham (Cambridge: Harvard University

Press, 1926), 1140b.5-6
231 Aristotle, ibid., 1140b.21.
232 Aristotle, ibid., 1095b23-24.
233 Aristotle, ibid., 1140b.11-12.
234 Herodotus, *Histories*, in *Herodotus Vol.* I, trans. A. D. Godley (Cambridge: Harvard University Press, 1920), 1.214.
235 Xenophon, *The Education of Cyrus*, in *Xenophon Cyropaedia* Vol.2, trans. Walter Miller (Cambridge: Harvard University Press, 1914), 8.7.1-28.
236 *Discorsi*, 3.30.(17).
237 Plutarch. *Theseus*, in *Plutarch's Lives*, *Vol.* I, trans. Bernadotte Perrin (Cambridge: Harvard University Press, 1914), 1.1-3.
238 Plutarch, *Quomodo Adolescens Poetas Audire Debeat*, in *Moralia Vol.* I, trans. Frank Cole Babbitt (Cambridge: MA, Harvard University Press. 1927), 3.
239 Plutarch, *Philopoemen. Plutarch's Lives*, *Vol.* 10, trans. Bernadotte Perrin (Cambridge: Harvard University Press, 1921), 4.1.
240 Plutarch, ibid., 4.3.
241 *Principe*, 14.(15).
242 *Principe*, 14(15).
243 *Discorsi*, 3.20.(11), 3.21.(2).
244 Paul Ramussen, *Excellence Unleashed, Machiavelli's Critique of Xenophon and the Moral Foundation of Politics* (Lanham, MD: Lexington, 2009), 51-80.

15장 사람들과 특별히 군주들이 칭찬받거나 비난받는 것들에 대하여

245 *Discorsi*, 1.proemio.(1).
246 Aristotle, *The Nicomachean Ethics*, trans. H. Rackham (Cambridge: Harvard University

Press, 1926), 1102a5-1102b29.
247 Aristotle, *De Anima*, in *On the Soul, Parva Naturalia, On Breath*, trans. W. S. Hett (Cambridge: Harvard University Press, 1964[1936]), 414b33-415a3.
248 Cicero, *Officiis*, in *De Officiis*, trans. Walter Miller (Cambridge: Harvard University Press, 2001[1913]), 3.29-32.
249 Cicero, ibid., 3.28 & 3.49.
250 Thomas Aquinas, *Summa Theologiae*, in *St. Thomas Aquinas, Summa Theologica Vol. I*, trans. Fathers of the English Dominican Provinc (Notre Dame, IN: Christian Classics, 1981), 1.2.95.1-96.2.
251 Thomas Aquinas, ibid., 1.2.65.3.
252 Domenico Taranto, *Le Virtùella Politica, Civismo e Prudenza tra Machiavelli e gli Antichi* (Napoli: Bibliopolis, 2003), 76-82.
253 Leo Paul de Alvarez, *The Machiavellian Enterprise* (Dekalb: Northern Illinois University, 1999), 78.
254 Ernst Cassirer, *The Myth of the State* (New Heaven; Yale University Press, 1946), 130.
255 *Discorsi*, 1.37.
256 Salutati, *De nobilitate legum et medicinae*, in *De nobilitate legum et medicinae, De verecundia*, cura. Eugenio Garin (Firenze: Vallecchi, 1947), 243.
257 Bruni, *Cicero Novus*, in *Opere Letterarie e Politiche*, cura. Paolo Viti (Torino: UTET, 1996), 468-470.
258 *Principe*, 1.3 & 1.5.
259 Maurizio Viroli, *From Politics to Reason of State* (New York: Cambridge University Press, 1992), 131; Quentin Skinner, *The Foundations of Modern Political Thought Vol. I* (New York: Cambridge University Press, 1978), 128-138.
260 Aristotle, *The Nicomachean Ethics*, trans. H. Rackham (Cambridge: Harvard University Press, 1926), 1107b9-1107b14.
261 Aristotle, ibid., 1107a9-1107a14.

16장 후함과 인색함

262 Aristotle, ibid., 1120a21-25.
263 Aristotle, ibid., 1122a2.
264 *Principe*, 16.(5).
265 *Principe*, 16.(4).
266 *Principe*, 16.(5).
267 *Principe*, 16.(12).
268 *Discorsi*, 1.10.(30).
269 *Principe*, 16.(17).
270 *Principe*, 16.(17)-(18).

17장 잔인함과 자애로움, 그리고 두려움을 느끼게 하는 것이 사랑을 받는 것보다 나은지, 아니면 그 반대인지에 대하여

271 Eric Gregory, *Politics and the Order of Love: An Augustinian Ethic of Democratic Citizenship* (Chicago: University of Chicago Press, 2010).
272 *Principe*, 17.(1).
273 *Principe*, 17.(1).
274 *Discorsi*, 3.26.
275 Livius, *Ab Urbe Condita*, in *Livy: History of Rome*, Vol. 1, trans. B. O. Foster (Cambridge: Harvard University Press, 1919), 1.10.6.
276 *Discorsi*, 3.27.(4).
277 *Discorsi*, 3.27.(13).
278 *Discorsi*, 3.27.(16).
279 *Discorsi*, 3.28.(6).
280 *Discorsi*, 3.28.(14).

281 *Principe*, 18.(17).
282 *Discorsi*, 3.27.(16).
283 *Discorsi*, 3.29.(2).
284 Virgil, *Aeneid*, in *Virgil: Ecologues, Georgics, Aeneid Books 1-6*, trans. H. Rushton Fairclough (Cambridge: Harvard University Press, 1916), 1.563-564.
285 Virgil, ibid., 1.520-562.
286 Virgil, ibid., 4.584-629.
287 Georges Minois, *History of Suicide, Voluntary Death in Western Culture* (Baltimore: Johns Hopkins University Press, 1998), 71.
288 Justinus, *Historiae Philippicae ex trogo Pompeio* 14.6.
289 Giovanni Boccaccio, *De mulieribus claris* (Carolina Charleston, SC: Nabu Press Reprint, 2012), 42.8.
290 *Principe*, 17.(6).
291 *Principe*, 17.(8).
292 *Discorsi*, 1.3.(2).
293 *Principe*, 12.(5).
294 Aristotle, *Politics*, trans. H. Rackham (Cambridge, MA: Harvard University Press, 1932), 1314b38-1315a4, 1314a38-40, 1314b19-24, 1314b24-36, 1315a14-20.
295 *Principe*, 12.(13)-(14).
296 *Discorsi*, 3.19.
297 *Discorsi*, 3.20.
298 *Discorsi*, 3.21.
299 Machiavelli a Giovanni de' Medici (Leo X), Ottobre 1512.
300 *Principe*, 17.(17).
301 *Principe*, 17.(19).

18장 어떤 방식으로 군주는 신의를 지켜야 할까?

302 Cicero, *Officiis*, in *De Officiis*, trans. Walter Miller (Cambridge: Harvard University Press, 2001[1913]), 1.23.
303 Cicero, ibid., 2.33.
304 Cicero, ibid., 3.35.
305 Cicero, ibid., 3.39.
306 Cicero, ibid., 3.68-70.
307 Cicero, ibid., 3.72.
308 Neal Wood, *Cicero's Social and Political Thought* (Berkeley: University of California Press, 1988), 176-193.
309 Maria Colish, "Cicero's *De Officiis* and Machiavelli's Prince," *The Sixteenth Century Journal*, 9:4 (1978), 80-93.
310 Victoria Kahn, *Machiavellian Rhetoric: From the Counter-Reformation to Milton* (Princeton: Princeton University Press, 1994), 30.
311 Hans Baron, *The Crisis of the Early Italian Renaissance: Civic Humanism and Republican Liberty in an Age of Classicism and Tyranny* (Princeton: Princeton University, 1966), 121-134.
312 Gary Remer, "Rhetoric as a Balancing of Ends: Cicero and Machiavelli," *Philosophy and Rhetoric*, 42:1 (2009), 1-28.
313 *Principe*, 18.(1).
314 *Principe*, 18.(9).
315 Cicero, *Officiis*, in *De Officiis*, trans. Walter Miller (Cambridge: Harvard University Press, 2001[1913]), 1.6.18.
316 Cicero, *De Senectute*, in *Cicero: On Old Age, On Friendship, On Divination*, trans. W. A. Falconer (Cambridge: Harvard University Press, 1923), 12.
317 Cicero, *De Inventione*, in *Cicero II, De Inventione, De Optimo Genere, Oratorium Topica*, trans. H. M. Hubbell (Cambridge: Harvard University Press, 1968), 2.52.156.
318 Virginia Cox, "Machiavelli and the Rhetorica ad Herennium: Deliberative Rhetoric

in The Prince," *Sixteenth Century Journal*, 28:4 (1997), 1109-1141.

319 Augustine, *De diversis quaestionibus ad Simplicianum*, in *Augustine: Earlier Writings*, trans. John. H. S. Burleigh (Philadelphia: The Westminster Press, 1953), 1.2.16.

320 Augustine, *De civitate Dei*, in *The City of God Against The Pagans*, trans. William Chase Greene (Cambridge: Harvard University Press, 1960), 19.7-8.

321 Isaiah Berlin, "The Originality of Machiavelli," in *Against the Current: Essays in the History of Ideas* (London: The Hogarth Press, 1980), 25-79.

322 Cicero, *De Officiis*, in *De Officiis*, trans. Walter Miller (Cambridge: Harvard University Press, 2001[1913]), 1.11.35.

323 Cicero, *De Legibus*, in *Cicero: De Re Publica, De Legibus*, trans. Clinton Walker Keyes (Cambridge: Harvard University Press, 2000[1928]), 1.18.

324 *Principe*, 18.(4).

325 *Principe*, 18.(6).

326 *Principe*, 18.(6).

327 Cicero, *De Officiis*, in *De Officiis*, trans. Walter Miller (Cambridge: Harvard University Press, 2001[1913]), 1.11.35.

328 *Discorsi*, 2.13.(17).

329 *Discorsi*, 2.13.(17).

330 *Discorsi*, 3.2.(T).

331 *Favola*[Belfagor Arcidiavolo], 244.

332 Victoria Kahn, *Machiavellian Rhetoric, From the Counter-Reformation to Milton* (Princeton: Princeton University Press, 1994), 18-20.

333 Peter Stacey, *Roman Monarchy and the Renaissance Prince* (New York: Cambridge University Press, 2007), 207-259; Quentin Skinner, *Visions of Politics* 3. (New York: Cambridge University Press, 2002), 87-141.

334 Aristotle, *The Art of Rhetoric*, trans. John Henry Freese (Cambridge: Harvard University Press, 1926), 2.23.4.

335 Aristotle, *The Nicomachiean Ethics*, trans. H. Rackham (Cambridge: Harvard University

Press, 1926), 1141b8-10.
336 Aristotle, ibid., 1143a1-b14.
337 Eugene Garver, *Machiavelli and the History of Prudence* (Madison: Wisconsin University Press, 1987), 26-45.
338 Aristotle, *The Nicomachiean Ethics*, trans. H. Rackham (Cambridge: Harvard University Press, 1926), 1144b31-32.
339 Aristotle, ibid., 1144b25-27.
340 Aristotle, ibid., 1140a24ff; 곽준혁, "정치적 수사와 민주적 리더십: 아리스토텔레스 수사학의 재구성,"『국가전략』, 13:1(2006). 41-65; Eugene Garver, *Aristotle's Rhetoric, An Art of Character* (Chicago: University of Chicago Press, 1994), 18-51.
341 Aristotle, *The Art of Rhetoric*, trans. John Henry Freese (Cambridge: Harvard University Press, 1926), 1359b9-16.
342 Aristotle, *The Nicomachiean Ethics*, trans. H. Rackham (Cambridge: Harvard University Press, 1926), 1105b25-26.
343 Aristotle, ibid., 1094a6-18; 1094a26-b11.
344 Aristotle, ibid., 1140b21.
345 Plato, *Apology*, in *Euthyphro, Apology, Crito, Phaedo, Phaedrus*. trans. W. R. M. Lamb (Cambridge: Harvard University Press, 2001), 22c-d.
346 Edmund E. Jacobitti, "The Classical Heritage in Machiavelli's Histories: Symbol and Poetry as Historical Literature," in *The Comedy and Tragedy of Machiavelli*, edited by Vickie B. Sullivan (New Heaven: Yale University Press, 2000), 176-192.
347 Martin Heidegger, *Being and Time*, translated by John Macquarrie and Edward Robinson, (New York: Harper Collins, 1962), 88-89.

19장 경멸과 증오를 피하는 것에 대하여

348 Keith Grint, *The Arts of Leadership* (New York: Oxford University Press, 2000).

349 *Principe*, 19.(4).
350 *Principe*, 19.(4).
351 *Principe*, 19.(1).
352 *Principe*, 19.(1).
353 *Principe*, 19.(2).
354 *Principe*, 19.(4).
355 *Principe*, 19.(4).
356 *Principe*, 19.(4).
357 *Principe*, 19.(5).
358 Aristotle, *Politics*, trans. H. Rackham (Cambridge, MA: Harvard University Press, 1932), 1314a15-1314a29.
359 Aristotle, ibid., 1314b30-1315b5.
360 Nathan Tarcov, "Tyranny from Plato to Locke," *Confronting Tyranny, Ancient Lessons for Global Politics* (Lanham: Rowman & Littlefield Publishers, 2005), 123-140; Waller R. Newell, *Tyranny: A New Interpretation* (New York: Cambridge University Press, 2013), 141-185.
361 Aristotle, *Politics*, trans. H. Rackham (Cambridge, MA: Harvard University Press, 1932), 1315b5-10.
362 Aristotle, ibid., 1314b28-1314b35.
363 *Discorsi*, 3.28.(6).
364 Vickie Sullivan, "Machiavelli's Republicanism," in *Machiavelli, Hobbes, and the Formation of a Liberal Republicanism in England* (New York: Cambridge University Press, 2004), 31-79.
365 *Discorsi*, 1.37.(6).
366 John Patrick Coby, *Machiavelli's Romans, Liberty and Greatness in the Discourses on Livy* (Lanham: Lexington, 1999), 93-111.
367 *Istorie Fiorentine*, 6.9-10.
368 *Discorsi*, 3.6.(76)-(78).

369 *Principe*, 19.(12).
370 *Principe*, 19.(14).
371 *Principe*, 19.(52).
372 *Principe*, 19.(29).
373 *Discorsi*, 1.46.(9).
374 *Principe*, 19.(25)-(26).
375 *Discorsi*, 1.10.(19).
376 *Principe*, 19.(28).
377 *Principe*, 19.(21).
378 *Dell'Arte della Guerra*, proemio (9).
379 *Discorsi*, 1.58.(8).
380 *Discorsi*, 2.27.(2); *Principe*, 24.(8).
381 *Discorsi*, 1.2.(29), 1.3.(9), 1.16.(20), 1.52.(T).
382 *Principe*, 19.(21).
383 *Discorsi*, 1.16.(20).
384 *Discorsi*, 1.53.(3).
385 Paul Rahe, *Against Throne and Altar, Machiavelli and Political Theory under the English Republic* (New York: Cambridge University Press, 2009), 53-55.
386 *Discorsi*, 1.2.(29); *Principe*, 9.(2).
387 *Principe*, 7.(28).
388 *Principe*, 19.(33).
389 *Principe*, 19.(33).
390 *Principe*, 19.(29).
391 *Principe*, 19.(29).
392 *Principe*, 19.(41).
393 *Principe*, 19.(40).
394 *Principe*, 19.(35).
395 *Principe*, 19.(50)-(51).

396 *Principe*, 19.(69).

20장 요새와 일상에서 군주들이 만들거나 행하는 그 밖의 많은 것 들이 유용한지 아니면 유용하지 않은지

397 *Discorsi*, 2.proemio.(8).
398 *Discorsi*, 3.9.
399 *Principe*, 18.(17).
400 Gennaro Sasso, *Machiavelli e gli antichi e altri saggi* I (Milano: Riccardo Ricciardi, 1987), 401-536; Leo Strauss, *Thoughts on Machiavelli* (Chicago: University of Chicago, 1958), 291-292; John Najemy, "Papirius and the Chickens, or Machiavelli on the Necessity of Interpreting Religion," *Journal of the History of Ideas*, 60:4 (1999), 659-681, esp. 667.
401 Ada Palmer, "Reading Lucretius in the Renaissance," *Journal of the History of Ideas*, 73:3(2012), 395-416.
402 Sergio Bertelli, "Noterelle Machiavelliane: Un Codice di Lucrezio e Terenzio," *Rivista storica italiana* 73(1961), 544-553.
403 Giorgio Inglese, *Il Principe*, cura di Giorgio Inglese (Torino: Einaudi, 1995), 119.
404 Stanley Rosen, *Plato's Republic, A Study* (New Heaven: Yale University Press, 2005), 255-301.
405 Kenneth C. Blanchard Jr. "Being, Seeing, and Touching: Machiavelli's Modification of Platonic Epistemology," *The Review of Metaphysics*, 49:3(1996), 577-607. esp. 595.
406 Plato, *Protagoras*, in *Plato II, Laches, Protagoras, Meno, Euthydemus*, trans. W. R. M. Lamb (Cambridge: Harvard University Press, 1999), 356c3-357c2.
407 Anthony Parel, *The Machiavellian Cosmos* (New Heaven: Yale University Press, 1992), 45-62.
408 *Discorsi*, 1.56.(2).

409 *Discorsi*, 1.56.(8).

410 Lucretius, *De rerum natura*, in *The Nature of Things*, trans. A. E. Stallings (New York: Penguin Books, 2007), 1.54-61, 1.146-198, 1.215-264, 2.1048-1174.

411 Aristotle, *The Nicomachiean Ethics*, trans. H. Rackham (Cambridge: Harvard University Press, 1926), 1117b24-1119b18; Aristotle, *De anima*, in *Aristotle, On the Soul, Parva Naturalia, On, Breath*, trans. W. S. Hett (Cambridge: Harvard University Press, 1936), 429a10-b9.

412 *Discorsi*, 1.6.(34); 2.proemio.(8).

413 *Principe*, 20.(1).

414 *Principe*, 20.(5).

415 Roger Boeshce, *Theories of Tyranny from Plato to Arendt* (University Park, PA: The Pennsylvania State University, 1996), 111-165.

416 Giulio Ferroni, *Machiavelli, O Dell'incertezza* (Roma: Donzelli Eitore, 2003), 113-131.

417 Benedetto Fontana, *Hegemony and Power, On the Relation between Gramsci and Machiavelli* (Minneapolis: University of Minnesota Press, 1993), 116-139.

418 John McCormick, *Machiavellian Democracy* (New York: Cambridge University Press, 2011), 65-90.

419 *Principe*, 20.(33).

420 *Principe*, 20.(19).

21장 존경을 받으려면 군주는 무엇을 해야 하는가?

421 *Principe*, 7.(28); 19.(41).

422 *Principe*, 20.(11).

423 *Principe*, 19.(62).

424 *Discorsi*, 2.3.(8).

425 *Principe*, 14.(14).

426 *Principe*, 21.(2).
427 *Principe*, 21.(4).
428 *Principe*, 7.(10)-(13).
429 *Discorsi*, 1.17.(10).
430 *Principe*, 21.(25).
431 *Principe*, 21.(26)-(27); *Discorsi*, 2.2.(43)-(47).
432 *Principe*, 21.(28).
433 *Principe*, 21.(28).
434 *Principe*, 21.(13).
435 *Principe*, 21.(20).
436 *Principe*, 7.(20).

22장 군주가 고용할 신하들에 대하여

437 *Discorsi*, 1.10.(2)-(5).
438 Robert Black, "Machiavelli in the chancery," *The Cambridge Companion to Machiavelli*, edited by John Najemy (New York: Cambridge University Press, 2010), 31-47.
439 *Discorsi*, 3.6.(19) & (145)-(152).
440 *Discorsi*, 3.6.(162).
441 *Discorsi*, 3.6.(174).
442 Niccolòapponi, *An Unlikely Prince* (Cambridge, MA: De Capo, 2010), 116.
443 *Principe*, 22.(1).
444 Francesco Vettori, *Scritti Storici e Politici*, cura. Enrico Niccolini (Bari: Laterza e figli, 1972), 51.5; Francesco Guicciardini, *Storia d'Italia*, cura. Silvana Seidel Menchi (Torino: Giulio Einaudi, 1971), 5.11.
445 *Dell'arte della guerra*, 7.(191)-(192).
446 *Principe*, 6.(16)-(20).

447 Markus Fischer, *Well-Ordered License* (Lanham, Maryland: Lexington Books, 2000), 54-58.
448 *Discorsi*, 1.12.
449 *Principe*, Dedica.(5).
450 *Discorsi*, Dedica.(10).
451 *Discorsi*, 1.44.(T).
452 *Discorsi*, 2.22.(2)-(5).
453 *Discorsi*, 2.22.(7)-(12).
454 Machiavelli a Antonio Tebalducci, Agosto 19, 1505; Agosto 27, 1505; Settembre 23, 1505; *Discorsi*, 1.53.(22)-(25).
455 Machiavelli a Antonio Tebalducci, Agosto 20, 1504.
456 *Discorsi*, 3.16.(18).
457 Machiavelli a Vettori, Aprile 16, 1527.

23장 어떤 방식으로 아첨을 피해야 하는가?

458 Allan Gilbert, *Machiavelli's Prince and its Forerunners: The Practice as a Typical Book de Regimine Principum* (Durham, NC: Duke University Press, 1938).
459 Felix Gilbert, "The Humanist Concept of the Prince and The Prince of Machiavelli," *Journal of Modern History*, 11:4 (1939), 449-483.
460 Victoria Kahn, *Machiavellian Rhetoric: From the Counter-REformation to Milton* (Princeton, NJ: Princeton University Press, 1994), 15-59.
461 John A. Pocock, *The Machiavellian Moment* (Princeton, NJ: Princeton University Press, 1975), 156-218.
462 Quentin Skinner, *The Foundations of Modern Political Thought Vol. I* (New York: Cambridge University press, 1978), 118-189.
463 Vickie Sullivan, *Machiavelli's Three Romes* (Dekalb, IL: Northern Illinois University

Press, 1996); Markus Fischer, "Machiavelli's Rapacious Republicanism," in *Machiavelli's Liberal Republican Legacy* (New York: Cambridge University Press, 2006), xxxi-lxii.

464 Paul Rahe, "Situating Machiavelli," in *Renaissance Civic Humanism*, edited by James Hankins (New York: Cambridge University Press, 2000), 270-308; Nathan Tarcov, "Freedom, Republics, and Peoples in Machiavelli's Prince," in *Freedom and the Human Person*, edited by Richard Velkley (Washington, DC: Catholic University of America Press, 2007), 122-142.

465 Leo Strauss, *Thoughts on Machiavelli* (Chicago: University of Chicago Press, 1958), 11.

466 Harvey Mansfield, *Machiavelli's Virtue* (Chicago: University of Chicago Press, 1966), 6-56.

467 Maria Cristina Figorilli, *Machiavelli Moralista* (Napoli: Liguori Editore, 2006), 44-64; Giorgio Inglese, *Per Machiavelli* (Roma: Carocci Editore, 2006), 45-91.

468 *Principe*, 18.(14).

469 Erasmus, *Institutio Principis Christiani*, in *The Education of a Christian Prince*, trans. Lisa Jardine (New York: Cambridge University Press, 1997), 4.574e.

470 Erasmus, *Dulce Bellum Inexpertis*, in *Erasmus, Against War*, trans. J. W. MacKail (Boston, MA: The Merrymount Press, 1907), 956e-960a.

471 *Discorsi*, 3.30.(17).

472 Erasmus, *Institutio Principis Christiani*, in *The Education of a Christian Prince*, trans. Lisa Jardine (New York: Cambridge University Press, 1997), 2.567d.

473 Daniel Kapust, "The Problem of Flattery and Hobbes's Institutional Defense of Monarchy," *The Journal of Politics*, 73:3 (2011), 680-691.

474 Plato, *Gorgias*, in *Lysis, Symposium, Gorgias*, trans. W. R. M. Lamb (Cambridge: Harvard University Press, 1996), 502-503e.

475 Plato, ibid., 503b.

476 Plato, ibid., 460-461a.

477 Aristotle, *The Art of Rhetoric*, trans. John Henry Freese (Cambridge: Harvard University

Press, 1926),I.I.10(1355a29-35).
478 Plutarch, *Quomodo adulator ab amico internoscatur*, in *Moralia Vol*. I, trans. Frank Cole Babbitt (Cambridge, MA: Harvard University Press. 1927), 10.
479 Michael Nerdahl, "Flattery and Platonic Philosophy: The Limits of Education in Plutarch's Life of Dion," *Classical World*, 104:3 (2011), 295-309.
480 Plutarch, *Quomodo adulator ab amico internoscatur*, in *Moralia Vol*. I, trans. Frank Cole Babbitt (Cambridge, MA: Harvard University Press. 1927), 11.
481 *Principe*, 23.(5).
482 *Principe*, 23.(5).
483 *Principe*, 23.(8).
484 *Principe*, 23.(11).
485 *Principe*, 23.(12).
486 *Discorsi*, I.47.(T).
487 *Discorsi*, I.58.(17)-(33).

24장 왜 이탈리아의 군주들은 그들의 국가를 잃었을까?

488 *Principe*, 6.(28); *Discorsi*, Dedica.(10).
489 Polybius, *The Histories* Vol.I, trans. W. A. Paton (Cambridge, MA: Harvard Unviersity Press, 1922), I.8.
490 *Discorsi*, Dedica.(10).
491 *Principe*, 24.(7).
492 *Discorsi*, 3.10.(21)-(33).
493 *Discorsi*, 3.10.(22).
494 *Discorsi*, 3.37.(14).
495 *Principe*, 21.(26).
496 *Principe*, 12.(3).

497 *Principe*, 21.(1).

25장 인간사에서 운명은 얼마나 작용하는가, 그리고 어떤 방식으로 맞설 수 있는가?

498 Maria Colish, "Republicanism, Religion, and Machiavelli's Savonarolan Moment," *Journal of the History of Idea*, 60:4(1999), 597-616.

499 Enrio Castelli, *Umanesimo e Machiavellismo* (Padova: Liviana Editoria, 1949); Federico Chabod, *Machiavelli and the Renaissance*, trans. David Moore (London: Bowes & Bowes, 1960); Isaiah Berlin, *Against the Current: Essays in the History of Ideas* (New York: Oxford University Press, 2001 [1979]); Ronald Beiner, "Machiavelli, Hobbes, and Rousseau on Civil Religion," *The Review of Politics*, 55:4(1993), 617-638; Anthony Parel, T*he Machiavellian Cosmos* (New Haven: Yale University Press, 1992); Benedetto Fontana, "Love of Country and Love of God: The Political Use of Religion in Machiavelli," *Journal of the History of Ideas*, 60:4(1999), 639-658; John Najemy, "Papirius and the Chikens, or Machiavelli on the Necessity of Interpreting Religion," *Journal of the History of Ideas* 60:4(1999), 617-638.

500 Sebastian de Grazia, *Machiavelli in Hell* (Princeton: Princeton University Press, 1989); Maurizio Viroli, *Il Dio di Machiavelli* (Roma: Editori Laterza, 2005).

501 Clifford Orwin, "Machiavelli's Unchristian Charity," *American Political Science Review*, 72(1978), 1217-1228; Haig Patapan, *The Modern Politics of Love and Fear* (Lanham: Lexington Books, 2008).

502 Claude Lefort, *Writing: The Political Test*, trans. David Ames Curtis (Durham: Duke University Press, 2000) 109-141; Gennaro Sasso, *NiccolòMachiavelli: Storia del suo pensiero politico* (Napoli: Nella Sede Dell'Istituto, 1958), 9-101.

503 *Discorsi*, 2.2.(37).

504 곽준혁, "마키아벨리의 공화적 애국심," 『아직도 민족주의인가』, 곽준혁 & 조

홍식 엮음 (파주: 한길사, 2012), 99-132.
505 Giorgio Inglese, *Il Principe*, cura di Giorgio Inglese (Torino: Einaudi, 1995), 162.
506 Cary Nederman, "Amazing Grace: Fortune, God, and Free Will in Machiavelli's Thought," *Journal of the History of Ideas*, 60:4(1999), 617-638.
507 Antonino Poppi, "Fate, fortune, providence and human freedom," in *The Cambridge History of Renaissance Philosophy*, edited by Quentin Skinner and Eckhard Kessler (New York: Cambridge University Press, 1988), 641-667
508 *Discorsi*, 1.56.(2) & (8).
509 *Principe*, 20.(15).
510 Augustine, De libero arbitrio, trans. Dom Mark Pontifex (Westminster: Newman Press, 1955), 3.18.51; Eleonore Stump, "Augustine on free will," *The Cambridge Companion to Augustine* (New York: Cambridge University Press, 2001), 124-147.
511 Thomas Aquinas, *Summa Theologiae*, in *St. Thomas Aquinas, Summa Theologica Vol. I*, trans. Fathers of the English Dominican Provinc (Notre Dame, IN: Christian Classics, 1981), Ia.80.2c-Ia.82.3; Norman Kretzmann, "Philosophy of mind," *The Cambridge Companion to Aquinas*, edited by Norman Kretzmann & Eleonore Stump (New York: Cambridge University Press, 1993), 128-159.
512 Dante Alighieri, *Inferno*, trans. Michael Palma (New York: Norton, 2002), 7.67-96.
513 George W. McClure, *Sorrow and Consolation in Italian Humanism* (Princeton: Princeton University Press, 1991), 46-72.
514 Charles Trinkaus, "Humanist Treatises on the Status of the Religious: Petrarch, Salutati, Valla," *Studies in the Renaissance*, 11(1964): 7-45.
515 Jerrold E. Seigel, *Rhetoric and Philosophy in Renaissance Humanism* (Princeton: Princeton University Press, 1968), 16-18.
516 Victoria Kahn, *Machiavellian Rhetoric: from the Counter-Reformation to Milton* (Princeton: Princeton University Press, 1994), 44-59.
517 Benedetto Fontana, *Hegemony and Power: On the Relation between Gramsci and Machiavelli* (Minneapolis: University of Minnesota Press, 1993), 91-105.

518 Giorgio Inglese, *Per Machiavelli* (Roma: Carocci Editore, 2006), 93-155.
519 *Principe*, 25.(7).
520 *Principe*, 25.(10).
521 *Principe*, 25.(10).
522 *Principe*, 25.(12).
523 Machiavelli a Francesco Vettori, Agosto 26 1513.
524 *Principe*, 25.(25).
525 *Clizia*, 4.1.
526 Cicero, *Tusculan Disputationes*, trans. J. E. King (Cambridge: Harvard University Press, 1927), 2.4.11.

26장 이탈리아를 장악해서 야만인들로부터 자유롭게 해달라는 권고

527 Aristotle, *The Art of Rhetoric*, trans. John Henry Freese (Cambridge: Harvard University Press, 1926), 1358a8-1359a6.
528 Cicero, *De Legibus*, in *Cicero: De Re Publica, De Legibus*, trans. Clinton Walker Keyes (Cambridge: Harvard University Press, 2000[1928]).
529 Maurizio Viroli, *For Love of Country* (New York: Oxford University Press, 1995), 18-40; Maurizio ViroliI, *Repubblicanesimo* (Roma: Editori Laterza, 1999), 69-95.
530 Cicero, *Officiis*, in *De Officiis*, trans. Walter Miller (Cambridge: Harvard University Press, 2001[1913]), 1.35.
531 Cicero, ibid., 1.20-21.
532 Cicero, ibid., 1.23.
533 Cicero, ibid., 3.49.
534 Cicero, ibid., 1.22; 3.5; 3.25.
535 Giuseppe Mazzini, "Humanity and Country," in *A Cosmopolitanism of Nations*. edited by Stefano Recchia and Nadia Urbinati (Princeton: Princeton University Press

2009), 53.

536 Giuseppe Mazzini, *Opere politiche: Scritti Politici di Giuseppe Mazzini*, cura. Terenzio Grandi & Augusto Comba. intro. by Maurizio Viroli (Torino: Unione Tipografico-Editrice Torinese, 2005[1975]). 896.

537 Giuseppe Mazzini, ibid., 884-892.

538 *Principe*, 15.(3)-(5).

539 *Discorsi*, 1.7; 1.8; 1.49; 3.3.

540 Mikael Hönqvist, *Machiavelli and Empire* (New York: Cambridge University Press, 2004), 38-75.

541 *Discorsi*, 1.6.

542 *Discorsi*, 1.37, 3.1.

543 *Discorsi*, 2.3.

544 Leo Strauss, *Thoughts on Machiavelli* (Chicago: University of Chicago Press, 1958), 11.

545 Livius, *Ab Urbe Condita*, in *Livy: History of Rome*, Vol. 4, trans. B. O. Foster (Cambridge: Harvard University Press, 1926), 9.1.10.

546 Petrarca, *Mia Italia*, in *Petrarch: Canzoniere*, trans. Mark Musa (Bloomington, IN: Indiana University Press, 1996), 128.84-89.

547 *Discorsi*, 1.11.(7); 2.2.(31)-(37); 2.6.(58); 2.22.(36).

548 *Discorsi*, 2.2.(2); 2.2.(20).

549 Petrarca, *Mia Italia*, in *Petrarch: Canzoniere*, trans. Mark Musa (Bloomington, IN: Indiana University Press, 1996), 128.93-96; *Principe*, 26.(29).

550 *Principe*, 7.(10)-(13).

551 Giorgio Inglese, *Il Principe*, cura di Giorgio Inglese (Torino: Einaudi, 1995), 169.

552 *Principe*, 26.(5).

553 *Principe*, 26.(15).

554 *Principe*, 26.(14).

555 *Discorsi*, 1.16.(4); 1.17.(13).

556 *Discorsi*, 1.18.(29); 1.35.(12).

557 *Discorsi*, I.44.(4).
558 *Discorsi*, I.55.(26).
559 *Istorie Fiorentine*, 4.1.

에필로그: 마키아벨리의 가려진 얼굴들

560 Lucretius, *De rerum natura*, in The Nature of Things, trans. A. E. Stallings (New York: Penguin Books, 2007), I.62-79, I.146-158, 2.649-650; 루크레티우스가 르네상스 사회에 끼친 영향에 대해서는 Stephen Greenblatt, *The Swerve, How the World Became Modern* (New York: W. W. Norton & Company, 2011)을 참조.
561 이런 측면에서 마키아벨리가 당시 로마교회를 통해 이탈리아를 해방시키려 했다는 주장들을 눈여겨볼 필요가 있다. 최근 각광을 받고 있는 연구자의 저술을 추천한다. Emanuele Cutinelli-Rèdina, *Chiesa e Religione in Machiavelli* (Roma: Istituti Editoriali e Poligrafici Internazionali, 1998), pp. 153-252; Vickie Sullivan, *Machiavelli's Three Romes* (Dekalb, IL: Northern Illinois University Press, 1996), pp. 15-55.
562 Mikael Hörnqvist, *Machiavelli and Empire* (New York: Cambridge University Press, 2004), 38-75 참조.
563 Felix Gilbert, "Bernardo Rucellai and the Orti Oricellari: A Study on the Origin of Modern Political Thought," *Journal of the Warburg and Courtauld Institutes*, 12(1949), pp. 101-131 참조.
564 Aristotle, *Politics*, trans. H. Rackham (Cambridge, MA: Harvard University Press, 1932), 3.1281a42-b10.
565 Max Weber, "The Profession and Vocation in Politics," in *Political Writings*, edited by Peter Lassman & Ronald Speirs (New York: Cambridge University Press, 1994), p. 311.

참고 문헌

마키아벨리 저술

Machiavelli, Niccolò 1995. *Opere di Niccolòachiavelli*. cura. Rinaldo Rinaldi. Vol. 1-4. Torino: Union Tipografico-Editrice Torinese.

Machiavelli, Niccolò 1995. *Il Principe*. cura. Giorgio Inglese. Torino: Einaudi.

Machiavelli, Niccolò 1984. *Discorsi sopra La Prima Deca di Tito Livio*. intro. Gennaro Sasso, note. Giorgio Ingeles. Milano: Biblioteca Universale Rizzoli.

Machiavelli, Niccolò 1964. *Legazioni e commisari*. cura. Sergio Bertelli. Milano: Feltrinelli.

참고 문헌

곽준혁. 2012. "레오 스트라우스의 '참주'와 마키아벨리의 애국심."『대한정치학회보』. 20:2, 1-21.

곽준혁. 2012. "마키아벨리의 공화적 애국심."『아직도 민족주의인가』. 곽준혁 & 조홍식 엮음. 파주: 한길사. 99-132.

곽준혁. 2009. "열망의 정치: 마키아벨리와 고전적 공화주의." 『대한정치학회보』. 17:2, 187-211.

곽준혁. 2006. "정치적 수사와 민주적 리더십: 아리스토텔레스 수사학의 재구성." 『국가전략』. 13:1, 41-65.

곽준혁. 2004. "『로마사 논고』에 기술된 정치변동의 수사적 의미." 『한국정치학회보』. 38:3, 29-53,

Alighieri, Dante. 2002. *Inferno*, trans. Michael Palma. New York: Norton.

Alvarez, Leo Paul de. 1999. *The Machiavellian Enterprise*. Dekalb: Northern Illinois University.

Arendt, Hannah. 1990[1963]. *On Revolution*. New York: Penguin Classics.

Aristotle. 1964[1936]. *On the Soul, Parva Naturalia, On Breath*, trans. W. S. Hett. Cambridge: Harvard University Press.

Aristotle. 1932. *Politics*, trans. H. Rackham. Cambridge, MA: Harvard University Press.

Aristotle, 1926. *The Nicomachiean Ethics*, trans. H. Rackham. Cambridge: Harvard University Press.

Aristotle, 1926. *The Art of Rhetoric*, trans. John Henry Freese. Cambridge: Harvard University Press.

Arrianus. 1966. *Anabasis of Alexander* Vol. 2, trans. P. A. Brunt. Cambridge: Harvard University Press.

Augustine. 1960. *The City of God Against The Pagans*, trans. William Chase Greene. Cambridge: Harvard University Press.

Augustine, 1955. *De libero arbitrio*, trans. Dom Mark Pontifex. Westminster: Newman Press.

Augustine. 1953. *Augustine: Earlier Writings*, trans. John. H. S. Burleigh. Philadelphia: The Westminster Press.

Aquinas, Thomas. 1981. *Summa Theologiae*, in *St. Thomas Aquinas, Summa Theologica Vol. I*, trans. Fathers of the English Dominican Provinc. Notre Dame, IN: Christian Classics.

Baker, Keith Michael. 1990. *Inventing the French Revolution*. Cambridge: Cambridge University Press.

Ball, Terence. 1995. *Reappraising Political Theory*. New York: Clarendon Press.

Baron, Hans. 1989. *In Search of Florentine Civic Humanism, Essays on the Transition from Medieval to Modern Thought*, Vol. 2. Princeton: Princeton University Press.

Baron, Hans. 1966. *The Crisis of the Early Italian Renaissance: Civic Humanism and Republican Liberty in an Age of Classicism and Tyranny*. Vol. 1-2, Princeton: Princeton University.

Beiner, Ronald. 1993. "Machiavelli, Hobbes, and Rousseau on Civil Religion," *The Review of Politics*, 55:4, 617-638.

Berlin, Isaiah. 1980. *Against the Current: Essays in the History of Ideas* (London: The Hogarth Press.

Bertelli, Sergio. 1961. "Noterelle Machiavelliane: Un Codice di Lucrezio e Terenzio," *Rivista storica italiana* 73, 544-553.

Black, Robert. 2010. "Machiavelli in the chancery," *The Cambridge Companion to Machiavelli*, edited by John Najemy. New York: Cambridge University Press, 31-47.

Blanchard Jr., Kenneth C. 1996. "Being, Seeing, and Touching: Machiavelli's Modification of Platonic Epistemology," *The Review of Metaphysics*, 49:3, 577-607.

Boccaccio, Giovanni. 2012. *De mulieribus claris*. Carolina Charleston, SC: Nabu Press Reprint.

Boccaccio, Giovanni. 1992. *Il Corbaccio*. cura. Giulia Natali. Milano: Mursia.

Boeshce, Roger. 1996. *Theories of Tyranny from Plato to Arendt*. University Park, PA: The Pennsylvania State University.

Briggs, Julia. 1983. "Marlowe's Massacre at Paris: A Reconsideration," *Review of English Studies*, 34:135, 257-278.

Bruni, Leonardo. 1996. *Opere Letterarie e Politiche*, cura. Paolo Viti. Torino: UTET, 1996.

Bruni, Leonardo. 1978. *Panegyric on the City of Florence*. in *The Early Republic: Italian Humanists on Government and Society*, edited by Benjamin G. Kohl, Ronald G. Witt, Elizabeth Welles. Philadelphia: University of Pennsylvania Press. 135-151.

Capponi, Niccolò 2010. *An Unlikely Prince*. Cambridge, MA: De Capo.

Cassirer, Ernst. 1946. *The Myth of the State*. New Haven: Yale University Press.

Castelli, Enrio. 1949. *Umanesimo e Machiavellismo*. Padova: Liviana Editoria.

Castiglione, Baldassare. 2012. *The Book of the Courtier*. trans. Hoby Thomas. Oxford: Benediction Classics.

Chabod, Federico. 1969. *Machiavelli and the Renaissance*. Glasgow, Scotland: Robert MacLehose.

Chabod, Federico. 1964. *Scritti su Machiavelli*. Torino: Einaudi.

Cicero. 2001[1913]. *De Officiis*, trans. Walter Miller. Cambridge: Harvard University Press.

Cicero. 2000[1928]. *Cicero: De Re Publica, De Legibus*, trans. Clinton Walker Keyes. Cambridge: Harvard University Press.

Cicero. 1972. *Cicero: Letters to Quintus and Brutus, Letter Fragments, Letter to Octavian, Invectives, Handbook of Electioneering*, trans. D. R. Shackleton-Bailey. Cambridge: Harvard University Press.

Cicero. 1968. *Cicero II, De Inventione, De Optimo Genere, Oratorium Topica*, trans. H. M. Hubbell. Cambridge: Harvard University Press.

Cicero. 1927. *Tusculan Disputationes*, trans. J. E. King. Cambridge: Harvard University Press.

Cicero. 1923. *Cicero: On Old Age, On Friendship, On Divination*, trans. W. A. Falconer. Cambridge: Harvard University Press.

Coby, John Patrick. 1999. *Machiavelli's Romans, Liberty and Greatness in the Discourses on Livy*. Lanham: Lexington.

Coleman, Janet. 2000. *A History of Political Thought, from the Middle Ages to the Renaissance*. Malden, MA: Blackwell Publishers.

Colish, Maria. 1999. "Republicanism, Religion, and Machiavelli's Savonarolan Moment," *Journal of the History of Idea*, 60:4, 597-616.

Colish, Maria. 1998. "Machiavelli's Art of War: A Reconsideration," *Renaissance Quarterly*, 51:4 (Winter), 1151-1168.

Colish, Maria. 1978. "Cicero's *De Officiis* and Machiavelli's Prince," *The Sixteenth Century Journal*, 9:4, 80-93.

Commynes, Philippe de. 1865. *Memoirs*, trans. Andrew R. Scobie. London: Henry G. Bohn.

Costa, Gustavo. 1977. *Le antichitàermaniche nella cultura italiana da Machiavelli a Vico*. Napoli: Bibliopolis.

Cox, Virginia. 1997. "Machiavelli and the Rhetorica ad Herennium: Deliberative Rhetoric in The Prince," *Sixteenth Century Journal*, 28:4, 1109-1141.

Croce, Benedetto. 1949. "Una questione che forse non si chiuderàai: la Questione del Machiavelli." *Quaderini della critica*. 5:14, 1-9.

Cutinelli-Rèdina, Emanuele. 1998. *Chiesa e Religione in Machiavelli*. Roma: Istituti Editoriali e Poligrafici Internazionali.

D'Andrea, Antonio. 1970. "The Political and Ideological Context of Innocent Gentillet's Anti-Machiavel," *Renaissance Quarterly*, 23:4(Winter), 397-411.

Dionisotti, Carlo. 1980. *Machiavellerie*. Torino: Einaudi.

Donaldson, Peter S. 1992. *Machiavelli and Mystery of State*. Cambridge: Cambridge University Press.

Erasmus. 1997. *The Education of a Christian Prince*, trans. Lisa Jardine. New York: Cambridge University Press.

Erasmus. 1907. *Erasmus, Against War*, trans. J. W. MacKail. Boston, MA: The Merrymount Press.

Ferroni, Giulio. 2003. *Machiavelli, O Dell'incertezza*. Roma: Donzelli Eitore.

Figorilli, Maria Cristina. 2006. *Machiavelli Moralista*. Napoli: Liguori Editore.

Fischer, Markus. 2005. "Machiavelli's Rapacious Republicanism," in *Machiavelli's Liberal Republican Legacy*, edited by Paul Rahe. New York: Cambridge University Press, xxxi-lxii.

Fischer, Markus. 2000. *Well-Ordered License*. Lanham, Maryland: Lexington Books.

Fontana, Benedetto. 1999. "Love of Country and Love of God: The Political Use of

Religion in Machiavelli," *Journal of the History of Ideas*, 60:4, 639-658.

Fontana, Benedetto. 1993. *Hegemony and Power: On the Relation between Gramsci and Machiavelli*. Minneapolis: University of Minnesota Press.

Garver, Eugene. 1994. *Aristotle's Rhetoric, An Art of Character*. Chicago: University of Chicago Press.

Garver, Eugene. 1987. *Machiavelli and the History of Prudence*. Madison: Wisconsin University Press.

Gilbert, Allan. 1938. *Machiavelli's Prince and its Forerunners: The Practice as a Typical Book de Regimine Principum*. Durham, NC: Duke University Press.

Gilbert, Felix. 1965. *Machiavelli and Guicciardini, Politics and History in Sixteenth Century Florence*. Princeton: Princeton University Press.

Gilbert, Felix. 1949. "Bernardo Rucellai and the Orti Oricellari: A Study on the Origin of Modern Political Thought," *Journal of the Warburg and Courtauld Institutes*. 12:101-131.

Gilbert, Felix. 1939. "The Humanist Concept of the Prince and The Prince of Machiavelli," *Journal of Modern History*, 11:4, 449-483.

Grazia, Sebastian de. 1989. *Machiavelli in Hell*. Princeton: Princeton University Press.

Green, Jay. 2005. *The Interlinear Bible: Hebrew-Greek-English*, edited by Jay Green. Peabody, MA: Hendrickson Publisher.

Greenblatt, Stephen. 2011. *The Swerve, How the World Became Modern*. New York: W. W. Norton & Company.

Gregory, Eric. 2010. *Politics and the Order of Love: An Augustinian Ethic of Democratic Citizenship*. Chicago: University of Chicago Press.

Grint, Keith. 2000. *The Arts of Leadership*. New York: Oxford University Press.

Guarini, Elena Fascano. 1990. "Machiavelli and the crisis of the Italian republics," in *Machiavelli and Republicanism*, edited by Gisela Bock, Quentin Skinner, and Maurizio Viroli. Cambridge: Cambridge University Press, 17-40.

Guicciardini, Francesco. 1971. *Storia d'Italia*, cura. Silvana Seidel Menchi (Torino: Giulio Einaudi.

Guicciardini, Francesco. 1970. *Opere di Francesco Guicciardini*. Vol. 1-3. cura. Emanuella Lugnani Scarano. Torino: Unione Tipografico-Editrice Torinese.

Heidegger, Martin. 1962. *Being and Time*, translated by John Macquarrie and Edward Robinson. New York: Harper Collins.

Herodotus. 1920. *Herodotus Vol. I*, trans. A. D. Godley. Cambridge: Harvard University Press.

Homer. 1925. *The Iliad* Vol. 2, trans. A. T. Murray and William Wyatt. Cambridge: Harvard University Press.

Hönvqvist, Mikael. 2010. "Machiavelli's military project and the Art of War," in *the Cambridge Companion to Machiavelli*, edited by John M. Najemy. New York: Cambridge University, 112-127.

Hönqvist, Mikael. 2004. *Machiavelli and Empire*. Cambridge: Cambridge University Press.

Hulliung, Mark. 1983. *Citizen Machiavelli*. Princeton, Princeton University.

Inglese, Giorgio. 2006. *Per Machiavelli*. Roma: Carocci Editore.

Jacobitti, Edmund E. 2000. "The Classical Heritage in Machiavelli's Histories: Symbol and Poetry as Historical Literature," in *The Comedy and Tragedy of Machiavelli*, edited by Vickie B. Sullivan. New Haven: Yale University Press.

Kahn, Victoria. 1994. "Reading Machiavelli: Innocent Gentillet's Discourse on Method," *Political Theory*, 22:4(November), 539-560.

Kahn, Victoria. 1994. *Machiavellian Rhetoric: From the Counter-Reformation to Milton*. Princeton: Princeton University Press.

Kahn, Victoria. 1986. "Virtùnd the Example of Agathocles in Machiavelli's Prince," *Representations*, 13(Winter), 63-83.

Kapust, Daniel. 2011. "The Problem of Flattery and Hobbes's Institutional Defense of Monarchy," *The Journal of Politics*, 73:3, 680-691.

Kierkeggard, Soren. 1980. *Soren Kierkeggard's Journals and Papers*, vol. 2. edited by H.V. Hong & E. H. Hong. Bloomington: Indiana University Press.

Kretzmann, Norman. 1993. "Philosophy of mind," *The Cambridge Companion to Aquinas*, edited by Norman Kretzmann & Eleonore Stump. New York: Cambridge University Press, 128-159.

Lefort, Claude. 2000. *Writing: The Political Test*, trans. David Ames Curtis. Durham: Duke University Press

Livius, 1938. *Livy: History of Rome*, Vol. 12, trans. Evan T. Sage & Alfred C. Schlesinger. Cambridge: Harvard University Press.

Livius. 1929. *Livy: History of Rome*, Vol. 5, trans. B. O. Foster. Cambridge: Harvard University Press.

Livius. 1919. *Livy: History of Rome*, Vol. 1, trans. B. O. Foster. Cambridge: Harvard University Press.

Lucretius. 2007. *The Nature of Things*, trans. A. E. Stallings. New York: Penguin Books.

Lukes, Timothy. 2004. "Martialing Machiavelli: Reassessing the Military Reflections," *The Journal of Politics*, 66:4 (November), 1089-1108.

Luther, Martin. 1523. *Meditatio pia et erudita Hieronymi Savonarolae, a papa exusti, super psalmos miserere mei et in te domine speravi*. Wittembergae: Rhau-Grunenberg.

Lynch, Christopher. 2005. "Introduction," in *Art of War*, translated by Christopher Lynch. Chicago: University of Chicago, xiii-xxxviii.

Mansfield, Harvey. 2004. "Bruni and Machiavelli on civic humanism," in *Renaissance Civic Humanism: Reappraisals and Reflections*. edited by James Hankins and Harvey Mansfield. New York: Cambridge University Press, 223-246.

Mansfield, Harvey. 2001. *Machiavelli's New Modes and Orders: A Study of the Discourses on Livy*. Chicago: University of Chicago Press.

Mansfield, Harvey. 1998. *Machiavelli's Virtue*. Chicago: University of Chicago Press.

Mansfield, Harvey & Nathan Tarcov. 1996. "Introduction," in *Discourses on Livy*, trans. Harvey Mansfield and Nathan Tarcov. Chicago: University of Chicago Press.

Martines, Lauro. 2001. *Strong Words; Writing and Social Strain in the Italian Renaissance*. Baltimore: Johns Hopkins University Press.

Masters, Roger. 1996. *Machiavelli, Leonardo, and the Science of Power*. Notre Dame: The

University of Notre Dame Press.

Matteuci, Nicola. 1972. "Machiavelli Politologo," in *Studi di Machiavelli*, edited by Myron P. Gilmore. Firenze: G. C. Sasoni.

Mazzini, Giuseppe. 2009. *A Cosmopolitanism of Nations*, edited by Stefano Recchia and Nadia Urbinati. Princeton: Princeton University Press.

Mazzini, Giuseppe. 2005[1975]. *Opere politiche: Scritti Politici di Giuseppe Mazzini*, cura. Terenzio Grandi & Augusto Comba. intro. by Maurizio Viroli. Torino: Unione Tipografico-Editrice Torinese.

McClure, George W. 1991. *Sorrow and Consolation in Italian Humanism*. Princeton: Princeton University Press.

McCormick, John. 2011. *Machiavellian Democracy*. New York: Cambridge University Press.

Minois, Georges. 1998. *History of Suicide, Voluntary Death in Western Culture*. Baltimore: Johns Hopkins University Press.

Montesquieu, Charles de Secondat. 1999. *Consideration on the Causes of the Greatness of the Romans and Their Decline*, trans. David Lowenthal. Indianapolis: Hackett Publishing Co.

Montesquieu, Charles de Secondat. 1989. *The Spirit of the Laws*, trans. Anne M. Cohler, Basia Carolyn Miller, and Harold S. Stone. Cambridge: Cambridge University Press.

Mussolini, Benito. 1924. "Prelude to machiavelli," in *The Living Age*, November 22.

Najemy, John. 2006. *A History of Florence: 1200-1575*. Malden: Blackwell Publishing Co.

Najemy, John. 1999. "Papirius and the Chickens, or Machiavelli on the Necessity of Interpreting Religion," *Journal of the History of Ideas*, 60:4, 659-681.

Najemy, John. 1981. "Audiant Omnes Artes: Corporate Origins of the Ciompi Revolution," in *Il Tumulto dei Ciompi: Un Momento di Storia Fiorentina ed Europea*, Convegno Internazionale di Studie. Firenze: Leo S. Olschki Editore.

Nederman, Cary. 1999. "Fortune, God, and Free Will in Machiavelli's Thoughts." *Journal of the History of Ideas*, 60:4, 617-638.

Nerdahl, Michael. 2011. "Flattery and Platonic Philosophy: The Limits of Education in

Plutarch's Life of Dion," *Classical World*, 104:3, 295-309.

Newell, Waller R. 2013. *Tyranny: A New Interpretation*. New York: Cambridge University Press.

Nicolet, Claude. 1988. *The World of the Citizen in Republican Rome*. trans. P. S. Falla. Berkeley: University of California Press.

Nussbaum, Martha. 2001. *The Fragility of Goodness*. New York: Cambridge University Press.

Orwin, Clifford. 1978. "Machiavelli's Unchristian Charity," *American Political Science Review*, 72, 1217-1228.

Palmer, Ada. 2012. "Reading Lucretius in the Renaissance," *Journal of the History of Ideas*, 73:3, 395-416.

Parel, Anthony. 1992. *The Machiavellian Cosmos*. New Haven: Yale University Press.

Patapan, Haig. 2008. *The Modern Politics of Love and Fear*. Lanham: Lexington Books.

Pesman, Roslyn. 2010. "Machiavelli, Piero Soderini, and the republic of 1494-1512," in the *Cambridge Companion to Machiavelli*, edited by John Najemy. New York, Cambridge University Press, 48- 63.

Petrarca. 1996. *Petrarch: Canzoniere*, trans. Mark Musa. Bloomington, IN: Indiana University Press.

Pettit, Philip. 1997. *Republicanism*. New York, Oxford University Press.

Plato. 2001. *Euthyphro, Apology, Crito, Phaedo, Phaedrus*. trans. W. R. M. Lamb. Cambridge: Harvard University Press.

Plato. 1999. *Plato II, Laches, Protagoras, Meno, Euthydemus*, trans. W. R. M. Lamb. Cambridge: Harvard University Press.

Plato, 1996. *Lysis, Symposium, Gorgias*, trans. W. R. M. Lamb. Cambridge: Harvard University Press.

Plato. 1930. *The Republic Books I-V*, trans. Paul Shorey. Cambridge: Harvard University.

Plutarch. 1927. *Moralia Vol.* I, trans. Frank Cole Babbitt. Cambridge: MA, Harvard University Press.

Plutarch. 1921. *Plutarch's Lives, Vol.* 10, trans. Bernadotte Perrin. Cambridge: Harvard

University Press.

Plutarch. 1920. *Demetrius and Antony, Pyrrhus and Gaius Marius*, trans. Bernadotte Perrin. Cambridge: Harvard University Press.

Plutarch. 1914. *Plutarch's Lives*, Vol. I, trans. Bernadotte Perrin. Cambridge: Harvard University Press.

Pocock, John G. A. 1975. *The Machiavellian Moment: Florentine Political Thought and the Atlantic Republican Tradition*. Princeton: Princeton University Press.

Polybius, 2010. *The Histories* Vol.I trans. W. A. Paton, revised by F. W. Walbank and Christian Habicht. Cambridge, MA: Harvard University Press.

Polybius. 1922. *The Histories* Vol.III, trans. W. A. Paton. Cambridge, MA: Harvard University Press.

Poppi, Antonino. 1988. "Fate, fortune, providence and human freedom," in *The Cambridge History of Renaissance Philosophy*, edited by Quentin Skinner and Eckhard Kessler. New York: Cambridge University Press, 641-667.

Price. Russell. 1977. "The Theme of Gloria in Machiavelli," *Renaissance Quarterly*, 30, 588-631.

Rahe, Paul. 2009. *Against Throne and Altar: Machiavelli and Political Theory Under the English Republic*. Cambridge: Cambridge University Press.

Rahe, Paul. 2004. "Situating Machiavelli," in *Renaissance Civic Humanism: Reappraisals and Reflections*, edited by James Hankins. New York: Cambridge University Press, 270-308.

Ramussen, Paul. 2009. *Excellence Unleashed, Machiavelli's Critique of Xenophon and the Moral Foundation of Politics*. Lanham, MD: Lexington.

Remer, Gary. 2009. "Rhetoric as a Balancing of Ends: Cicero and Machiavelli," *Philosophy and Rhetoric*, 42:1, 1-28.

Ridolfi, Roberto. 1963. *Life of Niccolòachiavelli*. trans. Cecil Grayson. Chicago: University of Chicago Press.

Roe. John. 2002. *Shakespeare and Machiavelli*. Rochester, NY: Boydell & Brewer.

Rosand, David. 2005. *Myths of Venice: The Figuration of a State*. Chapel Hill, NC: The University of North Carolina Press.

Rosen, Stanley. 2005. *Plato's Republic, A Study*. New Heaven: Yale University Press.

Rousseau, Jean Jacques. 1978. *On the Social Contract*, trans. Judith Masters. New York: Saint Martin.

Rubinstein, Nicolai. 1987. "The History of the Word *Politicus* in Early-Modern Europe," in *The Language of Political Theory in Early-Modern Europe*. Cambridge: Cambridge University Press, 41-56.

Rubinstein, Nicolai. 1990. "Machiavelli and Florentine republican experience," in *Machiavelli and Republicanism*, edited by Gisela Bock, Quentin Skinner, and Maurizio Viroli. Cambridge: Cambridge University Press, 3-16.

Sallust, 2013. *Sallust: The War with Catiline, The War with Jugurtha*, edited by John T. Ramsey, trans. J. C. Rolfe. Cambridge: Harvard University Press.

Salutati. 1947. *De nobilitate legum et medicinae, De verecundia*, cura. Eugenio Garin. Firenze: Vallecchi.

Salutati, Coluccio. 1914. *Tractatus de Tyranno*. Berlin: W. Rothschild.

Santi, Victor A. 1979. *La gloria nel pensiero di Machiavelli*. Ravenna: Longo.

Sasso, Gennaro. 1987. *Machiavelli e gli antichi e altri saggi*, tomo. I. Milano: R. Ricciardi.

Sasso, Gennaro. 1980. *Niccolòachiavelli, Storia del suo pensiero politico*. Bolgona: Il Mulio.

Sasso, Gennaro. 1967. *Studi su Machiavelli*. Napoli: Morano.

Sasso, Gennaro. 1966. *Machiavelli e Cesare Borgia: Storia di un giudizio*. Rome: Ateneo.

Savonarola, Girolamo. 1965. *Prediche sopra Aggeo*, cura. Luigi Firpo. Roma: A. Belardetti.

Scaramella, Gino. 1934. "Chroniche dei Tumulto di Ciompi di Alamanno Acciaioli," in *Raccolta degli Storici Italiani: dal Cinquecento di Millecinquecento*. Bologna: Nicola Zanichelli.

Seigel, Jerrold E. 1968. *Rhetoric and Philosophy in Renaissance Humanism*. Princeton: Princeton University Press.

Shakespeare, William. 1992. *Romeo and Juliet*, edited by Barbara Mowat & Paul Werstine. New York: Washington Square Press.

Skinner, Quentin. 2009. "A Genealogy of the Modern State." *Proceedings of the British Academy*. 162, 325-370.

Skinner, Quentin. 2002. *Visions of Politics* 3. New York: Cambridge University Press.

Skinner, Quentin. 1990. "Pre humanist origins of republican ideas," in *Machiavelli and Republicanism*, ed. Gisela Bock, Quentin Skinner, and Maurizio Viroli. New York: Cambridge University Press.

Skinner, Quentin. 1978. *The Foundations of Modern Political Thought* Vol. 1-2. Cambridge: Cambridge University Press.

Sorrentino, Andrea. 1936. *Storia dell' Antimachiavellismo Europeo*. Napoli: Luigi Loffredo.

Spackman, Barbara. 1993. "Politics on the Warpath: Machiavelli's *Art of War*," in *Machiavelli and the Discourse of Literature*, edited by Victoria Kahn. Ithaca: Cornell University, 179-193.

Spinoza, Benedict de. 2004. *Tractus Politicus*, in *A Theologico-Political Treatise and A Political Treatise*, trans. R. H. M. Elwes. Minola, NY: Dover Publication Inc.

Stacey, Peter. 2007. *Roman Monarchy and the Renaissance Prince*. New York: Cambridge University Press.

Stephens J. N. & H. C. Butters. 1982. "New Light on Machiavelli," *English Historical Review* 97.

Strauss, Leo. 1979[1958]. *Thoughts on Machiavelli*. Chicago: University of Chicago Press.

Strauss, Leo. 1950. *Natural Right and History*. Chicago: University of Chicago Press.

Stump, Eleonore. 2001. "Augustine on free will," *The Cambridge Companion to Augustine*. New York: Cambridge University Press, 124-147.

Sullivan, Vickie. 2004. *Machiavelli, Hobbes, and the Formation of a Liberal Republicanism in England*. New York: Cambridge University Press.

Sullivan, Vickie. 1996. *Machiavelli's Three Romes*. Dekalb, IL: Northern Illinois University Press.

Taranto, Domenico. 2003. *Le Virtùella Politica, Civismo e Prudenza tra Machiavelli e gli Antichi*. Napoli: Bibliopolis.

Tarcov, Nathan. 2007. "Freedom, Republics, and Peoples in Machiavelli's Prince," in *Freedom and the Human Person*, edited by Richard Velkley. Washington, DC: Catholic University of America Press, 122–142.

Tarcov, Nathan. 2005. "Tyranny from Plato to Locke," *Confronting Tyranny, Ancient Lessons for Global Politics*, edited by Toivo Koivukoski and David E. Tabachnick. Lanham: Rowman & Littlefield Publishers, 123–140.

Trinkaus, Charles. 1964. "Humanist Treatises on the Status of the Religious: Petrarch, Salutati, Valla," *Studies in the Renaissance*, 11, 7–45.

Vatter, Miguel. 2000. *Between Form and Event: Machiavelli's Theory of Political Freedom*. New York: Kluwer Academic Publishers.

Vettori, Francesco. 1972. *Scritti storici e politici*. Bari: Laterza.

Virgil. 1916. *Virgil: Ecologues, Georgics, Aeneid Books 1–6*, trans. H. Rushton Fairclough. Cambridge: Harvard University Press.

Viroli, Maurizio. 2010. *Machiavelli's God*. Princeton: Princeton University Press.

Viroli, Maurizio. 1999. *Repubblicanesimo*. Roma: Editori Laterza.

Viroli, Maurizio. 1995. *For Love of Country*. New York: Oxford University Press.

Viroli, Maurizio. 1992. *From Politics to Reason of State*. New York: Cambridge University Press.

Weber, Max. 1994. *Political Writings*, edited by Peter Lassman & Ronald Speirs. New York: Cambridge University Press.

Weinstein, Donald. 2011. *Savonarola: The Rise and Fall of a Renaissance Prophet*. New Haven: Yale University Press.

Weinstein, Donald. 1970. *Savonarola and Florence*. Princeton: Princeton University Press.

Whitfield, John H. 1965. *Discourses on Machiavelli*. New York: Russell & Russell.

Williams, Bernard. 1994. *Shame and Necessity*. Berkeley: University of California Press.

Wood, Neal. 1988. *Cicero's Social and Political Thought*. Berkeley: University of California Press.

Wootton, David. "Introduction," in *The Prince*, trans. by David Wootton. Indianapolis:

Hackett Publishing Co.

Xenophon. 1989. *Hiero*, in *Scripta Minora*, trans. E. C. Marchant & G. W. Bowersock. Cambridge: Harvard University Press.

Xenophon. 1914. *The Education of Cyrus*, in *Xenophon Cyropaedia* Vol.2, trans. Walter Miller. Cambridge: Harvard University Press.

지배와
비지배

1판 1쇄 펴냄 2013년 10월 5일
1판 2쇄 펴냄 2013년 10월 20일

지은이 곽준혁
발행인 박근섭·박상준
편집인 장은수
펴낸곳 (주)민음사

출판등록 1966. 5. 19. 제16-490호
주소   (135-887) 서울시 강남구 신사동 506번지
          강남출판문화센터 5층
대표전화 515-2000 | 팩시밀리 515-2007
홈페이지 www.minumsa.com

ⓒ 곽준혁, 2013. Printed in Seoul, Korea

ISBN 978-89-374-8813-9 (93340)